COLONIES ÉTRANGÈRES

ET HAITI.

Imp. de Ch. DURIEZ, à Senlis.

COLONIES ÉTRANGÈRES

ET HAITI

RÉSULTATS DE L'ÉMANCIPATION ANGLAISE;

PAR

VICTOR SCHOELCHER.

> La servitude ne peut pas plus se régler
> humainement que l'assassinat.

Tome Premier.

Colonies Anglaises. — Iles Espagnoles. — Quelques Mots sur la Traite et sur son Origine

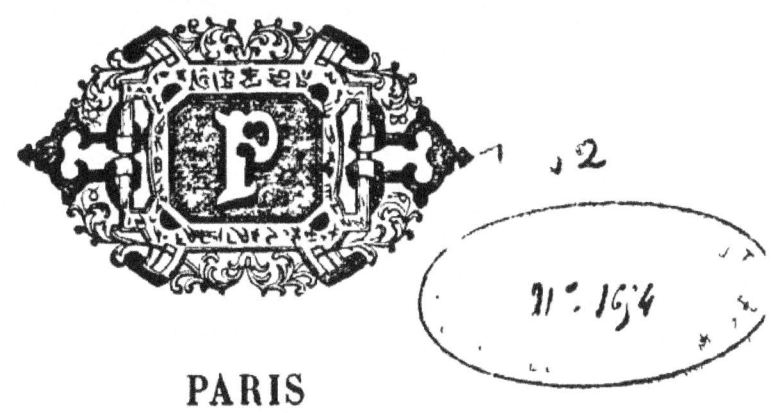

PARIS
PAGNERRE, ÉDITEUR,
RUE DE SEINE, 14 bis.

1843

A mes Hôtes

DES

COLONIES ÉTRANGÈRES ET D'HAÏTI,

Hommage de vive Reconnaissance.

V. SCHŒLCHER.

COLONIES ANGLAISES

COLONIES ANGLAISES.

DOMINIQUE.

(AOUT 1840.)

CHAPITRE I.

LOI D'AFFRANCHISSEMENT.

Dans notre volume sur les Colonies Françaises[1], nous avons décrit l'esclavage et exposé nos raisons sur la nécessité de l'abolir. L'étude des Colonies Étrangères complétera le tableau, en montrant la préparation à l'affranchissement dans les îles Danoises, l'affranchissement dans les îles Anglaises, la liberté dans Haïti.

Le lecteur parcourra de la sorte toutes les phases de cette haute question : le passé, le présent, le commencement de l'avenir, l'avenir réalisé !

Il verra à l'œuvre ces hommes dont les planteurs ont contesté l'intelligence, la bonté, l'éducabilité, et jusqu'à la ressemblance avec l'homme ; alors il pourra les juger tels qu'ils sont.

Toute une race vouée depuis des siècles à la barbarie et à l'esclavage, s'essayant à la liberté et faisant ses premiers pas dans la civilisation. Quel sublime tableau ! et qu'il serait bien fait pour exciter l'attention universelle, s'il nous était donné

---

[1] *Des Colonies françaises*, chez Pagnerre, 1842.

de le tracer d'une main assez ferme pour qu'on en pût saisir les détails et l'ensemble !

Les nègres, en proie au génie du mal dans Haïti, résistent mieux qu'on ne pourrait le penser à ses ténébreuses inspirations ; guidés, au contraire, dans les colonies de la Grande-Bretagne, par le génie du bien, ils se montrent faciles à moraliser, prompts à se mettre en rapport avec le monde policé.

L'histoire des résultats de l'abolition aux îles Anglaises après deux années d'épreuve, n'est donc rien de moins qu'une haute étude sociale ; si notre insuffisance nous commandait de ne pas entreprendre une pareille tâche, nous aurons du moins amassé avec conscience des matériaux pour un plus digne.

Nous nous sommes borné à l'examen de trois îles. En choisissant pour point de nos études, la Dominique, la Jamaïque et Antigue, avec leurs trois caractères bien distincts, nous croyons avoir embrassé tous les aspects qu'a présenté la solennelle expérience faite par l'Angleterre.

Et d'abord exposons quelques faits préliminaires.

Les colons anglais n'étaient pas moins opposés que les nôtres à toute mesure d'émancipation ; ils assuraient qu'elle serait suivie des plus horribles calamités, et entraînerait la ruine de ces malheureuses îles, qu'un pétitionnaire de la Dominique appelait poétiquement des signes amoureux posés sur le sein de l'Océan. « Le désordre, les violences, la confusion, la destruction, la barbarie devaient être les fruits de la liberté. La Grande-Bretagne n'aurait pas seulement à payer une énorme indemnité, elle perdrait encore des débouchés pour ses manufactures et ses pêcheries. La nourriture de plus de vingt mille matelots, le productif emploi de plus de cent trente mille tonneaux de fret allaient être sacrifiés, la source d'un vaste revenu allait être tarie, pour obtenir un objet qui devait faire le malheur de ceux mêmes dont on avait le bonheur en vue [1]. »

---

[1] Pétition des membres de l'assemblée coloniale de la Dominique, 27 mai 1823.

Les assemblées coloniales anglaises résistèrent comme les nôtres jusqu'au dernier moment aux projets d'émancipation, et souvent en des termes d'une violence extrême. Saint-Christophe, par exemple, disait, dans une adresse du 13 décembre 1828 : « Si le ministère veut sacrifier les Indes-Occidentales aux philanthropes du parlement anglais pour s'assurer de leurs votes, que le sacrifice se consomme promptement ; mais alors quiconque possède quelque chose dans notre malheureuse île maudira sa crédulité dans l'honneur et l'intégrité du gouvernement britannique [1]. » Maurice, peuplée, il est vrai, de colons encore tout français [2], en appela ouvertement aux armes.

Les planteurs de la Grande-Bretagne, on le voit, n'estimaient pas que leurs nègres fussent mieux préparés que ne le sont les nôtres, s'il faut en croire les planteurs français, à recevoir le bienfait de l'indépendance. Beaucoup d'entre eux, qui résidaient en Angleterre, formaient une corporation riche, éclairée, puissante par conséquent, connue sous le nom de *West-Indies Body* (corps des Indes-Occidentales). Ceux-là allèrent jusqu'à dire, pour épouvanter l'univers, « qu'ils quitteraient leurs propriétés, livreraient tout à l'abandon et laisseraient au gouvernement à répondre devant la civilisation de ce qui pourrait arriver ! » D'autres fois, ils insinuaient, toujours comme les nôtres, « qu'ils étaient résolus à repousser la liberté de vive force. »

Les pétitions les plus impérieuses de la part du peuple, les protestations les plus énergiques de la part des créoles ne cessant d'arriver à la Chambre des Communes, elle nomma un comité chargé tout à la fois de s'enquérir de la situation des colonies et d'arriver aux moyens d'effectuer l'abolition. Le rapport du comité présenté le 11 août 1832, à la suite d'une vaste en-

[1] *Papiers* publiés par le parlement anglais, 3e partie, p. 195.

[2] L'île Maurice n'a été détachée des domaines de France que par le traité de Vienne, en 1815. Nous avons perdu par le même traité Tabago et Sainte Lucie.

quête, déclara la situation des colonies telle qu'il n'y avait pas à différer de prendre un parti. De l'aveu même des intéressés, on reconnut le *statu quo* désormais impossible. Rétrograder, c'était enhardir l'opposition des créoles, qui déjà avait été portée jusqu'à la menace, c'était s'exposer aussi aux fureurs des esclaves, qui ne pourraient renoncer à la liberté au moment où ils croyaient l'atteindre. « Placé dans ces graves conjonctures, le gouvernement n'hésita pas. Le 14 mai 1833, lord Stanley, secrétaire d'état des colonies, au nom du cabinet, saisit le parlement des résolutions qui furent formulées par l'acte législatif sanctionné le 28 août suivant par la couronne[1]. »

Cet acte mémorable du 28 août 1833, après avoir prononcé l'abolition de l'esclavage dans toutes les colonies de la Grande-Bretagne pour le 1er août 1834, déclare « que les affranchis qui à cette époque seront âgés de six ans et au-dessus, resteront comme apprentis travailleurs chez leurs anciens maîtres ; les prédiaux, c'est à dire les hommes attachés au sol, les laboureurs, jusqu'au 1er août 1840 ; les non prédiaux, c'est à dire les artisans, domestiques, etc., jusqu'au 1er août 1838. » On faisait cette inique distinction dans la supposition que les non prédiaux étaient plus instruits que les prédiaux par suite de leurs rapports habituels avec les blancs. Outre les enfants au-dessous de six ans, étaient aussi déclarés complètement libres tous les esclaves qui, du consentement de leurs maîtres, auraient été transportés dans les royaumes-unis de la Grande-Bretagne antérieurement à la promulgation de l'acte émancipateur[2].

En décrétant la délivrance des esclaves, les Chambres an-

---

[1] *Précis de l'abolition de l'esclavage dans les colonies anglaises*, publié par le ministère de la marine, 1841, 2e publication. Ce travail, qui a aujourd'hui quatre volumes, résume avec une grande lucidité l'immense quantité de documens mis au jour par ordre du parlement anglais.

[2] On peut voir, à l'appendice des *Colonies anglaises*, la traduction complète de l'acte d'abolition, lettre A.

glaises votèrent, par la même loi, une somme de 20 millions sterl. (500 millions de francs) à titre d'indemnité pour les maîtres que l'on allait dépouiller de leur propriété humaine. — C'était afin d'arriver à une sorte de compensation complète, autant que pour faire subir aux esclaves une initiation supposée nécessaire, que l'on accordait aux colons le travail gratuit des affranchis pendant six années.

Le capital de l'indemnité devait être réparti sur toutes les îles et partagé entre les maîtres proportionnellement à ce que leur avaient coûté leurs esclaves. Voici de quelle manière la loi d'abolition elle-même ordonnait le mode de ce partage.

Art. 33. « Pour la distribution et la répartition entre les ayant-droit du fonds de l'indemnité, S. M. pourra nommer des commissaires arbitres.

« Ces commissaires, dont le nombre ne pourra être moindre de cinq, examineront les réclamations et prononceront sur les droits des réclamans.

Art. 38. « Dans chacune des colonies, le gouverneur, le procureur-général ou un autre magistrat attaché au gouvernement, deux habitans ou un plus grand nombre, au choix des gouverneurs, seront nommés commissaires adjoints, à l'effet d'éclairer les commissaires arbitres dans tous les cas et sur tous les points pour lesquels lesdits commissaires les consulteraient.

« Ces commissaires adjoints exerceront les mêmes pouvoirs et la même autorité que les commissaires arbitres.

« D'après les documens que leur transmettront les commissaires adjoints et ceux qu'ils auraient pu recevoir d'ailleurs, les commissaires arbitres rendront leur décision.

Art. 45. « Les commissaires arbitres détermineront la part à laquelle chacune des dix-neuf colonies aura droit, 1º d'après le nombre des esclaves appartenant à chacune d'elles ou y étant établis, tel que le donneront les derniers relevés faits au bureau de l'enregistrement des esclaves ; 2º d'après les prix de vente des esclaves dans chacune desdites colonies pendant les huit années antérieures au 1ᵉʳ juin 1834, en excluant de cette évaluation toutes les ventes d'esclaves qu'ils supposeraient avoir été faites sous des réserves ou à des conditions qui auraient affecté le prix des esclaves. Ils établiront ensuite en liv. sterl. la valeur moyenne d'un esclave dans chacune desdites colonies pendant les huit années dont il vient d'être parlé; ils multiplieront le nombre total des esclaves de chacune d'elles par le chiffre de cette valeur moyenne, et les 20 millions de liv. sterl. seront répartis entre les dix-neuf colonies proportionnellement au produit de cette multiplication. »

On voit que la base du mode de répartition est l'estimation des esclaves selon ce qu'ils avaient été payés d'après les derniers achats antérieurs à l'époque de l'affranchissement; mais la somme allouée ne pouvant suffire à payer intégralement la propriété que l'on arrache aux possesseurs d'hommes, on la leur partage au *prorata*. C'est ce qui a fait dire aux planteurs anglais, avec quelque raison, que le gouvernement avait légalisé leur spoliation ; et en effet, une fois le principe de l'esclavage admis, en leur donnant le travail des émancipés pendant six années, on ne faisait autre chose que leur donner ce qu'on venait de leur prendre.— Les trois colonies où les esclaves furent payés le plus cher sont : La Trinité, 50 liv. 1 schell. par tête; la Guyane, 51 liv. 17 schell., et Honduras, 53 liv. 7 schell. Les trois colonies où ils furent payés le moins cher sont : Tortola, 14 liv. 3 schell.; les Bahamas, 12 liv. 14 schell.; enfin les Bermudes, 12 liv. 10 schell. Ce sont donc les esclaves de Honduras qui ont été payés le plus cher (1333 fr. 75 c.), et ceux des Bermudes le moins cher (312 fr. 50 c.) [1].

En même temps qu'il réglait le mode de répartition de l'in-

[1] Dans la vue de fournir un renseignement utile à quelques lecteurs, nous joignons à l'appendice (lettre B) un tableau présentant la répartition détaillée de l'indemnité. Ce tableau, extrait de l'ouvrage sur les colonies anglaises, publié en 1839, à Londres, par M. Montgoméry Martin, a tous les caractères de l'exactitude. Il a été adopté par le ministère de la marine et inséré dans la 3ᵉ publication du *Précis de l'abolition*.

demnité, l'acte d'affranchissement, par ses art. 14, 15 et 18, instituait des *stipendiary magistrats* (magistrats rétribués) chargés de régler les différens entre les anciens maîtres et les apprentis.

Le parlement, comme auxiliaire du radical changement qu'il introduisait dans la constitution sociale des colonies, se borna à la création de ces magistrats spéciaux, qui, précisément parce qu'ils étaient spéciaux, devaient être passionnés.

Nous avons eu occasion autre part de discuter longuement l'utilité de tels juges[1]. Nous n'y reviendrons pas.

Nous avons aussi montré les dangers de l'apprentissage[2]. Cette mesure, et ce sera l'inconvénient capital de tout système transitoire, ne résolvait rien et laissait entière la question de l'affranchissement. Elle substituait simplement l'autorité du magistrat spécial à l'autorité domestique, et gardait le fouet dans toute son activité, en y ajoutant le *tread mill*[3]. Il ne nous paraît pas nécessaire de rappeler ce que nous avons dit sur cette institution de juste-milieu, sur les profondes mésintelligences qu'elle a créées entre la classe des cultivateurs et celle des propriétaires, entre des apprentis qui n'étaient pas libres et d'anciens maîtres dont on n'avait qu'à moitié brisé le pouvoir[4].

---

[1] *Des Colonies françaises*, p. 547.
[2]   d°   d°   p. 544 et 536.
[3] Nous ne croyons pas utile de décrire ce ridicule supplice, que l'on peut appeler en français le moulin à pas. Tout le monde sait maintenant qu'il consiste à faire marcher le patient, qui se tient à une barre suspendue au-dessus de sa tête, sur les étroites palettes d'une roue qui fuit toujours sous ses pieds.
[4] Voici le jugement qu'un adversaire décidé de l'émancipation a porté sur l'apprentissage.

« Ce qui s'est passé à Antigue a eu pour résultat de démontrer qu'un régime intermédiaire entre l'esclavage et la liberté n'est pas une condition rigoureuse pour arriver à l'émancipation. Il ne faut, avec des populations défiantes comme les populations noires, et des hommes de peu de portée d'esprit, rien de douteux, rien qui puisse faire naître des appréhensions. A Antigue, la position des noirs a été nette et franche dès le premier jour. Ailleurs ils n'ont pas compris la

L'expérience anglaise a du moins été utile en cela, pour la majorité de nos colons, qu'elle les a désabusés sur les prétendus avantages de l'initiation que l'on voulait imposer aux nègres pour les rendre libres. Tout en repoussant l'affranchissement avec violence, ils demandent maintenant, s'ils doivent le subir, à ne pas subir l'apprentissage. Déjà le conseil colonial de la Guadeloupe s'est prononcé dans ce sens. Le conseil colonial de Cayenne vient de faire la même déclaration en ces termes : « La conviction profonde du conseil est, que les espérances de la philanthropie seront trompées, que la culture et l'industrie seront perdues, etc. ; mais le danger des mesures partielles met les colons dans le cas de préférer l'émancipation générale et instantanée, et de supplier le gouvernement de repousser tout autre moyen [1]. »

Six années sont absolument insuffisantes pour modifier les mœurs d'une race ; mais qui, de bonne foi, oserait compter sur la disposition des affranchis à tolérer un temps d'épreuve plus

condition transitoire à laquelle on les soumettait. « Vous êtes libre *comme moi-même*, leur avait déclaré chaque gouverneur, mais pendant six années vous serez soumis à l'apprentissage. » Ils s'expliquèrent très bien la liberté, mais pas du tout l'apprentissage. Ils ne voyaient point ce qu'ils avaient à apprendre, de sorte qu'après avoir réfléchi, ils s'arrêtèrent à l'idée qu'il y avait erreur, et qu'on ne pouvait rien exiger d'eux. L'apprentissage devint ainsi une époque de tiraillement et de désordre qu'il fallut faire cesser avant le terme fixé pour obvier à de plus grands maux. Cette fois seulement la mère patrie et la généralité des colonies se sont trouvées d'accord. Les colons les plus compétens m'ont souvent assuré qu'il eût été préférable de reculer le moment de la liberté de quatre ou six ans, et de ne pas créer un régime qui n'a satisfait ni les noirs ni les planteurs, et qui au reste a été trop court pour que l'amélioration morale des affranchis en fût le résultat : car ce n'était pas une génération faite qui pouvait profiter de l'étalage d'écoles et des moyens d'instruction que la philanthropie avait mis à sa disposition. [*] »

[1] Délibération sur le rapport de M. de Rémusat relatif à l'abolition de l'esclavage.

[*] Rapport de M. le capitaine Layrle sur Antigue, 4ᵉ publication du *Précis de l'abolition*.

prolongé. Aux colonies anglaises, on ne put pas même atteindre la limite des six ans! Les esclaves refusèrent de sanctionner de leur adhésion les termes moyens adoptés par les législateurs de la métropole.

Lorsqu'il s'agit, vers 1838, de libérer d'une manière définitive les artisans et les domestiques, il se manifesta beaucoup de mécontentement parmi les nègres laboureurs. Ils trouvaient injuste que les autres fussent mieux traités qu'eux, et n'avaient jamais senti que très confusément la prétendue sagesse d'une telle distinction. La nuance un peu subtile sur laquelle on se basait pour l'établir n'était point perceptible pour leur bon sens naturel, et ils commencèrent à s'agiter. Tout le monde comprit qu'il y avait là un péril, peut-être des troubles effroyables. Il fut en conséquence proposé au parlement de remettre aux prédiaux les deux années de travail gratuit qui leur restaient à fournir, mais la majorité refusa. Par bonheur, les législatures coloniales, mieux instruites des nécessités du temps, et fatiguées aussi du détestable régime de l'apprentissage, prononcèrent toutes l'affranchissement général et sans exception de classes, pour le 1er août 1838.

1er août 1838! date sublime qui restera éternellement dans les annales du monde pour la plus grande gloire du peuple anglais! Ce jour-là, huit cent mille âmes furent rendues à la libre jouissance d'elles-mêmes. Ce jour-là, toutes les chaînes tombèrent dans les colonies anglaises, et l'on n'y vit plus un seul homme qui fût la propriété d'un autre homme!

Les abolitionistes avaient annoncé théoriquement que l'émancipation serait sans aucun danger réel : les résultats viennent garantir qu'ils ne se sont pas trompés.

Partout ce grand et magnifique événement qui intéresse l'humanité entière s'est accompli sans violence. L'affranchissement des nègres anglais date aujourd'hui d'assez loin pour devenir aux yeux du monde un témoignage éclatant que l'exécrable base du système colonial *peut être changée sans compromettre l'existence des colonies ;* que la liberté peut être accordée aux noirs *sans longue préparation* ; que leur esclavage peut être détruit *sans y substituer leur propre misère et la ruine de leurs anciens maîtres*.

Ici en particulier, il n'y a eu, depuis l'abolition définitive, et l'on peut dire maintenant, il n'y aura aucun désordre grave. Il est vrai que la garnison de l'île se monte à trois cent cinquante soldats, parmi lesquels une compagnie nègre de cent cinquante hommes [1] !

Les esclaves, dès qu'ils furent libres, se mirent à courir de côté et d'autre; ils descendaient des habitations et remontaient, ne fut-ce que pour s'assurer qu'ils avaient la faculté de changer de place à leur gré. On les voyait aller et venir sur les petits sentiers qui sont les grandes routes du pays, comme des fourmis folles dont on a troué la demeure. Tous les hommes, au premier moment, se firent pêcheurs; toutes les femmes couturières; personne ne voulait plus de l'ancien travail esclave : mais on fut bien obligé d'y revenir, car il faut boire et manger ; peu à peu chacun est retourné à la terre, la vie a repris son cours habituel, et aujourd'hui, comme laboureurs libres, les nègres se montrent faciles à conduire.

On a pu juger, par ce que nous avons dit en commençant, et sans que nous ayons besoin de rien ajouter, si les colons anglais se trouvaient beaucoup plus enclins que les nôtres à accepter l'affranchissement. L'homme étant un, ses passions et leur mode d'action sont les mêmes partout. C'était, de la part des créoles des *West-Indies* [2], exactement le même langage qui se tient chaque jour à la Martinique et à la Guadeloupe, presque les mêmes expressions.

Aujourd'hui, elles ont bien changé: « Si l'on avait fait de bonnes lois spéciales, nous a dit M. Laroche, créole français établi ici, l'émancipation nous eût été favorable. » Un autre

[1] L'armée anglaise a deux régimens de troupes noires dans les Antilles.

[2] Par *West-Indies* (Indes-Occidentales) on entend plus particulièrement les colonies anglaises.

créole d'origine française, M. Renaud, nous a répété la même chose. Nous citons ces deux messieurs, autant parce qu'ils sont français et qu'ils pouvaient avoir les préjugés des colons français, que parce qu'ils ne sont pas d'exaltés partisans de l'abolition. M. Johnson, géreur de l'habitation *Rosalie*, croit que : « l'émancipation serait de beaucoup préférable à la servitude, si l'on obtenait des *proper laws*, des lois spéciales. » — « Je ne voulais pas de l'apprentissage, nous a dit M. Davies, géreur de la vaste habitation de *Castle Bruce*, je ne voulais pas non plus de l'émancipation, avant et après je m'en suis déclaré l'ennemi ; mais à l'heure qu'il est, je pense qu'avec du temps et de bonnes lois, l'émancipation sera avantageuse pour tout le monde. » C'est la traduction littérale des paroles de M. Davies, regardé comme un des meilleurs planteurs de la Dominique.

Une chose certaine, c'est que la transformation sociale s'est opérée avec une facilité à laquelle les colons ne pouvaient croire.

On étonne beaucoup maintenant les habitans de la Dominique lorsqu'on leur apprend que nos créoles affectent encore de grandes craintes de massacres pour le jour de l'abolition, et soutiennent l'impossibilité d'obtenir un travail libre et régulier de la part des nègres.

On ne se plaint de l'abolition ici, qu'en raison de ce que le gouvernement l'a donnée sans obvier aux embarras qu'un acte de cette importance devait nécessairement produire, en modifiant d'une façon aussi essentielle l'état politique du pays.

L'Angleterre n'a certes pas agi légèrement dans cette affaire : depuis vingt ans elle s'en occupait ; il y a sur la question, douze ou quinze volumes in-folio de sept à huit cents pages publiés par ordre du parlement, et cependant on peut avancer qu'elle a donné l'émancipation avec une sorte de violence. Elle n'a pas eu de système, ou plutôt elle a eu pour système de n'en point avoir, et croyant opportun de laisser tout à organiser par les législatures particulières de chaque île, elle n'a rendu aucune loi appropriée aux circonstances. Les législatures, exclusivement composées de blancs, n'ont presque rien fait, parce que d'un côté on n'a point voulu leur laisser tout décider dans l'intérêt particulier de leur classe [1], et que de l'autre elles se souciaient fort peu de donner des garanties ou de procurer des avantages au peuple émancipé. Il est résulté de là que la souveraine mesure a été livrée, on pourrait dire, à sa bonne fortune, surtout dans le principe, c'est-à-dire à l'heure même où il était le plus indispensable de diriger le mouvement d'une main ferme et libérale. — On ne devra pas oublier cette leçon en France; elle enseigne ce qui arriverait lorsqu'on aura décrété l'abolition en principe, si l'on en réservait l'exécution aux assemblées coloniales. Nos chambres, espérons-le, ne tomberont pas dans une pareille faute, elles voudront justifier ce mot des habitants de la Dominique : « Si les français prononcent l'émancipation, elle réussira bien mieux chez eux que chez nous, parce que leurs lois sont plus fermes, plus prévoyantes que les nôtres. On ne peut s'étonner que d'une chose, c'est que tout aille aussi bien au sein de l'anarchie où l'on nous laisse. »

Il serait difficile, en effet, d'imaginer une société avec moins de garanties légales que la Dominique. Depuis l'abolition, rien n'est fixé relativement aux devoirs, aux droits et aux obligations des affranchis; rien n'est réglé pour les conflits inévitables entre les anciens maîtres et les nouveaux libres, dont les

---

[1] Les colonies anglaises sont divisées en deux catégories; les unes*, appelées colonies de la couronne, où la couronne possède seule le pouvoir législatif; les autres **, appelées colonies à charte, qui ont le privilège de faire leurs lois elles-mêmes, mais dont les résolutions ne peuvent passer sans le concours du gouvernement et la sanction métropolitaine.

* La Trinité, la Guyane, Cap de Bonne-Espérance, Honduras, Maurice, Sainte-Lucie.

** Antigue, les Bahamas, la Barbade, les Bermudes, la Dominique, la Grenade, la Jamaïque, Montserrat, Nevis, Saint-Christophe, Saint-Vincent, Tabago, Tortola aux Iles Vierges.

rapports ont si foncièrement changé ; rien n'est précisé pour déterminer et assurer les engagemens qu'ils peuvent prendre les uns envers les autres. Ainsi, pour fournir un exemple, on a donné aux nègres la faculté de rester trois mois dans les cases et sur les jardins qu'ils avaient autrefois comme esclaves, mais on n'a rien statué sur cette prise de possession. Les noirs ne veulent pas s'en aller, et pour les renvoyer il faut l'arrêt des juges spéciaux, qui demeurent tous à la ville.

L'arbitraire des magistrats rétribués décide à peu près seul de toutes les difficultés qui se présentent. Or, si la sagesse des hommes assemblés et s'éclairant mutuellement fait encore des lois entachées de tant d'esprit de parti, quelle partialité ne doit-il pas y avoir souvent dans ces juges uniques et tout puissans?

CHAPITRE II.

EFFETS DE L'ABOLITION.

Malgré les dangers qu'on lui faisait ainsi courir, malgré le désordre nécessaire et les excès qui devaient inévitablement accompagner le passage de l'apprentissage à la liberté, la population noire a montré une modération exemplaire, et, chose presque impossible à croire, quoique beaucoup de fautes et de crimes, qui du temps de l'esclavage recevaient leur châtiment sur les habitations, soient à cette heure traduits devant les tribunaux, on n'a point remarqué que depuis l'émancipation le nombre des prévenus ou des accusés ait augmenté [1].

Les magistrats spéciaux reçoivent très peu de plaintes [2]. Les vols ruraux, déplorablement faciles dans ces vastes campagnes sans clôtures, ne sont pas plus nombreux que par le passé; je dirais qu'ils sont « la moitié moins nombreux » si je n'avais écouté que M. Johnson, de *Rosalie*. M. Bertrand Danglebernes, propriétaire que l'on peut ranger parmi les mécontens, ne va pas jusque-là, mais il convient avec étonnement et loyauté « qu'on lui vole moins de cannes. » Un fait positif, c'est qu'en parcourant la campagne, on trouve des fonds de ravines, fort loin de toute habitation et de toute case, cultivés jusqu'au bord des chemins en bananes, ignames, choux caraïbes, etc. Il est à croire que les gens qui ont pris la peine de planter ces vivres, selon l'expression créole, ne les auraient pas ainsi livrés à la foi publique s'ils n'avaient su pouvoir y compter.

La race noire ressemble à toutes les races humaines; il y a

---

[1] C'est ce que nous disait l'honorable Will. Blanc, ancien attorney général, destitué pour cause d'opposition.

[2] Notre autorité sur ce point est M. Brigton, magistrat spécial.

des nègres bons et mauvais, et c'est une terre, on pourrait dire, qu'il ne s'agit que de bien cultiver pour en tirer des fruits utiles au monde entier.

Le *blue book* de la Dominique pour 1839[1], que l'on a bien voulu nous communiquer, témoigne que nous n'avons pas vu les choses à notre favorable optique d'abolitioniste. Lors des relevés statistiques du 31 décembre 1839, il n'existait à la seule geôle de l'île que 35 prisonniers, sur lesquels on comptait 3 blancs. Au moment où nous la visitâmes (août 1840), elle n'en contenait que 27, hommes et femmes, prévenus et condamnés ! N'est-ce pas bien peu pour une population de 19,000 âmes[2].

Dans presque toutes les îles, même à la Jamaïque, l'état des prisons dépose d'une manière singulièrement favorable pour la

---

[1] Les *blue books*, ou livres bleus, sont des relevés statistiques que chaque île doit envoyer tous les ans au *colonial office*, ministère des colonies.

[2] Les derniers relevés de la population de la Dominique, faits en 1832, ont donné :

Esclaves 6,917 mâles,		
7,470 * femelles.		
14,387 . . . . . Ci.		14,387

A ce nombre il faut ajouter la cargaison du négrier portuguais *Don Francisco*, pris en 1837 près de Roseau, capitale de la Dominique :

155 femmes,		
278 hommes.		
433 . . . . . Ci.		433
Plus de 7 à 800 réfugiés des îles françaises. Ci.		800
Nègres.		15,620
Blancs.		500
Sang-mêlés		3,000
En tout.		19,120

* Ici, comme dans les Antilles françaises, le nombre des femmes dépasse celui des hommes. MM. Sturge et Hervey, dans leur voyage aux *West-Indies*, notent la même différence en plus à Ste-Lucie. A la Barbade les 82,807 esclaves qui furent affranchis en 1834 se composaient de . . . 44,351 femmes
Et 38,456 hommes.
82,807

masse des affranchis. M. Gurney, de la Société des Amis, rend compte en ces termes de sa visite à la geôle de Tortola. « Je n'y trouvai qu'un seul habitant, et l'on m'assura que depuis l'émancipation complète les crimes avaient considérablement diminué de nombre et de gravité. On me permit de parcourir la liste des incarcérations. La plupart n'avaient pour motifs que de légers délits, et je remarquai que le chiffre des écroués, qui dans les six derniers mois de 1827 avait été de 186, était tombé dans les six derniers mois de 1839 à 75; différence, 111 en faveur du régime libre. Pour ce qui est des délits d'un genre plus grave, je me bornerai à dire que les précédentes cours de session, qui embrassent une période de neuf mois, n'ont été, dans la stricte acception du mot, que de longues vacances : pas une seule accusation criminelle ne leur ayant été déférée[1]. »

Nous avons toujours dit que l'on ne pouvait rien effectuer de bon dans la servitude, que l'état de liberté seul comportait l'initiation à la connaissance des devoirs de l'homme social. Il s'est passé aux *West-Indies* un fait très frappant, confirmatif de ce que nous avions avancé. A peine émancipés, les esclaves comprirent les avantages de l'éducation auxquels ils paraissaient fort indifférens autrefois, et jetèrent leurs enfans dans les écoles, qui se remplissent à mesure qu'elles se multiplient. Esclaves, la valeur d'ordre que renferme l'état de mariage n'était pas assez sensible pour les engager à sortir du concubinage où ils vivaient; à peine libres, ils en sentirent la portée, et consacrèrent légitimement leurs unions illégitimes. Il ne nous a pas été possible de faire le relevé de ces unions légitimes, mais toutes les opinions s'accordent sur ce point, que le nombre en est considérable. Il y avait au commencement, trente, quarante, cinquante publications de bans chaque dimanche; il y en a encore beaucoup aujourd'hui. Les blancs prétendent que cela n'est d'aucune signification, et que les noirs

---

[1] *A winter in the West-Indies*, 1839 à 1840, by J.-J. Gurney; London.

ne se marient que pour avoir le plaisir d'entendre mettre le mot *monsieur* ou *mademoiselle* devant leur nom ; c'est une plaisanterie dédaigneuse dont nous avons ri volontiers avec ceux qui se consolent par là de voir leurs anciens esclaves marcher à l'égalité par ces voies de perfectionnement. — Les nègres ont donc fait ainsi d'eux-mêmes un pas immense vers des habitudes régulières. C'est à dire que l'intelligence et la moralité se sont révélées en eux tout à coup. Une telle révolution ne peut surprendre que les gens sans philosophie, car elle est très facilement explicable. L'intelligence et la moralité sont inhérentes à l'homme : elles existent chez l'esclave comme chez le libre; mais, chez l'esclave, elles sont à l'état latent; la servitude les comprime, tandis que l'émancipation les développe. La liberté est féconde par elle-même.

Il faut rendre justice à la nation anglaise : elle fait d'énormes efforts pour répandre l'instruction parmi les émancipés ; elle y met un zèle qui ne connaît pas de sacrifices. Le parlement, avec la loi d'abolition, vota d'abord des fonds exclusivement consacrés à cet objet, et nombre d'associations de diverses natures le secondèrent. C'est une chose consolante que de voir encore tant d'esprits généreux s'appliquer à éclairer le peuple de toutes les classes et de toutes les conditions. Heureuse semence pour l'avenir de l'Angleterre ! Plus il y a d'hommes véritablement cultivés dans un pays, plus les mœurs s'améliorent ! Les sociétés s'adoucissent et se perfectionnent à mesure qu'une plus grande masse d'individus ont été appelés à jouir de la lumière !

L'église anglicane, en premier lieu, a institué à la Dominique quelques écoles et salles d'asile où elle a 191 élèves, filles et garçons. Les fonds sont faits par le gouvernement et par des sociétés religieuses. Les méthodistes ne se soutiennent que par leur propre association; mais avec leur esprit de propagande et le zèle de gens qui ont leur chemin à faire, ils ne se sont pas bornés à Roseau[1]. Ils pénètrent dans la campagne, et sub-

---

[1] Capitale de la Dominique.

viennent aujourd'hui à l'instruction de 800 élèves. L'église catholique ne se pique pas d'égaler ses deux rivales : elle n'a, ou plutôt elle n'avait qu'une classe de 40 enfans. Nous trouvâmes cette classe fermée faute de maîtres. Le catholicisme n'a jamais montré beaucoup de sympathie pour toutes les réformes qui tendent à grandir le peuple. Il est trop l'ami des rois, le défenseur de ce qu'on appelle la légitimité. Heureusement les *Mico-schools* sont encore venues augmenter les ressources du pauvre [1].

Établies à la Dominique depuis dix-huit mois seulement, ces écoles reçoivent déjà, dans les différentes stations répandues sur la surface de l'île, 1,275 élèves [2] qui ne prennent pas au delà

---

[1] L'institution Mico est due à une dame de ce nom qui légua, il y a cent cinquante ans, une propriété dont le produit devait être employé à payer la rançon de chrétiens captifs chez les barbaresques. Cette propriété a depuis acquis une grande importance, et en vertu d'un décret de la cour de chancellerie britannique, le revenu doit en être appliqué à l'éducation des enfans nègres dans les colonies.

Cette belle fondation est dirigée à Londres par des fidéi-commissaires, et aux colonies par des agens locaux appointés. Le système d'enseignement des *Mico-schools* est composé de plusieurs autres combinés ensemble ; il cherche surtout à développer l'entendement des enfans ; il s'attache à ne pas les fatiguer, à captiver leur attention par des moyens agréables. Les murailles de l'école sont couvertes d'images, de gravures coloriées qui amusent les élèves et servent au maître de sujets d'explication et d'analyse. — Les écoles anglicanes enseignent exclusivement le catéchisme et les Écritures saintes ; chez les méthodistes on n'apprend de même à lire que dans l'Ancien Testament. Dans les colonies françaises, les frères de Ploërmel font répéter une prière à chaque changement d'exercice. La Bible est bonne à étudier assurément, mais ne serait-il pas mieux de donner aux enfans nègres des livres où ils apprendraient que la culture de la terre est honorable et que l'agriculteur est un des hommes les plus utiles à la société. — Ce qui distingue particulièrement les *Mico-schools*, c'est qu'elles ne sont soumises à aucune des mille sectes de l'église chrétienne ; il n'y paraît point de catéchisme, et, bannissant les idées de prosélytisme, elles se bornent à former intellectuellement les jeunes esprits qui leur sont confiés.

[2] Garçons venant aux écoles du jour. 487
    Filles   —   —   341
                        A reporter. 828

de 1,200 liv. sterl. (30,000 fr.) sur le budget de la fondation. Le nombre de 1,275 mérite une attention particulière en cela que l'on doit payer une légère rétribution pour être admis aux écoles Mico. Quelque minime que soit cette rétribution, le principe en est excellent dans les colonies où la classe ouvrière gagne assez pour la pouvoir supporter. Il serait imprudent d'exagérer le moyen, mais il est très sage d'amener insensiblement les nègres devenus citoyens à satisfaire par eux-mêmes à tous leurs besoins et à tous leurs devoirs.

En résumé, voilà près de 2,000 individus, enfans et adultes, qui reçoivent l'éducation primaire à la Dominique. Sur une population de 19,000 âmes, c'est une proportion énorme, et si l'on continue à donner de pareils soins à la race des émancipés, il n'y a aucun doute qu'elle ne devienne apte fort rapidement aux obligations les plus abstraites de l'homme libre.

Les nègres, comme il a été noté plus haut, ont merveilleusement senti tout de suite le prix de ce qu'on faisait pour eux, et ils y ont répondu en envoyant tous leurs filles et leurs fils à ces écoles si libéralement ouvertes. Le lieutenant-gouverneur Light disait déjà, dans une des dépêches du temps de l'apprentissage : « On peut juger du désir d'apprendre qui est dans la classe noire, lorsqu'on voit les enfans acheter avec hâte les petits livres élémentaires[1] ». Aussi l'intendant des *Mico-schools*, M. Gordon, qui tous les jours est obligé de refuser, faute de place, de jeunes élèves que l'on amène aux diverses stations, vient-il d'écrire en Europe pour engager la société à étendre

Report.	828
Hommes venant aux écoles du dimanche. . .	114
Femmes — — . . .	87
Garçons — — . . .	147
Filles — — . . .	99
	1275

C'est à l'obligeance de M. Gordon, intendant des écoles Mico à la Dominique, que nous devons toutes ces notes.

[1] *Précis de l'abolition*, etc., première publication.

ses bienfaisantes opérations.—Ne manquons pas de faire observer que les nègres adultes se montrent pour eux-mêmes désireux de sortir d'ignorance. Les écoles du dimanche, plus particulièrement fréquentées par les adultes qui sont occupés pendant la semaine à gagner leur vie, comptent à Mico et aux méthodistes 714 élèves.

Il est digne de remarque que la colonie ne donne pas une obole aux établissemens d'instruction qu'elle possède. Plusieurs fois *l'assemblée* (les hommes de couleur y ont maintenant la majorité) a voté des fonds pour cet objet, mais le *conseil* (les blancs y sont en majorité) a toujours refusé[1].

Les blancs sont opposés à l'instruction du peuple. Toutes les aristocraties, petites ou grandes, se ressemblent. Dans l'espèce, toutefois, les blancs nous paraissent avoir raison de dire que la colonie a des dépenses plus urgentes, puisque la charité suffit aux écoles, et qu'il serait mieux de voter des taxes pour entretenir les chemins, qui sont dans un effroyable état. *L'assemblée* n'a par malheur jamais rien voulu faire de semblable.

[1] La Dominique étant une île à charte, son administration est un petit abrégé de celle de la Grande-Bretagne. Il y a ici une chambre haute, appelée *conseil*, composée de sept membres nommés par le gouverneur, avec une chambre basse, appelée *assemblée*, composée de dix-sept membres à la nomination du peuple. Le gouverneur représente le troisième pouvoir.

CHAPITRE III.

TRAVAIL.

Mais le travail, le travail, demandent les économistes et les intéressés ; où en est le travail ? C'est là qu'est le bien ou le mal. Voyons, comptons avec ceux qui, peu sensibles à la délivrance de 800,000 âmes, résument toute la question en sacs de café et en barriques de sucre. Rien ne vaut les chiffres. Adressons-nous aux chiffres.

Voici donc pour la Dominique le tableau officiel des récoltes de sucre pendant les seize dernières années.

	SUCRE.	RHUM.	SIROP.	NOMBRE COMMUN.
1824	2,911 boucauts.	418 barriques.	836 barriques.	
1825	3,003 —	388 —	796 —	Sucre 3,214-2-5
1826	3,229 —	389 —	834 —	Rhum 410-3-5
1827	3,010 —	331 —	853 —	Sirop 891 *id.*
1828	3,919 —	527 —	1,136 —	
1829	3,826 —	681 —	850 —	
1830	4,299 —	941 —	256 —	Sucre 3,873-4 5
1831	4,005 —	1,001 —	807 —	Rhum 716
1832	3,907 —	545 —	486 —	Sirop 563
1833	3,532 —	512 —	456 —	
1834	3,775 —	419 —	405 —	
1835 [1]	1,715 —	96 —	147 —	Sucre 2,714-4-5
1836	2,498 —	84 —	221 —	Rhum 174-1 5
1837	2,346 —	93 —	353 —	Sirop 305-3 5
1838	3,240 —	179 —	402 —	
1839	2,606 —	93 —	444 —	
1840	2,220 —	56 —	586 —	

La récolte de 1840, toute entière plantée, cultivée, coupée, roulée et fabriquée par les ouvriers libres, ne se monte qu'à

[1] L'ouragan de 1834 est la cause du déficit de cette année ; ses terribles effets se sont fait sentir jusqu'en 1838.

2,220 boucauts[1], tandis que le terme moyen des quinze années précédentes est de 3,260 !

Les nègres libres ont moins travaillé que les nègres esclaves, cela est incontestable. Mais n'est-ce pas tout simple? On les a tirés de vos mains parce que vous les forciez à travailler malgré eux ; quoi de surprenant qu'ils en fassent moins, aujourd'hui qu'ils ne sont plus sous votre verge exigeante? Personne a-t-il jamais nié que des gens condamnés à un labeur forcé ne voulussent prendre quelque repos lorsqu'ils en auraient le pouvoir? Pouvait-on raisonnablement espérer qu'un changement aussi radical s'opérât sans jeter quelque agitation dans les esprits? et loin de se lamenter, ne doit-on pas être surpris au contraire que la commotion n'ait pas eu des effets plus prolongés, et que l'indépendance ait assez rapidement moralisé les esclaves pour qu'ils n'aient pas instantanément refusé tout travail? Considérez d'ailleurs que ces 2,220 boucauts forment la récolte de la première année de liberté absolue !

En présence de ces chiffres, des hommes auxquels leur position donnerait crédit si l'on ne voyait qu'ils sont insensés, écrivent audacieusement : « C'est la Martinique, aujourd'hui, qui fournit à Sainte-Lucie et à la Dominique le sirop, le sucre et le café pour leur usage[2]. »

Maintenant que nous avons déclaré le fait de la diminution des récoltes sans crainte ni embarras, expliquons-le ; il nous serait même permis de dire, justifions-le.

L'effervescence des premiers momens n'a pas seule contribué au déficit; le nombre des bras employés sur les habitations, il ne faut pas l'oublier, a subi une diminution réelle, effective. Beaucoup de femmes, en premier lieu, ont cessé de manier la houe ; aujourd'hui que chacun vit pour soi, celles-là surtout qui ont une nombreuse famille restent à la maison,

---

[1] Le poids des boucauts de sucre anglais est de 1700 liv. françaises. Les nôtres, on le sait, ne sont que de 1000 liv.

[2] Le président du conseil colonial de la Martinique. 20 avril 1841.

où elles s'occupent de leur intérieur, dont les soins deviennent plus considérables à mesure que l'on se rapproche davantage du rang d'êtres civilisés. — C'est un malheur du travail isolé que tant de femmes soient absorbées par le ménage, mais quelle âme honnête le voudrait racheter par la servitude? Il se corrigera si jamais l'avènement du travail en association harmonique révélé par Fourier vient réjouir la terre. Les enfans alors seront réunis sous la surveillance de quelques matrones appelées à remplir cet emploi par leur instinctif amour pour l'enfance, et les mères vaqueront à d'autres obligations, sans être forcées de s'employer toutes à veiller chacune sur son nouveau né.

Un certain nombre de jeunes filles ont disparu des ateliers par un motif moins légitime. Ces malheureuses créatures, plutôt que d'aller encore creuser les champs souillés par la servitude, aiment mieux demander à la débauche de quoi satisfaire à leurs besoins. — La prostitution! Affreux vice des sociétés, commun à la liberté et à la servitude, qu'une longue action moralisatrice pourra peut-être atténuer, mais que l'esclavage n'a jamais prévenu et n'aurait jamais su corriger.

Quelques hommes ont quitté l'île au commencement pour aller à la Trinidad et à Démérary, où ils croyaient être mieux payés[1], d'autres se sont établis pour leur compte particulier,

---

[1] « Outre une case et un jardin qui leur seraient alloués gratuitement, les émigrans recevraient, comme tous nos laboureurs, un salaire réglé sur le pied d'un demi-dollar, d'une demi-livre de poisson et d'une petite pitance de rhum par tâche. On peut aisément faire deux de ces tâches par jour. *»

Le prix avantageux que les habitans de la Trinité et de la Guyane peuvent faire aux laboureurs s'explique par la prodigieuse fertilité des sols vierges qu'ils exploitent, fertilité qui rend le travail plus productif. Dans ces deux colonies, on tient pour terres inférieures celles qui ne donnent que pendant dix ou douze ans sans être replantées. La canne une fois piquée ne cesse de fournir des rejetons qu'on coupe à chaque ré-

* Lettre du gouverneur de la Trinité au ministre secrétaire d'état des colonies, 21 juillet 1840.

sans qu'on s'y opposât, sur les terres de la Reine, comme disent les Anglais, c'est à dire sur les terrains vagues[1]. Ils y subsistent isolément en cultivant des vivres et un peu de cannes dont ils fabriquent du sirop qui se vend au marché pour la consommation de l'île[2]. Plusieurs enfin ont loué quelque petit morceau de champ où ils vivent de la même manière.

Arrêtons-nous pour noter que les affranchis plantent des cannes aujourd'hui dans leurs jardins, ce qu'ils ne faisaient pas étant esclaves. C'est une observation que nous tenons de M. Bertrand d'Anglebernes et que nous avons pu constater par nous-même. — Les colons français soutiennent que les nègres une fois libres pourront peut-être *planter des vivres* à leur usage, mais ne s'adonneront jamais à la canne, véritable culture des colonies, parce que cette culture demande des soins continuels!

Outre les raisons déjà énumérées, il faut ajouter que les nègres ont encore beaucoup de répugnance pour le travail de la terre. Ceux-là seuls qui n'ont pu faire autrement y sont retournés; une certaine quantité de laboureurs sont restés en ville, où ils remplissent tous les cadres de métiers qu'ils pou-

---

colte. « Il y a un quartier de la Trinité fort étendu appelé Naparima nord et sud dont les plantations, encore très productives, n'ont pas été renouvelées depuis vingt ans![*] »

[1] Il a été rendu, le 31 juillet 1838, par la législature locale, une loi pour empêcher ces prises de possession, contraires à toutes les notions du droit et de la justice, et pour expulser l'intru : elle n'a jamais été exécutée. — Les Anglais ne possèdent pas notre belle institution du ministère public. L'attorney général (notre procureur du roi) plaide lorsqu'on lui porte plainte, autrement il se tait, et l'on ne s'adresse à lui qu'à toute extrémité, car la moindre plainte entraîne des longueurs interminables et des frais considérables.

[2] Ils pressent la canne dans de petits moulins à deux rouleaux de bois qui se manœuvrent à la main, et font cuire le *vesou* jusqu'à l'état de sirop.

[*] Témoignage de M. Burnley dans l'enquête faite en 1840 par la Chambre des communes sur l'état des West-Indies. Voir *Précis de l'abolition*, deuxième partie de la troisième publication.

vaient occuper. Un planteur ne peut quelquefois pas trouver de bras, sans que ce soit paresse des nègres : ils sont employés autre part, à des ouvrages qu'ils préfèrent. M. Walt, qui dirige à la fois l'exploitation de la grande soufrière de la Dominique et une sucrerie, nous a dit qu'il ne manquait jamais de monde pour la soufrière. M. Laidlaw, qui taille un chemin dans une montagne de roches où il faut faire jouer la mine, a plus d'ouvriers qu'il n'en veut et en refuse tous les jours. (Rapport du directeur des travaux.) — A la soufrière, on vit dans une atmosphère de feu ; au chemin, on est suspendu au-dessus d'un abyme. Mais il n'importe, le nègre préfère ces ouvrages dangereux, quoique bien autrement durs que ceux de la canne, parce qu'ils ne sont pas du moins empreints des vieux souvenirs de servitude attachés à la houe.

Le manque de bras en tous cas date de loin à la Dominique : la difficulté d'en trouver tient à ce qu'il n'y en a pas assez, et ce n'est pas d'aujourd'hui que les maîtres se plaignent de la pénurie des travailleurs. On voit, en parcourant l'île, les ruines de plusieurs sucreries abandonnées depuis longtemps pour cette cause. La Dominique eut autrefois jusqu'à 25,000 esclaves; mais l'avantage que l'on trouvait depuis l'abolition de la traite à les vendre aux planteurs de la Guyane, détermina beaucoup de maîtres à se défaire d'une partie des leurs. — Les nègres n'ont toujours été pour leurs propriétaires que des animaux parlants, et l'on ne se faisait pas plus scrupule de les arracher à leur sol natal, que s'il se fût agi des bœufs de Puerto-Rico.

Aujourd'hui, la population noire monte à 15,000 ; déduisez de ce chiffre les gens employés dans les bourgs ou les villes, ceux attachés au service domestique, et vous verrez qu'il reste 10,000 agriculteurs au plus pour des terres qui pourraient en occuper 30,000, quoique la vingtième partie du territoire mis en exploitation ne soit pas cultivée [1].

---

[1] La Dominique est cependant une des plus petites îles des Antilles.

Le petit nombre des travailleurs, et c'est pour cela que nous en parlons, est encore une cause, eu rapport à la surface exploitée, qui tend à les inutiliser. A l'époque où nous visitions la campagne, M. Johnson, sur l'habitation *Rosalie,* et M. Danglebernes, sur celles de *Tabery*, *avaient à leur disposition plus de nègres qu'ils n'en pouvaient employer.* Ces nègres, anciens esclaves des deux habitations situées au vent de l'île, sont restés dans leurs vieilles cases, ils se trouvent trop loin des autres usines pour aller y louer leurs bras, et comme ils ont de quoi vivre sur leurs jardins, ils ne courent pas ailleurs, malgré l'inconstance et le désir de changement prêtés à leur race.

Après tout, il y aurait mauvaise foi ou erreur à prendre ce qu'on a déjà obtenu des nouveaux libres pour la norme de ce qu'on obtiendra.

Un des privilèges de la liberté est de progresser, d'améliorer toujours, et ce n'est pas un de ses moindres avantages sur la servitude, dont l'essence, au contraire, est de rester inamoviblement stationnaire. Lors même que les nègres montreraient de plus mauvaises dispositions, il n'en faudrait pas moins se rappeler que ce sont des affranchis d'hier, d'anciens esclaves, et qu'avec l'éducation surtout que reçoivent leurs enfans, on doit attendre naturellement mieux des générations à venir. « Nous ne faisons pas autant que nous faisions, nous disait l'honorable W. Blanc, mais je suis convaincu que nous regagnerons le temps perdu si la métropole et la puissante société des amis des noirs n'empêchent point les nègres de travailler par des mesures intempestives. » La parole de l'honorable W. Blanc n'est pas suspecte, car attaché par naissance et par habitude au système de l'esclavage, il serait, par sa fortune

---

elle n'a que treize lieues de long sur trois de large. On estime sa surface à 186,436 acres [*], dont 86,000 seulement sont employés soit en culture, soit en prairie. Elle pourrait contenir cinq fois le nombre actuel de ses habitans.

[*] L'acre anglais a 660 pieds anglais de long sur 60 de large.

seule, l'un des chefs de la résistance, si les talens dont il est doué ne l'en avaient pas fait le principal coryphée.

Et ce n'est pas là une opinion individuelle sans conséquence parce qu'elle serait sans écho ; on est fort loin, à la Dominique comme en Angleterre, de désespérer des colonies.

Les propriétés valent ici ce qu'elles valaient avant l'émancipation, et le crédit des habitans a plutôt augmenté à Londres qu'il n'a baissé.

Il est facile de donner à cette affirmation des faits pour appui. M. Théodore Gordon, l'un des principaux membres de l'aristocratie blanche, créole de la Dominique, où il vient de rentrer après avoir séjourné cinq ou six ans à Démérary, a récemment acheté (août 1839), une sucrerie pour la somme de 5,400 liv. sterl. (135,000 francs) payés en écus. *Les nègres à part, elle ne valait pas davantage autrefois*, et il l'achèterait encore, nous disait-il, si le marché était à conclure [1].

M. Dugald Laidlaw, riche propriétaire, et fondé de pouvoir de vingt-deux propriétaires absens, fait mieux ; il monte une sucrerie neuve, les travaux sont commencés, et pour l'établir là où il veut, à Watten Waven, paroisse Saint-Georges, il est obligé d'ouvrir un chemin d'exploitation qui ne lui coûtera pas moins de 60,000 francs ! cela à ses propres frais, sans que le gouvernement participe en rien à cette entreprise, véritable ouvrage public. Un autre créole d'ici a pris à loyer une petite habitation pour 500 liv. sterl. (12,500 francs) par an ; enfin il est à notre connaissance que le propriétaire de l'habitation *Geniva* vient d'en refuser 10,000 liv. sterl. (250,000 fr.)

Comparez cette situation avec celle des colons français. Ils luttent péniblement contre la liberté qui les déborde ; ils augmentent leurs embarras pécuniaires en payant quelques écrivains perdus pour chanter les douceurs de l'esclavage ; et pendant

[1] La Dominique a eu 275,356 liv. sterl. pour sa part d'indemnité ; ses esclaves ont été payés, terme moyen, depuis les commandeurs jusqu'aux vieillards, infirmes et enfans nouveau-nés, 19 liv. sterl. 10 sh. (487 fr. 50 c.).

qu'au milieu de ces tristes efforts, toujours pleins d'inquiétudes, ils n'osent relever les murs de leurs maisons ruinées, les colons anglais fondent de jeunes établissemens. Chez eux la mort, ici la vie. Chez eux le découragement, ici plus d'activité que jamais!

On peut par ces faits et ces chiffres juger de l'avenir que les habitans des *West-Indies* supposent, malgré la diminution actuelle des récoltes, au travail libre qu'ils expérimentent depuis deux ans. Voilà des propriétaires, gens riches, sachant ce qu'ils font, qui mettent plus de 200,000 francs de premiers frais dans une sucrerie nouvelle! Quand les hommes dans cette position placent de la sorte leur argent et leur industrie, assurez-vous qu'ils sont loin de regarder le pays comme perdu!

De quel étrange esprit d'erreur ne sont pas frappés nos frères des colonies françaises pour écrire après cela : « Les colons anglais sont déjà entraînés dans l'abyme [1]? » Ils ont trouvé, il est vrai, un moyen assez commode de détruire la valeur de tout ce qu'on peut leur dire, de toutes les pièces favorables à l'émancipation qu'on peut leur rapporter : ils nient purement et simplement, et vous répondent que l'Angleterre veut tromper le monde entier, ses propres colonies et elle-même ; « que la perfidie et le mensonge des déclarations officielles sont évidents, et qu'il est constant que l'abolition de l'esclavage a frappé de stérilité toutes les îles de la Grande-Bretagne [2]. »

Nous ne savons absolument rien à répliquer à ces affirmations lancées les yeux fermées, et comme nous ne croyons pas, nous, que l'Angleterre ait aucun intérêt à falsifier ses livres, tronquer ses chiffres, torturer ses états de douanes et bouleverser son immense comptabilité pour soutenir la mesure négrophyle, « pour substituer la barbarie à la civilisation [3], »

---

[1] M. Chazelles : Rapport de la commission du conseil colonial de la Guadeloupe, 1840.

[2] *Essai sur l'administration des colonies*, par M. Mauny.

[3] Même brochure. M. Mauny n'a pas fait erreur en se servant du

nous allons donner le tableau des exportations de la Grande-Bretagne à la Dominique.

	1833	1834	1835	1836	1837	1838	1839
Liv. sterl.	56,773	67,350	88,728	81,067	58,615	115,024	72,217

	1840	1841
— —	76,201	33,421

Le chiffre de l'année 1840 différant à peine de ceux de 1839, 38, 37, démontre mathématiquement la prospérité matérielle de l'île et le néant des craintes autrefois conçues [1].

Ce n'est pas, il s'en faut de beaucoup, que tout soit à la Dominique aussi bien qu'on le voudrait. Une chose fâcheuse par dessus toute autre, c'est que les nègres ne vont aux champs que cinq jours par semaine. Comme le sixième jour leur appartenait du temps de l'esclavage, il leur est resté dans l'esprit qu'il n'appartient pas au travail, et par suite de ce raisonnement, la moitié d'entre eux au moins se dispense d'aller cultiver même leur propre jardin ; aussi les vivres sont-ils moitié plus chers qu'ils ne l'étaient avant l'abolition. On aura d'autant plus de peine à détruire cette mauvaise habitude, que les Anglais, avec leur ridicule observation du sabbat, entretiennent le désordre. Bien que la plus grande partie des habitants de cette île soient de bons papistes, les méthodistes et les anglicans ont fini par inutiliser le dimanche et le rendre à la Dominique aussi ennuyeux qu'il l'est en Angleterre. Tout est fermé, triste, enchaîné, mort. On ne peut plus vaquer à aucune occupation, on ne peut plus danser, on ne peut plus rire. Nous avons vu un homme, ordinairement de bon sens, refuser de jouer une partie d'échecs. Le culte de la déesse Raison, dont les Anglais religieux se moquent beaucoup, n'était certainement pas plus déraisonnable.

Il s'ensuit que le marché même a été transféré du dimanche

mot civilisation : tous les créoles croient encore qu'un état social où existe l'esclavage peut être un état civilisé.

[1] On peut s'en rapporter à l'exactitude de ces chiffres. C'est le collecteur des douanes de l'île qui a bien voulu les relever à notre demande.

au samedi, et c'est là qu'est le mal. Le laboureur est obligé de descendre à la ville pour apporter ses fruits et ses vivres; chacun est ou se croit de même obligé de quitter le travail pour venir à la place faire les provisions de la semaine, et il ne faut pas être très clairvoyant pour savoir que la journée, ainsi une fois coupée, est à peu près perdue.

Moïse, en instituant le dimanche pour forcer le maître à donner du repos aux esclaves, ne se doutait guère que les Anglais se serviraient de sa loi pour empêcher les affranchis de travailler le samedi.

En tous cas, les nègres nous paraissent moins coupables de *faire le samedi* que les ouvriers européens de *faire le lundi*; car il faut cependant bien que l'homme se délasse, et en conscience le dimanche, morne et désolé comme on l'a rendu, ne peut passer pour un repos. — Ce ne sont pas les nègres qui ont fait les choses ce qu'elles sont. Quand on abolit le marché du dimanche à Antigue, les esclaves trouvèrent le changement si peu de leur goût qu'il y eut une sorte de révolte. — Tout devient sujet d'extrême mécontentement pour des âmes aigries. Il fallut proclamer la loi martiale, et l'autorité livra au bourreau un des coupables, sans compter plusieurs autres rudement fouettés!

Si encore cela était pratiqué en vue de soulager les affligés de cette terre; s'il était possible d'instituer de cette manière un véritable repos pour tous ceux qui sont condamnés à vivre du produit d'un pénible labeur! Mais les ministres fulminent contre celui qui gagne sa vie le dimanche, et ils se font servir tout le long du saint jour par leurs domestiques. Ils crient anathème contre tel autre qui fait bâtir le dimanche, et ils trouvent tout simple que les riches viennent à la chapelle en voiture avec cocher devant et laquais derrière! Ils font fermer le dimanche jusqu'aux boutiques de bouchers, et ils laissent ouverts par exception les *gin-houses*[1], lieux de perdition autorisés et patentés où le peuple va toute l'année se corrompre et s'abrutir!!!

[1] Ce sont nos marchands de vin.

CHAPITRE IV.

CONDITION DES AFFRANCHIS.

Pour ce qui est de la position générale des nouveaux libres à la Dominique, elle est bonne, mais elle pourrait l'être davantage. Le gouvernement, nous l'avons déjà dit, a manqué de prévoyance, il n'a pourvu à aucune disposition de détail. La législature locale, par l'acte d'affranchissement définitif en date du 31 juillet 1839, avait décrété que les maîtres seraient tenus de conserver leurs cases aux vieillards et aux infirmes, et de leur distribuer chaque semaine six escalins (51 sous de France), remboursables sur le trésor public de la colonie[1]. Mais outre ce qu'un tel arrangement a d'arbitraire, on remarque qu'il n'y a rien de spécifié pour les cas de maladie où les soins du médecin deviennent nécessaires! Qu'arrive-t-il? On peut le prévoir sans que nous ayons à en faire le pénible tableau?

La liberté donnée inconsidérément, sans l'aide que l'on doit au jeune citoyen lancé à travers le courant de la libre concurrence, a produit le peu de fruits amers qu'elle pouvait porter; on voit des mendians dans les rues, les *mal pieds* s'enveniment et des infirmes étalent sur les places publiques des plaies ou des difformités repoussantes. Plusieurs émancipés, cela nous a été positivement attesté, sont morts dans leurs cases, seuls, privés de secours, tués par la maladie à laquelle ils ne pouvaient et ne savaient opposer nul remède!

Ces morts affreuses épouvantent le lecteur; combien ne l'épouvanteront-elles pas davantage quand on saura qu'il n'a rien été fait pour en prévenir de nouvelles! Qui doit-on accuser?

---

[1] Cette disposition a été remplacée en mai 1840 par une loi des pauvres (*poor law*) qui accorde 4 schell. 1/2 par semaine aux pauvres désignés par les magistrats spéciaux.

Les gouverneurs qui se sont succédés? Le cabinet de Saint-James? Ou plutôt les magistrats rétribués? Pourquoi, puisqu'ils existent, leur attention ne se porte-t-elle pas sur cet objet d'une manière particulière? C'est une société sauvage, l'ignorent-ils donc, celle qui ne défend pas ses membres des guet-à-pens de la fièvre comme de ceux des voleurs. Nous avons eu sous les yeux, en ce genre, une chose d'une tristesse désolante. C'était une jeune négresse : la maladie avait altéré son visage, creusé ses joues et agrandi démesurément ses yeux, qui brillaient d'un feu dévastateur; elle était assise devant sa case, ramassée sur elle-même, ses bras amaigris à l'entour de ses genoux. Au milieu d'un champ de café, loin de toute autre case, elle n'avait autour d'elle, hélas! que deux pauvres petites créatures de trois à quatre ans, fils d'un nègre qui s'est enfui de la colonie après avoir commis plusieurs vols. Avant de tomber malade, elle travaillait bien et nourrissait ses enfans; frappée un jour d'un coup d'air, elle fut obligée de se mettre au lit, la fièvre ne se fit pas attendre, les poumons s'entreprirent, et il y avait deux grands mois qu'elle était en train de mourir quand nous la rencontrâmes. — Du temps de l'esclavage, nous dit le propriétaire qui l'emploie et qui la voyait pour la première fois (il séjourne ordinairement à Roseau), du temps de l'esclavage, cette malheureuse femme n'eût point été ainsi abandonnée, son maître eût fait venir à prix d'or un médecin pour la soigner. — Oui, sans doute, comme vous faites venir tous les jours un vétérinaire pour votre cheval.— Qu'importe, Monsieur, reprit-il d'une voix sévère, du moins on n'arriverait pas trop tard pour la sauver. — Nous n'eûmes rien à répondre.

Mais est-ce donc la liberté qui est responsable de l'assassinat de cette femme? N'est-ce pas l'incurie de l'administration? Quoi! en Europe, où le peuple jouit de son indépendance depuis un siècle, où il s'est accoutumé à pourvoir à tous ses besoins, où il a la connaissance des charges que l'homme s'impose en vivant au milieu de l'état social! quoi! là, vous votez des lois des pauvres, vous créez des sociétés de bienfaisance pour le soulagement des misères, vous construisez de vastes hôpitaux pour les malades, et ici, où vous avez affaire à un peuple d'émancipés qui ne sait rien de la vie, qui n'a et ne peut avoir d'avances, vous le laissez à lui-même et ne prévoyez rien pour lui! — L'indépendance donnée à des esclaves sans l'établissement préalable d'un hôpital est un acte que l'on peut qualifier de meurtrier, et l'on ne saurait trop s'étonner qu'une nation éclairée comme l'est la nation anglaise s'en soit rendue coupable. La France, espérons-le, ne commettra pas la même faute.

Les habitans de Roseau ont cherché à remédier au mal en donnant plus d'étendue à une société de bienfaisance qui existait déjà avant l'émancipation, *Dayly meal society* (société du pain quotidien), qui donne la nourriture à des pauvres. Ils ont aussi créé un petit hôpital soutenu par des souscriptions particulières, où sont reçus, sans distinction de culte, les infortunés qui se présentent. Malheureusement, cet hôpital, en dépit du bon vouloir de son directeur, le révérend M. Clark, ne peut guère admettre plus de vingt pensionnaires. — Ce ne sont là que des palliatifs : un gouvernement d'ailleurs ne doit point laisser à la charité publique le soin de ses malades.

Avant de finir, nous voudrions indiquer, à titre de renseignement utile pour les colons français, les conditions du travail libre. Cela est difficile. Rien n'a été stipulé à ce sujet par une loi organique. La métropole s'est imposé de ne se mêler en aucune façon de cette matière, tout a été livré à la volonté individuelle des engagistes et des engagés. On peut cependant donner les termes suivans comme ceux qui ont été généralement adoptés. Le prix courant de la journée d'un ouvrier de passage est de deux escalins (17 sous de France[1]). A celui qui

[1] Un escalin vaut 5 pence 7/8, à peu près 4 pence; or, un penny valant deux sous de France, 4 pence valent 8 sous. Deux escalins, en tenant compte de la petite fraction, se réduisent donc à 17 sous de France.

s'engage à travailler régulièrement cinq jours par semaine, le propriétaire accorde de même deux escalins par jour, plus une case et un jardin où l'ouvrier peut planter des vivres. C'est un moyen de l'attacher à l'habitation et de l'avoir toujours à ses ordres. Quelquefois le nègre donne deux journées pour loyer de la case et du jardin, et le reste du temps va s'occuper où il lui plaît. — Les femmes qui ont continué leur ancien métier de cultivateur reçoivent le même salaire que les hommes ; c'est justice, car elles font à peu de chose près la même besogne et aussi bien. — Un arrangement assez ordinaire sur les caféières, est de confier la terre à un entrepreneur qui la cultive à ses frais comme il l'entend, et fournit pour redevance la moitié des produits en nature. Autre part, on remet tant d'acres de café à un nègre qui se charge de les entretenir et qui reçoit tant par quantité donnée de café en cerises[1]. C'est à lui à bien fumer, bien sarcler et bien soigner ses arbres, de façon à leur faire rapporter le plus possible. On donne aussi l'ouvrage à la tâche. Lorsqu'il est applicable, ce procédé est le meilleur à employer, et les hommes pratiques sont unanimes sur ce point, que les nègres dans ce cas font le double de travail depuis qu'ils sont libres ; leur prétendue indolence naturelle disparaît lorsque leurs intérêts sont en jeu. Deux esclaves prenaient tout un jour pour creuser cent trous de cannes ; un émancipé à la tâche en fait aisément le même nombre en six heures. M. Johnson nous disait avoir vu faire à un homme par contrat en deux jours ce que le même homme mettait une semaine à achever lorsqu'il était esclave. M. Pennell, juge spécial à Rio-bueno (Jamaïque), a dit dans un de ses rapports : « J'ai vu les registres de plusieurs plantations qui font foi que le travail de vingt-quatre heures, terme moyen, au temps de la récolte et pendant les dernières années de la servitude, n'excédait pas celui qui se fait aujourd'hui en neuf heures. »

En somme, il n'y a aucun doute, au dire, non de tous, mais

[1] Le café encore dans la baie qui l'enveloppe.

de la majorité des habitans de la Dominique, que les frais d'exploitation de leurs biens ne soient devenus moins considérables que du temps de la servitude. Ils ne paient que ce qu'on fait ; ils n'ont plus de vétérans, de ces esclaves qui, devenus vieux, improductifs, sont une charge pure ; ils ne sont plus obligés d'entretenir ceux qui veulent se reposer, de nourrir ceux qui, sous prétexte de maladie, se dispensaient d'aller au jardin. Ils n'ont plus le capital de l'ouvrier dehors, il ne leur reste à son égard aucune chance de perte, aucun devoir de protection, aucune responsabilité.

Ainsi tout le monde aura gagné à l'une des mesures les plus généreuses et les plus imposantes qu'ait prises une grande nation depuis l'histoire du monde.

Nous avons fidèlement rapporté ce que nous avons vu dans cette île, et non moins fidèlement répété ce que l'on peut recueillir de la bouche des propriétaires. Le tableau est exact, il est rassurant, et tout confirme les bons espoirs des abolitionistes. Afin de les faire mieux partager aux lecteurs, nous éprouvons le besoin de dire deux mots qui nous sont personnels.

Dans l'enquête dont les résultats sont ici offerts au public, et pour suppléer à notre insuffisance naturelle par une extrême bonne foi, nous avons essayé, autant que notre tempérament le permet, de voir juste, et surtout de ne pas accommoder les choses selon nos désirs.

Nous nous sommes instruit à la leçon des faits ; nous en avons amassé beaucoup avant d'en généraliser les conséquences. Nous ne nous sommes jamais borné à la surface, tenant toujours compte, au milieu de nos études, de la fâcheuse disposition qu'ont la plupart des hommes à être de l'avis de ceux qui les questionnent, et nous défiant de la docilité qu'ils montrent, soit par indolence, faiblesse ou flatterie, à dire comme désire leur interlocuteur, nous avons enfin cherché la vérité avec calme, pour l'amour de la vérité. Nos convictions ne sont pas seulement des convictions de principes, elles sont raisonnées, et c'est en parfaite assurance que nous posons cette conclusion : l'état de progrès notables où se trouvent les émancipés anglais atteste irréfragablement la capacité de la race nègre à comprendre, sous l'influence d'une bonne éducation, tous les devoirs de l'homme libre, et à parcourir, avec le temps, tous les degrés de la civilisation.

JAMAÏQUE.

(AVRIL 1840.)

CHAPITRE I.

ÉMANCIPATION.

Nous voici arrivé à la Jamaïque, à cette vaste colonie dont les partisans de l'esclavage citent toujours le nom comme un épouvantail pour les amis de la liberté, et dont les troubles sont connus de ceux mêmes qui ne connaissent pas les crimes de la servitude. Ces troubles, ces malheurs, nous les exposerons tous sans les atténuer, sans les altérer : nous en emprunterons le récit à nos adversaires; nous les vérifierons ; nous en chercherons les causes, et le lecteur ensuite prononcera.

Avant d'aller plus loin, disons ce qu'est la Jamaïque, pour montrer tout de suite que ce n'est pas sans motif qu'on attache à ce qui s'y passe une extrême importance.

La Jamaïque, située à 30 lieues sud de Cuba, est presque à la même distance d'Haïti; c'est, après ces deux îles, la plus grande des Antilles. Elle a, selon M. Humboldt, 460 lieues marines carrées. Quelques géographes anglais lui en donnent 534 ou 4,090,000 acres. Sa configuration présente un ovale de 160 milles (53 lieues) de long sur 40 milles (13 lieues) de large.

Le *Précis de l'abolition de l'esclavage dans les colonies anglaises* admet qu'il s'y trouve :

```
         809,450 acres de terres en culture,
    et 1,914,812   »    »   en savanes.
       ─────────
       2,724,262
```

Mais nous trouvons, dans l'*Almanach de la Jamaïque* de

1839, les notes suivantes établies d'après un cadastre opéré en 1818.

639,000 acres, occupés par des sucreries.
280,000   »   » fermes et plantations.
181,000   »   » café, piment, gingembre, etc.
―――――――
1,100,000
1,135,733 »   » savanes et terres ayant propriétaires.
―――――――
2,235,733

Les 1,800,000 acres de surplus sont à peu près impropres à la culture, non pas à cause de la mauvaise qualité du sol, mais parce que tout est en montagnes.

On n'est point fixé sur le nombre des blancs qui se trouvent à la Jamaïque. Lors de la promulgation de l'acte d'affranchissement, on le faisait monter, y compris celui des libres, de 25 à 30,000. Les recensemens faits à cette époque pour déterminer l'indemnité donnèrent 311,070 esclaves.

Le capital de la Jamaïque, terres, bâtimens, machines, maisons, etc., est estimé 58,125,288 liv. sterl.[1], près d'un milliard et demi de francs.

Si l'on veut considérer en outre que la situation de cette île magnifique à l'entrée du golfe du Mexique et en face de l'isthme de Panama, en fait un point maritime et politique de la plus haute importance, on verra que l'Angleterre, là seulement, ne sacrifiait pas peu, dans ce projet monstrueux de ruiner toutes les Antilles au profit de ses possessions de l'Inde Orientale, que nos fortes têtes de la chambre des Députés lui prêtaient encore il y a quelques mois, sans crainte de se couvrir de confusion.

En tous cas, la population esclave ne se montra pas très disposée à soutenir les desseins fondés sur elle. Au 1er août 1834, 320,000 nègres affranchis se trouvèrent en présence

[1] *Précis de l'abolition*, première publication.

de 20,000 blancs, et le premier jour de la liberté se passa dans les temples à prier! Ceux qui suivirent furent également tranquilles; à peine quelques légers mouvemens facilement et immédiatement réprimés éclatèrent-ils sur quelques points de l'île, « l'ordre fut à peine un instant troublé ¹. »

C'est une chose sur laquelle on n'a pas encore assez insisté, que nulle part, dans les dix-neuf îles où l'Angleterre libéra 770,390 esclaves, la proclamation de l'indépendance n'a coûté une goutte de sang. Cette immense épreuve sociale s'est accomplie pacifiquement. Le brigandage, le pillage, les désordres, les meurtres, les massacres que les colons anglais avaient annoncés, que les colons français s'obstinent à prédire comme la conséquence obligée de l'élargissement des esclaves noirs, peuvent être décidément mis au nombre des calomnies de la peur. Les nouveaux libres, loin de se montrer durs, féroces, dominés par l'esprit de vengeance ou seulement insolens, sont au contraire doux, enjoués, plus polis que les esclaves des îles françaises. Leur visage est ouvert, leur regard bienveillant, et on les voit accorder avec bonhomie aux blancs qu'ils rencontrent sur les routes, les politesses du bon voyage.

Les débats qui accompagnèrent et suivirent l'affranchissement général à la Jamaïque furent très graves; le caractère facile de la population ouvrière a beaucoup aidé à leur donner une issue favorable. Aucun habitant ne fait difficulté d'en convenir et d'avouer que les nègres se comportent mieux qu'on ne s'y attendait.

L'excellente conduite des émancipés est d'autant plus méritoire, que l'île resta sans police au moment même de l'abolition définitive, et cela, par une circonstance qui demande quelques explications pour être comprise.

La Jamaïque est une île à charte ², c'est-à-dire qu'elle jouit

---

¹ *Précis de l'abolition*, deuxième publication.

² Nous avons expliqué, page 14, la différence entre les colonies à charte et les colonies de la couronne.

du privilège de faire ses lois elle-même sous la sanction métropolitaine. — Cette puissance législative ambiguë a toujours été une cause de différens entre elle et la mère patrie. Cela doit être : une province ne peut avoir des droits de cette nature sans en être jalouse, et souvent aussi sans exagérer leur importance. Que les colonies soient représentées aux assemblées législatives de leurs métropoles, mais qu'elles demeurent soumises à la loi commune. Il est tout à fait contraire à une administration régulière qu'elles soient gouvernées par leur propre code et ne participent point à l'unité générale de l'empire. Par l'exemple de ce qui est arrivé ici au commencement de l'abolition, on peut juger que cela est dangereux, même pour leur sécurité.

Un conflit de pouvoirs éclata en 1838, entre la représentation de l'île et celle de la métropole. Au mois de juillet de cette année, le parlement britannique avait rendu une loi sur le régime général des prisons, applicable à toutes les îles anglaises. Elle fut promulguée dans la colonie le 15 septembre suivant. La législature locale, considérant ce vote d'une assemblée, où la Jamaïque n'est pas représentée, comme une atteinte portée à ses droits, déclara qu'elle renonçait à toutes fonctions législatives jusqu'à ce qu'elle eût obtenu réparation. Les nègres, saisissant aussitôt l'occasion qui se présentait de donner une preuve de reconnaissance pour l'Angleterre, intervinrent. Ils se réunirent dans toutes les paroisses, et les citoyens noirs de la Jamaïque, formant l'immense majorité de la population, envoyèrent des adresses au parlement dans lesquelles ils protestaient contre le refus que faisait la législature coloniale de reconnaître l'omnipotence métropolitaine. — Ils avaient bien leurs raisons pour cela. — En définitive, l'assemblée dut céder dix-huit mois après au droit du plus fort, mais durant son inaction volontaire, le cours de la loi fut en partie suspendu. L'acte de police, entre autre, n'ayant pu être renouvelé selon les exigences de la constitution locale, l'île resta sans police !

La conduite paisible des nègres cependant ne se démentit

jamais. Le gouverneur, sir Th. Metcalfe, disait, dans sa dépêche du 16 octobre 1839 : « La tranquillité dont jouit la Jamaïque en l'absence de toute police atteste le bon esprit des noirs [1]. » — Comment justifier après cela la municipalité de la Havane, osant dire, au mois de juin 1841, dans un manifeste adressé à la couronne d'Espagne : « L'exemple de la Jamaïque est plus fort que tous les argumens et toutes les théories philanthropiques du monde; l'état lamentable de cette colonie prouve quelle sorte de prospérité sera réservée à Cuba par l'abolition, en supposant que la population blanche n'y soit pas exterminée. » Si l'on rapproche de ce langage les étranges assertions des créoles français rapportées dans notre article sur la Dominique, on peut apprécier le sang-froid que les propriétaires d'esclaves apportent dans cette question, et juger de la valeur qu'il est bon d'attribuer à leurs raisonnemens. Lorsqu'un corps constitué, s'adressant à un des pouvoirs de l'État, manifeste ou cette insigne mauvaise foi ou cette impardonnable ignorance; lorsqu'on en est réduit à ces flagrans mensonges, ne faut-il pas que la cause défendue soit bien mauvaise?

Les bénéfices moraux de la liberté ont été immédiats ici comme à la Dominique. Le vol a plutôt diminué qu'augmenté, bien qu'il circule aujourd'hui sur les grandes routes beaucoup d'argent monnayé, envoyé de la ville aux habitations pour solder les laboureurs.

A notre grand regret, il ne nous est pas possible de présenter un état général comparé des condamnations de l'indépendance et de celles de l'apprentissage, car malgré l'importance de cette colonie, l'administration n'a jamais été fort soigneuse, et l'on n'y a fait aucun travail statistique. Nous devons nous contenter de présenter deux tableaux partiels. Le premier, dû à M. Sidney Lambert, concerne la paroisse de Portland, dont la population d'à peu près 12,000 âmes comptait 6,000 apprentis. Il présente le nombre total des personnes envoyées en prison,

[1] *Précis de l'abolition*, deuxieme publication.

quelle qu'ait été la nature de l'offense, publique ou particulière, et embrasse la période de 1837 à 1840, trois années durant lesquelles M. Lambert fut magistrat spécial de cette paroisse.

DERNIÈRE ANNÉE de l'apprentissage.	PREMIÈRE ANNÉE de l'affranchissement.	DEUXIÈME ANNÉE de l'affranchissement.
1837	**1838**	**1839**
Août...... 12	Août...... 2	Août...... 5
Septembre .. 22	Septembre .. 13	Septembre .. 4
Octobre ... 51	Octobre.... 7	Octobre.... 15
Novembre... 26	Novembre... 5	Novembre... 6
Décembre... 39	Décembre... 9	Décembre... 8
1838	**1839**	**1840**
Janvier 29	Janvier 7	Janvier 9
Février 34	Février 10	Février 10
Mars 21	Mars 8	Mars 12
Avril 40	Avril 15	Avril 12
Mai 33	Mai 16	Mai 6
Juin...... 16	Juin...... 11	Juin...... 4
Juillet..... 10	Juillet..... 13	Juillet..... 16
333	116	107

Le second tableau, relevé dans la paroisse de Manchester et ne portant que sur les crimes de vol, nous a été fourni par M. Richard Hill, chef des magistrats spéciaux.

Août 1834 à 1835 — 7
— 1835 à 1836 — 39
— 1836 à 1837 — 45
— 1837 à 1838 — 34
— 1838 à 1839 — 6

Durant l'existence de l'esclavage, la justice domestique des habitations connaissait de toutes les fautes ou petits crimes. Ainsi s'explique le nombre fort mince de 7 pour 1834 à 1835. On ne portait alors devant les tribunaux que les grands méfaits. L'autorité du maître fut transférée par l'acte d'apprentissage au tribunal spécial du district; de là les nombres 39, 45, 34. Aussitôt après l'apprentissage on revient à 6!

Nous n'aurions peut-être pas rapporté ces chiffres, privés qu'ils sont de caractère officiel, si les conclusions que l'on en doit tirer ne se trouvaient confirmées par le *Précis de l'Aboli-*

tion de l'esclavage, publié par le ministère de la marine et fait sur des documens parlementaires. « Il résulte de l'article consacré à la Jamaïque, dans le précédent volume (page 93 ou 94), que les crimes et délits *suivaient une progression décroissante*[1]. »

Autre preuve. Chaque paroisse a sa prison où sont enfermés les condamnés à moins de deux mois ; mais tous les condamnés au-dessus sont dirigés sur la maison centrale de Kingston. Or, quand nous visitâmes cette maison, le 14 avril 1841, on voulut bien nous laisser consulter ses registres, et nous y avons constaté qu'elle ne renfermait en tout que 271 habitans. Cela sur une population de 350,000 âmes! L'Europe ne serait-elle pas fort heureuse si elle n'avait que de pareils comptes à rendre de ses prisons?

On ne semble pas plus craindre ici qu'à la Dominique l'esprit de violence chez les nègres. Pas une geôle n'a un piquet de soldats, et les guichets ne ferment guère mieux qu'aucune porte des Antilles ! Les bâtimens de la maison centrale de Kingston sont en planches et les murailles aussi en planches ! Il faut même compter beaucoup sur la bonhomie des nègres pour les enfermer là, et le fait est que, soit naïveté de grands enfans, soit vieille habitude de soumission à la contrainte, il n'y avait que 15 ou 20 évadés sur les 271 condamnés! Le régime, à la vérité, est fort doux depuis deux ans que le *treade mill* a été supprimé, et peut convenir aux indolens qui ne veulent pas s'occuper d'eux-mêmes. On est là bien nourri, sans chaînes, et astreint seulement à un travail modéré qui consiste à tailler des pierres que l'administration vend ensuite aux constructeurs. — M. Candler, quaker anglais qui vient de passer une année entière dans l'île, avec une mission de la société des Amis, rend compte ainsi de ses observations sur le sujet qui nous occupe. « Les crimes diminuent. Les armes et les uniformes de la milice de l'île, corps autrefois actif et redoutable, sont laissés à

---

[1] *Précis de l'abolition*, deuxième publication.

la rouille et aux vers ; la discipline est partie : si une revue est ordonnée, les officiers même n'y viennent pas, et la nouvelle police dernièrement organisée à grands frais par l'assemblée, dans un moment de terreur, a dans beaucoup de places si peu à faire, qu'elle est toujours prête à exciter çà et là quelque petit tumulte pour rompre la monotonie d'une vie oisive [1]. »

Il résulte donc avec une certaine évidence que, même à la Jamaïque, toujours dépeinte sous des couleurs si attristante, la liberté a moins de criminels, moins de vols que l'esclavage. En réfléchissant bien, on ne trouve pas cela aussi extraordinaire qu'il paraît au premier coup-d'œil.

L'émancipation a été une grande lumière jetée sur la race esclave. Les nègres ont compris presque tout à coup les devoirs de la société. Devenant propriétaires en très grand nombre, ils ont appris que pour rendre leur propriété respectable, ils devaient d'abord respecter celle des autres. Ils veillent sur leurs biens, et la vigilance des bons prévaut déjà maintenant sur les entreprises coupables des mauvais. Ce qui a contribué aussi, sans aucun doute, à réprimer la tendance au vol que l'on remarque depuis le commencement du monde chez tous les esclaves nègres ou blancs, c'est précisément que le travail forcé sans rétribution a été remplacé par le travail libre rétribué. L'homme qui peut acheter ne vole pas. L'homme qui n'a jamais de quoi payer ce dont il a besoin ne tarde pas à dérober ce qu'il convoite. Cette vérité absolue, d'où les sociétés devraient tirer une meilleure leçon qu'on ne le leur voit faire, est écrite sans réplique possible dans la sombre chronique de nos bagnes.

On ne peut nier toutefois que les hommes de religion ne soient pour beaucoup dans la prompte et surprenante moralisation des émancipés. Les différentes sectes rivalisent d'ardeur, et sans juger l'arbitraire de croyances que leur nombre indique, on doit louer le zèle avec lequel les ministres de toute communion assistent la classe des émancipés qu'ils se partagent.

[1] *The Christian examiner*, 1841.

D'après des calculs établis par M. Candler, on compte aujourd'hui à la Jamaïque [1] :

    90,000 Baptistes.
     8,000 Baptistes créoles ou schismatiques.
    40,000 Méthodistes.
     4,000 Méthodistes schismatiques.
    10,000 Indépendans.
    15,000 Prébystériens.
    15,000 Moraves.
    42,000 Église d'Angleterre.
     3,000 Église d'Écosse.
     2,000 Catholiques romains.
     5,000 Juifs.
   ─────
  234,000

Ces 234,000 personnes n'appartiennent pas que de nom ou de naissance à leurs sectes, mais d'une manière réelle, effective, volontaire. Ce qui reste de la population néanmoins est loin d'être incrédule, seulement on ne connaît pas leur croyance, ils ne sont inscrits sur aucun contrôle. Les prêtres, ministres et missionnaires, n'ont pu encore atteindre toute la population dispersée sur la vaste étendue des mornes, des plaines et des montagnes.

On remarque, dans l'énumération des cultes pratiqués à la Jamaïque, que l'île même a vu naître deux sectes nouvelles. Le libre arbitre de toutes ces branches dissidentes du catholicisme n'ayant pas de limites, leur multiplication n'a nécessairement pas de bornes ; en se détachant du vieux tronc, elles ont donné l'exemple d'un vagabondage religieux infini. Ainsi, à côté de la société Wesleyenne constituée, il s'est formé un schisme sous le nom de *Wesleyan Methodist association*, qui a pour chef le révérend M. Thomas Pennock, et qui possède

[1] *The Baptist herald and friend of Africa*, numéro du 7 avril 1841.

quatorze chapelles¹. Que Dieu prête vie à cette scission, et avant un demi-siècle l'Angleterre aura ses Pennockiens comme elle a ses Wesleyens.

Les nègres qui, malgré leur stupidité, s'approprient incontinent tous les fruits de la civilisation qui viennent à leur connaissance, ont voulu de même créer une petite église spéciale, et il y a maintenant des Baptistes dissidens appelés *Baptistes créoles (Baptist native mission)* au nombre de 8,264, qui ont déjà communautés, cimetières et vingt-cinq chapelles². Leurs révérends sont exclusivement nègres. Nous avons assisté à un de leurs services divins. Les choses s'y sont passées comme si ces gens-là étaient véritablement des hommes, et le ministre a parlé deux heures durant, avec la facilité d'élocution qui distingue d'une manière si extraordinaire les prédicateurs anglais.

En reconnaissant les nègres si amis du faste et des spectacles, nous avions pris l'idée aux îles françaises que presque tous leurs sentimens religieux étaient dans les tableaux, les vases de fleurs, les calices d'or, les grands chandeliers d'argent, les cierges allumés, les bannières brillantes, les riches chasubles, les parfums, la musique, tout le bruit enfin, tout le cérémonial et toutes les pompes extérieures du catholicisme. C'est une complète erreur. Les nègres sont naturellement et très gravement religieux, mystiques même. Ils assistent avec un recueillement soutenu aux longs offices protestans, qui se bornent à des prières orales en commun, avec un prêtre en habit de laïque; ou à des élévations mentales vers l'être suprême, dans des chapelles dont les murailles nues et l'uniformité quadrangulaire commandent déjà l'austérité.

---

¹ *The Jamaïca Almanach for* 1840.
²   dº   dº   dº

CHAPITRE II.

BAPTISTES.

Dans la nomenclature que nous venons de donner, on remarque que les Baptistes forment la communauté la plus nombreuse. Il a été tant parlé des ministres Baptistes de la Jamaïque, ils ont été représentés comme des hommes si funestes au pays, que nous croyons devoir examiner et leurs principes et leurs œuvres.

Leur apparition dans l'île ne remonte pas au-delà du commencement du siècle. Ils s'annoncèrent dans la paroisse de *Saint-Thomas in the Vale*, par la voix de Georges Gives, homme de couleur, venu de l'Amérique du nord. Georges Gives s'adressa tout d'abord aux esclaves, disant qu'il n'était venu que pour eux. En conséquence, les maîtres le jetèrent en prison dès qu'ils le découvrirent.

Les colons anglais, de même que les nôtres, veillaient avec sollicitude sur l'ignorance de leurs esclaves. On ne pouvait s'occuper de ces malheureux que la nuit et en secret. « J'ai vu fouetter un enfant parce qu'il avait un livre à la main, » nous a dit un vieil habitant de la Jamaïque. — Les frères unis ou frères Moraves, dont la première mission arriva ici en 1754; malgré leur esprit de paix connu, marchèrent pendant cinquante ans à travers les plus violentes difficultés, et ce ne fut qu'en 1804, quand leur réelle et profonde humilité chrétienne fut bien éprouvée, qu'on permit à ces pauvres gens d'ouvrir des écoles que l'on ne permit pas aux esclaves de fréquenter [1].

---

[1] Un seul exemple fera bien connaître la haine que les planteurs de la Jamaïque avaient pour toute espèce d'instruction donnée à leurs nègres, et de l'obstination qu'ils mirent à l'éloigner d'eux. Le 22 décembre 1826, la législature fait une loi nouvelle pour régler et consolider l'esclavage;

On sait maintenant ce qu'on doit penser là-dessus, c'est l'esclavage et non pas le maître qu'il est juste d'accuser. Le maître est forcé à cette infamie par les nécessités de sa propre conservation. Donner l'éducation, même la plus morale et la plus élémentaire à un esclave, c'est, en lui ouvrant les yeux sur l'horreur de son état, le lui rendre intolérable. Apprendre à lire à un esclave, c'est lui enseigner la révolte. — M. Edward Fraser, homme de couleur, aujourd'hui révérend méthodiste, autrefois esclave, avait été très bien élevé par son maître : il s'occupait des affaires de la maison, commandait aux autres serviteurs, était enfin un second Joseph, selon ses propres paroles ; tout le monde pouvait le croire heureux, mais non : « l'éducation, dit-il, est un fâcheux compagnon pour l'esclave. »

Georges Gives, puisqu'il était venu, ne pouvait être découragé par les persécutions : il savait trop bien ce qu'il avait entrepris. Il prêcha donc malgré tout, allant de place en place, faisant des prosélytes dans l'ombre et baptisant à grandes eaux. A la fin, les convertis choisirent un endroit écarté, entouré de bois et de marais, où ils édifièrent une sorte de chapelle. Les blancs allèrent la renverser sitôt qu'ils en connurent l'existence.

Et Georges Gives prêcha toujours jusqu'en 1826, année où il mourut, âgé de 80 ans.

cette loi n'obtient pas la sanction métropolitaine parce qu'elle défend aux ministres des religions dissidentes de prêcher. En 1828, la législature vote encore l'acte de 1826 qui ne parvient pas même à la métropole, par suite du refus que fait le gouverneur Kean d'y donner sa signature. En 1829, l'assemblée une troisième fois présente sa loi d'esclavage consolidé ; elle obtient l'approbation du gouverneur Belmore malgré la clause contre les prédicateurs dissidens ; mais la couronne, plus conséquente que le gouverneur, refuse toujours. En 1830, la loi est une quatrième fois présentée à l'assemblée toujours avec la restriction, mais huit voix de majorité la repoussent tout entière, et ce n'est qu'en 1831 que les législateurs fatigués passent enfin le vieil acte sans sa mauvaise clause !
— Ces sortes de collisions entre le gouvernement métropolitain et la législature locale, en se renouvelant avec assez de fréquence, ont sensiblement augmenté les difficultés de l'émancipation.

M. Philippo, baptiste anglais, venu après Gives, avait fait quelques prosélytes à Spanish Town, dans la ville même du gouvernement. Il mit son monde en communication avec celui de son vieux frère en Jésus-Christ, et constitua le noyau de la nouvelle secte. Toutefois les Baptistes n'avaient encore de chapelles nulle part en 1830 ; ils prêchaient sous les arbres, dans les forêts, et les adeptes se trouvaient si audacieux d'aller ainsi entendre la parole de consolation et d'espérance, qu'ils refusèrent un jour, dans la crainte que leurs maîtres ne le sussent, de se rendre sur une habitation ouverte à M. Philippo.

Cependant la foi nouvelle étendait ses racines et grandissait sourdement. Les nègres se livraient à des hommes qui se faisaient réellement leurs frères et ne se contentaient pas, comme les ministres de l'église établie *(established church)* de se dire tels. Ils abandonnaient la religion de l'état dans laquelle ils étaient nés ; ils écoutaient avec fanatisme les discours de ces blancs qui ne méprisaient pas les noirs, et que l'on appelait gens de rien parce qu'ils dormaient dans les cases des esclaves.— Si les maîtres perdirent plus que jamais la confiance de leurs peuples chaque jour mieux attachés aux humbles prédicateurs, la faute n'en est pas aux humbles prédicateurs. Notons, en y appuyant, que l'église établie, quoique son clergé, largement rétribué par l'état, n'ait pas besoin de tendre la main comme les autres, possède comparativement très peu d'adeptes nègres. Les esclaves, voyant que cette religion était la religion des maîtres et que ses ministres étaient dévoués aux riches de la terre, n'en ont pas voulu, et bien que ceux-ci cherchent maintenant, par une conduite moins égoïste, à regagner leur prépondérance perdue, les noirs aiment mieux payer les Baptistes, qui, malgré ce qu'on en dit, ne flattent pas plus leurs passions que les autres.

En 1831 éclata la terrible révolte qui faillit embrâser l'île entière. Les esclaves, fatigués d'attendre la liberté, voulurent la prendre ; il fallut en tuer près de dix mille avant de les réduire, et ils brûlèrent tant d'habitations et de champs de cannes, que la métropole accorda 20,000 liv. sterl. de secours aux propriétaires incendiés[1]. Les maîtres, une fois vainqueurs, accusèrent les Baptistes d'avoir tout préparé, et se ruèrent sur les moindres huttes où la secte se réunissait. La justice fit toutes les recherches imaginables pour trouver et prouver l'intervention des ministres dans le complot, et ne put y parvenir. La vraie cause était peut-être dans les violences d'un parti de planteurs qui espéraient reculer l'émancipation en poussant les nègres à des excès honteux : on ne la voulut pas chercher là.

Les esclaves n'avaient pas besoin des *mauvais conseils* des Baptistes pour se révolter. Les conseils à la rébellion sont dans l'esclavage même. L'histoire de la Jamaïque nous le démontre, comme celle de toutes les Antilles.

Dès leur arrivée dans l'île, en 1655, les Anglais trouvèrent des esclaves marrons qui, du fond des mornes où ils étaient retirés, venaient ravager leurs jeunes plantations. Une loi locale de 1663 offre la liberté et trente acres de terre à tous les marrons qui voudront rentrer dans le devoir.

En 1678, insurrection partielle.

En 1690, insurrection générale.

En 1722, les marrons, dont le nombre augmentait toujours, sont devenus si dangereux, que, ne pouvant les dompter, on signe la paix avec eux en leur accordant 1500 acres de terre à prendre dans les Montagnes Bleues[2].

A peine les maîtres sont-ils tranquillisés de ce côté, qu'une conspiration se découvre en 1738.

---

[1] M. Mac Queen, dans son témoignage devant le comité d'enquête, admet que les révoltés détruisirent de 15 à 20,000 boucauts de sucre.

[2] Cette paix ne devait être qu'une trève. En 1795 les hostilités recommencèrent. Les marrons luttèrent longtemps avec avantage, et l'Angleterre dut employer tout le génie de la guerre et toute la force de nombreuses troupes réglées pour vaincre les rebelles. Cinq à six cents d'entre eux furent pris et jetés à Sierra-Leone. Malgré tout, il est toujours resté beaucoup de marrons dans les Montagnes Bleues.

Sept années après, en 1745, un autre complot qui embrassait l'île entière est éventé au moment de réussir.

En 1760, les nègres sont plus heureux, l'insurrection éclate avec violence, mais elle ne tient que quelques jours, et il y a tant de coupables que l'on en exporte six cents à la baie d'Honduras.

Cependant les pauvres esclaves ne se lassent pas d'échouer, ils espèrent que leur nombre suppléera à leur profonde ignorance.

En 1767 et 1777, nouvelles conspirations trahies comme toutes les autres par des femmes esclaves qui veulent sauver du massacre général un enfant blanc qu'elles ont élevé, ou une maîtresse qu'elles affectionnent, ou un maître qu'elles aiment.

Et que l'on ne croie point que toutes ces conspirations soient des projets isolés de quelques individus exaltés. Trente nègres furent pendus comme convaincus d'être les chefs de celle de 1777.

En 1798, le gouverneur est instruit d'un projet d'insurrection formé parmi les nègres français amenés de Saint-Domingue[1]. Le chef, Joseph sas Portas, est pendu à Kingston, et cent de ses complices sont chassés de l'île.

En 1809, on exécute encore à Kingston deux nègres conspirateurs, et une nouvelle exécution en 1823 pour le même crime, n'empêche pas d'éclater en 1824 une formidable révolte, comprimée comme les autres, et suivie comme les autres de terribles exécutions.

On voit que les rebelles de 1831 n'avaient qu'à puiser dans leurs souvenirs pour tenter une dernière fois la délivrance.

Les privilégiés deviennent partout d'un aveuglement bien

[1] Un certain nombre d'habitants de St-Domingue émigrèrent au commencement de la révolution et emportèrent leurs esclaves avec leurs meubles et leurs habits. Ils se dispersèrent dans les autres îles où ils formèrent des établissemens. Nous avons rencontré de leurs fils ici, à Cuba, à Puerto-Rico, presque partout. Quoique nés et élevés dans les pays où ils se trouvent, la plupart ont conservé l'usage de la langue française et se disent français, tout comme leurs nègres qui mettent une certaine vanité, quand ils voient un ancien compatriote, à leur parler le doux patois créole qu'ils enseignent encore à leurs enfans

ridicule. Ils s'étonnent qu'on ne s'accommode pas aussi bien du rôle de victime, qu'ils s'accommodent de celui de tyran, et ils vont chercher bien loin des conseillers de désordre qui sont à leurs portes. C'était l'esclavage, insensés, et non pas les Baptistes qu'il fallait accuser!

Quoiqu'on ne pût rien découvrir à la charge de ces ministres, les maîtres, toujours prévenus, les accusèrent, non plus d'être les instigateurs de la révolte, mais de l'avoir provoquée par les idées d'indépendance que les nègres puisaient dans leurs discours. Cela est plus probable : « l'éducation est un fâcheux compagnon pour l'esclave. »

Les planteurs se mirent alors à poursuivre avec acharnement la secte maudite ; non seulement *ils fouettaient jusqu'à la mort* des nègres condamnés pour l'insurrection, mais ils fouettaient aussi ceux de leurs esclaves qui étaient attachés au Baptisme. Ces persécutions produisirent l'effet accoutumé ; d'un côté le nombre des prosélytes augmenta, de l'autre les ministres, une fois traités ouvertement en ennemis, acceptèrent le duel qu'on leur proposait. Ils prirent à visage découvert la défense des noirs ; ils rendirent hostilités pour hostilités ; ils se mirent en correspondance avec la puissante société d'abolition de Londres; ils élevèrent enfin publiquement des chapelles, et le feu que les blancs y mirent plusieurs fois leur servirent de brandons qu'ils agitèrent avec de grands avantages pour leur cause[1].

Les nègres s'attachaient d'autant plus à eux qu'ils étaient plus persécutés ; esclaves ou apprentis, ils les aimaient d'au-

---

[1] M. H. Whiteley, qui a publié à Londres une brochure sur l'esclavage pleine de détails à faire dresser les cheveux d'épouvante[*], dit, entre autres choses, qu'il vit dans la baie St-Anne les ruines d'une chapelle Baptiste incendiée par les colons.

[*] *Three months in Jamaïca in* 1832. Les colons français répètent souvent que l'émancipation aux Iles Britanniques n'a pas eu de résultats plus désastreux que ceux qu'ils lui supposent, parce que maîtres et esclaves y étaient préparés et vivaient depuis longtemps en de bons rapports. Nous nous résolvons à donner une traduction de la brochure de M. H. Whiteley (Appendice, lettre D) ; on y verra que l'esclavage n'avait encore presque rien perdu de ses horreurs dix-huit mois avant son abolition.

tant plus qu'ils se déclaraient avec plus de virulence les ennemis des blancs.

Voilà, nous le croyons, comment doit être envisagé le rôle des Baptistes à la Jamaïque. La confiance exclusive des noirs dans ces ministres est de la reconnaissance, la haine de ceux-ci contre les maîtres est de la représaille. Il se peut bien ensuite que des prédicateurs maltraités, calomniés, irrités, aient fait entrer dans leurs sermons quelque chose de leurs ressentimens et ne se soient pas toujours renfermés dans les strictes limites de la modération ; on est homme avant d'être prédicateur. Que celui qui se sent capable d'oublier de telles injures leur jette la première pierre.

Ils ont agi d'ailleurs selon l'esprit de leur secte. Ils ne croient pas, c'est un des points de leur doctrine, qu'il soit interdit aux ministres de se mêler des choses politiques, ils n'admettent pas le vain mensonge de l'homme du monde et de l'homme de Dieu, ils ne séparent pas le chrétien du citoyen. « Les Baptistes seuls, dit sir Ch. Metcalfe, dans une dépêche d'octobre 1839, se sont constitués en parti politique et ont fait ce qu'il fallait pour être jugés hostiles à l'intérêt des propriétaires. Je suis informé qu'ils se préparent à travailler les élections lorsque la dissolution de l'assemblée appellera le concours électoral des nouveaux libres qui pour la première fois rempliront les conditions nécessaires pour prendre part au vote. » C'est ce rôle politique pris par les Baptistes qui a fait tomber sur leur tête toute l'animadversion des colons et de leurs partisans, à l'exclusion des autres sectes autrefois pourtant non moins détestées. — Les Baptistes sont les radicaux du christianisme, et ils attaquent sans merci l'église établie, qui se venge en les discréditant sans pitié.

Mais voici venir 1833. La loi d'abolition parvient à la Jamaïque le 1er septembre. Toute résistance est inutile ; le 8 octobre cet acte mémorable est sanctionné par la législature, et le 1er août 1834 l'abolition est prononcée, l'apprentissage commence. Les Baptistes prennent rang, il faut les reconnaître, la persécution n'est plus possible, le pouvoir est avec eux. En 1830 ils prêchaient dans l'ombre, le 1er août 1838, fixé par la législature elle-même[1] pour terme à l'apprentissage, ils jouent le principal rôle dans les fêtes religieuses qui accompagnent cet événement solennel! Ils virent alors, comme ils disent, se réaliser pour eux cette déclaration du Sauveur : « Celui qui m'honore, je l'honorerai. »

Aujourd'hui, ils sont tout puissans, et le seul exemple que nous allons rapporter[2] fera juger de l'influence souveraine qu'ils ont acquise sur les nègres.

La chapelle des Baptistes de Montigo Bay, paroisse Saint-Jacques, ayant été abattue par les planteurs, le ministre Thomas Burchell ouvrit, parmi le peuple, une souscription à l'effet d'en élever une nouvelle. La souscription fournit en peu de jours 604 liv. sterl.! Le Révérend annonça ensuite un dimanche, que le jeudi suivant il entendait jeter les fondations de la chapelle avec celles d'un chemin nécessaire pour s'y rendre, et il engagea les fidèles Baptistes à donner quelques heures de travail au Seigneur. Dès l'aurore du jour fixé, les ruelles, les sentiers, les routes du quartier Saint-Jacques étaient couvertes d'hommes et de femmes arrivant de tous côtés au lieu du rendez-vous, armés de houes, de haches, de coutelas et de léviers de fer. Le nombre assemblé au commencement de l'opération était de 538. Les groupes se formèrent, chacun se mit à l'ouvrage, riant, chantant, s'encourageant, et en quatre heures les arbres furent abattus, des masses de roches énormes déplacées, et un solide chemin préparé. C'est un merveilleux spécimen des miracles que Fourier annonce devoir être produits par le travail libre harmonique.

Avant et pendant l'apprentissage, comme depuis l'émancipation complète, les Baptistes se constituèrent les amis des

[1] L'acte qui supprime l'apprentissage des cultivateurs à la Jamaïque est du 16 juin 1838.

[2] Ce fait nous a été raconté sur les lieux par des gens dignes de foi. Il est consigné en outre dans *Christian Examiner*, publié à Londres

nègres : partout où ceux-ci étaient engagés avec des maîtres, ils accoururent à leur aide ; ils intervinrent en leur faveur dans toutes les discussions ; ils les dirigèrent, les endoctrinèrent, les instruisirent de leurs droits et les aidèrent à se défendre ; ils se firent enfin leurs protecteurs et leurs avocats.

Il est donc assez naturel que les propriétaires détestent l'intervention des Baptistes, qui sont remuans et qui donnent à la force matérielle des nègres l'appui de leur intelligence ; mais il nous paraît tout aussi naturel que les Baptistes aient aidé les noirs. — La clameur publique, parmi les propriétaires, leur prête d'odieux principes et des vues horribles. Ils auraient fanatisé les affranchis pour les exploiter à leur profit ; ils auraient créé des difficultés, semé la dissension entre l'employeur et l'employé pour spéculer sur le désordre ; il auraient enfin, comme l'a dit M. Guignod, colon français, facile écho des plaintes des colons anglais, « ils auraient discipliné l'hypocrisie et la superstition en se faisant les défenseurs de la paresse et du *haut salaire* [1]. »

A cela, les Baptistes répondent : que difficultés, dissensions, désordres, tout vient de l'aveuglement ou de l'orgueil tyrannique des maîtres ; et les autorités constituées leur donnent raison. « Le gouverneur, sir Lyonel Smith, pense pouvoir se rendre compte de ce qui a sans doute motivé les accusations dirigées contre les Baptistes. Dès avant le 1er août 1838, les planteurs s'étaient concertés pour fixer les salaires : leur conduite avait été surveillée par les ministres Baptistes, dont le crime était de n'avoir pas voulu laisser imposer un travail gratuit aux noirs émancipés [2]. » Un autre gouverneur, sir Thomas Metcalfe, que les blancs reconnaissent comme leur ayant été plus particulièrement favorable, a dit, dans sa dépêche d'octobre 1839 : « L'intervention des Baptistes dans les

[1] Prêcher le haut salaire est un grief impardonnable aux yeux des riches de tous les pays. Les créoles ne veulent pas du haut salaire pour l'ouvrier, mais ils veulent bien des gros bénéfices pour le manufacturier

[2] *Précis de l'abolition*, deuxième publication.

rapports entre les anciens maîtres et les nouveaux libres n'a pas été sans inconvénient; cependant, à tout prendre, en propageant l'instruction morale et religieuse, elle a été plus salutaire que préjudiciable à la colonie [1]. »

Il y a une raison très forte pour croire que ces ministres ne sont pas aussi mauvais qu'il convient à l'animosité des planteurs de le dire. Ce que l'on peut appeler le clergé Baptiste se recrute absolument de la même manière que le clergé Méthodiste, Presbytérien, Morave, ou celui de quelqu'autre que ce soit des mille sectes qui divisent les chrétiens anglais. Est-il imaginable qu'une doctrine religieuse attire à elle par exclusion des gens faux, pervers et ambitieux ? Ceux qui ont prévu l'objection prétendent que les chefs du Baptisme sont vendus à la compagnie des Indes pour perdre les *West-Indies*, et que les subalternes agissent sans savoir ce qu'ils font. Nous ne nous chargerons pas de répondre à de telles inventions. Franchement, tout le crime des Baptistes est de s'être dévoués aux nègres, de les avoir instruits de leurs droits et de les soutenir avec habileté jusque dans leurs intérêts d'affaires. S'ils s'étaient tenus effacés comme les frères Moraves ; s'ils avaient sympathisé avec les planteurs comme les Anglicans ; s'ils avaient fait profession de ne se point mêler des choses terrestres et politiques, comme les révérends Méthodistes, ils n'auraient pas été honnis. Les propriétaires les détestent de tout l'amour que les nègres ont pour eux.

Ils reçoivent de l'argent, cela est vrai; mais les frères Moraves et les Méthodistes en reçoivent également de leurs adeptes [2]; mais les Rabbins en reçoivent des juifs, mais le clergé de France et le clergé de la Grande-Bretagne en reçoivent aussi de leurs gouvernemens. Le prélèvement annuel de l'église d'Angleterre à la Jamaïque, y compris la solde de l'évêque et de l'archi-

[1] *Précis de l'abolition*, deuxième publication.
[2] N'a-t-on pas fait un grand crime aux Méthodistes, en 1826, dans une enquête qui eut lieu devant l'assemblée coloniale, de prélever à peu près 7,000 liv. st. par an sur leurs agrégés ?

diacre, se monte à 50,000 liv. sterl.[1], non compris les frais de construction de chapelles et d'écoles. Est-il donc une religion au monde où les prêtres ne vivent pas de l'autel?

Les Baptistes en vivent un peu luxueusement, voilà ce qu'on peut dire. C'est un reproche qu'ils méritent avec tous les chefs des autres communions, sauf les frères Moraves. Dans les colonies anglaises, il est bien rare de voir un révérend qui n'ait pas un cheval à l'écurie avec un cabriolet sous la remise. Les ministres Anglicans surtout, qui sont énormément rétribués, comme tous les fonctionnaires anglais, ont une maison fort bien tenue. Le culte réformé ne condamne pas ses prêtres à la pauvreté.

On accuse encore les Baptistes de trafiquer, d'acquérir des terres à bon marché et de les revendre cher aux nègres par petites portions. Mais d'un côté, sans nier l'opération, ils nient formellement le bénéfice, et de l'autre, c'est un trafic, si trafic il y a, que font tous les chefs de sectes. Pourquoi alors, les Moraves, les Méthodistes ne sont-ils pas accusés de même? Eux aussi achètent en leur nom des terrains qu'ils cèdent ensuite par morceaux aux laboureurs. Tous les *free settlements* (villages libres) ne sont pas autrement formés. M. Simon, entre autres, a ainsi organisé à *Green Hill* (paroisse Sainte-Anne) un établissement où plus de cent vingt familles sont déjà rassemblées sous sa direction et auquel les nègres ont donné le nom de *Simon's Ville*. Faudra-t-il donc aussi accuser de ténébreux desseins ce jeune ministre Wesleyen, à la parole onctueuse, au visage serein et candide, à l'âme douce et virginale?

Nous ne croyons pas qu'il y ait autant d'intérêt personnel qu'on le dit dans la conduite des Baptistes. A tout prendre, ils auraient trouvé plus d'avantage à se donner aux blancs qu'aux nègres, et s'ils avaient été à vendre, nous nous assurons que

---

[1] M. Candler. Voir le *Christian Examiner*, ou le *Baptist herald and friend of Africa*, numéro du 7 avril 1841.

les blancs n'eussent pas manqué de les acheter. Était-ce donc de l'argent qu'ils mendiaient pour faire grande figure dans le monde, lorsqu'ils prêchaient à de misérables esclaves au milieu des bois et de la nuit ; lorsque, traqués comme des animaux dangereux, ils se cachaient dans les cases à nègres ? Pouvaient-ils deviner alors une si haute et si rapide fortune pour leur cause ? Ils ont souffert autrefois, ils trouvent aujourd'hui la récompense de leurs peines. Nous ne voyons pas grand mal à cela.

Nous avons lu tout ce que M. le capitaine de corvette Layrle a dit contre les Baptistes dans son rapport du 1er juillet 1840. Rien, nous sommes obligé de le dire, ne nous y a paru juste et observé de sang-froid. Cet officier, en accusant les Baptistes de pressurer la population dont ils se disent les amis, ne se croit pas obligé de fournir des preuves, d'articuler des faits. Il se constitue purement l'écho des créoles de mauvaise humeur. C'est au surplus le caractère qui frappe dans l'ensemble général de ses opinions [1].

---

[1] Le capitaine envoyé officiellement aux *West-Indies* pour examiner les résultats de l'abolition, ne nous paraît pas avoir été toujours assez maître de lui-même dans la grave mission qu'il avait à remplir. Il juge trop sur l'heure. A Ste-Lucie, à St-Vincent et à la Grenade, il s'exprime en ces termes : « Les noirs travaillent beaucoup ou peu, selon qu'ils sont portés à le faire par le souvenir du bon ou du mauvais traitement qu'on leur a fait éprouver naguère. Sur certaines habitations, par exemple, le travail est bien fait et aussi considérable qu'il est permis de le désirer; tandis que sur la propriété voisine, le même nombre de bras produira très peu, parce que les employés ont à satisfaire d'anciens ressentimens. J'ai remarqué cette différence dans le travail *dans tous les lieux que j'ai visités*, et dans mon impartialité je dois en signaler la cause [*]. Si l'on juge du travail libre par le produit de 1839 et par celui de cette année, on dira : Les noirs ne travaillent pas. Mais si l'on considère que les bras jadis affectés au service de la canne *ont diminué d'un tiers depuis l'émancipation*, on trouvera que, toute proportion

[*] Cette réflexion honore la probité de M. Layrle, mais la parenthèse *dans mon impartialité* indique, il nous semble, qu'au fond il a des préjugés contre l'abolition et contre les nègres.

gardée, le travail libre n'est pas de beaucoup inférieur à celui des années qui ont précédé la cessation de l'esclavage. »

Telles sont les impressions de M. Layrle le 4 avril 1840 [*]; et trois mois après, le 1er juillet 1840, il reprend : « . . . . . Voilà ce que j'ai observé à la Jamaïque : *là comme ailleurs* c'est une diminution considérable dans les produits depuis l'émancipation : ce sont des noirs qui ne travaillent pas, qui ne veulent pas travailler et qui n'éprouvent pas le besoin de travailler [**]. »

Nous extrairons encore un seul passage pour donner à juger des influences sous lesquelles le commandant Layrle a vu et observé. « L'esprit diabolique des noirs est un obstacle au succès des immigrations. Déjà quelques laboureurs anglais et écossais ont pénétré sur quelques habitations. Il a été remarqué par les propriétaires que les noirs se sont attachés à les débaucher, et qu'ils n'ont lâché leurs victimes que quand il n'était plus possible de les remettre dans la route du devoir et de la sobriété. » Voyez-vous ces nègres « en dehors de la civilisation, chez lesquels l'instruction n'a point avancé d'un pas, » — « ces hommes de peu de portée d'esprit, » — « ces êtres qui n'ont ni vices ni vertus, » au dire du capitaine, transformés en Méphistophélès et corrompant, une grossière bouteille de tafia à la main, tous les membres de la sublime race blanche à mesure qu'ils approchent d'eux !

M. Layrle n'a-t-il écouté que la voix de la justice et les lois de la raison en se montrant si convaincu de la paresse naturelle des nègres, en accusant si haut leur mauvais vouloir, lorsque, dans un moment d'abandon de ses idées favorites, il a dit une fois lui-même avec bienveillance : « Si les nègres n'ont pas toujours profité des leçons d'ordre et de travail qui leur ont été données, il faut les excuser en se rappelant que le climat autorise dans l'année bien des jours de mollesse, et que dans nos pays froids et rigoureux, où le travail semble être une des nécessités de la vie, la plupart des ouvriers ne sont à l'atelier que juste le temps qu'il faut pour se procurer le pécule indispensable à leur subsistance.[***] »

Peut-on imaginer après cela qu'un homme ami du bien puisse poser les conclusions suivantes. « Dans l'impartialité que je me suis attaché à apporter dans mes rapports, j'ai dû signaler les résultats de l'émancipation comme tout-à-fait défavorables à la production, et *conséquemment comme peu propres à nous encourager au régime de la liberté.* » Eh quoi ! Monsieur, vous confessez « qu'il existe pour notre patrie, au fond de la question que vous avez été appelé à examiner, un grand intérêt de justice et d'humanité à satisfaire, » ce sont vos

---

[*] *Précis de l'abolition*, quatrième publication. Voir le rapport sur Ste-Lucie, St-Vincent et la Grenade.

[**] Rapport sur la Jamaïque.

[***] Rapport sur la Trinité.

propres paroles, *un grand intérêt de justice et d'humanité !* et parce les affranchis anglais, de même que les ouvriers européens, ne veulent travailler qu'autant qu'il est indispensable pour assurer leur subsistance, il vous paraît équitable de soumettre les nègres français au travail forcé ! Or, comme aussi vous déclarez la race nègre indolente par nature, et que les terres où elle gémit à cette heure ne perdront sans doute jamais leur magnifique fertilité, c'est tout simplement à un esclavage éternel que vous les condamnez par cette adoption servile des raisonnemens créoles. Quelle logique ! — En vérité, il est à peine croyable que l'esprit de l'homme ait la faculté de se corrompre à ce point ! Comment ! les défenseurs du privilège colonial ne veulent pas que l'on mette les nègres en liberté parce qu'ils ne feraient plus de sucre ! Mais où donc prennent-ils les règles du bien et du mal ? Que penserait-on, si l'on pouvait par un moyen quelconque, assurer à nos prolétaires une nourriture suffisante et un abri contre la rigueur des saisons, que penserait-on de l'homme d'état qui viendrait proposer de rejeter ce moyen, et de maintenir le système coërcitif du froid et de la faim pour les forcer à fabriquer des articles d'exportation ? C'est pourtant là ce que disent nos adversaires, et c'est à ces barbares abstractions qu'ils conseillent de sacrifier le bonheur de beaucoup de créatures humaines !

En somme, le capitaine Layrle est revenu tout-à-fait contraire à l'émancipation prompte et à la race nègre. Il ne laisse aucun espoir d'une réussite possible. Nous avons eu l'honneur de le rencontrer dans les Antilles, et comme il y a lieu pour nous de croire à sa bonne foi, nous redoutions que ses rapports, avec leur caractère officiel, ne nuisissent à la cause de la liberté des nègres. Nous fûmes même un instant sur le point de les discuter et de les analyser; mais il aurait, selon nous, fallu en relever chaque phrase : nous y avons renoncé. Après tout, il n'y a pas grand mal. En lisant M. Layrle, on entendra parler les pessimistes des *West-Indies;* nous avons, nous, été probablement optimiste. Le public et les hommes politiques, par la comparaison des deux textes opposés, sauront mieux à quoi s'en tenir. Il nous reste peu de crainte sur l'issue.

Il n'est pas inutile de faire remarquer en passant que le gouvernement français n'a envoyé dans les colonies anglaises, pour y étudier les résultats de l'émancipation, que des ennemis déclarés de l'émancipation. — M. le capitaine de corvette Layrle avoue ses préjugés contre les noirs, et croit à *leur penchant naturel pour l'oisiveté* ; M. le procureur générale de la Guadeloupe Bernard est propriétaire d'esclaves; M. le conseiller de la cour royale de la Martinique Aubert Armand s'était déjà fait connaître avant sa mission par un mémoire contraire à la liberté des nègres ; M. le délégué de la Guyane française Vidal de Lingendes est un créole propriétaire d'esclaves ; M. le membre du conseil colonial de Bourbon Dejean Delabatie est aussi un propriétaire d'esclaves, créole de la vieille espèce, très ingénument convaincu que la servitude des nègres est un fait providentiel et un moyen de les civiliser.

Le moins que l'on puisse dire, c'est qu'il ne paraît pas que le gouvernement ait été très judicieux dans le choix de tels hommes pour une telle mission. Il était plus que présumable qu'ils n'auraient pas beaucoup d'impartialité, et leurs rapports ne sauraient acquérir un grand poids aux yeux des hommes calmes et sévères, puisqu'ils n'ont pu être exempts soit de passion, soit d'intérêts personnels dans leurs recherches.

Si l'on disait que les sentimens négrophiles dont nous nous faisons gloire ne rendent pas nos investigations moins suspectes, il y aurait à répondre que nous sommes dans des conditions d'intégrité beaucoup plus grandes. En effet, le bien ou le mal qui a pu sortir de l'affranchissement n'a pour nous qu'une valeur relative. Nous voulons la délivrance des nègres comme un acte de justice absolue, et quoi qu'il en puisse arriver. Nous fût-il démontré qu'ils seront assez sauvages pour ne s'imposer jamais, dans l'intérêt des planteurs, plus de fatigues que n'en exigent leur propre bien-être, et que, semblables aux Espagnols, aux Indiens, aux lazzaroni de Naples, aux petits blancs de l'île Bourbon et de Puerto-Rico, ils se résigneront à toutes les privations plutôt que de se soumettre au travail, nous n'en persisterions pas moins avec la dernière énergie à demander leur élargissement. Si pour nous l'émancipation est indépendante du maintien des productions coloniales ; si pour nous la liberté est un droit de tout membre de l'espèce humaine, au-dessus de quelque considération que ce soit ; si pour nous garder un homme en esclavage parce qu'il ne voudrait pas faire du sucre en liberté est une proposition hideuse, il ne nous importait guère que les émancipés anglais ne voulussent rien faire, et nous n'aurions pas hésité à le confesser, puisque ce malheur n'enlevait pas un atome de force au principe souverain qui nous fait parler.

CHAPITRE III.

LES AFFRANCHIS.

Quoi qu'il en soit, il faut rendre cette justice aux Baptistes. s'ils se font payer, ils gagnent bien leur argent. Comme les autres, ils prêchent sans relâche, le matin, le soir, les jours fériés et les jours ouvrables. Ils passent leur vie à moraliser et à élever les âmes qu'ils attirent à leur croyance, en même temps qu'ils s'occupent des intérêts temporels. Sur aucun point, ils ne le cèdent à quelque congrégation que ce soit, et l'on ne fait pas monter à moins de deux mille le nombre des mariages célébrés dans leurs chapelles depuis la loi du 20 décembre 1840, qui légitime les unions formées devant les ministres dissidens[1].

Leurs écoles reçoivent aujourd'hui 15,563 élèves ainsi répartis :

Écoles du jour.	6,242
— du soir	430
— du dimanche . . .	8,891
	15,563

Ce sont là, on en conviendra, d'étranges moyens de pervertir le peuple. Les autres sectes ne font pas autre chose pour bien mériter des hommes et de Dieu, mais aucune n'atteint encore de pareils chiffres.

Nous croyons en avoir assez dit sur les Baptistes pour que le lecteur les puisse juger. Continuons le relevé des écoles.

---

[1] Antérieurement à cette loi, les mariages accomplis selon les rites de l'église anglicane étaient les seuls qui pussent donner une existence légale aux enfans.

JAMAIQUE.

Mico-schools de jour. . . 2,156
— du dimanche . 1,812
Adultes. . . 654
———
4,622

Church of England missionnary schools de jour. . . 2,461
— — du soir . . . 475
— — du dimanche . 1,952
———
4,888

Il ne faut pas confondre les écoles de la *mission de l'église d'Angleterre*, soutenues par une société particulière, avec celles de l'*église d'Angleterre* elle-même, qui sont subventionnées par le gouvernement sous le nom de *national schools*.

Celles-ci renferment 4,844 individus.

Les *London missionnary schools*, autre société particulière, donnent l'instruction à 2,000 élèves, tant de jour que du dimanche.

Les Méthodistes ont, de jour. . . 2,070 étudians.
du dimanche . 2,203
———
4,273

Enfin les Méthodistes schismatiques comptent déjà 761 élèves dans neuf écoles.

Résumons.

Baptistes 15,563
Mission de l'église d'Angleterre . . 4,888
Écoles nationales 4,844
Mico 4,622
Méthodistes 4,273
Mission de Londres 2,000
Méthodistes schismatiques 761
———
36,951

C'est donc, sans compter les frères Moraves, dont nous n'avons pu nous procurer les états, 36,951 personnes, filles, garçons, enfans et adultes, qui reçoivent aujourd'hui l'instruction élémentaire à la Jamaïque! Quels incalculables avantages moraux la population noire ne doit-elle pas retirer de pareils efforts pour son éducation[1]! Et ces nombres ont toute l'authenticité possible, nous les puisons dans l'almanach officiel de la Jamaïque pour 1841[2].

En France, où il n'existe malheureusement aucune association de la nature de celles dont il vient d'être parlé, on aurait peine à croire tout ce que les Anglais font de dépenses pour la moralisation des affranchis. L'état de compte suivant, extrait du *Missionnary reporter* de 1841, ne concerne que la Jamaïque pour l'année 1840.

Wesleyan ou Méthodistes.	8,986 liv. st.
London missionnary . .	6,476
Church mission	6,938
Baptistes	6,870
	29,270 liv. st. ou 731,750 fr.

Il est vrai de dire que toutes ces sociétés sont puissamment aidées et soutenues par l'administration. Le parlement, auquel on a prêté en France la monstrueuse arrière-pensée de vouloir ruiner les Antilles, a voté en 1835 et 1836 50,000 liv. sterl. (1,250,000 fr.) pour l'instruction des apprentis de toutes les co-

---

[1] A ce sujet on peut juger de la disposition d'esprit avec laquelle M. Layrle a rempli sa longue mission officielle. Il voit dans les écoles des lieux de perdition, ce sont, dit-il, « les écoles qui alimentent la vie licencieuse et désordonnée des villes ; les classes affranchies leur devront des maux et des vices qu'elles ne connaissaient pas. » Et quand il demande à Antigue « d'où proviennent les femmes prostituées » que l'on rencontre malheureusement là comme partout, il trouve quelqu'un pour lui répondre : *elles sortent des écoles*.

[2] Gros volume in-8°. Kingston.

lonies, qui furent partagées entre les diverses sociétés[1]. Le crédit de la première année fut plus spécialement affecté à la construction des écoles. En recevant de telles sommes, les sociétés s'engagèrent à faire un tiers de la dépense totale ; le gouvernement ne se réserva que le droit d'inspection, et exigea seulement que l'instruction donnée fût fondée sur la morale chrétienne, quelles que fussent d'ailleurs les opinions dissidentes prêchées par les différentes sectes qui dirigent les écoles.

La législature de la Jamaïque vient en outre de voter cette année une somme de 7,250 liv. sterl. répartie entre les chapelles et écoles des diverses religions professées dans l'île, excepté les Baptistes. Ceux-ci ne veulent rien recevoir des propriétaires, qui de leur côté ne veulent rien leur donner.

On voit que tout le monde progresse avec la liberté, même

[1] RÉPARTITION DE LA SUBVENTION.[2]

MODE de RÉPARTITION.	SOMMES votées EN 1835.	SOMMES votées EN 1836.	TOTAL.
	liv. st.	liv. sch. d.	liv. sch. d.
Société pour la propagation de l'Évangile............	7,500	7,160	14,660
Société de la mission Anglicane..	2,500	2,694	5,194
Société de la mission Wesleyenne	3,000	2,000	5,000
Société de la mission Morave..	1,500	1,200	2,700
Société de la mission Baptiste..	1,100	1,100	2,200
Société des dames pour l'instruction des noirs..........	120	250	370
Soc. des missionnaires de Londres	3,000	4,533 6 8	7,533 6 8
Gouverneur des îles Bahamas..	700	6 19 4	706 19 4
Gouverneur de la Jamaïque...	500	»	500
Gouverneur de la Barbade....	»	400	400
Société de la mission Écossaise.	»	1,500	1,500
Gouverneur de la Trinidad...	500	»	500
Fondation charitable de Mico..	4,580	4,000	8,580
	25,000	24,844	49,844 6 0
Restant disponible......			155 14
TOTAL.......			50,000

[2] Ce tableau est emprunté au *Précis de l'abolition*, troisième publication.

les anciens maîtres. Ils sentent que l'éducation est un bienfait dans l'indépendance comme une entrave dans la servitude. Ils comprennent que plus les noirs émancipés seront intelligens et plus il sera facile de s'entendre avec eux. Ils votent aujourd'hui des fonds consacrés à l'enseignement sans qu'on les leur demande; du temps de l'apprentissage, lorsque le gouverneur Sligo leur proposa d'établir des écoles, ils en repoussèrent l'idée avec dérision !

L'instruction se répand de tous côtés; elle commence à pénétrer jusqu'au fond des mornes, et nous y avons vu des écoles qui ne sont que de simples hangars couverts en chaume, où 300 enfans des deux sexes étaient démocratiquement assemblés. Il y a plaisir à rencontrer à la chute du jour, au milieu des campagnes, ces petites bandes joyeuses qui regagnent en chantant les cabanes paternelles.

Les nègres répondent parfaitement aux soins que l'on prend pour eux sous ce rapport; ceux qui se trouvent à portée des écoles se montrent en général fort empressés d'y envoyer leurs enfans, ils font pour cela beaucoup de sacrifices, car on ne doit pas oublier qu'une partie de ces écoles, et notamment celles des Baptistes, sont soutenues par les souscriptions des affranchis. Il y a donc lieu de s'encourager à redoubler d'efforts, car il reste encore une nombreuse population à éclairer, et la charité ordonne d'aller la trouver. On doit porter la lumière à l'homme ignorant sans attendre qu'il vienne la demander. Il ne chercherait pas un bien dont il ne connaît pas la valeur.

La belle institution Mico a fondé ici et à Antigue une sorte d'école normale pour le professorat. A Antigue, 94 élèves, sur lesquels 68 anciens esclaves, ont déjà été formés. Nous avons rencontré quelques-uns de ces nouveaux professeurs dans plusieurs stations; ils enseignaient très bien, et leurs disciples n'étaient pas au-dessous de ceux des blancs. — Il s'offre cependant une observation à faire à ce sujet. Il est clair qu'un homme esclave il y a six ans, élevé pendant deux années pour devenir professeur, ne saurait être encore que fort peu instruit.

Ceux qui viennent d'Europe n'en savent guère plus que ceux qui sortent de l'école normale des îles. Il semble que les comités de Londres jugent le premier venu toujours assez savant pour faire un maître d'école. Ils assignent à cette place 100 liv. sterl. d'appointement[1]. N'est-ce pas la diminuer tout d'abord d'importance, surtout aux yeux des Anglais, qui ont tant de considération pour l'argent, et n'est-il pas certain que jamais un homme de mérite ne se donnera à une place aussi mal rétribuée?

On croit trop que la première éducation se doit borner à montrer l'*a, b, c*. Cette éducation étant la base fondamentale de tout enseignement, il serait bien entendu, au contraire, de ne la confier qu'à des hommes supérieurs. Celui qui a charge de former le cœur et l'esprit de l'enfance, de diriger ces jeunes organisations, si faibles, si délicates, qui demandent de si grands soins et un tact si fin, devrait être choisi parmi les plus intelligens.

Il est aussi beaucoup à regretter que parmi les écoles ouvertes au peuple des *West-Indies*, il ne s'en trouve pas une seule du premier ordre. « Le principe des écoles méthodistes, nous disait M. Simon, est de donner aux nègres une éducation égale à celle des blancs; » mais nulle part on ne voit l'application du principe, et les Baptistes eux-mêmes se bornent jusqu'ici à un enseignement élémentaire. Puisque les hommes ne grandissent que par la culture de l'intelligence, il est très évident que si l'on n'offre pas aux émancipés le moyen d'acquérir une éducation supérieure, ils ne pourront s'élever et resteront à jamais dans les couches basses de la société.

Quoi qu'il en soit, sous les bonnes influences actuelles, et grâce également aux effets propres de la liberté, il est incontestable que la masse de la population noire s'est considérable-

---

[1] 100 liv. st. (2500 fr.) seraient une rétribution convenable en France, mais en Angleterre, et surtout dans les colonies anglaises, ce n'est absolument rien. Le moindre commis d'une maison de commerce gagne ici 4, 5 et 600 liv. st.

ment améliorée. Les plus opposés conviennent que la liberté, au point de vue moral, a fait faire aux nègres de notables progrès. La dissolution était partout l'inséparable compagne de l'esclavage; partout la liberté, en venant s'établir dans ces pays sans misère, y amène la réforme des mœurs. Aujourd'hui, le mariage, qui était presque inconnu, est, selon M. Candler, « trois fois plus commun à la Jamaïque, proportionnellement au nombre d'habitans, qu'en Angleterre. Des blancs eux-mêmes, stimulés par l'exemple, honteux d'être moins honnêtes que ces nègres autrefois si vils, consacrent leur union avec la mère de leurs enfans. » Le docteur Stewart, ministre anglican établi dans la paroisse Manchester, écrivait à M. Gurney : « Quant aux mariages bénis dans mon église, ils n'ont été, pendant les six dernières années de l'esclavage, qu'au nombre de 421, et, dans les cinq années et demie de l'indépendance limitée ou absolue, on en compte 2,014[1] ! » Ici comme dans les deux autres îles que nous avons visitées, ceux qui vivent hors de la sanction civile et religieuse savent que cela est mal. C'est beaucoup de gagné comparativement au passé.

Les nègres de la Jamaïque ne paraissent pas aussi avancés que ceux d'Antigue. Dispersés comme ils le sont sur une terre d'une vaste étendue, ils participent moins au perfectionnement d'une communication immédiate ; ils n'ont point de société de prévoyance pour les malades, le goût du luxe est loin d'être chez eux aussi développé que chez les autres. Toutefois, ils profitent des élémens de moralisation mis à leur portée, et l'on en voit déjà qui pensent à leurs anciens compagnons d'infortune, se souviennent « que le seigneur les a tirés eux-mêmes de la terre d'Egypte, » et font annuellement des souscriptions dont ils envoient le montant au comité abolitioniste de Londres !

Leur dévouement ne s'arrête pas là ; excitée par les Baptistes, la chaleur de leur zèle va chercher jusqu'à leurs frères d'Afrique,

---

[1] *A winter, etc.*, lettre dixième.

et des collectes abondantes ont été faites parmi eux pour la propagation de l'Évangile dans le pays de leurs ancêtres! — Nous allons transcrire deux lettres relatives à ce sujet, qui nous paraissent devoir vivement intéresser le lecteur. L'une et l'autre, adressées au comité central du Baptisme à Londres, sont l'œuvre de ces ministres que l'on dit cupidement occupés à pervertir l'âme des nègres qui se confient à leurs enseignemens.

Ebony Grove, 31 *août* 1840.

« Depuis bien des années l'état du continent africain occupe ma pensée. A dater de l'émancipation, j'ai fait des efforts pour imprimer dans l'esprit des gens confiés à mes soins que leur devoir est de soutenir entre eux-mêmes les institutions de l'Évangile, afin de pouvoir aider à la propagation de la foi dans leur mère patrie. C'est avec reconnaissance que je me plais à dire que mes efforts n'ont pas été vains. Pendant les dix-huit mois qui viennent de s'écouler, nous avons consacré une partie de la matinée du quatrième dimanche du mois à prier pour ces contrées abandonnées.

« Depuis ce même espace de temps, il y a eu ici une assemblée religieuse des églises Baptistes et Indépendantes, le premier lundi de chaque mois, où l'on est convenu qu'une collecte, dont l'emploi serait fixé ultérieurement, aurait lieu en faveur de l'Afrique.

« Le journal dans lequel M. Freeman raconte sa visite à Ashantee, tomba providentiellement dans mes mains, dès son arrivée ici, le matin même de notre assemblée mensuelle; je fis le soir la lecture de cet intéressant récit. Ceux qui étaient présens furent heureux autant que surpris d'entendre de telles choses sur leurs pays. L'un d'entre eux, diacre, (*deacon*) de l'église d'Ebenezer, avait assisté au combat qui força les deux chefs de s'enfuir à Fantee. A la fin de l'assemblée, les deux congrégations résolurent de donner ce qu'elles avaient à la mission dont M. Freeman est l'organe, et un assistant fit observer, « qu'il regrettait seulement que les fonds ne pussent pas être en Afrique ce soir même pour aider à y répandre l'Évangile. » Le total de la collecte monta à 12 liv. courantes. Je puis dire aussi que le journal de M. Freeman fut lu à ma réunion religieuse mensuelle à Vere et accueilli avec le plus grand intérêt.

« Ayant été invité quelques mois après à assister à une assemblée de missionnaires, dans une chapelle Wesleyenne des environs, on me chargea de faire une proposition pour la mission d'Ashantee. Je fis entendre aux Wesleyens qu'ils devaient tous consacrer une semaine de leurs gages à cette entreprise, et je donnai les Baptistes comme exemple, car j'étais convaincu que la société des missionnaires Baptistes établirait bientôt une mission pour l'Afrique. Ma proposition fut immédiatement adoptée, et on convint que le salaire de la dernière semaine serait consacré à cet effet. Je suis heureux de dire que, le matin du 1er août, ceux qui s'étaient engagés apportèrent 7 livres provenant de leur travail.

« Le jeune instituteur d'Hayes, dans la paroisse de Savannah, lut aux enfans une partie du journal de M. Freeman, et ils dirent qu'ils aimeraient aussi à faire quelque chose, afin de procurer l'Évangile aux petits enfans d'Afrique, mais qu'ils n'avaient pas d'argent. « Je vais vous apprendre comment il faut faire pour en gagner, leur dit l'instituteur. Au lieu de passer vos soirées dans la dissipation, que ceux qui peuvent écrire fassent des écritures pour les personnes qui le désireront, que les autres portent de l'eau, coupent de l'herbe, etc. » Une semaine après ils rapportèrent 5 dollars ! Une petite fille employa deux jours de congé à garder des moutons et rapporta 1 sch. 8 d. qu'elle avait reçus !

« Le 3 juillet dernier, lorsque la société des parens se forma comme auxiliaire à cette station pour venir en aide à la mission africaine, l'instituteur fit une courte allocution et présenta l'offrande des enfans. — Je proposai d'adopter le plan du bon docteur Cox, c'est à dire que chacun s'engageât à donner pour cet objet 1 sch. 8 d. par an. Les personnes présentes dirent qu'elles étaient très heureuses de voir l'Évangile enseigné à ces pauvres gens de l'Afrique, et qu'elles donneraient ce qu'elles pourraient. Le résultat de la souscription fut de 5 liv. 7 sch. 6 d.

« Le soir suivant (1er août), la même chose fut faite à la station d'Ebenezer, paroisse Clarendon. En une demi-heure le montant de la souscription fut de 17 liv. 1 sh. 8 d. sans compter une centaine de personnes qui se levèrent et dirent : « Nous donnerons le salaire d'une semaine. »

« Je vous envoie d'avance ces différentes sommes pour être employées à la bonne œuvre. Je suis heureux de lire dans le journal le *Patriote*, que le comité s'est engagé lui-même et espère être bientôt à même de remplir ses promesses. »

Signé Reid [1].

Mount Salter, 12 *novembre* 1840.

« Notre cher frère Knibb a prié les frères de convoquer une assemblée religieuse spéciale dans leurs différentes stations, à l'intention de notre frère Clark et au succès de sa mission en Afrique.

« Notre première assemblée eut lieu le 9 novembre au soir, à Salter-Hill. Il n'y avait pas moins de 1500 personnes réunies en ce lieu pour la prière, qui fut suivie d'une méditation de deux heures, élevée vers Dieu.

« On manifesta la plus grande sympathie au sujet des afflictions, des souffrances et des injustices endurées par la terre natale, et le plus touchant intérêt pour sa pacification, sa prospérité future et le salut de nos frères en Dieu.

« J'ouvris l'assemblée en leur expliquant brièvement les circonstances dans lesquelles notre cher frère Clark va visiter la patrie de leurs pères et les raisons qui l'y font aller ; puis, après avoir chanté une hymne et lu un court chapitre des Saintes-Écritures, j'appelai un de nos frères noirs à prier.

« Parmi d'autres demandes qu'il adressa au seigneur, se

[1] *The Missionary herald*, janvier 1841.

trouvaient celles-ci : « O Dieu, nous te prions ; fais que quand les missionnaires iront dans cette sombre terre, toutes les bouches des lions soient fermées. »

« Que quand ils arriveront là, tout le monde leur presse la main en se disant heureux de les voir. »

« Qu'aussitôt que l'Évangile y sera prêché, tous courent pour l'entendre, comme un cerf altéré vers une source pure. »

« Un autre, après un touchant retour sur le malheureux état passé de lui et de ses frères, et après avoir ardemment loué le Très-Haut d'avoir eu pitié d'eux dans leur misère, demanda que l'Évangile pût être un bon enseignement en Afrique comme partout ailleurs. « O Seigneur, ajouta-t-il, nous savons que dans cette contrée d'Afrique, où ton missionnaire va aller, il n'y a que des canons, des pistolets et des épées; que meurtre, feu et carnage. Nous te prions donc de préserver ton serviteur de tous ces maux ; et nous te demandons que le sang répandu de Jésus, qui seul lave du péché, arrête l'effusion du sang en Afrique. » Il continua alors à louer Jésus de l'immense et merveilleux amour qu'il a manifesté en donnant librement pour notre salut ses souffrances et sa vie ; puis, peignant les principales scènes de sa passion et s'arrêtant aux détails de sa mort, il exprima le vœu qu'il fût donné à notre frère Clark de poursuivre son œuvre de foi et son travail d'amour dans un semblable esprit de zèle et de persévérance.

« Celui qui pria ensuite est un de nos diacres, natif d'Afrique et encore au printemps de sa vie. Je regrette que l'imperfection de son anglais m'ait empêché de retenir son discours, car ses prières pour sa terre natale émurent vivement la multitude assemblée qui les comprenait, et furent entendues du ciel, je n'en fais aucun doute.

« La dernière personne qui pria était aussi un diacre. Après avoir demandé « que M. Clark ait un heureux passage sur la mer bleue, qu'il soit préservé de tout mal en Afrique, qu'il y trouve une porte ouverte pour le recevoir, qu'il puisse revenir à la Jamaïque, que nous le revoyions encore, et qu'à Salter-

Hill nous entendions de sa propre bouche le récit de ce que Dieu aura fait pour lui en Afrique, » l'orateur se reporta vers l'Amérique et les colonies espagnoles, et il intercéda pour que la chaîne de l'esclavage y fût brisée, que l'Évangile y fût prêché et y dominât comme partout. Il s'adressa ensuite à Dieu, de la manière la plus solennelle et la plus passionnée, en ces mots : « O Seigneur, nous ne sommes pas heureux d'avoir pour nous la liberté et l'Évangile, tandis que nos frères et sœurs des autres contrées languissent encore dans l'esclavage et ignorent ton nom. Nous ne cesserons de te supplier jusqu'à ce que tous les esclaves soient libres, jusqu'à ce que l'Évangile soit répandu dans le monde entier, jusqu'à ce que tous les peuples se puissent réunir au jour du Sabbat pour entendre la parole, comme nous nous sommes réunis hier, et se puissent rassembler une fois par semaine, afin de prier comme nous le faisons en ce moment, sans que personne ose les troubler pas plus que personne n'ose nous distraire ici. »

« Adieu, je ne doute pas que toute notre population ne vienne au devant des dépenses nécessitées par la mission africaine avec la libéralité qui la distingue. »

Signé PICKTON [1].

Il nous a paru d'autant plus intéressant de transcrire ces lettres tout entières, qu'elles représentent très exactement la nature des relations entre les nègres et leurs ministres. Les quelques extraits de discours noirs qui s'y trouvent servent également à prouver, avec leur remarquable teinte de poésie primitive, à quelle élévation d'esprit sont déjà parvenus ces misérables esclaves que les colons anglais refusaient d'affranchir, il y a six ans, comme incapables de jouir de la liberté !

Les sociétés de tempérance, qui ont fait de si extraordinaires progrès à Antigue, commencent à se répandre à la Jamaïque. Les nègres qui s'y attachent y apportent l'esprit ferme et absolu des sectaires anglais ; ils ne transigent pas avec ce qu'ils jugent

[1] *The Missionnary herald*, février 1841.

être mal. Tout l'atelier d'*Orange-Valley* (paroisse Sainte-Anne), vient de refuser de travailler à la rhummerie[1]. — Le témoignage de nos yeux nous autorise à dire qu'il y a moins d'ivrognes parmi les nègres que parmi les blancs. Quoique la consommation de cette liqueur ait augmenté dans l'île (un plus grand nombre pouvant en acheter), il est certain que les cas d'ivresse ont diminué même à Kingston, où cependant un grand nombre de *grog shops* sont, comme les *marchands de vin* à Paris et les *gin houses* à Londres, d'affreuses tentations continuellement présentées à la faiblesse du peuple. Ce fait remarquable est de ceux, nous le savons, qui se soutiennent ou se nient avec une égale facilité, puisqu'il ne se peut constater par des chiffres, mais on l'acceptera pour vrai, si l'on veut tenir compte des recommandations des prédicateurs et peser l'influence des sociétés de tempérance. Il nous a été affirmé par les personnes que nous avons consultées à cet égard, et entre autres par M. Levy, négociant juif, établi à Mandeville (paroisse Manchester). Cet homme sage et bon est d'autant plus digne de foi, que pour servir la cause de la tempérance il a sacrifié des bénéfices considérables et certains, en refusant de vendre rhum, eau-de-vie et liqueurs dans la grande boutique de détail qu'il tient à Mandeville. Notons cet exemple de désintéressement si plein de moralité donné par un fils d'Israël aux marchands chrétiens de la Jamaïque, qui, tout en spéculant sur le poison qu'ils offrent au peuple, parlent sans cesse contre l'avidité des Juifs.

Le plus efficace moyen de combattre le singulier goût pour les liqueurs fortes que l'on remarque chez l'homme, serait de fermer les *grog shops* et de restreindre la fabrication du rhum. Puissent beaucoup de planteurs suivre le généreux

---

[1] Il n'est pas d'habitation sucrière qui n'ait une rhummerie. La Jamaïque, comme tout le monde le sait, a une vieille réputation pour son rhum, qu'elle fait avec beaucoup de soin. On obtient généralement cinquante *punchcons** de rhum sur cent boucauts de sucre.

* Le *punchcon* contient 90 gallons, le gallon 6 de nos bouteilles.

exemple que donnent, comme on le verra tout-à-l'heure, quelques habitans d'Antigue, en se faisant un cas de conscience de ne plus fabriquer de rhum. Il paraît positif qu'il n'y aurait même rien à perdre à cesser d'entretenir l'une des plus odieuses passions qui dégradent l'humanité. « Notre ami Stevenson de *North-end* (île Sainte-Croix), dit M. Gurney, conséquemment à ses principes, ne fabrique point de rhum sur son habitation. L'écume du sucre en ébulition qui, avec une certaine quantité de mélasse, sert à la distillation de cette liqueur, est repompée dans un clarificateur et convertie en un sucre qui ne le cède point en qualité à celui que l'on fabrique par les procédés ordinaires. Il affirme que ce système est aussi économique que profitable [1]. »

Les émancipés jamaïcains ont vite saisi de même les avantages des caisses d'épargne qu'on leur a ouvertes [2]. On peut s'en assurer par la balance du crédit des *Shaving banks* de l'île au 31 décembre 1840.

Clarendon. . . . . . . Liv. sterl.	66	19 9
Kingston	2,820	0 0
Manchester	121	0 0
Portland	120	0 0
Spanish Town	133	16 0
Saint-Dorothy	34	18 6
Saint-James	4,099	7 5
	7,390	19 4 [3]

Quelque surprenant que puisse paraître un aussi gros total

---

[1] *A winter in the West-Indies*, 1839 à 40.

[2] Le surlendemain de l'ouverture de ces caisses elles avaient déjà reçu 316 liv. st. (4740 fr. en deux jours !)

[3] Les *shaving banks*, instituées par acte du 17 décembre 1836, sous la garantie de l'administration locale, pour offrir un dépôt aux économies du bas peuple, ne reçoivent pas moins de 20 pence (40 sous) par chaque apport. Le montant des dépôts est limité à 200 liv. st. par an, et à 400 liv. en tout pour le même individu. Toutes les sommes qui dépassent 400 liv. ne portent pas intérêt.

(184,750 fr.), il n'y a pas à le révoquer en doute, car nous tenons ce tableau de l'obligeance de M. Cater, qui se trouve, comme directeur de la banque coloniale de la Jamaïque, mieux placé que personne pour être informé d'une manière sûre.

Le penchant à devenir propriétaire peut être donné, tant il est prononcé, comme un trait caractéristique de l'ancienne population esclave. Ils cherchent par tous les moyens en leur pouvoir, à faire l'achat d'un petit terrain où ils se bâtissent une case, à l'entour de laquelle ils cultivent des vivres. On explique par cette disposition le grand nombre de *free villages* qui se fondent, et quant à la disposition en elle-même, nous l'avons généralement entendu interpréter encore plus par l'orgueil d'être propriétaire et citoyen que par le plaisir de se rendre indépendant. L'ambition d'être *free holder* (propriétaire) gagne à un tel point chez les noirs, que le nombre des maîtres de portions de terre au-dessous de 40 acres, qui était en 1838 de 2,014, s'est élevé en 1840 à 7,848! Augmentation, 5,854[1].

Les colons affirment le développement du goût de la propriété chez les anciens esclaves en disant, sans aucune preuve heureusement, que ceux-ci volent surtout pour le satisfaire. Il est vrai que les blancs sont extrêmement fâchés que les noirs deviennent *free holders*.

Un autre fait que les amis de l'abolition apprendront avec joie, c'est que les nègres, loin de refuser les taxes directes dont une nouvelle loi vient de frapper toutes les propriétés de l'île, mettent au contraire de l'empressement à déclarer ce qu'ils possèdent de susceptible d'être taxé, maison, terre, chevaux, ânes, etc., et à faire régler leurs comptes de contribuables. Ils ne veulent pas que les fondateurs de villages prennent ce soin pour eux, ils tiennent à s'en charger eux-mêmes. C'est dans leur esprit un titre de distinction, le cachet de l'homme libre que d'être contribuable, et ils savent très bien payer leur bulletin d'un seul coup, afin de profiter d'un décompte de 10 %.

---

[1] Dépêche de Sir T. Metcalfe du 14 décembre 1840.

alloué à celui qui s'acquitte de la sorte. Une dès premières fois que l'on eut lieu d'appliquer ce décompte, le receveur, trouvant qu'il ne montait qu'à un penny, dit avec indifférence : « Bah, ça ne vaut pas la peine. — Donnez, donnez donc toujours, reprit le nouveau citoyen, un penny a sa valeur sur la place quand les gens de la ville m'achètent des légumes. »

1840 fut la première année où la taxe atteignit les nègres, et dès la seconde, les nombreux achats de petits lots ont augmenté les revenus de presque toutes les paroisses de dix fois leur valeur. Il est arrivé même une chose fort extraordinaire. Sans parler des troubles, l'excessive sécheresse qui règne depuis deux ans a sévi d'une manière si terrible sur les grandes propriétés, qu'elles se trouvent la plupart en arrière pour le payement de leurs contributions. Or, dans la paroisse de Sainte-Catherine, n'eût été l'empressement des affranchis à s'acquitter de leurs taxes, la paroisse n'aurait pas eu de quoi subvenir à ses charges publiques!

Ce fait est si imposant dans la question, que les ennemis de l'émancipation voudront peut-être le nier. Ils auront alors à s'en prendre à M. Richard Hill, de qui nous le tenons. M. Richard Hill, mulâtre fils de négresse, n'est pas seulement un des hommes les plus distingués de cœur et d'esprit qu'aient produit les Antilles, il est de plus chef des magistrats spéciaux, et en cette qualité, presque tous les comptes de la colonie passent par ses mains.

Ambitieux comme ils le sont de tous droits politiques, nous devons voir encore dans la loi de la Jamaïque du 19 décembre 1840 une des causes qui excitent les affranchis à posséder. Cette loi, dont il faut d'autant plus admirer la libéralité qu'elle est faite par d'anciens maîtres, « accorde le vote électoral à tout citoyen âgé de vingt-un ans, ayant un loyer de 30 liv. sterl., ou possédant, soit de son chef ou de celui de sa femme, soit comme curateur, ou fidéi-commissaire, ou créancier hypothécaire, une propriété consistant en maison d'habitation, terres, pâturages, plantation, établissement agricole, etc., d'un revenu net annuel de 6 liv. sterl. (150 fr.) » Cent cinquante francs représentent pour nous une somme encore assez forte, mais à la Jamaïque elle compte à peine. Aussi voit-on sur les listes, des électeurs et des miliciens dont la profession indiquée est domestique. Il est vrai que des gens à profession dite libérale ne s'y trouvent pas. — Pour notre compte, nous croyons, depuis longtemps déjà, qu'il y a beaucoup de préjugé dans la dégradation attachée à la domesticité. Ce qui s'observe aux États-Unis prouve que la ligne de démarcation tracée entre l'homme qui sert et celui qui paie le service, n'est peut-être pas plus solide que bien d'autres; nous ne sommes donc aucunement blessé que les domestiques soient électeurs, mais nous voudrions au moins que tout le monde, même leurs *maîtres*, le fussent avec eux.

En somme, les émancipés sont heureux, notoirement heureux ; il n'est pas un habitant des W*est-Indies* qui le révoque en doute.—Pussions-nous obtenir le même destin pour les pauvres prolétaires d'Europe ! — Sous ce rapport, le premier, le principal but de l'émancipation a été parfaitement atteint. Les nègres anglais ont la satisfaction de tous les besoins qu'ils connaissent; ils ne se voient plus condamnés au supplice de Tantale : rétribués pour leur travail, non pas avec excès, mais convenablement, ils sont toujours assurés du pain quotidien, et ce peuple si longtemps, si cruellement persécuté, aujourd'hui rendu à l'humanité, placé sous le plus beau ciel du monde, travaillant comme les riches d'Europe selon que l'exigent ses besoins, oubliera peut-être ses détresses passées dans la jouissance d'une liberté qui n'a de limites que l'action de la loi contre les coupables.

Doit-on s'inquiéter après cela s'ils plantent autant de cannes que lorsqu'ils étaient esclaves? Souvent, au milieu des magnifiques forêts des Antilles, absorbé dans leur grandeur silencieuse et imposante, réchauffé par ce beau ciel toujours plein de douceur, toujours bienfaisant, j'ai oublié l'économie politique avec ses impérieuses nécessités de travail, et je me suis demandé, dans l'amertume de mes souvenirs, si des hommes qui jugeraient la banane une nourriture suffisante et l'eau de la source une boisson préférable aux liqueurs fermentées avec lesquelles nous nous empoisonnons ; qui trouveraient, dans la contemplation du soleil et de la nature, de quoi satisfaire aux besoins les plus illimités de l'imagination et qui ne chercheraient rien au-delà, seraient des hommes dont la folie devrait paraître bien méprisable? Si l'ignorance, compagne de l'état sauvage, ne paralysait le développement de la sensibilité, je serais de l'école des *sauvagistes*.

Le bien-être, les progrès, les perfectionnemens, les améliorations de mille natures différentes dont jouissent les émancipés, tout cela est le fruit miraculeux de quelques jours de liberté! Car les esclaves de la Jamaïque n'étaient pas mieux *préparés* que les nôtres pour l'indépendance. Ils n'étaient ni moins stupides, ni moins bornés, ni moins barbares, ni moins abrutis. On a vu que bien qu'ils fussent 350,000 contre 20,000, jamais aucune de leurs révoltes ne réussit ; l'intelligence, seule, presque sans le secours des armes, refrénait aisément ces énormes forces brutales. Lors de la dernière rébellion, on trouva dans les mains de quelques nègres des fusils à piston chargés de huit et dix balles. Ces malheureux chargeaient, tiraient sans capsules, et, croyant le coup parti, chargeaient de nouveau.

Voilà ce qu'étaient en 1831 les gens qui aujourd'hui paient la taxe avec fierté.

Ils se trouvaient si peu avancés en 1838, lors de la liberté définitive, que le gouverneur, sir Lyonel Smith, leur généreux ami, dut faire deux proclamations pour leur apprendre et les convaincre que les cases des habitations appartenaient à leurs anciens maîtres et non pas à eux. « Vous ne devez pas vous tromper, leur dit-il le 9 juillet de cette année, en leur annonçant qu'ils allaient être libres[1], vous ne devez pas supposer

[1] Le lecteur ne sera pas fâché de trouver ici cette proclamation ; elle est belle et simple ; elle a surtout ce caractère d'appropriation de la

que les maisons où vous êtes et les terres de provisions qui s'y trouvent jointes soient votre propriété, elles appartiennent au maître de l'habitation, et vous aurez à en payer la rente, ou en

forme à la chose, ce juste rapport de la lettre à l'esprit, qui font la plus grande supériorité de nos voisins.

« Apprentis prédiaux ! peu de jours encore et vous allez devenir des laboureurs libres : la législature de l'île vous fait grâce des deux années restantes de l'apprentissage.

« Le premier août prochain est le premier jour où vous deviendrez libres, où vous vivrez sous les mêmes lois que les autres hommes libres, blancs, noirs ou jaunes.

« Moi, votre gouverneur, je vous donne la joie de la bonne nouvelle.

« Souvenez-vous que libres vous aurez à dépendre de vous-mêmes pour le soutien de votre vie et de celle de votre famille. Vous travaillerez pour tels gages dont vous conviendrez avec ceux qui vous emploieront.

« Il est de leur intérêt de bien vous traiter; il est de votre intérêt d'être civils, respectueux et laborieux.

« Vous pourrez vous arranger et continuer d'être heureux avec vos anciens maîtres ; je vous engage fortement à rester sur les propriétés où vous êtes nés, où sont enterrés vos parens.

« Vous ne devez pas supposer, etc. (le paragraphe transcrit dans notre texte.)

« Les paresseux qui ne prendront pas d'emploi et se mettront à errer dans la campagne, seront saisis comme vagabonds et punis de la même manière que le sont les vagabonds en Angleterre.

« Les ministres de religion vous ont été d'affectueux amis; écoutez-les, ils vous préserveront des embarras et des difficultés.

« Souvenez-vous de ce qu'attend de vous le peuple d'Angleterre, qui a payé une si large somme pour votre liberté.

« Il n'espère pas seulement que vous vous comporterez comme de fidèles sujets de la reine en obéissant aux lois, ainsi que je suis heureux de dire que vous avez toujours fait comme apprentis, mais que la prospérité de l'île s'accroîtra par votre travail libre bien au-delà de ce qu'elle a jamais été durant l'esclavage.

« Soyez honnêtes envers tous les hommes, bons envers vos femmes et vos enfans. Épargnez à vos femmes, autant que vous le pourrez, les lourds travaux des champs; qu'elles accomplissent leurs devoirs à la maison, en élevant vos enfants, en prenant soin du ménage ; mais surtout faites que vos enfans aillent à l'église et à l'école.

« Si vous suivez ces avis, vous serez heureux et prospères sous la bénédiction de Dieu. »

monnaie, ou en travail, selon les traités que vous ferez avec lui. »

Le 25 mai 1839, d'après un ordre du ministre, il est obligé de leur dire encore : « Vu qu'il a été réprésenté au gouvernement de S. M. que la population agricole de cette île commet l'erreur considérable de se croire quelque droit aux cases et jardins qu'il leur était permis d'occuper et de cultiver durant l'esclavage et l'apprentissage, et vu qu'une semblable erreur, partout où elle existe, peut nuire tout à la fois aux laboureurs et aux propriétaires, je fais connaître que j'ai reçu des instructions du secrétaire d'état pour les colonies de S. M. qui m'ordonnent d'apprendre aux laboureurs qu'une pareille notion est complètement erronée, et qu'ils ne peuvent continuer à occuper leurs maisons et leurs jardins que sous les conditions faites avec les propriétaires.

« Et vu qu'il a été représenté au gouvernement de S. M. que les laboureurs, dans beaucoup de parties de l'île, s'imaginaient qu'une loi allait être envoyée de la Grande-Bretagne qui leur donnerait lesdites maisons et jardins sans aucun égard pour les droits des propriétaires, je fais connaître que pareille loi ne sera jamais envoyée d'Angleterre. »

C'est ainsi qu'étaient préparés les nègres de la Grande-Bretagne.

Que le lecteur note ceci : Les colons français disent que l'affranchissement dans les îles anglaises n'a pas plus mal réussi qu'on ne le voit, parce que les sujets noirs de S. M. Britannique étaient plus avancés que les nôtres, et les colons anglais pensent généralement que notre émancipation sera moins laborieuse que la leur, parce que, disent-ils, les esclaves de nos îles qu'ils ont vus paraissent plus instruits, plus actifs, plus capables de comprendre les devoirs de l'homme libre ! — Une chose certaine, c'est qu'à Puerto-Rico, où on recevait les nègres français si avidement autrefois que nos colonies déportaient là leurs mauvais sujets, il n'est plus permis d'en importer un seul, sous aucun prétexte, sans ou avec son maître, parce qu'on redoute « leur esprit actif et porté à la résistance. »

CHAPITRE IV.

TROUBLES.

Mais, dira-t-on, où donc est le mal? En quoi consiste-t-il? Est-ce un fantôme destiné seulement à nous effrayer, que cette peinture lugubre des malheurs de la Jamaïque que font les adversaires de l'affranchissement? Non. Tout n'est point inexact dans leurs discours. Nous arrivons à ces malheurs; nous ne sommes pas tenté d'en rien dissimuler : si nous en parlons tard, le lecteur verra que ce n'est point de notre part crainte de présenter un fait accablant, mais simplement esprit de logique qui place les choses à leur rang et ne parle qu'en second de ce qui joue un second rôle; il verra que ces maux, si graves qu'ils soient pour quelques individus, ne sont on peut dire qu'un accessoire dans cette révolution sociale où 320,000 êtres humains renaissent à tous les droits de l'homme.

Mais les malheurs mêmes, qui en doit porter le blâme? qui doit-on accuser? quelle part en revient au gouvernement? quelle part aux anciens maîtres? quelle part aux anciens esclaves? C'est ce que nous voulons examiner; et il sortira peut-être de l'exposition complète, détaillée, sincère des désordres de la Jamaïque, une nouvelle preuve plus triomphante que toute autre de la droiture naturelle des nègres, un nouvel et irrésistible argument en faveur de la liberté immédiate.

Pourquoi l'émancipation a-t-elle eu plus de peine à s'asseoir à la Jamaïque que partout ailleurs? Voyons si de mauvaises lois et des procédés injustes à l'égard des émancipés n'auraient pas provoqué bien des désordres. Sachons quelle a été, en présence de ce grand événement, la conduite des maîtres.

Jusqu'au dernier moment, les colons de la Jamaïque repoussèrent l'émancipation; ils ne l'acceptèrent point de bonne grâce au fond du cœur ; ils ne s'y étaient pas préparés : on a vu plus haut avec quel acharnement ils refusaient même la parole aux prédicateurs. Lorsque le grand jour arriva, il les trouva pleins de colère et décidés, sinon à la résistance ouverte, du moins à l'opposition.

Les créoles de la Jamaïque, riches et nombreux, avaient répété à satiété, comme les nôtres répètent encore aujourd'hui, que l'éloignement où la métropole se trouvait des lieux, et l'ignorance où elle était des choses, la rendait inapte à avoir une opinion sur les colonies. « Ils insistaient sur ce point, qu'on devait s'en remettre entièrement à eux des mesures à prendre, et qu'eux seuls pouvaient juger s'il était opportun de changer ou de ne pas changer le régime colonial [1]. » Le corps des blancs de la Jamaïque est connu pour avoir été sur ces matières aussi exagéré, aussi rétrograde que celui de la Martinique, et leurs mauvaises dispositions étaient si peu dissimulées, que le ministère anglais envoya, dès que la loi d'abolition eut passé, treize magistrats spéciaux dans l'île, afin qu'ils arrivassent avant même que la législature pût discuter l'acte ; lui donnant ainsi à entendre, par leur présence anticipée, qu'elle n'avait rien de mieux à faire que d'enregistrer. La législature comprit qu'il fallait se soumettre et accepta le bill d'exécution à l'unanimité, mais en disant : « Les colons de la Jamaïque n'ont jamais entendu défendre le principe de l'esclavage que comme se rattachant à leurs droits de propriétaires. *L'indemnité admise*, ils sont prêts à renoncer au principe, fiers de montrer que leurs sentimens répondent à ceux de la métropole pour les esclaves. »

[1] *The West-Indies in* 1838 *by Thomas and Kimball*, publié à New-York, par la société d'abolition de cette ville.

Il fut dit à ces messieurs, par un planteur de la Barbade, « que c'eût été un propos séditieux dans l'île d'exprimer la croyance que l'on pût faire du sucre sans le fouet. » On peut voir, dans notre livre sur les colonies françaises, qu'il en est encore de même aujourd'hui à la Martinique et à la Guadeloupe.

C'était le seul langage à tenir en présence du fait accompli ; et l'on ne s'y trompa pas, car le nombre complémentaire des magistrats spéciaux assignés pour l'île avait laissé les rivages de Falmouth long-temps avant que l'on pût savoir en Europe l'acceptation des colons. Le ministre, toutefois, ne laissa point passer la petite audace du *considérant* sans la relever, et dit en réponse « par l'empressement de la colonie à se rendre aux vœux de la métropole, *elle s'est acquis sa juste part à l'indemnité.* »

On ne pouvait guère attendre qu'ils sauraient habilement conduire une entreprise difficile, ceux-là mêmes qui avaient déclaré l'entreprise impossible. Les créoles de la Jamaïque augmentèrent les embarras attachés à une condition aussi fausse que celle de l'apprentissage, par leur manque de souplesse et surtout leur fâcheuse tendance à rapprocher autant qu'ils purent l'apprentissage de l'esclavage. Et malheureusement, on le sait, l'Angleterre ne leur avait donné à cela que trop de facilité, en laissant aux îles le soin de régler tous les détails de l'émancipation. Un rapide coup-d'œil jeté sur l'acte de la législature locale qui promulga, le 12 décembre 1833, la loi d'abolition rendue par la métropole, ne servira que trop bien à justifier notre accusation.

Le fouet y est prodigué avec une désolante et impitoyable barbarie.

L'article 31 prononce jusqu'à « 39 coups, pour *insolence ou insubordination* de l'apprenti envers celui qui l'emploie », l'article 32 punit « de 50 coups, celui qui *par négligence* mettra une propriété en danger du feu ou maltraitera le bétail, ou *par insouciance* détruira ou endommagera la propriété confiée à ses soins. »

Au nom de l'article 42, le juge spécial peut condamner à 20 coups de fouet « l'apprenti qui aura porté contre son employeur une *plainte frivole et mal fondée.* » — On ne trouve aucune pénalité pour l'employeur qui aura porté une plainte mal fondée contre son apprenti : le cas n'est pas même prévu !

Le magistrat est complètement désarmé à l'égard du maître. Il ne peut prononcer contre un employeur coupable d'injustice ou même de cruauté envers l'apprenti, qu'une amende de 5 liv. sterl. au plus, que le condamné, s'il n'a de quoi payer, peut acquitter en subissant un emprisonnement de cinq jours au plus. (Art. 70.) Et encore l'amende profite-t-elle au trésor public, d'où il suit que l'apprenti ne peut jamais être indemnisé personnellement du dommage qu'il a souffert de la part du maître !

L'article 5 de la loi métropolitaine décrétait que les personnes ayant droit aux services des apprentis ne pourraient exiger d'eux plus de quarante-cinq heures de travail par semaine. — L'article 25 de la loi locale a pour objet d'infliger aux émancipés, comme châtiment, un travail extraordinaire au profit du maître, de sorte que celui-ci se trouve réellement avoir un intérêt direct à exciter son employé à mal faire, à s'enivrer par exemple, car l'article 30 frappe l'apprenti coupable d'ivrognerie d'une condamnation de quatre jours de travail extra !

En résumant les heures de travail que le juge peut imposer à l'employé au profit de l'employeur, on compte jusqu'à quinze heures par semaine ! Et la répartition en est entièrement laissée au propriétaire, qui peut conséquemment, s'il lui convient, ordonner à l'apprenti de remplir cette tâche extraordinaire en un seul jour et à la suite du travail ordinaire.

L'article 64 de l'acte du 12 décembre finit par annuler presque tout à fait la volonté du législateur européen ; il dit : « *En cas d'urgente nécessité*, le propriétaire ou les gens qui auront la direction de sa propriété pourront exiger d'une partie ou de la totalité des apprentis un service immédiat et continu tant que durera cette nécessité. » Mais on avait été si loin cette fois qu'on fut obligé d'y revenir ; l'acte du 4 juillet 1834, modificatif de celui du 12 décembre, s'expliqua ainsi : « Il est arrêté que par les mots *urgentes nécessités*, on entendra les cas d'ouragan, de tempête, de tremblement de terre, d'inondation et d'incendie. »

La première inspiration du législateur jamaïcain était toujours de ramener l'apprenti à l'état d'esclave. C'est dans ce sens que par l'article 29 il met au rang des vagabonds « tout apprenti qui sera trouvé hors des limites de la plantation sans une licence écrite de celui qui l'emploie. » Ce n'est que le 22 décembre 1834, en renouvelant les actes des 12 décembre 1833 et 4 juillet 1834, que ramené sans doute par de vives plaintes à une sorte d'équité, il introduisit l'amendement suivant :

« Ces dispositions ne peuvent s'appliquer aux apprentis qui vont au service divin, au marché ou à leurs jardins ; enfin, elles ne peuvent être interprétées comme ayant pour effet de détruire ou de gêner la libre et pleine jouissance du temps que la loi accorde aux apprentis. »

Ainsi donc, le législateur créole auquel on a eu l'imprudence de laisser le soin d'organiser les mesures d'application, est si peu modéré dans l'usage de son pouvoir, que dès les premiers jours, il est forcé lui-même de se rétracter.

Les esclaves, entendant parler d'émancipation, s'étaient persuadés qu'ils allaient être libres; mais ils virent promptement tomber leur illusion, et lorsqu'en se faisant expliquer cette loi, ils jugèrent la nature de la liberté qu'on leur accordait, ils prirent aussitôt le plus vif dégoût pour l'apprentissage, et les sévérités extrêmes des planteurs ne servirent que trop à justifier leurs répugnances.

Le 22 janvier 1836, lord Sligo transmit au ministre des colonies l'état des punitions infligées aux apprentis, du 1er août 1834 au 1er août 1835, l'espace d'une année ; le total de ces punitions s'élevait à 25,395 [1] ! On se rappelle que dans les discussions qui eurent lieu au parlement pour l'abolition de l'apprentissage, les habitants de la Jamaïque furent représentés par tous les orateurs comme violateurs du contrat qu'avait fondé le bill d'émancipation. Dans la séance du 30 mars 1838, sir E. Sugden, signalant à la chambre des communes tous les vices

---

[1] *Précis de l'abolition.*

introduits par les législatures locales dans le système transitoire, « frémissait en pensant qu'à la Jamaïque près de 29,000 personnes avaient reçu chacune en moyenne 180 coups de fouet, et dans ce nombre, au mépris du texte formel de l'article 17 de la loi libératrice, il fallait compter des milliers de femmes. »

L'absence de presque tous les propriétaires nuisit beaucoup à la Jamaïque et contribua notablement à aggraver les causes de désordre. On n'estime pas qu'il y en ait le quart sur leurs biens, et après avoir vu, durant une course de vingt jours à la campagne, la plupart des *mansion houses* tristement vides et délabrées, nous pensons que dire le quart n'est rien exagérer. Cette absence des maîtres, disons-nous, a été funeste. Dans une situation aussi délicate, la présence de celui qui a tout à perdre ou à gagner est indispensable ; guidé par l'intérêt personnel direct, il juge mieux que personne les concessions à faire, les meilleurs moyens à employer, les plus sages partis à prendre. — Au jour de l'émancipation, que les créoles français soient tous à leur poste, eux et les nègres auront à s'en applaudir. — Les nègres, par la raison même qu'ils sont très vains, n'aiment pas à traiter avec un intermédiaire. Les géreurs, les économes auxquels sont confiées les habitations sont d'alleurs, il faut le dire, bien loin d'être des *gentlemen*. Hommes de peu d'éducation pour le plus grand nombre, leur tyrannie n'est pas même adoucie par la forme. A la Jamaïque, ils n'ont pas su juger la portée des choses, se modifier avec le temps. L'inexpérience de la nouvelle position, les mauvais plis du passé, ajoutés aux habitudes d'intempérance communes aux anglais des *West-Indies* et poussées à l'excès dans cette île [1], les jetèrent en des

---

[1] Si l'article de l'acte local du 12 décembre 1833, qui condamne l'apprenti coupable d'ivrognerie à recevoir vingt coups de fouet avait été applicable aux anciens maîtres comme aux nouveaux libres, on peut assurer sans exagération que les blancs eussent été plus souvent *taillés* pour cette grave faute que les noirs.

erreurs déplorables[1]. Accoutumés à commander à des esclaves, ils furent d'une insigne maladresse dans leurs rapports avec les affranchis, et c'est à vouloir vaincre par la coërcition la résistance qu'ils trouvaient, qu'ils créèrent eux-mêmes les déchiremens qui ont affligé leur société. — « Les choses iront bien quand les propriétaires voudront qu'elles aillent bien, disait le marquis de Sligo, dans une dépêche du 19 septembre 1835, ils ne pourront, si leur ruine arrive, s'en prendre qu'à leurs agens. » Et le successeur de lord Sligo, sir Lyonel Smith, dans son message à l'assemblée du 29 octobre 1837, disait encore : « l'île mérite ce reproche que les apprentis sont, à certains égards, dans une condition pire qu'ils n'étaient à l'époque de l'esclavage. »

Les blancs ne furent malheureusement pas plus sensés après 1838, qu'ils ne l'avaient été après 1834.—Ils sentent, comme tous ceux des autres îles, l'indispensable nécessité d'en finir avec l'état intermédiaire. Ils prononcent l'affranchissement général. Les voilà face à face avec ces apprentis qu'ils ont exaspérés par d'odieux traitemens. Il n'y a plus de maîtres, plus d'esclaves, plus de blancs, plus de nègres, il n'y a que des hommes absolument égaux les uns vis-à-vis des autres. Les colons comprendront-ils cela enfin? Non. Ils ne semblent avoir aucune intelligence du côté moral de l'abolition complète. Ils ne s'aperçoivent point que leur intérêt est d'accepter franchement un fait accompli. Ces incorrigibles veulent toujours être maîtres.

Les nègres qui avaient à venger les injures, les vexations et les milliers de coups de fouet de l'apprentissage, une fois définitivement libres, se montrèrent ombrageux, susceptibles, ja-

---

[1] « Rien n'est plus contraire au bonheur de la Jamaïque que l'absence des propriétaires. Il serait même étonnant de voir prospérer des habitations sur lesquelles le maître ne met jamais les pieds, où le fondé de pouvoirs lui-même ne fait que de rares apparitions, et qu'on abandonne aux soins de jeunes gens sans expérience et souvent de la plus révoltante immoralité. (*A winter in the West-Indies.*)

loux de leurs droits à l'excès, et les blancs ne se voulant pas faire d'idées nouvelles pour une société nouvelle, au lieu de s'étudier habilement à éteindre les inimitiés, ne firent que les alimenter par leurs violences. Ils traitèrent d'insolence la réaction de l'affranchi qui demandait naturellement à élever son salaire le plus possible ou à discuter ses intérêts; ils déclarèrent tout lien social rompu lorsque l'émancipé leur rendit injure pour injure [1], et le lendemain même de l'établissement de la liberté absolue ils tourmentèrent et aigrirent encore davantage les nègres par des tracasseries au sujet des loyers.

Que le lecteur veuille bien nous prêter toute son attention; ici est la grande pierre d'achoppement de la liberté à la Jamaïque.

La métropole, qui n'avait rien réglé pour l'apprentissage, ne régla rien non plus pour l'abolition définitive. Tout fut livré au hasard.

Les maîtres, abusant de la nécessité où étaient les nouveaux libres de louer les cases et les jardins des habitations, imaginèrent d'employer ce moyen pour forcer le travail. Ils mirent un prix exhorbitant à leurs mauvaises huttes; quelques-uns poussèrent la folie jusqu'à vouloir compter la location par tête, et obliger chaque membre de la famille au-dessous de douze

---

[1] L'orgueil est ce qu'il y a de plus difficile à déraciner dans l'esprit des blancs. Il est arrivé à un tel état chronique, qu'ils n'en ont plus la conscience. Un planteur de cette île voulant donner une idée de l'insolence actuelle des noirs, dit naïvement un jour à la table du gouverneur devant quinze personnes : « Hier, un nègre qui a un champ attenant à mon habitation me demanda passage. J'étais de mauvaise humeur, je lui répondis que j'aimerais mieux accorder pareil droit au diable. Ce matin, en sortant, je voulus comme d'habitude prendre un petit sentier commode qui traverse le champ de mon voisin; mais ce maudit nègre est accouru, et se plaçant à la tête de mon cheval, il m'a dit qu'il aimerait mieux laisser passer le diable que de me laisser passer. J'ai dû rebrousser chemin. La vie n'est plus tenable ici depuis l'abolition. »

ans à donner une somme égale. Il ne faut être ni affranchi, ni nègre pour trouver fort mauvais de payer son loyer, non pas selon la valeur de la maison, mais selon le nombre des enfans qu'on a ou des personnes qu'il nous plait d'y loger. D'autres, pour louer, exigeaient un long engagement de travail; d'autres encore prétendaient forcer le locataire à prendre en payement du travail qu'il ferait, la rente de la case qu'il occuperait.—Les propriétaires, dans toutes ces discussions, se portèrent aux dernières extrémités. Lorsqu'ils ne pouvaient s'entendre avec le nègre sur la nature, la durée ou le prix du labeur, ils l'expulsaient violemment. Sur beaucoup d'habitations, les cases furent démolies, les jardins ravagés et les arbres fruitiers jetés à terre pour chasser les laboureurs qui ne voulaient pas déloger!

C'était le droit rigide du propriétaire, sans doute; mais n'était-ce pas aussi le droit du locataire de refuser alors le travail comme la case, et de chercher asile sur ces petits lots de terre que des amis ou des spéculateurs leur louaient ou leur vendaient sans conditions vexatoires.

Nous ne voulons pas être partial; mais il nous est permis de le demander, si les employeurs et les employés n'ont pu s'entendre, est-ce donc toujours la faute des employés et jamais celle des employeurs? S'il n'y avait pas eu de motif pour cela, concevrait-on que les nègres, qui ont montré partout si peu de dispositions mauvaises, aient été par exception à la Jamaïque, rebelles et capricieux? Parce que l'affranchi a refusé le travail à des conditions qui ne lui plaisaient pas, est-ce à dire qu'il a refusé de travailler? Aujourd'hui qu'il est libre, doit-il se soumettre à des traitemens d'esclave sous peine de passer pour irrésistiblement enclin à la fainéantise? Pour nous, franchement, nous croyons qu'il y a eu à la Jamaïque plus de blancs *naturellement despotes* que de nègres *naturellement paresseux*. Nous savons que des affranchis ont pu être quelquefois assez *volontaires*, mais nous nous méfions beaucoup en même temps de la sagesse d'hommes qui jusqu'au dernier jour avaient proclamé l'esclavage une chose légitime. L'intérêt personnel leur a tellement faussé le jugement que nous doutons de leur équité. On conçoit très bien que des esclaves d'hier, irrités surtout par les souvenirs cruels de l'apprentissage, n'usent pas de la liberté avec une réserve stoïque. La nouveauté seule de la jouissance d'un bien si inconnu devait les porter à en abuser. C'était aux maîtres à savoir appaiser, tourner, diriger ces mouvemens immodérés. Loin de là, ils ont été plus déraisonnables que les affranchis.

Nous ne sommes pas seul à juger sévèrement la conduite des planteurs en cette circonstance. C'est aussi l'aveu de M. Anderson, ancien membre de l'assemblée de la Jamaïque, qu'ils ne firent preuve ni de mesure, ni d'équité, ni de calme. « Ils ont réglé, dit-il dans l'enquête parlementaire, le prix des loyers, non sur l'importance des locations mais sur le nombre des locataires, ce qui est aussi injuste que déraisonnable ; ils ont porté ces prix à un taux exagéré, à un taux qui excède souvent le prix exigé pour des locations semblables en Angleterre et en Écosse, où la valeur de la terre est pourtant bien autre qu'à la Jamaïque. Ils ont voulu se faire payer chaque semaine, et pour contraindre les retardataires à l'exactitude, ils les ont fait sommer souvent au moment même de leur récolte de vider les lieux dans le plus bref délai. Enfin, faute par les locataires d'obtempérer à leur sommation, il n'ont pas craint de faire arracher toutes leurs plantations et de détruire ainsi, pour un retard de payement de quelques jours, toute la fortune de pauvres noirs, le fruit de leurs peines de huit ou dix mois. Je ne veux pas ici discuter la question légale et rechercher si un propriétaire possède ou non le droit d'expulser de chez lui de cette façon un locataire inexact ; je puis seulement affirmer qu'en usant de ce droit, s'il existe, les planteurs de la Jamaïque ont commis une rare imprudence. Ces rigueurs ont exaspéré la population nègre, qui, de son côté, a voulu user de représailles et s'est facilement vengée en travaillant peu, mal ou point. Il faut dire aussi que peut être les planteurs n'ont pas toujours été fort exacts à solder régulièrement chaque semaine les salaires de leurs travailleurs¹. »

En vérité, nos colons, au lieu de présenter les anciens esclaves de cette île comme un ramas de misérables déchaînés, feraient plus sagement d'examiner avec sang-froid la conduite des anciens maîtres, pour apprendre à éviter leurs fautes.

Dans notre travail, nous tenons, ainsi qu'on a pu le remarquer, à ne jamais donner notre affirmation pure et simple; car rien ne serait plus facile que de la combattre en y opposant une affirmation contraire. Nous allons donc faire entendre encore le gouverneur de la Jamaïque, pour montrer que ce n'est pas sans raison que nous avons accusé les maîtres de la plus grande partie des désordres. « Je n'hésite pas à déclarer à votre seigneurie, écrivait-il au ministre, en date du 3 décembre 1838, qu'il ne manque au succès du travail libre à la Jamaïque qu'un traitement équitable accordé aux travailleurs. La nécessité, ce grand régulateur des intérêts humains, peut encore amener ce progrès; mais d'une part, les mauvais procédés, de l'autre, le mécontentement, ont, quant à présent, gravement interrompu le travail. Il en est résulté une longue perturbation dans la culture de l'île.² » L'opinion de sir Lyonel Smith paraît-elle suspecte? nous pouvons appuyer notre dire d'un témoignage que personne ne sera tenté de récuser. Écoutez M. le docteur Spalding, l'un des créoles les plus riches et les plus instruits de la Jamaïque, possesseur de quatre habitations, un peu adversaire de l'affranchissement, mais homme d'un esprit trop droit pour ne point juger les choses sainement, et d'un cœur trop loyal pour ne pas dire la vérité. Voici ce qu'il nous faisait l'honneur de nous écrire en réponse à quelques questions que nous lui avions adressées.

« Autant que mon expérience me le permet, je dirai que les affranchis, gouvernés par les principes et les instincts communs

---

¹ *Précis de l'abolition*, deuxième partie de la troisième publication.
²   dᵒ   dᵒ   deuxième publication.

à tous les hommes, ont agi précisément comme on pouvait s'attendre qu'ils agiraient dans les circonstances présentes. La guerre fut universellement déclarée entre l'employeur et l'employé : l'un cherchant à établir un maximum, l'autre un minimum de prix des gages. Les planteurs dans un nouvel élément, incertains de l'avenir, ne sachant et ne pouvant pas apprécier le rapport du travail, craignaient d'offrir de trop hauts salaires qu'ils ne pourraient continuer. De leur côté, les laboureurs, ignorant toutes les lois qui doivent régler de semblables matières, étaient exagérés dans leurs demandes, craignant sans doute les embarras d'une modification de gages.

« La question des loyers fut ensuite une source trop abondante de mécontentement et de troubles. Le jardin fournit à tous les besoins immédiats du laboureur et lui donne même un superflu propre à l'achat des choses de luxe. Le propriétaire, maître de ce jardin et de la case, chercha dans le système du loyer et du travail combinés le seul pouvoir qu'il eût d'abaisser le taux des gages et d'obtenir le travail continu. Si vous me demandez tant pour la journée, je vous demanderai tant pour le loyer ; si vous ne travaillez pas pour moi régulièrement quatre jours de la semaine, je doublerai le prix de location. Ne voulez-vous pas? Partez. Le résultat de cette méthode a été que les laboureurs ont fini par acheter ou louer de petites portions de terre ; qu'ils ont abandonné leurs anciennes cases, et rompu de la sorte les derniers liens de dépendance dont ils abhorrent naturellement jusqu'à l'apparence[1].

« Il est arrivé de là que nos ouvriers laboureurs dictent aujourd'hui la loi aux propriétaires, car le prix de la journée doit s'accroître en raison de l'accroissement de leur indépen-

---

[1] On pourrait ajouter que les cases des habitations ne sont pas faites pour y retenir beaucoup les nègres, chez lesquels le sens du *comfort* se développe avec une extraordinaire rapidité. Presque nulle part, ici, on ne les a encore améliorées. Ce sont les huttes basses, obscures et enfumées de l'esclavage, et non point de petites maisons nouvelles et commodes qui coûteraient peu et qui attireraient les laboureurs.

dance, surtout dans un pays où la nature fournit sans peine aux premiers besoins de la vie animale et repousse la plus dure de toutes les soumissions, celle de l'estomac, force invincible qui, en Europe, amène si rapidement les ouvriers aux termes de leurs maîtres. »

Nous reviendrons sur cette dernière proposition; mais, jusque-là, nous sommes autorisé à dire, d'après un créole aussi haut placé que le docteur Spalding, que les affranchis n'ont pas refusé le travail, mais débattu les conditions auxquelles ils le donneraient, et « qu'ils ont agi d'après les principes et les instincts communs à tous les hommes. »

Les propriétaires disent que les nègres ont demandé des salaires énormes, et que par représailles ils ont monté le loyer des cases à un taux inusité, tandis que les nègres soutiennent qu'ils n'ont exigé un prix excessif de la journée que pour répondre aux demandes exagérées de leurs propriétaires ; il y a au moins sujet de doute; mais un point sur lequel il ne peut en exister aucun, c'est que le système de loyer dont on s'est servi comme d'un moyen coërcitif pour forcer les nègres au travail est radicalement vicieux. Et qui en est coupable, si ce ne sont les blancs? Les législateurs d'Antigue avaient sagement prévu le cas, et cette prévoyance a été très efficace pour le maintien de l'ordre. Une des clauses de leur acte local d'abolition, en 1834, interdit à tout propriétaire ou gérant d'expulser de leurs cases, avant le 1ᵉʳ août 1835, les laboureurs qui voudraient continuer les travaux commencés moyennant salaire.

On a beaucoup discuté sur ce grand sujet des locations de cases, et le parti planteur n'a pas manqué d'attribuer toutes les altercations à la paresse, à l'ignorance ou au mauvais vouloir des nègres. Les colons n'admettent pas qu'ils puissent avoir tort vis-à-vis de leurs anciens esclaves. On vient d'entendre un membre de la législature, un créole propriétaire, un gouverneur, et l'on peut juger si l'un des deux partis a moins de reproches à se faire que l'autre.

Allons plus avant, et cherchons où ont été, dans ce débat, les prétentions excessives? Une pièce due au zèle éclairé de M. Sidney Lambert nous met mieux encore à même de fixer l'opinion générale, par la raison irrésistible des chiffres. Cette pièce est un état des procès pour loyers portés devant le tribunal de Portland, depuis le 1er août 1838 jusqu'à la fin de septembre 1839 [1], c'est-à-dire pendant la première année qui suivit l'apprentissage. La cour de justice eut à juger :

553 de ces petits procès.
302 furent renvoyés pour plus ample informé.
251 furent jugés de la manière suivante :

En faveur du plaignant (le propriétaire) pour la totalité de la demande. 115

En faveur du défendeur (le locataire) pour réduction d'une partie de la demande. . . . . . 82 }
Pour réduction de la totalité de la demande. . 54 } 136

251

Comptez. Les locataires, ces nègres si exigeans, si brutes, gagnent en tout ou en partie 136 fois [2] contre les propriétaires 115!

Sur les 302 affaires remises jusqu'à plus ample informé, on apprit que 16 *locataires*, trouvant dans les jugemens rendus un cas pareil au leur, décidé contre eux, payèrent sans aller plus loin, et que 42 *propriétaires*, trouvant aussi décision contre eux, cessèrent leurs poursuites.

On suppose qu'une grande partie des 302 causes renvoyées se confondirent ainsi dans les 251 jugées.

En dernier lieu, M. Lambert fait cette observation. La

[1] La population de la paroisse est de 6,200.

[2] C'est bien gagner, même pour les 82 cas où partie de la demande a été accordée, car lorsque vous me réclamez dix francs et que le tribunal juge que je ne vous en dois que cinq, j'avais raison de ne pas vouloir vous payer.

somme réclamée dans les 251 causes jugées montait en tout à 343 liv. sterl.

    Pour les employeurs. . .   221 liv. 12 sch.
    Pour les employés . . .   121   8
                                       343   »

« Qui pourrait dire, ajoute le magistrat spécial, que l'opposition des laboureurs aux demandes des maîtres fut frivole ou méchante? Sur 343 liv. qu'on leur demande ils n'en devaient que 221. »

Remarquons une chose. Tous ces petits procès témoignent d'un esprit d'hostilité qui a dû beaucoup augmenter l'irritation des nègres, et qui était peu propre à extirper les mauvais vouloirs créés par l'apprentissage. Les créoles d'Antigue n'eurent sans doute pas moins à se plaindre de quelques procédés déraisonnables des affranchis, mais ils surent éviter les recours aux tribunaux, et maintinrent par là une paix profitable à tout le monde.

Si l'on croit avec nous que le colon peut presque tout pour le bien et le mal, comme étant le plus riche et le plus éclairé, qu'il est obstacle ou moyen dans l'établissement de la bonne harmonie, en raison de son plus d'intelligence et de son plus d'influence, il faut rendre les planteurs de la Jamaïque responsables d'une grande partie des perturbations qui ont troublé leur île, de même que l'on doit faire hommage à la sagesse de ceux d'Antigue de la prospérité et du bon ordre qui règnent chez eux. — Veut-on savoir la véritable cause de l'aspect si divers de ces deux possessions anglaises et du sort qu'y eut la liberté? La voici : La Jamaïque a *subi* l'abolition, Antigue est *allé au-devant*. Tout vient de la disposition des maîtres : que l'on en juge par un autre point de comparaison.

Le manque de tout établissement public de charité a donné naissance, ici, à une société de bienfaisance fondée à *Spanish Town* en 1838. Elle a pour but de secourir les pauvres dans leurs maladies, les veuves et les orphelins dans leur affliction.

Les fonds de la société consistent en souscriptions de ses membres, y compris les présens des étrangers. Nous verrons bientôt à Antigue quel zèle la plus haute classe apporte dans ces œuvres pieuses. De ce côté, on n'y voit figurer aucun nom important de l'île. Evidemment, à la Jamaïque, il n'existe pas, comme à Antigue, affection entre les riches et les pauvres, ou, pour nous exprimer mieux, sympathie du propriétaire au laboureur, et l'on peut entrevoir là l'explication indirecte, la cause originaire de presque tout le mal [1].

Ce qui s'est passé à la Jamaïque a été l'objet d'études sérieuses, et à moins de croire que partout les colons ont trouvé des juges prévenus, il faut bien penser que leur conduite n'a pas été la meilleure, car partout on leur a donné tort.

Les deux gouverneurs qui assistèrent successivement aux crises de l'apprentissage et de l'émancipation, le marquis de Sligo et sir Lyonel Smith, sont très catégoriquement favorables aux émancipés. Sir Th. Metcalfe, homme d'une sagesse pleine de bienveillance, qui est arrivé quand tout commençait à se calmer, et qui accuse moins les planteurs, n'est cependant pas contraire aux noirs; loin de là, on a vu qu'il a plusieurs fois rendu hommage à leur bonne conduite.

[1] Ce n'est pas sans regret que nous nous exprimons de la sorte. Nous étant, de notre plein droit de voyageur, créé juge des faits, notre devoir est de les exposer et de les apprécier tels qu'ils se sont présentés à nous. Personnellement nous voudrions n'avoir que du bien à dire des créoles de la Jamaïque ; nous avons trouvé auprès d'eux une réception digne de l'hospitalité coloniale et qui ne nous a laissé que d'affectueux sentimens dans le cœur. Dès qu'on sut notre but, tous les planteurs que nous rencontrâmes en ville nous offrirent leurs habitations comme des lieux où ils seraient heureux de nous voir, de faciliter nos recherches, et c'est grâce à la bonté paternelle de l'un d'eux, M. le d^r Spalding, que nous avons parcouru l'île d'un bout à l'autre, trouvant à chaque gîte, en sa compagnie, obligeance et courtoisie. Il faut rendre hautement cette justice aux créoles anglais qu'ils mettent un empressement extrême à servir celui qui vient étudier la grande expérience de l'émancipation. Les agens de l'administration sont aussi d'une bienveillance remarquable, et depuis le moindre *keeper* de prison jusques aux gouverneurs, le voyageur reçoit partout bon accueil.

Les débats allèrent jusqu'aux conseils de la métropole. M. Burge fut chargé de soutenir les griefs des maitres et d'en poursuivre la réparation ; une information eut lieu, et le 27 août 1839, « le ministre, après avoir attentivement examiné toutes les pièces du procès qui lui furent présentées de part et d'autre, déclara que les plaintes dont M. Burge s'était porté l'interprète *n'avaient pu être justifiées par aucun fait particulier* [1]. »

Notre ministère de la marine n'a pas, que l'on sache, une extrême prédilection pour les noirs ; son travail sur les résultats de l'émancipation dans les îles anglaises est fait sans esprit de parti, l'auteur est évidemment un homme de bonne foi et de lumière ; que dit-il lorsqu'il en vient à l'endroit de l'affranchissement ? « Le loyer exigé par les planteurs pour les cases et jardins, en soulevant de nombreuses contestations, n'avait pas peu contribué au ralentissement du travail. »

Lorsque nous nous appuyons de pareils témoignages, pouvons-nous être accusé de laisser égarer notre jugement par nos sympathies négrophiles ?

---

[1] *Précis de l'abolition*, deuxième publication.

CHAPITRE V.

TRAVAIL.

Après tout, n'existe-t-il pas des habitations bien conduites à la Jamaïque même, dont les anciens esclaves ne sont pas sortis depuis la liberté, et qui produisent autant que jamais? N'a-t-on pas vu le travail libre réussir lorsqu'il a été adroitement mené? Les maîtres bons et habiles n'ont-ils pas trouvé des ouvriers sans exigences ni caprices? — M. Coy, dans la paroisse Saint-Georges, a trois magnifiques habitations sucrières qui se touchent : il n'y manque jamais de monde et il compte faire, avant peu, des récoltes au-dessus de celles de l'esclavage. A la vérité, tout en menant la vie d'un riche habitant, M. Coy est sur les lieux, il gouverne lui-même, il a accepté l'émancipation nettement, sans réserve, et il traite de pair avec ses laboureurs. — M. Geddes, géreur de *Pimberton Valley state* (paroisse Sainte-Marie), a plus de laboureurs libres à sa disposition qu'il n'avait d'esclaves, et il se loue fort des affranchis, qui sont, dit-il, les meilleures gens du monde. A la vérité, M. Geddes est un homme bon et simple, partisan décidé de l'abolition. — M. Louis Mac Kinnon, géreur habile et distingué de *Paradise state* (paroisse de Vere), y emploie journellement cent cinquante travailleurs et n'en manque jamais. Il est rempli de confiance dans l'avenir, et vient de faire construire un magnifique moulin à vapeur où, par parenthèse, il introduit un procédé non encore appliqué dans le pays. (Des chariots que la machine fera monter au moulin tout remplis de cannes, par un procédé analogue à celui qui servait dans les montagnes russes à ramener les chars vides en haut de la montagne[1].) A la vérité,

---

[1] C'est sans doute le *canes carrier*, (porte cannes) de la Guyane anglaise.

M. Louis Mac Kinnon traite bien ses nègres, les paie régulièrement, et vend ou loue des terres sur l'habitation à qui veut en acheter, ce qui lui met toujours une nombreuse population sous la main.

Les nègres sont une race douce, bienveillante, affectueuse, sensible aux bons procédés, accessible aux moyens persuasifs. Tout dépend du caractère personnel des planteurs. Les uns auront une surabondance de laboureurs résidans qui ne songeront de la vie à quitter la propriété, tandis que d'autres éprouveront de la peine à en avoir, même avec de gros gages. Les maîtres sont connus et notés : ceux qui furent mauvais dans l'esclavage paient aujourd'hui le passé, car le nègre a la mémoire aussi inflexible pour le mal que bonne pour le bien. Plus d'un refus, plus d'une exigence n'ont été que la punition d'une injure d'autrefois ou la représaille de quelque mesure actuelle de contrainte et d'oppression. Mais les noirs savent aussi bien récompenser que punir. M. Gurney en cite une preuve véritablement touchante[1].

« Sur une propriété appelée les *Sept-Plantations* (paroisse Clarendon), un gérant libéral faisait régulièrement chaque semaine *onze* barriques de sucre au lieu de *six*, moyenne d'autrefois. Cinquante acres de cannes ayant été dévorés par un incendie accidentel sur cette habitation, les nègres vinrent offrir de travailler pendant plusieurs semaines sans aucun salaire, pour dédommager leur maître de cette perte. » Les nègres sont naturellement généreux, et la reconnaissance est dans leur âme un sentiment toujours vif et jamais stérile. C'est encore M. Gurney qui nous en fournira un exemple. « Deux ministres, l'un, Henri Reid, Baptiste ; l'autre, W. Barrest, de la Société missionnaire de Londres, établis dans la paroisse Clarendon, furent accusés et déclarés coupables, par un jury colon, d'avoir favorisé des désordres auxquels des membres

---

[1] *A winter in the West-Indies*. Je cite souvent cet ouvrage par une raison toute simple, c'est que je voudrais l'avoir fait.

de leur station avaient pris part; mais leur innocence était si évidente, que, malgré la déclaration du jury, la cour n'avait prononcé aucune peine. Toutefois, le procès leur avait occasionné des dépenses au-dessus de leur fortune. La justice anglaise est encore plus chère que celle de France. Les deux congrégations ne voulurent pas souffrir que leurs ministres en payassent rien, et s'imposèrent volontairement jusqu'à concurrence de la somme entière. »

On a vu quelques exploitations rurales délaissées, mais on ne s'est pas demandé si elles l'étaient parce que les nègres s'étaient endormis à côté, ou parce que les arrangemens de gages n'avaient pu se faire. « Les nègres travaillent bien quand on les paie bien. » Voilà ce que nous a dit le docteur Spalding. « Les nègres reviennent le lundi quand on les a régulièrement payés le dimanche. » Voilà ce que nous a dit M. Ch. Malabre, attorney de plusieurs habitations. « La population émancipée manifeste une disposition générale à travailler lorsque les salaires sont exactement payés. » Voilà ce que nous apprend le *Précis de l'abolition de l'esclavage*[1]. « Le noir libre s'est partout montré désireux de travailler, moyennant une juste rémunération. » Voilà ce qu'écrivait, en date du 24 septembre 1838, le gouverneur de l'île au ministre des colonies[2]. Que veut-on de plus?

Il ne faut pas croire que, retirés tous sur leurs petites propriétés, les affranchis vivent maigrement du fruit de quelques fatigues légères et se reposent le reste de la semaine. Cela est arrivé quand il y a eu querelle entre le laboureur et le planteur, mais c'était un état de violence; et, comme nous a dit M. Croas Daile, propriétaire de *Cave river* (paroisse Clarendon) : « Les uns et les autres savent mieux aujourd'hui leurs vrais intérêts, et les nègres descendent maintenant sur les habitations. » M. Rob Roy, propriétaire de *William field* (paroisse

---

[1] Deuxième publication.
[2] *Précis de l'abolition*, deuxième publication.

Manchester), d'accord avec M. Croas Daile, nous a cité la sucrerie *White ney*, sur laquelle tous les anciens esclaves reviennent travailler, après avoir établi, non loin de là, un village libre. Nous avons vu de grandes cabanes, des espèces de casernes où dorment tous ces petits censitaires, qui s'emploient quatre jours de la semaine chez les riches, et qui retournent passer les vendredi, samedi et dimanche chez eux, où ils ont laissé femme et enfans. Mais, encore une fois, il faut solder ponctuellement les gages pour avoir ainsi du monde. La question du salaire entre pour beaucoup en tout ceci. Un habitant de la Dominique nous racontait qu'il lui était devenu impossible de trouver des laboureurs depuis l'émancipation. « Il ne dit pas, reprit une vieille négresse qui sarclait dans un jardin, près de la chambre où nous étions, il ne dit pas qu'il ne les paie point. »

Dans les pertes subies par quelques habitations, nos adversaires ne font pas assez entrer comme cause déterminante la pénurie de l'habitant. Il est pourtant d'une rigide exactitude que beaucoup de propriétaires, forcés d'abandonner leur *compensation* à leurs créanciers, se trouvèrent dans l'impuissance de payer des ouvriers, et furent obligés de suspendre ou de diminuer leurs cultures. Conformément à notre système, c'est encore pièces en mains que nous le prouverons. — « Bien que certains propriétaires manquent des moyens de payer un travail, dont il est dès lors assez naturel que les noirs se dispensent, etc. » C'est ainsi que s'exprime sir Lyonel Smith, dans une lettre du 1er janvier 1839 [1]. Veut-on repousser son témoignage parce qu'il fut l'ami déclaré des nègres ; voici celui de son successeur, sir T. Metcalfe, ami déclaré des blancs. « Des propriétaires, privés d'avances, avaient été embarrassés pour payer un travail d'ailleurs incertain [2]. » Enfin, M. le capitaine Layrle, dont les ennemis des émancipés ne révoqueront pas en doute le témoignage, a dit lui-même : « L'indemnité n'a

---

[1] *Précis de l'abolition*, deuxième publication.
[2] Dépêche du 10 octobre 1839. Voir *Précis de l'abolition*.

généralement pas pénétré dans les colonies anglaises ; elle a passé dans les mains des créanciers de la métropole, qui, par suite d'avances faites par eux à diverses époques, étaient pour la plupart les véritables possesseurs des habitations. La loi hypothécaire et celle sur l'expropriation forcée, qui en est la conséquence, ayant reçu leur application lors du rachat des esclaves, il est arrivé que beaucoup de propriétaires sont restés sans argent pour se procurer des travailleurs [1]. »

Que l'on accuse maintenant le mauvais vouloir des nègres des quelques événemens fâcheux arrivés dans les colonies émancipées, nous n'avons plus rien à répondre. -

A nos yeux, c'est déjà un préjugé fort gothique que de parler de la *paresse instinctive* des nègres, et de prétendre qu'ils se reposent quand ils ont de quoi manger. L'esprit de parti cache certainement aux hommes bien des choses qui existent et leur en fait voir bien d'autres qui n'existent pas ; mais est-ce l'esprit de parti qui nous a fait rencontrer, dans nos courses nocturnes, des nègres se rendant la nuit au marché afin de ne pas perdre le jour, et faisant cinq ou six lieues pour trouver le débouché le plus avantageux à leurs produits ? Est-ce encore l'esprit de parti qui, dans les trois îles anglaises, nous a montré des ateliers à l'ouvrage tout le long des chemins ? — L'emprunt forcé de bras que les planteurs mettent tant d'acharnement à vouloir opérer en Afrique, est la meilleure réponse à à cette infatiguable accusation d'indolence dont les négrophobes veulent charger la race noire. Si les nègres créoles se montrent victorieusement rebelles au travail, peut-on raisonnablement espérer d'y entraîner les immigrans africains ? Si les émancipés retournent à l'état sauvage par la fainéantise, comme l'assurent nos conseils coloniaux, augmenter à prix d'or et de nouvelles cruautés le nombre de ces incorrigibles paresseux, n'est-ce pas solder la barbarie ?

Les nègres ont refusé de travailler et se sont constamment

---

[1] Rapport sur Ste-Lucie, St-Vincent et la Grenade.

croisé les bras! Mais sommes-nous revenus au temps des miracles? Est-ce le hasard qui a construit à lui seul ces églises, ces temples qui s'élèvent de tous côtés? Est-ce le hasard qui les a revêtus d'acajou, de belles ébénisteries et leur a donné des orgues magnifiques comme à la chapelle des Baptistes de Kingston? Est-ce le hasard qui les entretient? Et la recherche et le luxe des maisons des ministres, est-ce encore le hasard qui se charge d'y pourvoir? Ceux qui ont vu comme nous peuvent dire si les laboureurs qui font les frais de tout cela sont aussi paresseux que l'assurent les mécontens. M. Candler compte que ces nègres de la Jamaïque, tant décriés, dépensent chaque année près de 50,000 liv. sterl. seulement en choses de religion[1]! Et les caisses d'épargnes? Et les souscriptions pour les missionnaires de la doctrine préférée, pour l'abolition de l'esclavage, pour la propagation de l'évangile en Afrique? Où donc les affranchis prennent-ils tout cet argent? Oisifs! Oisifs! Les nègres de la Jamaïque sont oisifs! Et M. Cater, dont nous avons déjà parlé, homme de chiffres, financier considérable, d'ailleurs tout créole, dans une note qu'il a bien voulu faire, afin de nous démontrer que le travail libre est plus cher que le travail esclave, M. Cater, disons-nous, pose en fait que les nègres ont gagné l'année dernière 2,437,500 liv. sterl.! Ceux qui prétendent que les nègres sont paresseux nous ont tout l'air d'observateurs fainéans qui n'ont pas pris la peine d'y regarder.

Mais, a-t-on dit encore : « Si les nègres ont travaillé, ce n'a été que moyennant des rétributions excessives. On n'a pu

[1] Pendant ces trois dernières années, la congrégation baptiste de Thomas Abbot, dans le quartier Ste-Anne, presque exclusivement composée de travailleurs nègres, n'a pas fourni moins de 2600 liv. st. pour l'entretien de la mission et autres objets qui se rattachent à la même cause. Williams et Marie Waters, ci-devant esclaves, l'un serrurier, l'autre colporteur, ont fait pour 100 liv. st. d'économie depuis le mois d'août 1838, et leur souscription annuelle pour la cause des missions est 10 liv. st. (*A winter, etc.* Lettre 10e, juin 1840.)

les déterminer à secouer leur indolence qu'en cédant à leurs demandes exagérées de salaire. » Nouvelle erreur. La pétition qu'on va lire, indépendamment des affirmations de planteurs énoncées plus haut, montrera s'il est bien vrai que les nègres affranchis ne veuillent louer leurs bras qu'à des prix exhorbitans.

A son excellence le Rigth honorable sir Theophilus Metcalfe.

« Humble pétition de Richard Ingleton, Richard Brown, Richard Losens, Williams Brooks, Edwart Meet, Susan[h] Willis, Francis Bryan et John Allen, ouvriers, demeurant à *Castle Comfort*, habitation de la paroisse Portland.

« Nous vous représentons,

« Qu'antérieurement aux premiers jours d'août 1838, les pétitionnaires étaient apprentis sur l'habitation X, dont M. Richard Henri Zonet Hemming, de la paroisse Sainte-Anne, était et est encore le receveur.

« Que postérieurement à cette époque, c'est-à-dire depuis le 1er aout 1838 jusqu'au 31 juillet 1839, les pétitionnaires Richard Ingleton, Richard Brown, Richard Losens et Williams Books, ont été sans cesse occupés à la culture de ladite habitation, et en continuant l'ouvrage détaillé ci-dessus, les pétitionnaires Susan[h] Willis, Francis Bryan, John Allen, furent de temps à autre employés à des travaux à la tâche pour la culture de ladite habitation.

« Qu'il est maintenant dû aux pétitionnaires, pour gages non liquidés, services rendus et travaux exécutés sur l'habitation, et malgré leurs réclamations réitérées, plusieurs sommes d'argent dont détail suit :

A Richard Ingleton, pour gages dus, services rendus et travaux exécutés depuis le 5 novembre 1838 jusqu'au 31 juillet 1839, la somme de. . . . . 30 liv. » sh. » p.

A Richard Brown.   *id.*   *id.*   16   »   »

A R. Losens pour travaux faits d'après contrat (tâche). 10   6   8

A Susan^h Willis, pour travaux faits d'après contrat.			2 liv.	30 sch.	4 p.
A Francis Bryan.	id.	id.	7	»	»
A John Allen.	id.	id.	2	6	8

« Ces différentes sommes montant à 100 livres 6 schellings et 8 pences furent reconnues, par le géreur de ladite habitation, comme justement dues aux pétitionnaires, ledit géreur alléguant un manque de fonds pour excuser le non payement.

« Le pétitionnaire Richard Brown, au mois de juillet dernier, étant encore à la résidence du receveur à Sainte-Anne, porta de la part dudit receveur une somme de 300 livres courantes à l'économe de l'habitation, destinée à satisfaire, entre autres, les légitimes réclamations des pétitionnaires jusqu'au 30 avril dernier; mais cette somme d'argent fut, par ledit géreur, employée en totalité à acquitter des journées faites par d'autres laboureurs, qui alors n'étaient pas encore payés, sans que les présens pétitionnaires aient été appelés à recevoir la moindre portion de ce qui leur était dû.

« Les pétitionnaires supplient instamment votre Excellence de vouloir bien donner l'ordre de leur assurer le payement de ces différentes sommes dont ils ont depuis si longtemps besoin.

« Les pétitionnaires, dans toutes les limites des devoirs qui leur sont imposés, prient S. E., etc., etc. » Suivent les signatures ou croix.

Cette pétition obtint toute la sollicitude du gouverneur, et donna lieu à une correspondance qui ne se termina qu'en 1840 par le payement de la somme entière.

On voit que depuis le 1ᵉʳ août 1838 jusqu'au 31 juillet 1839, pas une parcelle de gages ne fut payée à un homme de journée de l'habitation, comme le précisent les détails du placet. Les personnes employées à l'année n'avaient encore rien reçu le 5 novembre 1838, et quoiqu'aucun payement n'eut été effectué pour les travaux exécutés par contrat, cependant les ouvriers continuèrent la culture de l'habitation, sur la promesse que quand le sucre serait fabriqué, on les payerait. Le sucre fut fabriqué et vendu, mais l'attorney (fondé de pouvoir), qui avait à se rembourser d'avances faites au propriétaire, garda l'argent, et les laboureurs durent en venir de guerre lasse à la pétition. Que pense-t-on de tels exigeans?

Les ouvriers noirs comme les autres discutent leurs intérêts, et sont assez heureux pour n'être pas obligés de les sacrifier; mais les demandes exagérées de salaires dont on les accuse sont de pures inventions des ennemis de l'affranchissement; on s'en convaincra par la pièce assez probante qu'on vient de lire, ou bien en consultant le tableau comparatif du travail libre et du travail esclave, dressé par M. Davy, planteur de cette île [1]. La plupart des travaux se font aujourd'hui à la tâche, d'après des prix débattus à l'avance et reposant à peu près sur une base uniforme. Une assemblée de propriétaires et de géreurs tenue à Falmouth-Trelawney, le 9 mars 1839, fixa elle-même le tarif suivant, que nous avons trouvé généralement adopté :

Nétoyage de cannes. L'acre, de 15 sch. » p. à 20 sch. » p.
Coupage.   —   de 10   »   à 15   »
Nétoyage de pâturage —   de 5   »   à 10   »
100 trous de cannes,   de 3 4   à 4   2 [2]

Les variations tiennent à la nature du champ et du travail. Dans la pratique, nous avons vu des ouvriers payés à la tâche un demi-dollar (50 s.) pour 70 trous de cannes; 2 sch. pour nétoyage d'un acre de terre planté en café, 1 sch. pour chaque centaine d'arbres plantés à distance de six pieds carrés.

Le prix courant usuel, non dépassé, de la journée de travail est de 1 sch. et demi, sur quoi il faut diminuer un demi-sch. pour la rente de la case et du jardin, c'est-à-dire qu'il reste par jour à l'ouvrier 1 sch. (25 s.). Comme le jardin, en y travaillant 24 ou 48 heures par semaine, fournit la nourriture, c'est en définitive 16 ou 20 sch. par mois que le laboureur peut appliquer à son bien-être et à son luxe. Certes, il est heureux, très

[1] Voir plus bas Antigue, chap. V.
[2] *Almanach officiel de la Jamaïque.*

heureux avec cette somme, en raison de ses goûts, mais elle n'a rien de fort exhorbitant, surtout dans un pays qui est peut-être le plus cher du globe, sans en excepter même Véra-Cruz.

On ne sait pas, à la Jamaïque, ce que c'est que le change d'un dollar[1]. Pour la plus petite chose on vous demande un dollar, toujours un dollar. Au moment où nous débarquâmes, un homme se présenta qui nous dit de lui donner un dollar parce que le terrain du quai où nous mettions le pied était à lui, et il nous montra son tarif. Le plus mince commis gagne de 4 à 600 dollars. Un cabriolet ou un tilbury de louage, pour aller de Kingston à Spanish Town, les deux villes principales de l'île, juste quatre lieues de chemin, coûte, prix établi, 6 dollars (30 fr.). Il n'y a peut-être au-dessous d'un dollar à la Jamaïque, que la journée d'hôpital pour le matelot que le navire en rade y envoie. Une loi du 4 juillet 1834 ne la fixe qu'à 2 sch. et 2 deniers (55 sous)! Gagner un schelling par jour, dans un pays où l'on en donne plus de deux pour une journée d'hôpital, est-ce trop? Les maîtres disent oui, et voudraient le rogner; nous disons non, et nous nous réjouissons qu'ils n'y puissent toucher.

Mais si la journée n'est que d'un schelling, va-t-on dire, comment les nègres peuvent-ils faire les dépenses considérables auxquelles ils se livrent? Il est facile de répondre. Le taux d'un schelling est la base du salaire; mais il convient mieux et à l'employeur et à l'employé d'adopter le système de la tâche. Or, un homme robuste, bien portant et laborieux, peut exécuter deux tâches et même trois tâches en un jour, qu'il prolonge quelquefois assez avant dans la nuit. Le seul aiguillon du gain pousse des laboureurs, par exemple, à creuser jusqu'à 210 trous de cannes de suite. Ils gagnent alors, il est vrai, 7 fr. 50 c.; mais le propriétaire, loin de s'en plaindre, s'en réjouit, puisqu'il a une somme d'ouvrage achevé égale à la somme d'argent déboursée.

---

[1] Dollar ou gourde, même chose; c'est ce que nous appelons une piastre. Valeur de 5 francs.

On ne doit pas considérer la rétribution du travail d'une manière absolue, mais bien relativement à la valeur des choses de la vie dans la localité. Le laboureur de la Jamaïque reçoit 37 sous par jour, celui d'Antigue n'en reçoit que 11 ; mais le laboureur de la Jamaïque paye trois gourdes et demie mensuellement pour le loyer d'une case, pendant que celui d'Antigue ne donne pas plus d'une gourde et demie. Chaque île a des prix divers qui répondent à son organisation économique. — On parle beaucoup de la cherté de la main-d'œuvre à Démérary. Le ministère anglais lui-même en fut frappé et en référa au gouverneur de la colonie. Il lui fut répondu que tel devait être le montant des gages d'un ouvrier pour qu'il pût couvrir ses dépenses ordinaires, évaluées comme suit :

Nourriture. 27 liv. } 51 livres, ou 1,275 francs, par an,
Loyer . . . 15   } et cela indépendemment des frais
Extra . . . 9   } d'école et de chapelle !

Dans un pays où l'homme, pour satisfaire aux premiers et impérieux besoins de l'existence, est obligé de dépenser 1,275 francs, est-il bien surprenant qu'il exige 4 ou 5 francs pour ses fatigues d'un jour ?

La bonne économie politique ne consiste pas à produire bon marché au détriment de l'ouvrier. Il faut que tout le monde vive convenablement de sa peine. Lorsque les prolétaires européens ne consentiront plus à recevoir pour quatorze heures de travail un salaire qui ne suffit pas pour les nourrir, l'objet fabriqué augmentera nécessairement de prix, à moins qu'on ne prenne la différence sur les scandaleux bénéfices des capitalistes ou des chefs d'industrie. A ce dernier parti, nous n'aurons pas d'objection.

Ceci nous rappelle une brochure de M. Favard, délégué des blancs de Cayenne, où il demande « s'il ne faut pas avoir perdu l'esprit, ou se moquer atrocement de l'aveuglement des philanthropes, pour oser se féliciter » que les laboureurs noirs des îles anglaises soient heureux, quand les laboureurs blancs d'Irlande sont malheureux[1]. Cette manière de juger les choses n'est évidemment ni charitable, ni raisonnable, et beaucoup trop créole. Ne serait-il pas mieux, au contraire, de se faire arme du bonheur acquis des premiers, pour exiger que l'on rende les seconds aussi fortunés? Les 51 liv. sterl. nécessaires à l'existence confortable des nègres de Démérary ne nous scandalisent pas du tout : nous sommes seulement révolté que l'ouvrier ou le cultivateur irlandais n'en ait pas autant; mais nous serions bien plus révolté encore si le propriétaire de Démérary pouvait, comme autrefois, s'emparer des 51 liv., et ne donner au nègre pour ses peines que de la morue et des coups de fouet, car cela n'améliorerait aucunement le sort de l'ouvrier anglais ni celui du cultivateur irlandais. En tous cas, nous sommes étonné qu'un homme aussi compétent que paraît être M. Favard ait basé quelques calculs généraux sur la Guyane anglaise. Cette colonie et celle de la Trinité sont tout à fait hors de ligne par suite de leur prodigieuse fertilité. Le lecteur peut se rappeler ce qui en a été dit plus haut, page 25. Les propriétaires de la Guyane ont toujours pu payer le double des autres et faire encore de beaux bénéfices, tant leur terre est féconde. Quand l'abolition de la traite ne leur permit plus de compléter à la côte d'Afrique les cadres de leurs esclaves, incessamment ravagés par le climat des régions marécageuses où l'on cultive la canne dans cette colonie, ils purent offrir, pour les nègres créoles, un prix si considérable, que les habitans des autres îles leur en vendirent. La Dominique a été privée d'une partie de sa population noire par cet odieux trafic. On a vu que dans la répartition de l'indemnité, fixée d'après ce qu'avaient coûté les esclaves à leurs maîtres, c'est à la Guyane où les affranchis ont été payés le plus cher. L'élévation du salaire y est si peu disproportionnée avec le rapport du travail, que les habitans de cette colonie envoient, depuis

---

[1] *Examen des résultats produits par l'émancipation des esclaves dans les colonies anglaises*; 1842.

l'abolition, dans toutes les Antilles, des agens pour embaucher les nègres. Ceux-ci se laissèrent prendre d'abord à l'appas de gros gages, sans réfléchir que la cherté de la vie à la Guyane rendait ces bénéfices illusoires. Nous verrons la législature d'Antigue faire une loi très tyrannique pour s'opposer à ces émigrations libres.

CHAPITRE VI.

IMMIGRATION.

En général, ce qui du reste est assez singulier, les créoles de la Jamaïque ne se plaignent pas du mal dont les anti-abolitionistes les supposent victimes. Ce n'est ni des demandes exagérées de salaire, ni de la paresse des ouvriers, mais du manque de bras que s'épouvantent ici les hommes sérieux ; ils s'inquiètent bien plus du nombre restreint de la population que de ses prétendues exigences.

« Nous n'aimons pas l'esclavage par lui-même, et nous serions contens que la liberté eût été rendue à des hommes qu'à titre de chrétiens nous regardons comme nos frères, si l'on nous donnait assez de travailleurs pour continuer la culture. Dans ce peu de mots, je vous dis tout ce qu'il y a à dire sur l'émancipation et sur ses suites [1]. » Ainsi nous parlait le docteur Spalding, devant dix planteurs, qui tous s'exprimaient de même. Et ils avaient raison: là, est la grande, la véritable difficulté de la nouvelle situation pour les maîtres.

Le peuple est calme, sans insolence, et n'a plus d'esprit

---

[1] C'est également l'opinion de M. Barkley, comme on peut le voir dans cet extrait de son témoignage devant les commissaires enquêteurs du parlement britannique. — *D.* Vous êtes un des plus riches propriétaires des Indes-Orientales. Craindriez-vous de voir votre production rester en baisse si l'on parvenait à vous fournir autant de bras qu'en réclame votre culture? — *R.* Non, sans doute; si nous avions à notre disposition des moyens de travail suffisans, rien ne nous empêcherait de produire autant qu'à l'époque de l'esclavage. — *D.* Si vous pouviez vous procurer des bras autant que vous le désirez, pensez-vous que, même au prix actuel des salaires, les colonies anglaises des Indes-Occidentales redeviendraient florissantes ? — *R.* Oui, au bout d'un an ou deux, temps nécessaire pour parcourir la période d'une nouvelle récolte. *Précis de l'abolition.*

d'hostilité ; mais il ne fait que ce qu'il veut et comme il veut. Tant que l'on n'aura pas assez de bras pour mettre les employés à la discrétion des employeurs, les employeurs seront mécontens, parce qu'ils seront à la discrétion des employés. Les nègres profitent des circonstances, et quelquefois, nous ne faisons pas difficulté de le reconnaître, ils imposent des conditions. C'est un malheur qui résulte de l'état de concurrence, de l'isolement des intérêts et de la désorganisation sociale où est encore plongé le monde. Cette difficulté se présente en Europe au détriment des ouvriers, comme ici au détriment des maîtres, seulement avec bien moins de désavantage pour ces derniers. Il se passe, à la Jamaïque, le contraire de ce qui a lieu sur le continent. Ce n'est pas une faveur que fait le riche de donner de l'ouvrage au pauvre, c'est une faveur que fait le pauvre de travailler pour le riche. Il y a des nègres qui répondent au planteur qui leur demande une journée ou une semaine : « Je suis désolé de ne pouvoir vous obliger, mais j'ai autre chose à faire, nous verrons plus tard. » Tout comme un fabricant de Lyon ou de Leeds dit à un ouvrier : « J'en suis bien fâché, mon cher, mais je n'ai pas d'ouvrage en ce moment; repassez. » On conçoit ce qu'un tel langage a d'intolérable pour le vieil orgueil créole. — Et cependant le nègre est plus généreux que son ancien maître ne le serait ; il n'exige pas de lui, comme celui-ci ne manquerait pas de le faire, un livret où serait constaté de quelle manière chaque employeur se conduit vis-à-vis de ses employés.

Il arrive de là que les rôles sont changés, et que de même que le pauvre crie en Europe : « A la misère, » le riche crie aux Antilles, mais avec moins de raison : « A la ruine. » Il n'est peut-être pas mal, pour l'édification du monde, que les possesseurs du capital, toujours si égoïstes, reçoivent cette leçon, et voient que la concurrence dont ils ont tant et si odieusement abusé, a ses dangers pour eux. L'unique remède contre un pareil désordre, inhérent au faux état social dans lequel nous végétons, a été indiqué par Fourier : c'est l'association harmonique du travail et de la richesse, qui fera du capitaliste et du manœuvre deux compagnons également intéressés à la prospérité commune, tandis que leur division en fait deux ennemis toujours en lutte.

Les maîtres des Antilles ne songent guère à l'association; toute leur intelligence est dirigée vers les moyens d'augmenter la population qui leur fait défaut. La législature de la Jamaïque, qui a fait des lois très rigides contre les vagabonds et bâti d'assez mauvaises geôles pour les enfermer, n'a pas construit un seul hospice pour y recueillir les pauvres; elle offre à peine, *dans la prison de Spanish Town*, une douzaine de lits aux malheureux dénués de tout. On voit que les législateurs n'ont pas encore besoin de places à l'hôpital. En revanche, comme ils ont besoin d'immigrans, ils viennent de voter 5,000 dollars par an pour un agent d'émigration en Angleterre, et 5,000 autres dollars pour un autre agent chargé de recevoir les immigrans dans l'île, à prendre sur une somme de 150,000 dollars allouée aux immigrations et autres dépenses de l'espèce; si bien que voilà 750,000 fr. des taxes payées par les nouveaux contribuables employés à faire venir des bras, c'est-à-dire à leur créer une concurrence, tandis que rien n'est donné pour les soulager dans leur détresse! Que les planteurs aient la faculté d'augmenter à leurs frais la population agricole dont ils peuvent avoir besoin, rien de plus juste; mais que l'argent des nègres serve à leur amener à eux-mêmes des rivaux sur les champs de culture, nous ne pourrons jamais voir là autre chose qu'une brutale iniquité. Hélas! c'est le moindre des malheurs que cette funeste question va provoquer. Déjà il en est sorti des crimes!

Nous devons entrer ici dans des détails qui forment un douloureux contraste avec le beau spectacle que nous ont offert jusqu'ici les colonies émancipées.

Les colons anglais, dépouillés de leur propriété esclave par suite de l'horreur qu'avait universellement soulevée la servitude de la race noire, n'ont pas eu l'idée que l'on pût penser aux nègres pour remplir les vides que l'émancipation produisait très naturellement dans leurs ateliers. Tout d'abord ils s'adressèrent à la métropole. Au milieu des embarras que lui donne son peuple affamé, rien ne paraissait plus simple que de disposer avec prudence une émigration des classes pauvres. Cependant le ministère ne s'inquiéta pas une minute de satisfaire par là les pressantes instances des colons.

Sur ces entrefaites, une pétition fut adressée, en 1840, par la compagnie des Indes-Orientales à la chambre des lords et à la chambre des communes, pour réclamer la réduction des droits actuellement imposés sur les denrées coloniales provenant de l'Inde anglaise. Les deux chambres ordonnèrent chacune une enquête sur la production des denrées coloniales aux *East-Indies* et aux *West-Indies*. De cette enquête, il est résulté que les *West-Indies* émancipées feraient autant de sucre que par le passé, au prix actuel des salaires, et avec avantage si l'on parvenait à leur fournir autant de bras qu'en réclame la culture.

Le ministère, convaincu donc qu'il était urgent d'accroître le nombre des laboureurs aux Antilles, a résolu d'aller les chercher... où ?... en Afrique !!!

Après avoir poursuivi le commerce des nègres avec une infatigable ardeur, et tout en prétendant ne pas cesser de le poursuivre toujours, l'Angleterre gouvernementale, malgré les vœux impérieusement formulés de l'Angleterre populaire, paraît décidée à se livrer à la traite, rajeunie sous le nom d'*émigration libre africaine*.

Le 30 septembre 1839 encore, un ordre de la reine en conseil, approuvant une ordonnance du gouverneur de la Trinité sur l'immigration, prohibait d'une manière formelle l'*importation des noirs libres de la côte d'Afrique*. Mais dans le courant de l'année 1840, à l'époque même où l'enquête parlementaire modifiait les opinions du *colonial office*, il reçut une lettre du gouverneur de Sierra-Leone, où il est dit : « Un grand nombre de marrons[1] et d'Africains de l'établissement, ayant appris les encouragemens donnés aux immigrations à la Trinidad et dans plusieurs autres de nos colonies des Indes-Occidentales, expriment la résolution de s'y rendre avec leurs familles. » En même temps, le gouverneur annonce que les Africains arrachés aux négriers et déposés à Sierra-Leone, *manifestent un désir toujours croissant de retourner dans leur pays natal*.... « Aujourd'hui encore, deux cents de ces libérés, appartenant principalement au pays de Houssa et au royaume de Yarriba, sur les bords du Niger, se sont réunis et ont acheté à leurs frais, moyennant une contribution de 4 dollars par tête, un bâtiment de traite condamné, pour se rendre par mer à Badagry, dans la baie de Benin, et de là s'interner. Comme ils se disposaient à emmener avec eux une centaine d'enfans, *j'ai cru devoir m'opposer, pour le moment, au départ de ces enfans et de leurs parens*, et je n'ai accordé de passeports qu'à dix-sept femmes et quarante-quatre hommes n'ayant point d'enfans et d'un âge trop avancé *pour être exposés à devenir la proie des traficans d'esclaves*. J'attendrai les ordres de Votre Seigneurie pour permettre aux autres de les suivre. »

Le 17 juin 1840, lord J. Russel répondit : « Je pense que vous avez bien fait de vous opposer au départ de ceux des Africains qui voulaient emmener avec eux leurs enfans ; *mais vous pouvez permettre, à tous ceux qui le désireront, d'émigrer à la Jamaïque, à la Trinité et à la Guyane anglaise.*» Le 30 décembre, il ajoute : « Le gouvernement de S. M. a reconnu qu'il convenait d'admettre la colonie de Sierra-Leone au nombre des localités susceptibles de fournir des travailleurs à la Guyane anglaise. » Enfin, dans des instructions du 20 mars 1841, le ministre s'exprime ainsi : Je rejette absolument toute idée de conduire malgré eux aux Indes-Occidentales les Africains

---

[1] On veut sans doute parler des familles de cinq à six cents marrons de la Jamaïque qui furent exportés à Sierra-Leone, en 1795, après une longue guerre soutenue dans les Montagnes Bleues, où ils s'étaient retirés.

libérés ; mais je crois que nous ne sommes nullement obligés d'entretenir à nos frais, leur vie durant, à Sierra-Leone, tous les captifs noirs qui y sont envoyés et que désormais nous devrons, au bout d'un délai de trois mois, les mettre en demeure :

« 1° Ou de prouver qu'ils sont en état de pourvoir à leur subsistance dans le pays ;

« 2° Ou de *consentir à émigrer aux Indes-Occidentales* ;

« 3° Ou de *quitter le pays.* »

Il suffit d'exposer ces faits pour que tout le monde en juge la portée. On y suit aisément la marche progressive d'une volonté honteuse qui arrive jusqu'à la contrainte sous le couvert de l'intérêt bien entendu des protégés !

Certes, s'il plaît aux habitans de Sierra-Leone et aux populations voisines d'émigrer aux Antilles, nul n'a le droit de s'y opposer, pas même l'Angleterre ; et les puissances à colonies qui croient avoir besoin de laboureurs noirs pourront revendiquer la permission d'y aller traiter de gré à gré avec eux. Mais lorsque tant de natifs de Sierra-Leone expriment le désir de se rendre aux *West-Indies*, en apprenant les avantages offerts aux immigrans, pourquoi les libérés sont-ils mis dans l'alternative, ou de se laisser prendre à ces avantages, ou de quitter un refuge dont ils n'ont pas la faculté de tirer leurs enfans ? — Quel que soit le destin qui les attend aux lieux d'exil, cette violence morale faite aux libérés est contraire à la justice, et contraire aussi à ce qu'a voulu le généreux peuple anglais en exigeant la délivrance des opprimés des Antilles.

Le cabinet de Saint-James ne se relâchera donc jamais de l'égoïsme qui le dirige, qui dépouille de sentiment tout ses actes, et n'y laisse triompher que les calculs de l'intérêt personnel ! Ce sera donc pour *permettre* aux nègres d'aller où ils ne veulent pas aller que la Grande-Bretagne les aura sauvés des fers ignominieux de la traite !

Mais si ce gouvernement n'est charitable qu'autant qu'il convient à ses projets ; s'il met indifféremment le bien et le mal au service de sa politique, celui de France ne se croira-t-il pas obligé d'intervenir ? Hélas! tout fait craindre une triste réponse à cette affligeante question. Les conseillers de *Dowing-Street* ont mis dans leur changement de principes une grande franchise, ou plutôt une grande effronterie ; ils ont été les premiers à en publier toutes les pièces, et ils semblent n'avoir pas en vain compté d'avance sur la longanimité habituelle du ministère français.

Celui-ci n'ignore rien [1], et ne remue pas.

C'est cependant là un acte d'une haute gravité politique et morale, vraiment, et il eût excité l'attention de la France si elle était gouvernée, si elle avait à sa tête des gens occupés d'autre chose que de conserver le pouvoir, au prix même de l'honneur du pays. L'œuvre se consomme et elle paraît devoir être affreuse ; en voici le premier tableau, dont une lettre de la Jamaïque apporte la description lamentable [2].

Kingston, 22 juillet 1842.

. . . .

« Dernièrement on a été plus heureux avec les naturels de
» Sierra-Leone et des Africains qui avaient été conduits à
» Sainte-Hélène comme prise faite sur les Portugais. Dans les
» dix derniers jours deux navires sont arrivés, l'un dans ce
» port, l'autre au nord de l'île, avec un chargement complet
» de passagers venant de chacune des places mentionnées
» ci-dessus. Il a été affirmé par le médecin d'un de ces vais-
» seaux (*le Kingston*) que le patron, M. Henri Sergeant, qui
» lui-même est un mulâtre, était coupable des plus grandes
» cruautés vis-à-vis de ces malheureux. Sa conduite a été le
» sujet de quelques articles très sévères dans les journaux, et
» une dénonciation a été envoyée au gouverneur pour servir

[1] C'est dans l'appendice de la troisième publication du ministère de la marine sur l'*Abolition de l'esclavage aux colonies anglaises* que se trouvent les documens qu'on vient de lire.

[2] Nous trouvons cette lettre dans le numéro du 7 septembre du *British and foreign anti-slavery reporter*. Notre traduction n'exagère aucun de ces atroces détails.

» de base à une enquête publique. Le *Jamaïca Standard*,
» honnête et consciencieux journal conservateur, s'est emparé
» de l'affaire avec une grande chaleur, et décrit les mauvais
» traitemens faits aux Africains dans les extraits suivans :

» Vers le sixième jour après le départ du navire de Sainte-
» Hélène, il y avait sur la liste du chirurgien une demi-dou-
» zaine ou plus d'*immigrans* atteints d'une dyssenterie aiguë,
» maladie qui tombe fréquemment en route sur les naturels
» d'Afrique, et particulièrement sur ceux qui ont été em-
» ballés dans les cales étroites et inaérées des petits négriers.
» Pendant l'absence momentanée du chirurgien de dessus le
» pont, ces pauvres malades furent, par ordre du patron,
» plongés dans une cuve d'eau de mer froide, et cela, même
» après que le médecin eut, dans une occasion semblable,
» témoigné le désir exprès que les malades ne fussent pas
» baignés. Ce formidable remède détermina une telle prostration
» de forces, que les malheureux soumis à l'immersion étaient
» à peine capables de se traîner le long du bord avec le secours
» d'un matelot ou de quelqu'un de leurs parens, lorsque ces
» derniers pouvaient les secourir. Outre la maladie déjà men-
» tionnée, ils étaient travaillés par les effets du traitement
» mercuriel, que le plus simple apprenti en médecine domes-
» tique sait être destructeur des plus fortes constitutions, si
» l'on ne prend pas de minutieuses précautions pendant qu'il
» agit sur notre économie.

» Les patiens étaient d'un âge tendre !... Qui de nous n'eût
» pas prévu le résultat ? Nous entendons d'ici la réponse gé-
» nérale : une mort inévitable. Ce fut la mort en effet, et la
» mort avec son caractère le plus terrible et le plus hideux.
» Peu d'heures avant l'immersion d'eau froide, un jeune gar-
» çon de quatorze ans, qui avait donné les plus belles espé-
» rances de guérison, fut saisi d'une inflammation violente
» des poumons, et, malgré d'actifs remèdes, il trouva promp-
» tement un tombeau dans le sein de l'Océan... Au bout de
» cinq jours, un autre de ces malheureux, une jeune fille,

» succomba à l'épuisement, ses forces n'étant pas suffisantes
» pour combattre les effets du bain froid. La description que
» nous avons reçue de la mort de cette enfant ; la durée et l'in-
» tensité de ses souffrances, et le repoussant spectacle qu'elle
» présentait pendant les derniers momens de sa vie, ayant
» plus de la moitié de la joue droite dévorée par la gangrène,
» déchirent le cœur. Mais nous avons pitié de la sensibilité de
» nos lecteurs, et nous leur épargnons la lecture de ces dé-
» tails affreux. Peu de jours s'écoulèrent sans qu'un troisième,
» et, chose horrible à dire, un quatrième fussent délivrés de
» leur insupportable existence, la force de leur constitution
» n'ayant servi qu'à prolonger la durée de leurs souffrances.

» Une multitude d'autres charges ont été proférées contre
» ce patron, comme s'étant interposé dans le traitement des
» malades pendant qu'ils étaient sous la direction du chirurgien,
» ayant refusé de communiquer à cet officier les instructions du
» gouvernement relatives au régime des immigrans, et ayant
» retenu leurs propres provisions, qu'il remplaçait par des ha-
» ricots rouges, tels qu'on en donne au bétail en Angleterre.
» Il avait acheté ces haricots d'un négrier condamné. Il est
» digne de mention que les immigrans furent si rassasiés de
» harengs salés, qu'ils refusèrent d'en plus prendre aucun,
» et leur violence épouvanta tellement le patron lui-même,
» que l'équipage du vaisseau fut mis sous les armes dans
» la crainte d'une sédition.

» Ces détails demandent à être soumis à une investigation
» complète, et nous nous assurons que le noble secrétaire
» pour les colonies, lord Stanley, ne permettra jamais que
» les instructions de son gouvernement soient aussi grossiè-
» rement violées. Si une telle conduite et un tel récit pouvaient
» passer inaperçus, l'*esprit d'immigration* serait bien vite
» éteint ; car *même les ignorans habitans de l'Afrique se mé-*
» *fieraient de nos traitemens envers eux.* »

Le rédacteur cherche en vain, par ces derniers mots, à
sauver la responsabilité du ministre. L'ensemble de cette lettre

annonce la plus cruelle insouciance de la part du gouvernement, et l'on a peine à croire qu'il ait pu passer si tôt du bien au mal. Déjà il a mis de côté toute retenue.—Sainte-Hélène est placée sans déclaration au rang des localités dont il est permis d'extraire les nègres. On ne fait plus même le simulacre de leur demander s'ils veulent retourner chez eux avec ou sans leurs enfans. On les transporte en masse ; ce transport, on l'abandonne à toutes les chances de la spéculation particulière ; on expose les libérés à la sauvage cupidité du premier patron de rencontre, et le pont du navire qui mène aux Antilles, sous la protection des couleurs britanniques, l'une des premières expéditions de l'*immigration libre africaine*, voit des crimes non moins barbares que ceux dont les négriers épouvantent les vastes solitudes de la mer !

La France est donc tombée bien bas, que l'on ose faire tant de mal sans la craindre! Rien ne peut-il exciter la susceptibilité du gouvernement français ? A-t-il décidément peur ? Ou bien voudrait-il, pour en profiter lui-même plus tard à son tour, fermer les yeux sur la nouvelle traite des nègres ?

Allons au-devant d'une objection. « Ces transports forcés, va-t-on nous dire, ne sont pas faits pour blesser la philanthropie autant que vous le prétendez. Depuis longtemps, lorsqu'un négrier est saisi dans les eaux des Antilles, l'Angleterre comme la France conduit les esclaves à sa possession la plus voisine. » Défense spécieuse. Il était impossible d'exiger que les libérateurs se chargeassent, après avoir sauvé les victimes, de les ramener encore en Afrique. Il ne faut demander à la charité politique que des sacrifices compatibles avec son existence. Les nègres, déposés où ils se trouvaient, et recevant la liberté en échange de l'esclavage, avaient encore à bénir leur sort, malgré les regrets d'une séparation qui restait toujours éternelle. Mais, lorsque la fortune propice les arrache aux mains des bourreaux, tout près encore de leurs côtes, les ramène à la terre de leur naissance, les rapproche des lieux où ils laissaient leurs familles et leurs souvenirs, lorsque, rendus à eux-mêmes, ils offrent de retourner chez eux, à leurs propres frais, n'est-ce point rétablir une partie de la violence poursuivie dans le négrier, que de les en empêcher pour les envoyer aux Antilles?

Il ne faut pas être d'une clairvoyance très pénétrante pour s'apercevoir que le cabinet de Saint-James abandonne la cause des hommes noirs qu'il avait noblement soutenue jusqu'ici, et renonce aux doctrines souverainement équitables qu'il professait encore le 30 octobre 1839. Il veut fournir des bras à ses colonies, et comme l'émigration métropolitaine, sur laquelle apparemment il comptait d'abord, n'a pris, livrée à elle-même, aucune extension, comme celle des *hill-coolies* (habitans libres de l'Inde-Orientale), paraît plus difficile qu'on ne le croyait, c'est vers l'Afrique qu'il s'est retourné, au mépris de toutes les lois qu'il a contribué à établir sur les relations entre l'Europe et cette contrée.

Ce funeste revirement montre assez l'erreur des créoles français et de leurs échos, lorsqu'ils accusaient l'Angleterre de vouloir systématiquement la ruine des Antilles ; il ne se peut expliquer au contraire que par l'importance que cette puissance attache à ses colonies de l'Archipel américain, et les bénéfices immédiats qu'elle veut en tirer. Il est aisé de s'en convaincre.

Quoi que disent les colons français de la détresse des *West-Indies*, pour nous effrayer sur celle dont l'émancipation, croient-ils, les menace, les colons anglais sont loin d'être ruinés. Lord Stanley l'a très bien établi par ce raisonnement, dans un discours à la chambre des communes (22 mars 1842) : « Les 3,905,000 quintaux de sucre produits par les colonies en 1831 avaient rapporté 6,000,000 liv. sterl.; les 2,210,000 quintaux de l'année 1840 ont rapporté, par suite de l'augmentation des prix de vente, 5,024,000 liv. sterl. : ajoutez à cela l'intérêt des 20 millions de l'indemnité qu'ils ont reçue, et voyez s'ils ont réellement souffert autant qu'on le dit? »

Il s'ensuit, en effet, que la plus grande perte a été supportée par le consommateur, et là est le nœud de ce qui se passe aujourd'hui. Le consommateur n'a pas voulu être victime des débats entre les maîtres et leurs anciens esclaves. « Si les planteurs des *West-Indies* ne peuvent donner du sucre à bon marché, disait-il, qu'on laisse entrer le sucre étranger. » Écouter une semblable exigence, c'était compromettre les îles; car, au milieu des premiers embarras d'une aussi radicale transformation, les produits de la liberté étaient hors d'état de soutenir la concurrence avec ceux de l'esclavage. C'est pour calmer les plaintes de la métropole, et à la fois répondre aux obsessions des créoles, que le ministère anglais a rompu si spontanément avec tout son passé d'ennemi de la traite.

Au lieu de concilier par quelque mesure habile des intérêts également respectables, on immole, pour sortir d'embarras, un intérêt sacré. On veut que les colons produisent davantage, afin que la plus grande abondance de la denrée la fasse baisser de valeur; pour produire davantage d'une manière immédiate, ils ont besoin d'un supplément d'ouvriers.... On leur livre de nouveau les Africains, que jusque-là on avait protégés. L'accroissement naturel de la population au sein du bonheur de l'indépendance n'aurait pas tardé à combler les vides, si même on ne voulait pas s'adresser à l'émigration blanche; douze, quinze années encore, et le nombre des bras aurait doublé sans crimes, glorifiant au contraire la sainte et féconde liberté! Attendez, attendez, criaient la justice et l'humanité! Non, non, que les navires se chargent de nègres nouveaux; il nous faut des bras, des bras à l'heure même, quoi qu'il en coûte!

Sierra-Leone ne contenant pas assez de *volontaires* pour remplir le but qu'on se propose, il a été formé, dans la chambre des communes, sur l'avis de lord Stanley (celui-là même qui présenta le bill d'affranchissement en 1833!), un comité d'enquête chargé d'examiner l'état des établissemens britanniques sur la côte d'Afrique, et *les moyens d'y obtenir des émigrations libres* [1]. Le comité a commencé son rapport en admet-

[1] Les opérations du comité viennent d'être publiées, et l'on y voit que lord Stanley, en le faisant nommer, avait aussi en vue de cacher les odieuses manœuvres du commerce anglais à la côte d'Afrique. On

tant pour certain « que la diminution des denrées coloniales, à la suite de l'affranchissement, avait donné un stimulant extraordinaire à la traite, parce que les cultures du Brésil et de Cuba avaient été augmentées pour suppléer au déficit. » Le but fixé d'avance exigeait qu'on posât ces bizarres prémisses ; il existe alors un véritable intérêt d'humanité à augmenter la récolte de sucre dans les îles anglaises ; et la Grande-Bretagne, en empruntant des travailleurs libres à l'Afrique pour les répandre dans ses colonies émancipées, ne fait que servir encore l'abolition ! — Ce n'est point une bonne cause que l'on soutient avec de telles arguties ; la commission d'enquête, par cela seul qu'elle les emploie, indique d'avance que ses conclusions offenseront l'équité, et l'*Anti-slavery reporter* du 14 août les a ruinées d'un mot : « Il n'est pas vrai que le déficit des *West-Indies* ait eu l'influence qu'on lui attribue, puisque ni Cuba ni le Brésil n'ont accès sur les marchés britanniques pour la vente de leurs produits. » — On s'assure mieux encore que l'émigration libre africaine est bien réellement la traite déguisée, lorsqu'on entend le comité convenir ensuite « qu'il semble douteux, d'après les dépositions faites devant lui, que l'on puisse obtenir la permission pour un grand nombre de nègres, de laisser leurs rivages, *sans faire quelques présens à leurs princes.* »

Le comité n'a pas mentionné un autre embarras grave de l'émigration étrangère : la proportion nécessaire des sexes parmi les émigrans, d'où on peut conclure qu'il ne lui a pas paru possible de surmonter cet embarras. On verrait donc bientôt l'Angleterre commettre les mêmes crimes que les vils négriers, et transporter des laboureurs chez elle pour les condamner à la promiscuité ou à la vie monacale.

Il reste de plus à faire valoir contre ce funeste projet une considération de la dernière importance, que le comité ne

trouvera à la fin de l'appendice (lettre D), la preuve que les armateurs de Londres fournissent des marchandises aux factoreries d'esclaves et aux negriers, et que le *colonial office* veut aujourd'hui protéger leur participation à l'infâme trafic.

semble pas avoir envisagée davantage, c'est que, résolu, comme on l'annonce, à n'emmener que des personnes libres, on obtiendrait à peine quelques bras. En effet, il est impossible d'espérer avoir des volontaires de l'intérieur; il faut nécessairement se borner aux peuplades des côtes avec lesquelles on a la faculté de s'aboucher d'une manière directe; mais à quel petit nombre d'engagés ne sera-t-on pas obligé de se réduire, si l'on veut se rappeler que le continent africain, soumis tout entier à une sorte de régime féodal, est, comme la Russie, encore couvert d'esclaves auxquels la justice interdirait de s'adresser. Pense-t-on ensuite que parmi les libres pauvres il y en ait beaucoup d'assez éclairés pour venir dans un pays dont ils ne connaissent que les cruautés envers leur race, et parmi les riches, beaucoup d'autres d'humeur à quitter des biens qu'ils font cultiver par leurs serviteurs, pour aller planter les cannes des habitans de nos îles?—Ah! oui sans doute, si vous proposiez un moyen de régler le rachat des esclaves en Afrique, si vous vouliez transporter ces captifs avec leurs familles aux colonies, pour les affranchir, pour les initier aux avantages de l'industrie, pour les faire jouir de tous les bienfaits de l'éducation, pour les élever fraternellement jusqu'à vous; ah! oui sans doute alors, ce que vous voulez faire deviendrait une œuvre hautement méritoire, et les abolitionistes seraient les premiers à vous encourager; mais vous n'avez songé à rien de cela, vous ne voulez que des mercenaires, des hommes pour fouiller vos champs à bon marché, vous les voulez à tout prix; pour vous les livrer, on les forcera de s'engager; et l'Europe perpétuera ainsi, sous un voile de bienfaisance, les fraudes, les violences, les vols de créatures humaines, tous les crimes enfin dont la traite afflige encore le continent africain.

Si les libérés recueillis à Sierra-Leone sont violentés par leurs sauveurs, si l'on ne peut obtenir d'immigrans que des peuplades libres de la côte, et si on ne les peut obtenir sans payer une prime à leurs chefs, s'il est presqu'impossible d'organiser une importation proportionnée en sexes, n'est-il pas vrai de dire qu'il y a une odieuse félonie de la part du gouvernement anglais à provoquer le déplacement des Africains?

Encore une fois nous le demandons, la France de Juillet subira-t-elle la volonté d'amis que ses faiblesses rendent trop vains; changera-t-elle, comme eux, ses principes sur le droit des gens; se conformera-t-elle à la nouvelle morale que de nouvelles circonstances leur font adopter; laissera-t-elle tout à faire, pour arrêter le mal, au zèle entreprenant des abolitionistes anglais, qui signalent avec douleur les cruels desseins de leur gouvernement[1]?—N'a-t-elle pas déjà trop attendu pour son honneur? Elle est liée avec l'Angleterre par des traités réciproques au sujet des victimes de la traite : elle voit transporter à la Guyane des captifs libérés que l'on empêche de retourner chez eux et elle demeure impassible! La France était autrefois un vaillant chevalier, toujours prêt à secourir les opprimés; n'a-t-elle plus le courage de faire respecter l'indépendance de ceux mêmes qu'elle a pris sous sa protection spéciale?

Personnellement, nous aimons les Anglais, nous admirons leur gouvernement dans ce qu'il fait de bien, dans sa grandeur, son infatiguable persévérance, sa ferme tenue d'idées; naguère encore, nous ne craignîmes pas de nous séparer un instant de nos amis politiques à l'occasion du droit de visite, pour le louer de ses énergiques efforts contre la traite; nous sommes enfin sans haine et sans préjugés contre l'Angleterre, mais si notre orgueil national se révoltait d'entendre l'opposition lui prêter des désirs de domination universelle, nous ne sommes pas moins humilié de voir nos ministres créer par leur faiblesse ces insolens désirs.

Comment un écrivain français pourrait-il parler de toutes ces choses sans une profonde amertume? Elles blessent à la fois ses meilleurs sentimens d'humanité et ses plus vifs instincts de patriotisme. — Il y a quelques mois, le gouverneur de

[1] *British and foreign anti-slavery reporter. — Times.*

Cayenne, d'après une délibération du conseil colonial, autorisa la *Sénégambie* à aller chercher des nègres au Sénégal. Il s'agissait aussi d'*émigrans africains*; c'étaient des hommes libres que l'on importait: ils étaient même destinés à entrer comme pionniers dans les ateliers de l'état. Les Anglais, au nom des traités, arrêtèrent la *Sénégambie*, prirent les nègres avec le bâtiment et gardèrent tout. Le gouvernement français reconnut si bien qu'ils étaient dans leur droit, et que les autorités de la colonie avaient eu tort d'essayer cette demi-traite, qu'il cessa de recruter ainsi les soi-disant pionniers. — Aujourd'hui les Anglais font des expéditions absolument analogues à celle de la *Sénégambie* : peut-être trouverait-on à la Jamaïque ou à la Trinité quelques-uns des nègres enlevés de ce navire, et les vaisseaux de notre marine n'ont pas encore l'ordre de courir sus à toutes les *sénégambies anglaises!!!* Loin de là, le ministère français enregistre lui-même en silence, dans ses publications officielles, des actes qui servent à sa honte!

Est-ce bientôt assez d'abaissement? Non, sans doute, car voilà de nos compatriotes qui se réjouissent! Un délégué de nos possesseurs d'esclaves vient de donner son appui à l'entreprise du *colonial office*, et ce n'est pas l'une des raisons les moins sûres pour juger qu'elle sera funeste aux nègres.

M. Favard est certes le député le plus pratique que nos colons aient jamais chargé de les représenter, et il leur fournit encore une preuve de sa sagacité d'homme d'affaires. Trop intelligent pour ne pas avouer que l'émancipation des îles françaises est prochaine, et entrevoyant les chances d'une nouvelle traite à la côte dans l'*immigration libre africaine*, il a tout-à-coup fait trêve à ses sarcasmes contre la *philanthropie anglaise*, et cette fois il la regarde d'un œil favorable. Les créoles ne manqueront pas sans doute de suivre la route ouverte par l'habile délégué des blancs de la Guyane, et le cabinet britannique sera bientôt béatifié; cela est naturel: en se perdant aux yeux des négrophiles, il se réhabilite auprès des anti-abolitionistes.

C'est du soin pieux de convertir des païens, que les chrétiens du XVIe et XVIIe siècle coloraient les affreuses cruautés dont ils souillèrent l'Afrique et l'Amérique pour avoir des esclaves. Maintenant que les idées sont plus à la civilisation qu'à la religion, c'est du prétexte de civiliser l'Afrique que les défenseurs de la nouvelle traite veulent couvrir le dessein de lui ravir encore ses enfans à leur profit. Quelle dérision ! On nous parle du retour de quelques nègres émigrés pour éclairer l'Afrique. En admettant qu'on leur facilite, qu'on leur permette ce retour; en admettant qu'ils veuillent retourner, nous le demandons, qu'est-ce que rapporteraient chez eux d'utile au perfectionnement général, des hommes qui auraient passé trois, six ou neuf ans à labourer des champs de cannes à la Jamaïque ou sur les bords de l'Essequibo ? Autant vaudrait aller emprunter aux paysans de nos villages des moniteurs de civilisation.

Les noirs qui feront sortir l'Afrique des ténèbres s'en iront au pays de leurs pères sur des vaisseaux construits et commandés par eux. Pas autrement. Jusque-là, le moyen le plus sûr et le plus moral d'arracher les nègres à l'antique barbarie dans laquelle ils sont plongés, serait de porter la lumière chez eux.—Admirable inspiration de la liberté ! Les affranchis de la Jamaïque nous ont donné l'exemple de ce qu'il y avait de mieux à essayer, en votant des souscriptions pour faire prêcher l'évangile dans le pays de leurs ancêtres. Déjà, on vient de le voir tout-à-l'heure, ils y ont envoyé un de leurs ministres baptistes, M. Clarkson, avec cette noble charge.

L'établissement de communications régulières entre le continent africain et l'archipel des Antilles est la conséquence presque forcée, dans un avenir assez prochain, de la délivrance générale des esclaves noirs ; mais qu'on y veuille réfléchir, et l'on reconnaîtra que le moment de ces heureux rapports n'est pas encore venu. Sans compter l'impossibilité que nous croyons avoir démontrée de la faire honorablement, l'émigration ne tournerait pas même d'une manière bien efficace au profit des individus transportés : elle ne serait réellement utile qu'aux planteurs, qui trouveraient dans la concurrence des ouvriers un moyen de réduire les salaires.

Lorsque, dans quarante ou cinquante ans, la liberté des nègres sera bien établie et aura jeté de profondes racines ; lorsqu'il n'y aura plus un seul esclave aux colonies ; lorsqu'ils seront ennoblis par une éducation plus large que celle jusqu'ici mise à leur portée ; lorsqu'un certain nombre des émancipés seront sur le même pied, comme argent et comme position, que les blancs ; lorsque l'égalité sera dans les faits comme elle l'est dans les principes ; lorsque les mauvais souvenirs du passé seront totalement effacés ; on pourrait peut-être alors, en attirant des Africains aux Antilles, devenir utile à leur race. Mais aujourd'hui, les nègres étant voués encore exclusivement aux offices inférieurs par la force des choses, les émigrations, qui ne peuvent donner que des individus incultes, auraient pour effet de perpétuer la subalternisation des hommes noirs.

Reprenons. Le lecteur a vu sur le *Kingston* comment les conseillers de la reine d'Angleterre entendent le transport des émigrés ; ces déplorables débats nous ont révélé qu'ils avaient déjà montré à Maurice de quelle manière ils entendent l'immigration. Vingt-cinq mille *Coolies* transportés depuis l'abolition dans cette colonie ont été odieusement trompés. Enlevés de leur pays dans une ignorance complète des engagemens qu'on leur faisait contracter et des travaux auxquels ils étaient destinés, soumis à un régime tellement rapproché de la servitude, « qu'ils ne pouvaient quitter sans permission la terre sur laquelle ils étaient employés, même après leur tâche accomplie, » et forcés de se livrer sans ménagement à des travaux de culture, pour lesquels ils n'étaient pas nés, beaucoup périrent ! Ceci a duré depuis 1831 jusqu'en 1839, et ce n'est que le 15 janvier 1840, qu'un ordre en conseil a feint de vouloir réprimer cette damnable spéculation, en établissant dans chaque port d'embarquement de l'Inde un officier protecteur chargé de « demander à l'émigrant s'il n'a pas été induit à s'expatrier par fraude, promesses déraisonnables, descriptions exagérées, et s'il connaît bien la distance qui sépare Maurice de l'endroit où il est au moment de s'expatrier. » N'est-il pas étrange d'espérer prévenir le retour des tromperies et des cruautés passées par d'aussi futiles précautions, ou de croire que le *Coolie* sera désormais plus libre, « parce qu'il ne contractera plus son engagement à Madras ou à Calcutta, et recevra en arrivant dans la colonie pour quarante-huit heures de vivres? » Comme s'il pouvait prendre langue en quarante-huit heures! comme s'il n'était pas, au bout de ce temps, forcé de subir la loi qu'on lui impose! Il est maître maintenant de ne pas se lier, fait-on valoir. Mais si les planteurs conviennent de n'employer aucun immigrant au jour le jour, la misère ne le met-elle pas aussitôt à leur discrétion? Et qui peut empêcher les planteurs de faire une telle convention? La loi locale, il est vrai encore, ne permet pas d'engagement au-delà d'une année ; mais qui répond que l'importation une fois bien établie, la loi locale ne sera pas amendée pour revenir aux engagemens arbitraires? A-t-on si vite oublié que la politique de nos voisins est peu chevaleresque, et ne regarde pas à l'injustice qui lui est utile? L'ordre de sa grâcieuse majesté, d'ailleurs, a-t-il délivré le *Coolie* des mensonges des courtiers d'immigration? A-t-il fait que ces innocens Indiens connussent le pays où ils vont, et sachent réellement à quoi ils s'engagent? A-t-il pourvu, comme l'exige la morale, à ce que le déplacement s'opère dans des termes qui égalisent les deux sexes? Non, non.

Il n'y a pas lieu de s'étonner que le gouvernement anglais mette à nu, sans beaucoup de pudeur, le peu de souci qu'il prend des populations indiennes soumises à ses lois ; mais ne faut-il pas que les partisans de l'immigration coloniale comptent outre mesure sur la crédulité humaine pour donner des mensonges réglementaires comme des garanties suffisantes, et bonnes à fermer la bouche de ceux qui s'occupent des producteurs avant de s'occuper des produits?

En résumé, jugeant de l'immigration africaine par l'exemple de l'immigration indienne, nous soutiendrons toujours que l'on ne peut décider ces hommes incultes à quitter leur pays natal en grand nombre, sans employer des moyens frauduleux ou violens, et que, par conséquent, c'est un devoir pour les philanthropes de s'opposer avec énergie à toute entreprise de ce genre. Puis, nous ajouterons que si l'on a besoin de renforcer les ateliers coloniaux, c'est à l'importation blanche qu'il faut avoir recours.

Nous avons longuement exposé autre part [1] les motifs qui ne laissent aucun doute sur la possibilité d'introduire des Européens aux Antilles sans péril pour eux; on a pu s'assurer, l'histoire à la main, que les colonies avaient été *défrichées par des Européens*, et que le climat n'est pas plus funeste aux blancs qu'aux africains. Il serait superflu de revenir sur ce point; contentons-nous de joindre un témoignage décisif à ceux qui ont été administrés.

Dès que l'on fonda des établissemens d'outre-mer, on reconnut qu'il était facile d'appliquer les hommes blancs à la culture tropicale. Lorsque Las Casas et les pères de Saint-Jérôme séparément conseillèrent à Charles-Quint, en 1517, d'étendre la faculté que l'on avait déjà d'introduire des nègres à Española (Saint-Domingue), afin d'adoucir le sort des indigènes, ils demandèrent aussi qu'on embarquât des *laboureurs européens* (labradores) *pour exploiter les terres* [2]. Or, les Pères de Saint-Jérôme habitaient la colonie depuis quatorze mois, et Las Casas y était arrivé en 1500. On sait, qu'égaré par les idées de son temps, ce héros de bienfaisance eut le malheur de ne pas tenir les nègres pour membres de l'espèce humaine; mais peut-on supposer que lui et les religieux eussent sciemment voulu sacrifier des hommes de leur propre race pour sauver leurs protégés? Les gouverneurs des colonies exposèrent aussi plusieurs fois à Charles-Quint la nécessité d'envoyer des *cultivateurs espagnols* et des esclaves nègres pour les *établissemens*

[1] *Des colonies françaises*, paragraphe 2 de l'introduction.
[2] *Herrera Déc.* II, liv. II, chap. 22.

d'agriculture [1]. Les gouverneurs qui étaient sur les lieux, qui voyaient ce qui se faisait et savaient ce qui s'était fait, auraient-ils proposé d'employer leurs compatriotes à la culture des Antilles, s'ils eussent pensé que cela fût impraticable ?

Nos idées ne sont pas nouvelles, comme on voit, ni inventées pour servir une opinion du moment. Le gouverneur de la Jamaïque, Modyfort, dans une lettre écrite à Lord Arlington, en 1665, fait observer, au sujet de la salubrité de l'île, « que les officiers de la vieille armée appartenant aux stricts *saints,* sont devenus des *debosht* » et « réellement, mylord, ajoute-t-il, pas un homme n'est mort dont on n'ait pu attribuer la fin, soit à des excès, soit à ce qu'il avait voyagé en plein midi, par un jour chaud, ou à ce qu'ayant été mouillé par la pluie, il n'avait pas changé à temps. Les espagnols, quand ils vinrent pour la première fois (je parle de ceux qui font le commerce avec la compagnie royale), s'étonnaient beaucoup des maladies de plusieurs de nos gens; mais quand ils virent tout ce qu'ils boivent et tout ce qu'ils mangent, et le peu de soin qu'ils prennent, ils s'étonnèrent qu'ils ne fussent pas tous morts. Leur santé dépend de leur tempérance, et comme cette vertu m'est naturelle, je ne doute point que je ne continue à être capable de servir longtemps votre majesté [2]. »

Nous lisons encore dans l'*histoire du Brésil*, de M. F^d Denis : « Bien que les noirs soient chargés en général de tous les travaux de l'agriculture, il y aurait erreur à supposer que le fardeau leur en est exclusivement réservé, comme dans nos colonies. Outre les indiens qui travaillent à la terre, il n'est pas rare de voir à Pernambuco, aux Alagoas, à Parahyba, des blancs qui partagent avec les noirs les travaux les plus durs de l'exploitation. Les colonies fondées à Canta-Gallo, aux environs de Porto-Allegre et à Ilheos ont établi un fait positif, c'est que les noirs ne sont pas les seuls qui travaillent sans danger aux grandes cultures;

---

[1] *Herrera Déc.* II, liv. II, chap. 20.

[2] *The british colonial library, by Montgomery Martin.* 4º vol. art. *Jamaïque.*

ils le sentent eux-mêmes, et un jour cette circonstance exercera l'influence la plus heureuse sur leur destinée. »

Dans une brochure très substantielle [1], récemment publiée par un de nos amis, M. Milleroux, qui habite la Guyane anglaise depuis douze ans, on trouve ce passage :

« Il a été longtemps tenu pour certain que les Européens étaient impropres au travail de la terre sous les tropiques; cette prétendue vérité n'était qu'une des fausses maximes du catéchisme noir. Tous les hommes, quelle que soit leur couleur, seraient incapables de supporter ce travail, s'ils devaient s'y livrer depuis le lever jusqu'au coucher du soleil. Les anciens esclaves y étaient contraints, et y succombaient; mais il est prouvé par des essais nombreux et récens qu'un Européen peut travailler ici à la terre trois heures le matin et deux heures de l'après-midi sans en être incommodé. »

La proposition de M. Milleroux est, à notre sens, absolument exacte; les immigrations blanches qui ont été faites à la Jamaïque, *avec les soins indispensables*, ont aussi bien réussi que celles dont il parle à la Guyane, lorsque ceux qui en faisaient partie ne se sont pas empoisonnés en buvant du rhum avec excès. Dans le volume que nous avons cité plus haut, nous en avons rapporté deux exemples, d'après le témoignage de nos observations personnelles.

Les nègres, et il est permis de les regarder comme de bons juges en pareille matière, croient si peu impossible l'acclimatement des ouvriers européens, qu'ils les voient arriver avec beaucoup de déplaisir; ils comprennent fort bien que les nouveaux venus sont des rivaux pour eux. Ces répugnances égoïstes n'ont pas, heureusement, de caractère dangereux; on ne doit en tenir aucun compte : il y a place pour tout le monde.

Ce qui reste à faire maintenant n'est donc pas d'exciter, avec des procédés équivoques, l'émigration africaine; mais bien de détruire les préjugés entretenus parmi nous contre le climat

[1] *Émigration à la Guyane anglaise*, par Fél. Milleroux; chez Paguerre, 1482.

des Antilles, et d'encourager l'émigration blanche. Au lieu de renouveler la traite en la revêtant de mots honnêtes, pour refaire plus tard peut-être des esclaves sous le nom d'engagés, il sera plus loyal, plus rationel et aussi plus humain de diriger vers les champs fortunés des tropiques ces pauvres prolétaires auxquels le travail ne peut procurer les plus impérieuses nécessités de la vie, et qui, répandus par troupes affamées au milieu des villes de la Grande-Bretagne, attestent d'une si terrible manière les vices hideux de notre prétendue civilisation. Les influences d'une température nouvelle seront toujours moins funestes pour eux que la désolante misère qui les décime et les dégrade.

C'est là le seul système d'immigration qui soit conforme, en ce moment, aux vrais intérêts de la morale ; mais pour réussir, nous le répétons, ces expéditions ont besoin d'être conduites avec sagesse. Il est indispensable que le gouvernement soit seul investi du pouvoir d'engager et de transporter les immigrans. En laissant ce pouvoir à des compagnies particulières et aux créoles, ils seront toujours tentés de le faire tourner à leur avantage exclusif. Par-dessus tout, on doit éviter d'envoyer aux colonies des individus séparés, qui deviennent bien vite la proie de la débauche à la suite des chagrins de l'isolement. Ce sont des familles entières qu'il faut expédier, et encore par groupes assez nombreux pour que les émigrés puissent toujours s'appuyer les uns sur les autres, et transportent en quelque sorte avec eux-mêmes la patrie, c'est-à-dire tout ce qu'on connaît et tout ce qu'on aime. C'est le découragement et la nostalgie qui frappent l'homme éloigné de ses habitudes, de ses affections, et qui le rendent si accessible aux maladies. — L'absence de tout ensemble dans les dispositions générales, l'insuffisance de sages prévisions pour recevoir les émigrés et faciliter leur acclimatement, des regrets exaltés par la solitude, l'abus des liqueurs fortes surtout, voilà les principales causes de la mortalité ; et les nègres, qui ne sont pas mieux traités que les blancs, paient tribut comme eux en arrivant aux Antilles. — Une grande partie des gens de couleur, noirs et mulâtres, qui allèrent de nos îles à la Guyane anglaise vers le commencement de l'émancipation, succombèrent, nos adversaires le savent aussi bien que nous, au changement de climat et aux tortures de la nostalgie, parce qu'aucune bonne précaution n'avait été prise à leur égard.

Toutes choses égales, nous aimons mieux voir importer des blancs que des nègres pour refaire les ateliers des colonies émancipées ; ils sauront plus sûrement que des Indiens et des Africains se préserver des attentats que l'on pourrait essayer sur leur indépendance, et leurs plaintes trouveraient en Europe des échos plus retentissans. — Nous ne voudrions pas aller trop loin, mais comment ne point remarquer que le cabinet de Saint-James n'a pas même mis à l'étude la question d'un déplacement qui s'offrait avec d'immenses avantages pour les prolétaires des trois royaumes-unis, et qui pouvait devenir, en se régularisant sous les auspices et avec l'entremise directe de l'administration, aussi utile pour la métropole que pour les colonies? Comment oublier enfin qu'il a malheureusement toujours su faire fléchir les grands principes quand ils blessent ses intérêts?

La France est engagée dans l'abolition définitive du commerce de chair humaine ; le soin de son honneur et l'humanité ensemble exigent donc qu'elle s'oppose à ce que l'Angleterre renouvelle l'infâme trafic, sous quelque forme que ce soit.

Quoi qu'il arrive, et quoi que décide les hommes sans amour qui dirigent les destins de l'humanité, on peut affirmer que les sauvages de l'Afrique, s'il était possible de les transporter, et si l'on voulait réellement les élever, répondraient vite à tous les soins que prendraient d'eux une volonté généreuse et puissante.

Ceux qui ont été placés au milieu de la civilisation par le fortuné hasard de leur délivrance [1], ont permis de juger du ca-

[1] Depuis septembre 1839, trois négriers capturés aux environs de la Jamaïque ont été amenés à Kingston :
La Caritad, de San-Yago de Cuba, avec 169 esclaves, dont 29

ractère africain mis en contact avec les difficultés de notre société, et il est acquis comme vérité, dans les *West-Indies*, qu'ils sont capables d'apprécier vite les avantages de l'ordre, et se font à nos mœurs avec une extrême promptitude. On ne le voudra pas croire dans les colonies françaises, où les Africains, libérés au milieu de leur première ignorance, ont été abandonnés à eux-mêmes ; mais ici, où l'on s'occupe d'eux avec sollicitude, où l'on veille à leur instruction élémentaire, cela n'est plus l'objet d'un doute pour un homme de sang-froid.

Disons, puisque l'occasion s'en présente, la manière dont les Africains libérés sont traités aux *West-Indies*; on verra, par la protection que le *colonial office* étendait sur ces malheureux, combien il a dû changer, pour les livrer, ainsi qu'il fait aujourd'hui, sans défense et sans aide aux exactions impitoyables d'un Sergeant. Quelques-uns sont incorporés dans l'armée; d'autres remis comme domestiques à des personnes connues, qui s'engagent à les bien soigner ; le plus grand nombre répandus dans la campagne.

L'Angleterre a deux régimens noirs appelés régimens des *West-Indies*, qui fournissent des compagnies à toutes les îles. Les créoles français et leurs délégués ont beaucoup reproché à l'Angleterre de prohiber la traite, de poursuivre les négriers, et de faire soldats à vie les malheureux qu'elle délivre. C'est

---

périrent pendant la quarantaine. — Il y avait à bord six femmes et quatre hommes, ayant appartenu sans doute à quelqu'établissement de la côte, qui parlaient très-bien le portugais.

L'Ulysse, arrivé avec 533 esclaves.

La Louise, saisie au moment où elle allait entrer à Cuba. Elle avait quitté Bassao le 29 novembre 1839 avec 316 esclaves, sur lesquels elle en avait déjà perdu 37 lorsqu'elle fut prise, le 4 janvier dernier; 16 autres moururent encore pendant que l'on amenait cet horrible vaisseau en rade de Kingston, et 65 autres les suivirent avant que l'état d'abattement de toute la cargaison permît de placer ce qui restait sur les habitations ! Ainsi, dans cette seule occasion, voilà 118 individus sur 316 qui périssent victimes de la traite ! — Ce qui s'est passé à bord du *Kingston* ne nous annonce malheureusement pas que l'*émigration libre africaine* doive être beaucoup moins meurtrière.

un reproche mal fondé. Les Africains ne sont pas engagés forcément. Ils n'entrent dans le corps qu'autant qu'ils y consentent : ils sont laissés entièrement libres de choisir, et, sous les drapeaux, ils ne sont pas soumis à d'autres lois que celles qui régissent toute l'armée anglaise. Nourris, traités, habillés comme les soldats de la Grande-Bretagne, ils ont les mêmes avantages et les mêmes désavantages. On sait que l'armée anglaise se recrute par engagement volontaire, et que les soldats ne sont aptes à demander leur retraite qu'après dix-huit ans de service révolus. Les Africains ne sont pas soumis à d'autres conditions, et en preuve qu'aucune violence n'est faite à leur volonté, on peut dire qu'ici, par exemple, sur les 870 nègres libérés amenés dans l'île depuis 1839, 89 seulement ont été enregimentés [1].

Pour les autres, un magistrat avec titre de *surintendant des Africains* est spécialement chargé de veiller sur eux, de pourvoir à ce qu'ils soient bien placés, et leur reste comme un protecteur auquel ils peuvent toujours avoir recours en cas de besoin. C'est, ici, M. Sidney Lambert, chaleureux négrophile, auquel nous devons déjà tant de renseignemens, qui remplit cette charge, et nous pouvons, grâce à son obligeance, donner copie de l'engagement qu'il contracte pour eux.

« Qu'il soit su que ce jour, 24 décembre 1839, M. John Doe, de la paroisse de St-James, et les 20 hommes, 16 femmes, 11 garçons et 7 filles dont les noms sont ici-bas, débarqués dernièrement du vaisseau portugais *l'Ulysse*, et résidant à cette heure dans la paroisse de St-James, se sont présentés devant moi R. Sidney Lambert, esq., l'un des magistrats rétribués de S. M. pour cette île, et ont, en ma présence, signé de leurs noms ou de leurs marques le présent contrat.

« 1°. Ledit sieur John Doe reconnaît louer les services desdits 20 hommes, 16 femmes, 11 garçons et 7 filles ;

« Et lesdits 20 hommes, etc., reconnaissent engager leurs services audit sieur Doe comme laboureurs sur l'habitation su-

[1] Note de M. Sidney Lambert.

crière d'Hanoch pour douze mois commençant aujourd'hui, le 24 décembre 1839, et finissant le 24 décembre 1840.

« Et il est convenu entre les parties que les 20 hommes, etc. seront employés au labourage et autres travaux d'habitation, et que la journée de travail ne dépassera pas neuf heures, commençant à six heures du matin et finissant à cinq heures du soir, avec une heure pour déjeûner, une heure pour dîner, durant les six jours de la semaine, sans qu'il puisse exiger d'eux aucun travail le dimanche.

« 3°. Et il est convenu que ledit sieur John Doe, conformément à ces termes de services, payera aux contractans des gages ainsi spécifiés :

« 1re classe. Au-dessus de 16 ans, . 6 sch. 8 d. par semaine.
« 2e classe. De 10 à 16 ans, ... 3   9   —
« 3e classe. Au-dessous de 10 ans, . 1   8   —

« Et que ces gages seront payés le samedi de chaque semaine.

« 4°. Et que les services desdits, etc., seront ensuite rémunérés par ledit sieur Doe de la manière suivante :

« Ledit sieur Doe donnera auxdits, etc., un logement confortable, et tous les soins de médecin lorsqu'ils seront malades. Il les fera vacciner immédiatement.

« 5°. Ledit sieur Doe donnera en outre chaque semaine, à chacun desdits, etc., six livres de provision de terre ou une livre et demie de riz et une livre de poisson salé avec un quart de sucre, plus dix aunes de toile, six aunes de cotonnade, un chapeau, une casquette, un mouchoir et un habillement complet.

« 6°. Et ledit sieur Doe s'engage de plus à faire apprendre à lire et à écrire aux 11 garçons et 7 filles. — Et ont signé, etc. »

Faisons observer que dans ces placemens aussi peu forcés, on le voit, que la matière le comporte, aucune destination n'est arrêtée quelle ne soit volontaire. On ne manque jamais de réunir tous ceux qui veulent rester ensemble ; on s'attache, ne fût-ce que par esprit de bon ordre, à n'opérer aucune séparation, aucune rupture d'amitié entre ces hommes, ces femmes, ces enfans, qui se distribuent sur les terres comme les émigrés blancs.

Les Africains, nous a dit M. Sidney Lambert, se montrent extraordinairement sensibles à la différence qu'il y a entre leur position et celle de l'esclavage auquel ils se savaient destinés. Très généralement ils respectent beaucoup les obligations sous lesquelles ils sont engagés par les contrats dont il vient d'être parlé, et ils remplissent bien leurs devoirs. Quoiqu'ignorans d'abord des détails de leur nouvelle situation, ils comprennent vite tous leurs intérêts. Ils se mettent en parfaite harmonie avec les descendans créoles de leurs ancêtres; six mois après ils parlent anglais, et peuvent être au bout d'un an ou deux abandonnés par l'autorité sans inconvénient pour eux ni pour les autres.

Les mœurs de ces hommes, que l'on nous représente comme des cannibales fourbes et féroces, sont fort douces. Le crime est presqu'inconnu parmi eux, quoique dans le nombre il y en ait quelques-uns de déportés de leur pays pour fautes graves.

Quant à ceux qui deviennent soldats, c'est l'opinion de plusieurs officiers [1] consultés sur place que nous allons transmettre. Ces messieurs ont été d'abord fort mécontens d'avoir à commander des *nègres*, mais aujourd'hui ils reconnaissent que ces nègres sont des hommes sages, braves et faciles à conduire. La France a aussi des troupes noires au Sénégal; nous tenons de plusieurs officiers de l'artillerie de marine qui servent aux colonies, que les compagnies nègres, dans quelques rencontres avec les ennemis de l'intérieur, ont tenu aussi ferme que nos soldats. Cet éloge fait par des officiers blancs est de nature à n'avoir pas besoin de commentaire.

[1] Tout le corps des officiers des régimens noirs est tiré de l'armée anglaise. Les nègres ne peuvent dépasser le grade de sous-officier.— Il serait digne de l'Angleterre d'abroger cette loi stupide et de former aux frais de l'état des officiers noirs par une soigneuse éducation; mais on craignait que des régimens ainsi exclusivement nègres ne devinssent dangereux en cas de conflit par l'appui qu'ils pourraient donner à leur race. Aujourd'hui que le gouvernement retire sa protection aux noirs, il est douteux qu'il songe jamais à rien de pareil.

CHAPITRE VII.

DÉFICIT DANS LA GRANDE CULTURE.

Au moment où l'enchaînement du discours nous força tout à l'heure de parler de l'immigration africaine, et des malheurs qu'elle va entraîner si l'on ne parvient à l'arrêter, nous disions que le manque de bras était la seule véritable plaie de la Jamaïque. Il est nécessaire, pour l'intelligence de cette proposition, d'expliquer les différentes causes qui ont diminué le nombre des cultivateurs et par suite la somme de travail, sans cependant que le fonds de la population ait varié.

En premier lieu, notons, comme à la Dominique, les soins du ménage, qui retirent pour toujours beaucoup de femmes des *rangs*; les écoles, qui enlèvent une masse d'enfans [1], dont les services représentaient, vu leur nombre, une quantité notable de produits; puis l'absence de quelques fainéans, comme il y en a dans toutes les sociétés du monde, qui ne font véritablement rien depuis qu'ils ne sont plus *forcés* de faire quelque chose. Les abolitionistes n'avaient jamais nié qu'il ne dût y avoir de ces mauvaises gens. Ils soutiennent seulement que leur nombre n'est pas assez grand pour en faire une valeur appréciable, et qu'il n'eût jamais diminué avec la permanence de l'esclavage.

En second lieu, le préjugé contre la canne. Nous l'avons déjà dit en parlant de la Dominique, les affranchis n'ont pas encore vaincu les vieilles répugnances; bien que les idées commencent à s'améliorer sur ce point, il en est qui ne viennent

---

[1] A quel âge mettait-on les enfans au travail pendant l'esclavage? — A l'âge de cinq ou six ans [*].

[*] Témoignage de M. Maurice Jones, propriétaire d'habitation à la Jamaïque, devant le comité d'enquête parlementaire. *Précis de l'abolition*, première partie de la troisième publication.

qu'à la dernière extrémité au travail des champs, profondément empreint en tous lieux de servitude, des stigmates de la dégradation. Dans les îles anglaises comme dans les nôtres, les maîtres qui ne pensaient guère à la liberté ont beaucoup fortifié autrefois les antipathies actuelles, en menaçant jusqu'à leurs domestiques de les envoyer *à la houe* lorsqu'ils avaient à se plaindre d'eux. Le nègre étant de sa nature plus vaniteux encore qu'un blanc, si toutefois cela est possible, on conçoit qu'un préjugé de cette espèce doive avoir un extrême empire sur lui. Il est encore si fortement enraciné, que les émancipés mangent beaucoup de pain et laissent l'igname et le manioc, comme rappellant le souvenir des bassesses de la servitude. On en pourra juger par le tableau des importations de farines depuis quelques années.

	Farine de froment.	Farine de maïs.
1829.	37,691 barils.	10,264 barils.
1834.	53,998 »	13,152 »
1835.	80,547 »	7,934 »
1836.	56,351 »	6,884 »
1837.	56,573 »	11,015 »
1838.	69,111 »	11,549 »
1839.	64,631 »	8,425 »
1840.	131,581 »	101,747 »

Outre ce qui vient d'être dit, le même embarras que nous avons noté à la Dominique se représente ici avec d'autant plus d'inconvéniens, que l'île, vingt fois plus grande, est d'un parcourt fort malaisé. Les distances empêchent quelquefois les nègres fixés sur tel ou tel point de se transporter où l'on aurait besoin d'eux. Dans de certains quartiers, où ils sont en petit nombre, il est difficile de se procurer des laboureurs; autre part ils surabondent. Au moment où nous nous trouvions sur la caféière de Lancastre, appartenant à M. Spalding, son géreur, M. Wilson, nous dit que depuis la sécheresse particulièrement il refusait tous les jours des nègres qui venaient lui demander de l'ouvrage. — Lorsqu'on traverse, en parcourant le pays, les parties plus ou moins denses de la population, on se rend très bien compte des opinions contradictoires des planteurs. Ici, l'un assure qu'à prix d'or il ne peut obtenir de laboureurs ; l'autre, là-bas, soutient qu'il en refuse. Ils sont de bonne foi tous deux.

Les petits établissemens que les nègres forment de côté et d'autre doivent être considérés comme une des causes qui enlèvent le plus de bras à la grande culture. Pendant qu'ils sont occupés à bâtir leurs maisons, à défricher leur morceau de terrain, ils ne vont pas sur les habitations, et tous les jours il s'en trouve un grand nombre dans ce cas. C'est un nouveau monde qui, tout occupé de se fonder, ne participe pas à l'activité générale de l'ancien. Une somme de travail assez considérable employée de la sorte est perdue pour la récolte générale, mais non pas sans bénéfice pour la société. Il nous semble juste de tenir compte de semblables élémens.

Le nègre de la Jamaïque, retiré chez lui avec sa femme et ses enfans, peut produire pour 20 ou 25 liv. st. de vivres par an [1]. Il est aisé de concevoir qu'il préfère ce genre de travail à celui qu'il ferait pour un riche qui ne lui offrirait point à gagner davantage ou qui ne le traiterait pas convenablement. De plus, comme les saisons sont les mêmes pour tout le monde, il y a concurrence entre le jardin du nègre et la plantation du propriétaire, et personne ne sera surpris que le laboureur donne la préférence à sa propre terre, lorsqu'il le juge plus avantageux. Autant de diminué encore sur la grande culture, mais sans que pour cela l'apprenti se croise les bras. — On peut s'indigner que la grande culture soit sacrifiée à la petite, et faire là-dessus de beaux raisonnemens d'économie politique. Comme la science politique est arrivée à nous donner en Eu-

---

[1] Un noir peut tirer d'un acre de terre des provisions suffisantes pour nourrir une famille composée de dix personnes [*].

[*] Témoignage de M. Oldham dans l'enquête parlementaire sur l'apprentissage. Mars 1838. — *Précis de l'abolition*, première partie de la troisième publication.

rope quarante ouvriers qui meurent de faim pour un fabricant qui va en carosse, jusqu'à ce que l'association vienne réparer ces misères, nous nous réjouirons que le laboureur ne soit pas à la merci du propriétaire.

De ce qui vient d'être dit, ne nous est-il pas permis de conclure, avec des raisons fort plausibles, que si la production générale n'est plus ce qu'elle était autrefois, ce n'est pas que les nègres travaillent moins, mais que le nombre des laboureurs a sensiblement diminué.

Et encore les causes légitimes qui ont éparpillé les forces, n'ont pas seules amené le déficit : une mortelle sécheresse est venue brûler ce qu'ont fait les bras disponibles.

Le travail, malgré tout, n'a pas manqué autant qu'on l'a dit : la tâche et l'activité de l'indépendance avaient suppléé aux forces générales amoindries. C'est la nature, plus encore que le système nouveau qui a nui aux premières récoltes de la liberté. Les champs sont en très bon ordre; lorsqu'on parcourt la campagne, on distingue l'énergie des efforts du cultivateur sous l'immense voile jaune dont cette dévorante sécheresse couvre les carrés soignés et bien tenus. — La canne a besoin d'humidité et l'on ne peut imaginer ce qu'elle perd lorsqu'elle en manque. Un planteur nous a cité l'*habitation Hope* appartenant à M. Buckingham, dont la récolte commune est de cent boucauts, et qui dans de certaines années de sécheresse n'en fit pas vingt. Que l'on juge, entre ces deux extrêmes, de l'effet d'une mauvaise saison sur les champs des Antilles. — La campagne est désolée, les rivières tarissent et la terre séchée se couvre de longues crevasses. Il nous a été garanti qu'un troupeau de bestiaux, conduit de la paroisse Sainte-Anne à celle de Vere pour y chercher de meilleurs pâturages, avait perdu en route trente bœufs et mulets faute d'eau et d'herbe!

L'île est si réellement affligée de cette calamité, que l'on annonce dans les feuilles publiques, comme nouvelle agréable à la population entière, un orage qui tombe quelque part. Deux fois, pendant le mois que nous passâmes à la Jamaïque, on en rendit compte en ces termes :

« Nous sommes heureux de pouvoir dire que les paroisses de Port-Royal et de Saint-David ont été favorisées par une averse abondante. »

(*The Jamaïca despatch*, jeudi 20 avril.)

« Nous sommes heureux d'apprendre de différentes parties de la campagne qu'elles ont été favorisées dernièrement de pluies raffraîchissantes. Nous avons eu dans ce district quelques ondées partielles depuis samedi, et l'on est autorisé, par les présentes apparences, à penser que les pluies régulières de mai s'établiront bientôt. Malheureusement, nous avons regret de le dire, elles seront de peu de bénéfice, si elles le sont, pour la récolte de cette année [1] »

(*Jamaïca despatch*, mardi 4 mai.)

Le lecteur nous excusera d'entrer dans ces détails et de citer de pareils textes, s'il veut ne pas oublier que nous avons à convaincre des esprits rebelles ; que les créoles français, auxquels la censure coloniale ne laisse rien parvenir en faveur de l'émancipation, sont profondément, fermement, intimement convaincus que les nègres émancipés ne font rien. Nous ne saurions, pour modifier ces idées erronées et inspirer foi à nos frères des Antilles, entourer nos dires de trop de preuves authentiques et irrésistibles.

Avançons, et maintenant sachons quels ont été les produits d'une île où tant de circonstances diverses sont venues contrarier le travail.

---

[1] *Which we regrett to say, will be of little, if any, benefit to the present sugar crop.*

TABLEAU

DES EXPORTATIONS DE L'ILE DE LA JAMAIQUE
DU 29 SEPTEMBRE 1828 AU 29 SEPTEMBRE 1829[1].

	TOTAUX.
Hogsheads of Sugar (boucauts de sucre de 17 à 1800 livres).	91,150
Tierces of Sugar (demi-boucauts).	9,564
Barrels of Sugar (barils de 250 livres)	3,392
Puncheons of Rum (barriques de rhum contenant 90 galons)	36,931
Hogsheads of Rum (petits tonneaux de 40 à 50 galons).	2,513
Casks of Rum (barils de 30 galons)	635
Puncheons of Molasses (barriques de mélasse).	167
Barrels of Ginger (barils de gingembre).	1,333
Bags of Ginger (sacs de gingembre)	319
Pounds of Coffe (livres de café)	18,955,722
Pounds of Pimento (livres de piment).	6,069,127
Barrels of Arrow Root (barils de arrow root).	184
Bags of Arrow Root (très petits barils de arrow root)	4,098
Puncheons of Lime Juice (barriques de jus de citron).	216
Packages of Sweet Meats (paquets de confitures).	715
Bales of Coton (balles de coton)	293
N° of Hides (nombre de cuirs).	10,401
Tons of Logwood (campêche). *Le Ton est un poids convenu de 120 livres*	7,486
Tons of Fustic (bois jaune de teinture)	1,589
Tons of Nicaragua wood (bois rouge de teinture, le brazeletto du Brésil).	328
Tons of Lignum vitæ (gaïac).	337
Tons of Ebony (ébène)	244 1/2
Logs of Mahogany and Cedar (billes d'acajou et de cèdre).	2,479
Pièces of Cabinet wood (billes de bois d'ébénisterie).	1,750
Lancewood Spars (bois avec lequel on fait les brancards de voiture.	29,324

Les comptes des années 1830, 1831, 1832 et 1833 manquent par suite du désordre que la formidable insurrection des noirs en 1831 jeta pour longtemps dans tous les services.

M. Mac Queen donne, terme moyen:

Pour 1830 et 1831. · 90,779 boucauts de sucre.
     1832 . . . 91,453
     1833 . . . 78,371

[1] Nous croyons pouvoir donner tous ces chiffres pour certains. Nous les tenons de l'inépuisable bonté de M. Richard Hill, qui a bien voulu les faire relever, à notre prière, sur les registres officiels de Spanish Town.

TABLEAU DES EXPORTATIONS. — Du 30 septembre 1833 au 30 septembre 1840.

	From 30 sept. 1833 to 30 septembre 1834.	From 30 sept. 1834 to 30 septembre 1835.	From 1er octobre 1835 to 30 septembre 1836.	From 1er octobre 1836 to 30 septembre 1837.	From 1er octobre 1837 to 30 septembre 1838.	From 1er octobre 1838 to 30 septembre 1839.	From 1er octobre 1839 to 30 septembre 1840.
Hogsheads of Sugar (boucauts de sucre de 1700 à 1800 livres).	78,711	59,840	61,283	36,220	49,018	42,219	30,466
Tierces of Sugar (demi-boucauts de sucre).	10,164	8,860 1/2	8,098	8,758	8,975	5,962	3,643
Barrels of Sugar (barils de sucre de 250 livres).	3,273 1/2	3,225 1/2	3,768	4,897	3,197 1/2	1,589	1,556
Punchions of Rum (barriques de rhum contenant 90 gallons).	30,200	26,380	19,972	19,744	23,786	15,479	11,153
Hogsheads of Rum (petits tonneaux de rhum de 40 à 50 galons).	2,615	1,694	1,057	2,675	820	700	487
Casks of Rum (baris de rhum de 30 galons).	945	820	468	387	802 3/4	212	297
Tierces of Coffee (barriques de 800 livres de café).	22,977	13,316	16,392	9,973	15,752	10,510	8,941
Barrels of Coffee (barils de café de 180 livres).	7,474	3,956 1/2	3,300	2,641	3,989	1,024	940
Casks of Coffee (barils de café de 330 à 500 livres).	1,325	452	626	636	840 1/4	2,216	2,241
Bags of Coffee (sacs de café de 100 livres).		685	157	588	350	187	467
Casks of Molasses (barriques de mélasse).	507	348	180	176	116	19	18
Barrels of Ginger (barils de gingembre).	6,563	4,850 1/2	5,451 1/2	8,372	5,191	5,153	2,762
Bags of Ginger (sacs de gingembre).	179 1/2	105	90	101	6	341	165
Barrels of Pimento (barils de piment).	871	369	564	324	146 2/3	224	30
Bags of Pimento (sacs de piment).	23,536	43,874	62,632	48,440	17,567	22,859	23,079
Bales of Cotton (balles de coton).	78	1,098	240	48	48	1,503	696
Number of Hides (nombre de cuirs).	10,978	11,375	9,601	13,992	12,351	15,703	10,522
Tons of Logwood (campêche).	9,399 4/20	6,043	3,527	7,440	6,454	10,016	11,303
Tons of Fustic (bois jaune de teinture).	3,088 13/20	1,406 1/2	556 1/2	512	463 1/2	1,261	1,297
Tons of Nicaragua wood (bois rouge de teinture, appelé au Brésil brazeletto).	538 15/20	922	565 1/2	174	280 1/3	113	54
Tons of Lignum vitæ (gaïac).	250 1/2	258	201 1/2	105	140	264	91
Tons of Ebony (ébène).	895	778	308 1/2	115	24	173	352
Logs of Mahogany (billes d'acajou).	807	1,638	5,157	2,585	1,209	2,930	1,162
Logs of Cedar (billes de cèdre).	1,558	2,902	1,278	3,867	210	831	564
Lancewood Spars (bois avec lequel on fait les brancards de voiture).	18,814	26,316	42,748	18,572	12,610	11,989	32,570

Que résulte-t-il de ce tableau ? Ceci : que l'exportation générale de la Jamaïque en tous genres, malgré la sécheresse, malgré les circonstances critiques où l'île s'est trouvée, malgré les causes forcées de la diminution du travail que nous avons analysées, est encore *moitié* de ce qu'elle était au plus fort de l'esclavage !

Nous le demandons très sincèrement aux créoles de bonne foi et de bonne volonté, est-il possible, en présence d'un pareil résultat, de désespérer des dispositions du peuple noir ? Ces misérables, qui devaient cesser tout labeur sitôt que le fouet du commandeur ne les presserait plus ; ces affranchis qui se montrèrent, dit-on, si rebelles, ils ont encore produit moitié des récoltes ordinaires !

Nous avouons le déficit sans embarras ; il ne nous paraît point alarmant : pour notre compte nous l'avions annoncé d'avance. Rien n'est donc plus éloigné de notre pensée que de vouloir le pallier ; cependant, il est bien naturel que nous mettions en évidence toutes les causes qui l'expliquent. Ainsi nous dirons qu'en appréciant ce déficit à quelque point de vue que ce soit, il sera juste de noter encore qu'une quantité donnée de travail effectif, qui ne se trouve pas en sucre sur les marchés métropolitains, est représentée sur la place même. Un effet de l'émancipation facile à prévoir s'est déjà produit : les nègres devenus plus heureux, plus riches sont entrés dans la classe des consommateurs locaux, et le bien-être de 360,000 hommes, en augmentant la propre consommation de l'île, a diminué d'autant ses exportations. — On ne devra pas non plus oublier, comme le fait observer M. Richard Hill, que pour une meilleure économie de fret, droits de quai, tonnellerie, etc., sous le nouveau système où tout se paye à la pièce, le poids des boucauts et des barils a été généralement porté de 17 ou 1,800 à 2,000 livres [1].

En définitive, quelque petits que soient les chiffres partiels

---

[1] Dans le tableau qui précède, le lecteur aura remarqué que l'on a calculé par nombre de boucauts.

présentés par les amis de l'esclavage, que l'on fasse le résumé général des quantités de sucre importées des colonies anglaises dans la Grande-Bretagne, de 1814 à 1840, et l'on trouvera :

Importation moyenne de 1814 à 1834 (période d'esclavage). . . . . 3,640,712 quintaux.

De 1834 à 1838 (période d'apprentissage). 3,487,801

De 1839 (première année de travail libre). 2,824,106

De 1840 (deuxième année. *id*). . . 2,210,226 [1]

Le travail libre, malgré les tiraillemens de l'apprentissage, malgré les difficultés de l'affranchissement définitif, donne donc en totalité, la seconde année de l'émancipation, très près des deux tiers de ce que donnait le travail esclave!

Les quatre conseils de nos possessions transatlantiques ont repoussé les projets d'émancipation qu'on leur a soumis, en donnant pour principale raison que les nègres, une fois libres, ne travailleraient plus. Il leur paraît juste de garder des hommes en servitude, parce que ces hommes ne voudraient pas faire de sucre en liberté... Nous n'avons pas dessein de répondre à cela; nous ne consentirions jamais à discuter avec des brigands qui prétendraient au droit de voler sous prétexte qu'ils n'ont pas d'argent; mais que penser, dirons-nous, de l'égarement des créoles, lorsque pour appuyer leur monstrueux sophisme, ils parlent des effets désastreux de l'émancipation, et soutiennent que les *West-Indies* sont frappées de mort.—Les conseils coloniaux peuvent aller comme nous étudier les faits, vérifier les chiffres qu'on vient de lire; comme nous ils peuvent aller s'assurer que les nègres travaillent bien réellement; et pour retarder l'abolition de quelques jours, ils jettent leurs mandataires dans la plus profonde erreur, et compromettent leur autorité

---

[1] Relevé officiel fourni par M. Montgoméry Martin à la commission d'enquête. Voir, pour les détails relatifs à chaque colonie, le tableau inséré dans la troisième publication du ministère de la marine. *Précis de l'abolition de l'esclavage.*

morale en adoptant les vulgaires mensonges répandus par ceux-là mêmes qu'ils payent pour flatter leurs préjugés !

Il est au moins étrange que des gens autrefois si empressés à déclarer les affranchis incapables d'aucune espèce d'occupation, se montrent aujourd'hui si mécontens. Lorsqu'on a appris aux nègres pendant trois siècles de servitude, lorsqu'on a pratiquement reconnu qu'un homme peut se nourrir aux colonies une année durant avec le produit de vingt-six jours de travail [1], loin d'être si rude à leur endroit, on devrait, ne fût-ce que par pudeur, leur savoir gré de tout ce qu'ils font au delà de leurs stricts besoins.

Dans ces plaintes contre les émancipés, nous ne pouvons nous empêcher d'entrevoir avec dégoût les honteux regrets d'une tyrannie insatiable. A la place des nègres, beaucoup de ceux qui les battaient impitoyablement avant leur délivrance, et qui les blâment avec aigreur aujourd'hui, se seraient sans doute donné plus de répit.

Mais au lieu des deux tiers, les affranchis n'eussent-ils produit que le quart, leur mise en liberté eût-elle plus coûté encore au monde; les désordres de l'affranchissement, pour grands qu'ils fussent, pourraient-ils laisser regretter à tout homme ayant une âme humaine l'ordre de l'esclavage, de ce mal gigantesque qui s'appuyait sur des législations pareilles à celles-ci? « Vu que quelques personnes se sont dernièrement rendues coupables de couper les oreilles à des esclaves [2], nous ordonnons que quiconque aura coupé les oreilles, extirpé un œil, arraché la langue, ou tranché le nez de son esclave,

---

[1] Les planteurs de la Jamaïque ne donnaient [*] et encore aujourd'hui ceux de la Guyane française [**] ne donnent *qu'un jour par quinzaine* pour la culture du jardin accordé à l'esclave, en remplacement de la subsistance qu'ils lui doivent.

[2] « *Whereas some persons have of late been guelty of cutting of and depriving slaves of their ears, etc.*

[*] Lois du 19 décembre 1816 et du 22 décembre 1826. Au surplus, ils le confessent dans l'art. 49 de l'acte local du 26 décembre 1838 pour l'abolition.

[**] Rapport des magistrats inspecteurs, dans les *Renseignemens* publiés par la marine sur *l'exécution de l'ordonnance du 5 janvier* 1840.

payera une amende de 500 liv. et sera condamné à six mois de prison[1]. »

« Le maître qui tue son esclave en le châtiant ne peut être poursuivi ; celui qui le tue par méchanceté payera 10 liv. sterl. au trésor royal[2]. »

Dira-t-on que ces lois remontent aux plus mauvais jours de l'esclavage, nous sommes malheureusement en mesure de prouver que le temps n'en modifia pas l'esprit, et que jusqu'à la veille de l'abolition, les maîtres en firent tous et partout de semblables. L'acte du 22 décembre 1826, passé à la Jamaïque, pour amender les prescriptions de l'île relatives aux esclaves, reprenant la clause 25 d'un acte du 19 décembre 1816, dit : article 33 « Tout maître qui mutile un esclave ou lui arrache un membre *(mutilate or desmember any slave)*, ou le tient en prison sans lui donner une nourriture suffisante, sera puni d'une amende qui ne peut excéder 100 liv. sterl. ou d'un emprisonnement qui ne peut excéder douze mois, sans préjudice de l'action en dommage et intérêt qui pourrait être intentée par le maître, si l'esclave n'est pas la propriété du coupable! » La métropole, en refusant de sanctionner l'acte de 1826, qui avait pour but principal d'interdir les prédications de toutes les sectes dissidentes de l'église établie, fit observer au sujet de cette clause que « l'amende et l'emprisonnement pour le cas de mutilation et de *démembrement* paraîtrait toujours une punition très disproportionnée avec le crime ; » mais l'épouvantable clause n'en resta pas moins en vigueur, puisqu'elle faisait partie de la loi régnante de 1816 !

Dans nos colonies, deux esclaves eurent encore le jarret coupé en 1815, à Saint-Pierre-Martinique, pour *crime d'évasion !*

Quel est le monstre qui ne préférerait la plus fainéante barbarie imaginable à cette révoltante civilisation ?

---

[1] Loi de St-Christophe du 11 mars 1784.

[2] Loi de la Barbade de 1688 adoptée aux îles Bermudes en 1730. Voir *The British colonial library*, by *Montgomery Martin*, introduction du quatrième volume.

CHAPITRE VIII.

AMÉLIORATIONS GÉNÉRALES.

On ne juge pas la condition d'un pays seulement par ses produits, mais aussi par ce qu'il consomme. Nous avons vu l'état des exportations, voyons celui des importations.

TABLEAU DES IMPORTATIONS.

ANNÉE 1829.

	TOTAUX.
Barrels of Flour (barils de farine de froment).	37,691 1/2
Barrels of Cornmeal (barils de farine de maïs).	10.264
Cwts[1] Bread (biscuits de mer).	1,276
Pounds of Rice (livres de riz).	745,999
Bushels of Corn, Beans, Oats, etc. (boisseaux de maïs, de haricots et d'avoine)	22,596
Quintals of Dried Fish (quintaux de morue).	1,455,329
Tierces of Pickled Fish (petits tonneaux de poisson salé).	136
Barrels of Pickled Fish (barils de poisson salé).	73,141
Kits of Pickled Fish (barils de 25 livres de poisson salé).	2,572
Staves and Heading (douves et fonds de tonneaux).	6,017,816
Number of Shingles (essentes, tuiles en bois).	6,623,969
Feet of Lumber (pieds de planches).	5,832,548
Wood Hoops (cercles de bois pour les barils).	119,432
Horses (chevaux).	1,326
Mules (mulets).	1,519
Asses (ânes).	347
Cattle (bœufs).	4,090

Les comptes de 1830 à 1833 manquent par les raisons que nous avons dites dans le tableau des exportations.

---

[1] *Centum weight*, poids de 112 liv. angl. ou 50 kilog. 70 centig.

TABLEAU DES IMPORTATIONS. — Du 30 septembre 1833 au 30 septembre 1840.

	From 30 sept. 1833 to 30 sept. 1834.	From 30 sept. 1834 to 30 sept. 1835.	From 1er oct. 1835 to 30 sept. 1836.	From 1er oct. 1836 to 30 sept. 1837.	From 1er oct. 1837 to 30 sept. 1838.	From 1er oct. 1838 to 30 sept. 1839.	From 1er oct. 1839 to 30 sept. 1840.
Gallons of Brandy (gallons d'eau-de-vie)	26,946	41,945	52,424	32,421	28,654	37,129	64,005
Gallons of Gin (gallons de genèvre)	2,094	5,950 1/2	20,945	46,241	7,133	8,740	5,981
Barrels of Flour (farine de blé)	53,998 1/2	80,547 1/2	56,351	56,573	69,111	64,631	131,581
Barrels of Cornmeal (farine de maïs)	13,152	7,934	6,884	11,015	11,569	8,425	101,747
Barrels of Bread (barils de biscuits de mer)	6,382 1/2	6,159 1/2	4,409	7,714	6,883	9,815	21,418
Bags of Bread (sacs de biscuits)	135	2,572,850	110	350	393	683	24
Cwts Bread (poids de 112 liv. de biscuits)	4,249 3/4	1,881	756	1,815	1,075	1,511	26,885
Casks, Bags and Barrels of Rice (tonneaux, sacs et barils de riz)	4,082	8,568 1/2	5,767	10,163	17,687	8,592	28,329
Pounds of Rice (livres de riz)	1,730,680	14,571	554,214	503,132	265,082	447,185	3,824,981
Bushels of Corn, Oats and Peas (barils de maïs, d'avoine et de pois)	17,234 1/2	25,925	13,678	16,912	33,041	49,464	75,433
Casks of Dry Fish (barils de poisson sec)	7,565	7,529	6,460	9,766	9,633	20,297	10,750
Boxes of Dry Fish (caisses de poisson sec)	7,848	7,066	7,685	8,691	9,387	18,953	21,537
Tierces of Pickled Fish (petits tonn. de poisson salé)	194	4,255	307	310	846	2,919	5,710
Barrels of Pickled Fish (barils de poisson salé)	69,122	63,774 1/2	45,479	42,376	41,557	22,610	27,474
Kits of Pickled Fish (barils de 25 liv. de poisson salé)	642	638	895	1,123	1,304	5,814	1,742
Red Oak Staves (douves de chêne rouge)	2,908,532	2,367,114	2,688,253	2,405,020	2,017,480	1,587,500	5,056,565
White Oak Staves (douves de chêne blanc)	1,242,174	1,370,524	1,038,483	1,606,239	1,283,571	1,107,055	512,589
Shingles (essentes, tuiles en bois)	8,390,801	5,469,514	6,864,241	11,817,410	9,407,611	7,910,963	8,334,318
Feet of Lumber (pieds de planches)	5,989,691	6,248,776	6,701,217	9,259,118	16,006,072	8,374,771	6,356,325
Wood Hoops (cercles de bois pour les barils)	906,739	683,423	257,014	671,300	825,634	860,287	1,015,381
Barrels of Beef (barils de bœuf)	3,904 1/2	2,672 1/4	5,100 1/2	2,680	2,671	6,548	3,134
Barrels of Pork (barils de porc)	15,665	8,212	3,380 1/2	8,646	9,299	14,635	21,182
Firkins of Butter and Lard (petits barils de beurre et de lard)	13,717 1/2	12,354	25,358 1/2	14,055	17,997	24,836	21,150
Boxes of Candles (caisses de chandelles)	17,478 1/2	9,154	18,430	15,444	8,812	22,872	15,634
Boxes of Soap (caisses de savon)	18,866	25,213 1/2	23,376	20,394	11,350	33,557	38,864
Horses (chevaux)	997	663	1,733	3,004	3,190	4,910	2,184
Mules (mulets)	277	57	206	1,320	983	629	168
Asses (ânes)	570	328	424	533	399	324	255
Cattle (bestiaux)	235	46	144	886	2,667	1,803	151
Tonnage (jaugeage de toutes ces marchandises)	129,043	123,321	160,380	118,080	113,345	111,008	121,481

Prises en masse, ici comme à la Dominique et comme à Antigue, les importations sont donc en période ascendante. — Ce sont des chiffres, on ne peut les révoquer en doute.

Si l'on veut maintenant embrasser l'ensemble des opérations de la Grande-Bretagne avec ses possessions transatlantiques, on ne trouvera pas des résultats moins satisfaisans. « La preuve la plus convaincante, disait lord Stanley à la chambre des communes, dans la séance du 22 mars 1842, que je puisse donner de la prospérité relative des *West-Indies*, c'est de comparer les exportations qu'on y a faites depuis l'affranchissement avec celles des années antérieures. Dans les cinq années qui ont précédé l'acte de liberté, la moyenne des exportations s'était élevée à la somme de . . . . 2,783,000 liv. sterl.

Pendant la période de l'apprentissage, à 3,735,000

En 1839, ce chiffre a monté jusqu'à. 4,265,000

Aujourd'hui, il y a décroissance, mais pas d'une importance assez grande pour affaiblir mon argumentation, puisque le total des exportations de 1840 a encore atteint . . . . . . 3,972,000 »

Quand nos compatriotes d'outre-mer voudront-ils ouvrir les yeux à la vérité, se rendre à l'inébranlable puissance de tels chiffres, et cesser de nous dire que les colonies anglaises marchent à leur destruction depuis l'affranchissement? La plus grande consommation que fait une colonie des marchandises de l'extérieur, n'est-elle pas la plus grande marque du bien-être de ses habitans?

Les *West-Indies* ont livré moins de leurs produits, tandis qu'elles ont reçu au contraire plus d'effets du dehors. L'énoncé de ce fait soulève un problème, à savoir : de quelle manière se sont-elles acquittées avec la métropole? Sans doute par le crédit, et ainsi qu'on l'a vu tout-à-l'heure, par la hausse de prix des denrées coloniales sur les marchés de la Grande-Bretagne.

Mais si les importations de la Jamaïque augmentent, comment alors, va-t-on nous demander, rendez vous compte de la crise terrible dans laquelle est plongé le commerce de Kingston? Sachant que l'on ne fait pas monter à moins de 400,000 liv. sterl.[1] les faillites qui viennent d'affliger l'île, nous pouvions prévoir cette question, et nous avons dû, au point de vue qui nous occupe, rechercher les causes de cette détresse. Le lecteur va se convaincre qu'il la faut attribuer à plusieurs circonstances funestes qui n'ont aucun rapport direct avec la liberté.

Trois banques furent créées à la Jamaïque presqu'en même temps que l'émancipation y fut proclamée, et la date de leur fondation montre que les craintes ne furent pas aux *West-Indies* aussi grandes que les anti-abolitionistes le peuvent croire. L'esprit de commerce ne partagea pas sur ce point les frayeurs des créoles. *The colonial bank* et *the Jamaïca bank* sont de 1837. *The planter bank*, qui malgré son titre (banque des planteurs), fait des affaires avec tout le monde, pareillement aux autres, est de 1839. Ces entreprises financières eurent le plus heureux succès ; elles firent tomber à 6 % l'intérêt de l'argent, qui était autrefois à 12, 16 et 20, comme dans nos colonies. Ce sont leurs opérations qui, en fondant un crédit étendu tout de suite à l'excès, engendrèrent le mal. Ce crédit permit au commerce, par ses facilités extrêmes, d'importer une masse énorme de marchandises; mais dans cet état de choses, les banques se voyant trop à découvert, cessèrent tout à coup leurs escomptes, quand vint le jour du payement, comme les marchandises n'avaient pas eu le temps de s'écouler, l'argent manqua et les faillites éclatèrent.

Telle est la principale cause de la crise commerciale de la Jamaïque, et M. Cater, administrateur directeur de la banque coloniale, M. Cater, qui n'est point suspect, ne faisait aucune difficulté de nous dire que ce n'est point l'émancipation, mais

[1] Dix millions de francs. Le port de la Jamaïque ayant été ouvert à tous les pavillons, Kingston est devenu un entrepôt, et a de la sorte un commerce beaucoup plus étendu que ne le comporterait l'île privée de cet avantage.

bien l'encombrement des affaires qu'il était juste d'accuser des désordres de la place.

Les banques auraient commis une faute inexcusable, et sous le rapport politique et sous le rapport financier, en refusant de continuer les escomptes sur lesquels s'était basé le commerce, si elles n'avaient été entraînées à cette brusque mesure par une loi nouvelle qui les obligeait à racheter leur papier de circulation en 1839, et leur enjoignait de n'émettre dorénavant que des billets remboursables à volonté. — La prudence devenait de saison en présence des efforts déréglés de la spéculation ; mais peut-être était-il possible de mettre plus de réserve dans la mesure pour atténuer son effet.

L'assemblée fit en outre une grande faute administrative. Alléchée par la richesse du mouvement commercial dont elle était témoin, et pressée d'augmenter les revenus publics, elle frappa les importations de droits assez lourds, au moment même où elles s'accroissaient, et vint augmenter ainsi les tristes conjonctures, pendant qu'une sécheresse prolongée ajoutait aux calamités en rendant la terre stérile, le travail sans profit et l'exportation fort restreinte. « Loin que la liberté soit responsable de ces malheurs, nous écrivait M. Richard Hill, il est heureux que l'abolition, par le système des gages, ait répandu beaucoup d'argent dans les mains des laboureurs. Le numéraire qu'ils mirent en circulation amortit le mal. Les dépenses de cette population, dont les besoins s'étaient augmentés au lieu de décroître, devinrent une ressource véritable pour le commerce, et si les achats qu'elle fit au comptant n'avaient pas eu lieu, le système de crédit dont on abusa aurait fini par une banqueroute générale. »

Quoi qu'il en soit, le sort désastreux de la place de Kingston, qui s'explique, comme on le voit, très naturellement, ne touche pas au crédit foncier. Un fait impossible à révoquer en doute, c'est que les propriétés, encore au-dessous du prix qu'elles avaient pendant l'esclavage, sont incontestablement au-dessus de ce qu'elles valaient à l'époque de l'apprentissage. Lorsque la loi d'abolition fut rendue, en 1833, il y eut une sorte de panique qui les fit tomber. L'incertitude de l'avenir épouvantait les timides et les disputes de l'état transitoire ne furent pas propres à rétablir la confiance. Aujourd'hui la valeur des terres remonte graduellement, parce que les habitans jugent bien que, pris dans son ensemble, le peuple noir de la Jamaïque ne fait pas exception à la règle commune, et s'emploie de bonne grâce pour ceux qui le traitent avec douceur et le payent avec équité; parce que graduellement on peut se convaincre davantage, malgré la commotion encore subsistante d'une réforme aussi profondément révolutionnaire, que le travail marche et marchera de mieux en mieux. C'est là, nous le répétons, un fait aussi incontestable qu'important, et nous en avons pour garant M. Mac Geachy, propriétaire lui-même, auquel sa profession d'arpenteur et sa qualité d'homme instruit donnent une irrécusable autorité.

Il établissait l'évaluation proportionnelle d'une habitation à la Jamaïque dans les termes suivans :

En 1810 (esclavage), au moment où la traite vient de finir. . . . . 100,000 liv. st.

En 1829 (esclavage), 20 ans après la suppression absolue de la traite 40,000

En 1833 (apprentissage). 15,000

En 1841 (liberté). 20,000

Dans cette table de comparaison, il ne faut pas mettre en ligne de compte le chiffre de 1810. A cette époque, la traite qui venait à peine de cesser, avait jeté dans les ateliers un nombre considérable de nègres, les propriétés des colonies étaient au maximum de cette culture effrénée qui ne tenait aucun compte des outils humains qu'elle brisait.

De 90,000 boucauts de sucre que la Jamaïque faisait en 1795, elle était arrivée à 145,000 en 1805 ! Mais de même qu'à cette augmentation de produits répondait une constante augmentation d'ouvriers producteurs ; à mesure que l'on s'éloigne du moment où l'abolition de la traite ne laissa plus entrer de nouveaux bras, l'homicide fabrication diminua avec le nombre des nègres, de sorte que les 145,000 boucauts de 1805 étaient déjà tombés à 118,000 en 1820. — L'esclavage, nous aurons à le redire encore, dévore les hommes avec une rapidité effrayante! En 1818, la population esclave de cette île était de 346,000; en 1820 de 342,383; en 1823, elle n'était plus que de 337,253; en 1826, de 331,119; en 1829, de 322,421. Et lorsqu'en 1834 on fit le dernier recensement esclave, elle était réduite à 311,010[1]. C'est-à-dire que 35,000 individus sur 346,000 avaient disparu pendant les seize années qui précédèrent l'abolition!! Et nos colons nous vantent les douceurs de l'esclavage!.....Et l'on hésite à prononcer l'affranchissement!...

A ces explications sur le chiffre de 1810, nous avons à en ajouter d'autres sur celui de 1841. On ne doit pas oublier qu'alors le prix réel de la propriété est amoindri, en fait, de toute la valeur des esclaves qui n'y sont plus et qui ont été payés par l'indemnité[2]. Or, les esclaves entraient généralement pour moitié dans la valeur totale d'une habitation[3]. D'après ce calcul, il y a donc beaucoup de modération à dire que les biens fonds de la Jamaïque, dans les proportions données ci-dessus, valent encore aujourd'hui 30,000 liv. st.!

Il nous importe de faire observer à ce sujet qu'il a été de tout temps fort difficile de vendre les propriétés coloniales à un prix convenable: elles étaient, à l'époque de l'esclavage, soumises à de terribles vicissitudes. Ici, après l'insurrection des esclaves, en 1831, comme à la Guyane, après l'insurrection de 1823, une habitation n'aurait pu trouver d'acquéreurs à aucun prix.

---

[1] Ces chiffres sont extraits de l'ouvrage publié en 1839 par M. Montgoméry Martin : *Statistics of the colonies of the British Empire*. Voir *Précis de l'abolition*.

[2] La part de la Jamaïque dans l'indemnité a été de 6,149,898 liv. st. (152,745,450 fr.). Chaque esclave fut payé, taux moyen, 19 liv. st. 15 sch. (492 fr. 75 c.).

[3] Opinion de M. Mac Queen dans l'enquête du parlement britannique. Voir *Précis de l'abolition*, quatrième publication.

Ce sont les créoles eux-mêmes qui l'avouent devant la commission d'enquête. — La population esclave éprouvait aussi d'année en année une perte notable dans la valeur et le nombre des individus. « Avant 1815, le prix moyen d'un esclave à la Jamaïque n'était pas moindre de 300 dollars (1500 fr.). Depuis cette époque jusqu'en 1822, il était descendu à 240 (1,200 fr.). Mais la moyenne, au moment de l'émancipation, calculée par la commission d'indemnité à Londres, sur le coût des esclaves à partir de 1822 jusqu'en 1830, ne s'élève pas au-dessus de 44 liv. st., 15 sch. ou 1120 fr. [1]. Enfin, par le relevé ci-joint [2] des exportations de la Jamaïque, depuis 1815 jusqu'en 1829, on peut voir que la production de l'île subissait un décroissement successif fort considérable depuis quinze ans, lorsque l'apprentissage vint changer l'état social des *West-Indies*. Il est donc clair que toutes choses fussent-elles restées dans le même état, une habitation ne vaudrait pas aujourd'hui ce

[1] *Précis de l'abolition*, quatrième publication.
[2] EXPORTATIONS DE LA JAMAÏQUE DEPUIS 1815 JUSQU'EN 1829 [*].

ANNÉE FINISSANT LE	SUCRE.			RHUM.			CAFÉ.
	HOGSHEADS.	TIERCES.	BARRELS.	PUNCHEONS.	HOGSHEADS.	CASKS.	BARRELS.	POUNDS.

ANNÉE FINISSANT LE	HOGSHEADS.	TIERCES.	BARRELS.	PUNCHEONS.	HOGSHEADS.	CASKS.	BARRELS.	POUNDS.
29 sept. 1815.	118,767	12,224	2,817	52,996	1,465		574	1,398	27,362,742
Idem 1816.	93,881	9,332	2,356	35,736	769		281	903	17,289,393
Idem 1817.	116,012	11,094	2,868	47,949	1,094		205	916	14,793,706
Idem 1818.	113,813	11,388	2,786	50,195	1,108		121	191	25,329,456
Idem 1819.	108,305	11,450	3,244	43,946	1,695		602	1,558	14,091,983
Idem 1820.	115,065	11,322	2,474	45,361	1,783		106	460	22,127,444
Idem 1821.	111,512	11,703	1,972	46,802	1,793		153	534	16,819,761
Idem 1822.	88,551	8,705	1,292	28,728	1,124	9		442	19,773,912
Idem 1823.	94,905	9,179	1,947	35,242	1,935	20		118	20,226,445
Idem 1824.	99,225	9,651	2,991	37,121	3,261	5		64	27,677,239
Idem 1825.	73,813	7,380	2,858	27,630	2,077	101		215	21,254,656
Idem 1826.	99,978	9,514	3,126	35,610	3,098	1,852	»		20,352,886
Idem 1827.	82,396	7,554	3,441	33,348	3,099	1,678	»		25,206,020
Idem 1828.	81,908	8,724	2,810	33,717	3,253	1,425	»		17,247,943
Idem 1829.	91,150	9,564	3,392	36,931	2,513	635	»		18,953,722

[*] Ce tableau est extrait du *Précis de l'abolition*, quatrième publication.

qu'elle valait en 1829, et comme son matériel humain diminuait chaque année avec une régularité aussi affreuse que constante, on peut dire que sa dépréciation générale aurait toujours augmenté avec le temps.

Ajoutons quelques observations fort justes sur le prix actuel des propriétés, qu'a bien voulu nous transmettre M. Richard Hill, que l'on sait à portée de tout voir, et qui possède, le lecteur en a pu juger déjà, une grande intelligence des affaires publiques : « La probabilité de l'égalisation des droits avec le sucre et le café des Indes-Orientales tend à déprécier un peu les profits de la culture des Indes-Occidentales. Les hauts prix de nos denrées, maîtresses du marché européen à l'exclusion des denrées venant de l'Inde, ont rendu le système des gages facile à supporter, mais on craint que ce prix, diminuant par suite de la baisse des tarifs protecteurs, et les dépenses du travail restant les mêmes, les retours ne soient assez réduits pour éteindre les grands bénéfices que l'on s'était accoutumé à tirer des *West-Indies*. Voilà pourquoi beaucoup de propriétaires vendent. Toutefois, il est à remarquer que les maîtres des biens en vente sont exclusivement des propriétaires absens, tandis que les acheteurs sont des propriétaires, des fondés de pouvoir et des géreurs résidans[1]. Les absens ne peuvent échapper aux lourdes charges qu'impose l'agence des usines aux colonies anglaises. Le résidant les évite toutes. Il s'ensuit que ce qui est improfitable pour l'un est profitable pour l'autre, et le devien-

---

[1] Ce fait, qui mérite une attention toute particulière, se représente à la Guyane avec les mêmes caractères que ceux remarqués ici : « La plantation *Richmond* a été ou est sur le point d'être achetée pour 35,000 liv. st. (875,000 fr.) par le fondé de pouvoir et le géreur. Celui-ci, au commencement de 1839, m'envoya un long mémoire qu'il allait faire passer au propriétaire en Angleterre, dans lequel il prétendait prouver, qu'eu égard aux frais d'exploitation, aux produits et aux ventes, l'habitation devrait être abandonnée de là à trois ans[2]. »

[2] Lettre du gouverneur Light à lord John Russel, 1er août 1840; *Parlementary papers relative to the West-Indies*, 1841, page 169.

dra d'autant plus qu'un corps de propriétaires à demeure obtiendra sans aucun doute un système plus économique de culture. »

Ces idées paraîtront fort saines à tout le monde. Quel mal y a-t-il à ce qu'une propriété, après avoir payé d'énormes honoraires à un géreur et à un fondé de pouvoir, ne puisse encore donner un notable bénéfice au propriétaire. Une partie du gain est absorbée aujourd'hui par des frais que le planteur n'aura plus à supporter lorsqu'il administrera lui-même. On s'était habitué vraiment à retirer de trop gros intérêts des fonds placés dans les usines coloniales. Il convient aux créoles de dire tout perdu, parce qu'ils ne payeront plus leur prix d'achat en quelques années. Libre à eux. Mais les gens sensés ne regretteront pas que ces extrêmes ambitions de gain soient déçues, et ne seront pas fâchés que le laboureur émancipé ait sa part, comme le capitaliste, des produits qu'ils ne peuvent obtenir l'un sans l'autre. Il n'y a pas grand souci à prendre de ce que le riche éprouve quelque diminution dans ses bénéfices. Ce que les propriétaires ont en moins, les ouvriers l'ont en plus. C'est le rétablissement des lois de la justice odieusement foulée aux pieds depuis trois siècles, c'est le redressement pacifique d'une longue et criminelle iniquité.

Au surplus, si nous en croyons les rapports du gouverneur sir H. Light, au sujet des ventes de propriétés coloniales, on ne pense pas davantage à la Guyane que l'indépendance des noirs doive avoir des effets bien désastreux pour l'avenir. Lisons. « La plantation *Richemond*, sur l'*Essequibo*, a été ou est sur le point d'être vendue 35,000 liv. sterl. (875,000 fr.) *Rome* et *Houston*, deux habitations jointes l'une à l'autre, ont été vendues par le propriétaire, résidant à Londres, M. Hyndman, sous l'impression que la colonie était ruinée, pour 36,000 liv. sterl., qui furent ensuite portées volontairement par l'acheteur à 40,000 (un million de francs). Si on voulait s'en défaire aujourd'hui, elles monteraient à 50,000 liv., car le présent propriétaire a refusé 10,000 liv. sur son marché.

« *Montrose* et *Ogle*, plantations limitrophes de MM. Shands, de Liverpool, et des héritiers d'un M. Simson, ont été vendues hier à la criée. La première, quoique selon son attorney (fondé de pouvoirs du propriétaire), elle fût une de celles qui prouvaient la ruine de l'agriculture dans la colonie, a été achetée par sir Michael Mac Turk, au prix de 38,500 liv. sterl. (962,500 fr.), payables dans l'année avec intérêt à partir du jour de la vente. La seconde, vendue 26,000 l. st. (650,000 f.), a été achetée par la maison Anderson et compagnie, négocians résidans, dans les mêmes termes, qui équivalent à argent comptant [1]. »

Dans une dépêche du 16 novembre 1840, sir H. Light mentionne de nouvelles ventes aussi considérables, et entre autres « l'habitation *Kitty*, vendue 26,000 liv. sterl.; elle avait été achetée en 1819, *avec les esclaves*, 22,000 liv. sterl.; l'habitation *Sparta*, qui, après avoir coûté 11,700 liv. sterl. en 1834, trouve acquéreur en 1840 à 18,000 liv. — Le gouverneur fait ensuite observer que les vingt-trois habitations vendues depuis le 1ᵉʳ août 1838 réalisent la somme colossale de 394,000 liv. sterl. (9,850,000 fr.), et que ces biens ont été achetés, non par des étrangers, mais par des hommes établis depuis longtemps dans le pays. Avec de pareils comptes, dit en terminant sir H. Light, il y a peu de raison d'avoir une entière confiance dans les prédictions de ruines [2]. »

Le fait est que toutes les subtilités des ennemis de l'abolition viennent se briser là. L'esprit et la raison se refusent absolument à croire que des pays où il se fait pour 10 millions d'achat de propriétés en dix-huit mois, soient aussi près de la dissolution que l'assurent nos conseils coloniaux et leurs délégués [3]. —Les biens vendus valussent-ils un milliard auparavant, si les

[1] *Parlementary papers relative to the West-Indies*, 1841, p. 169.
[2] do   do   do   p. 195.
[3] *Examen des résultats produits par l'émancipation des esclaves*, 1842. — *Analyse des délibérations des conseils coloniaux*, 1842.

hommes du pays mettent de pareilles sommes dans l'agriculture, c'est une preuve éclatante que les produits de l'agriculture sont quelque chose, et ne se placent pas encore à un taux si bas qu'ils ne puissent rapporter un juste bénéfice. Il y a toute apparence également que si le taux des salaires payés aux laboureurs dépassait la valeur réalisée, les spéculateurs ne viendraient pas jeter 10 millions dans des exploitations ruineuses.

Les colonies anglaises, on le voit, sont loin d'être perdues, et la Jamaïque en particulier n'est pas plus que les autres à l'agonie, comme on s'obstine à le répéter parmi nos propriétaires d'esclaves. Cette île, au sortir de l'apprentissage, était dans un état convulsif qui a dû engendrer de graves désordres. Ils se calment chaque jour davantage. Les rancunes s'oublient, les haines s'amortissent, les partis se rapprochent, et peu à peu l'anarchie fait place à un état de choses propre aux meilleures réformes. « Déjà, de l'aveu même des habitans, une amélioration sensible s'opère dans les rapports des planteurs et des travailleurs. De nouveaux engagemens se contractent[1]. » Les colons perdent de leurs orgueilleuses prétentions; ils ont à la fin senti qu'il fallait traiter avec les nègres sur le pied d'égalité, et qu'il était de leur intérêt de vivre en bonne intelligence avec eux.

Plusieurs des derniers actes de la législature elle-même annoncent un heureux changement de principes. Elle vient de chasser à jamais le fouet et le *tread-mill* du Code de la Jamaïque; par une loi du 15 novembre 1839, elle punit les personnes coupables de mauvais traitemens envers les animaux. On est donc bien loin de juin 1838, époque à laquelle elle déclarait les individus convaincus de vagabondage passibles d'un châtiment corporel et d'une détention de six mois, avec travail dur! En se montrant ainsi disposés à fuir les sévérités, on ne peut douter que les colons ne rallient promptement au-

[1] Dépêche du nouveau gouverneur, sir Metcalfe, 1840. *Précis de l'abolition.*

tour d'eux les nègres, qui n'ont pas moins à gagner au bon accord général. Aux prises avec de sérieuses difficultés, ils ne manqueront pas d'en sortir par les voies de la douceur.

Il y a donc lieu de bien augurer de l'avenir des Indes-Occidentales ; elles ont passé la période la plus difficile du terrible changement qu'elles avaient à subir ; nulle part, au résumé, ne se montre la misère; nulle part ne s'aperçoivent les symptômes de décadence, précurseurs de la désorganisation. Les alarmes des dernières années ont cessé ; quelques blancs vendent, mais beaucoup de nègres achètent, et c'est une présomption significative en faveur de l'avenir, que les résidans, créoles ou étrangers, acquièrent les propriétés des Européens qui désespèrent.—Quelques fortunes ont souffert [1], nous ne voudrions pas le nier. Hélas! les changemens qui se font au profit du plus grand nombre sont toujours payés par le malheur de quelques-uns. Les amis de l'abolition compatissent à ces malheurs autant que personne, car s'ils aiment les esclaves, ils ne peuvent vouloir aucun mal aux blancs. Mais quelle révolution ne porte pas atteinte à des individualités? La révolution de la liberté devait s'accomplir ; voilà tout ce qu'on peut dire en gémissant sur les existences compromises! Valait-il donc mieux attendre que les esclaves exaspérés missent tout à feu et à sang? Ou bien, pour sauver un petit nombre de blancs, que tous les nègres restassent éternellement en servitude? 1688 en Angleterre, 1789 en France ont entraîné bien des désastres. Qui cependant voudrait rayer 1688 et 1789 des annales du

---

[1] Lors de l'affranchissement définitif, plusieurs mois, comme nous l'avons dit, se passèrent sans travail, dans des querelles entre les employeurs et les employés, et les caféières surtout subirent des pertes immenses. De nouvelles plantations de café se détruisent rapidement lorsqu'elles ne sont pas soignées. La prodigieuse végétation des Antilles entoure l'arbuste naissant d'herbes vivaces qui l'étouffent. Disons en outre que dans beaucoup de districts le pied de café s'épuisant au bout de quinze ou seize ans, une continuelle succession de nouveaux plants est nécessaire pour avoir une continuelle récolte.

monde, pour réparer les infortunes particulières qu'ont pu causer ces deux grandes époques !

On nous rendra cette justice, nous l'espérons du moins, que nous n'avons pas reculé devant la question des malheurs qui ont agité la plus grande possession anglaise des Antilles ; on ne no s accusera pas d'en avoir rien dissimulé. Nous nous sommes fait un devoir de dire le mal avec autant de scrupule que nous avions eu de joie à raconter le bien, et il nous a convenu même de dire le mal en dernier lieu, dédaignant un artifice, peut-être légitime, qui aurait consisté à en parler d'abord, pour amener à la fin l'esprit du lecteur sur les idées les plus favorables, comme dans les tribunaux on laisse toujours la défense plaider après l'accusation. Mais la cause de la liberté n'a pas besoin de telles adresses pour triompher ; elle peut donner beau jeu à ses obscurs ennemis. Oui, il y a eu des troubles, des pertes à la Jamaïque, nous en convenons ; mais que l'on fasse la part de ce qui n'appartient pas aux affranchis dans les désordres de l'affranchissement, et que l'on nous dise si quelques fautes du gouvernement et les vices de l'administration des planteurs n'ont pas été les principales causes du malaise.

En somme, le bien est acquis, le mal est aisément réparable, déjà il s'efface.

Mais eût-il réellement fallu payer la délivrance des nègres de ces douleurs qu'il était facile d'éviter avec un peu de sagesse, comparez ce qui est avec ce qui était, et décidez si les bénéfices ne sont pas assez immenses pour que la civilisation se puisse encore réjouir de la conquête sociale et morale qu'elle vient de faire dans les *West-Indies !* A celui qui voudra répondre avec certitude, il suffira de considérer en regard les effets connus, authentiques, avérés, de l'affranchissement et de l'esclavage. En voici le tableau raccourci.

JAMAIQUE.

AFFRANCHISSEMENT.	ESCLAVAGE.
TRAVAIL LIBRE.	TRAVAIL FORCÉ.
1,000 boucauts de sucre.	2,000 boucauts de sucre.
Accidentellement : refus de travail, troubles sans violence, demandes exagérées de salaire.	Perpétuellement : cachots, chaînes, poison et incendie.
Le fouet rayé des codes, même pour les criminels.	Le fouet laissant vingt plaies saignantes sur le corps de petites filles de 9 ans et de vieilles femmes de 69 ans.
Des écoles ouvertes partout; les anciens maîtres votant des fonds eux-mêmes pour en créer de nouvelles, et la population entière s'y précipitant avec avidité.	L'ignorance de la masse proclamée nécessaire à la sécurité du petit nombre. Quelques rares écoles fermées aux esclaves; l'enseignement religieux lui-même regardé comme dangereux.
Une race qui s'éclaire; des caisses d'épargne; des sociétés de prévoyance et de tempérance; des souscriptions pour le culte et pour les frères opprimés.	Une race qui reste dans l'abrutissement et qui vit encore presque nue.
Un petit nombre d'usines abandonnées; d'autres qui acquièrent un nouveau degré de prospérité; d'autres entièrement neuves qui s'élèvent.	Le plus grand nombre des usines se dépréciant au milieu des alarmes qui ne laissent pas même aux maîtres le courage de les réparer.
Quelques blancs moins riches.	La totalité des nègres toujours misérable.
La valeur des propriétés reprenant son assiette.	La valeur des propriétés s'avilissant chaque jour davantage sous la menace de l'inévitable émancipation que l'on craint.
Trois banques fondées; le crédit relevé; l'intérêt des capitaux à 6 %.	Pas de banque; le crédit perdu; l'intérêt de l'argent à 15, 20, 50 %; la honte des blanchissages.
L'activité de l'espoir.	La stupeur d'une grande inquiétude.

En définitive, le mal se résume par ceci : Quelques boucauts de sucre de moins... Le bien... on ne peut le résumer, il est trop grand. Comparez, disons-nous, et décidez.

Ce véridique tableau est certes assez favorable à notre cause. Eh bien! nous avons un meilleur argument encore à présenter pour la soutenir, c'est l'histoire d'Antigue.

ANTIGUE.

(DÉCEMBRE 1840.)

CHAPITRE I.

ABOLITION IMMÉDIATE.

Ici comme à la Dominique, comme à la Jamaïque, comme partout, dès qu'on agita la grande affaire de l'affranchissement, une violente opposition se manifesta parmi les planteurs, et les abolitionistes, depuis le commencement jusqu'au jour fatal, furent traités d'incendiaires, d'égoïstes et « de faux monnayeurs de charité. » Les habitans d'Antigue soutinrent le fait colonial par tous les moyens que l'on emploie encore dans nos colonies pour le soutenir, et il y eut des gens qui « se glorifièrent d'être les défenseurs de la bonne vieille cause de l'esclavage. »

Heureusement pour cette île, les lumières de la vérité et le sentiment du droit y dissipèrent d'un seul coup les erreurs de l'intérêt personnel. Quelques créoles, ceux-là même qui avaient le plus à craindre de l'anarchie et des désordres tant redoutés, se convainquirent que par une opposition prolongée ils compromettraient leur propre salut, et sitôt que l'acte solennel du 28 août 1833 leur fut connu, ils rompirent courageusement avec le passé. Ils n'eurent point le fol espoir de tromper le présent; ils ne songèrent qu'à tirer tout le parti imaginable de l'avenir, et les planteurs de la petite île d'Antigue, allant même plus loin que les législateurs de la vieille Angleterre, dédaignant l'apprentissage, étonnèrent le monde civilisé en faisant jouir leurs esclaves d'une émancipation immédiate, entière, sans condition, sans transition.

Deux mots sur les circonstances particulières de ce glorieux événement.

A la lecture de l'acte du parlement britannique, un riche propriétaire d'ici, M. Salvage Martin, fut frappé des mauvaises combinaisons de l'apprentissage. Si la métropole, pensait-il d'ailleurs, proclame les droits des nègres à la liberté, c'est un forfait de différer d'une heure à leur confier la jouissance de ce droit, il faut qu'ils soient libres immédiatement et complètement. — M. Salvage Martin communiqua ses impressions à son ami M. Shand, l'un des plus riches colons des *West-Indies*; celui-ci, le même jour, (c'était jour d'assemblée législative), exposa les *étranges* idées de M. Martin, qu'il commençait cependant à partager. Les deux ou trois hommes influens auxquels elles furent soumises, épouvantés à la première vue, s'y accoutumèrent peu à peu et si bien, qu'ils convoquèrent un *meeting* de tous les propriétaires d'esclaves pour leur soumettre la proposition. Là, d'abord, loin d'obtenir du succès, elle fut rejetée très bruyamment et comme un acte de folie. Toutefois on y songea ; la réflexion éclaira les esprits; on pensa qu'il y avait quelque chose à faire, comme nous disons en France : un second *meeting* public fut provoqué. Les abolitionistes immédiats parlèrent chaudement; montrèrent les avantages matériels, la grandeur morale d'une pareille résolution, et l'on vota séance tenante une adresse à la législature pour demander l'abrogation de l'apprentissage.—Un saint enthousiasme s'était emparé de tous les esprits; la pétition fut portée triomphalement à l'assemblée législative, et le 4 juin 1834 celle-ci décida à l'unanimité que la population de l'île d'Antigue était relevée des obligations imposées par l'acte d'affranchissement et serait appelée pour toujours à une liberté complète le 1er août 1834[1] !

---

[1] L'acte souverain d'abolition donne (art. 7) aux anciens maîtres la faculté de libérer l'affranchi de ses obligations, en subvenant pendant la durée de l'apprentissage, aux besoins du travailleur ainsi libéré

Les hommes n'ont besoin que d'une bonne direction pour bien faire. La plus grande partie des maux de la société vient de l'égoïsme de ses chefs. Les masses sont faciles aux nobles actions : il ne leur faut souvent qu'une tête intelligente avec un cœur généreux pour les inspirer.

Que M. Salvage Martin n'ait pas conçu sa belle idée; que deux ou trois hommes importans auxquels il la communiqua l'aient rejetée, et Antigue perdait non-seulement la gloire qu'elle s'est acquise, mais encore elle subissait les crises malheureuses qui ont affligé les autres îles : car voilà ce qu'il y a de consolant, l'intérêt se trouva du même côté que la justice et la bonté.

Les nègres d'Antigue furent dignes de leurs maîtres : leur conduite, aussi calme que l'aurait pu désirer sans l'espérer le plus timoré des planteurs, fit connaître que l'on avait bien fait de croire qu'un aussi grand acte de libéralité exciterait la reconnaissance des anciens esclaves.

Que l'on nous permette ici un curieux rapprochement.

Un vieux chroniqueur portugais, Eanez Zurara, a laissé dans ces termes magnifiques une peinture vive et effrayante du premier jour de la traite. Il venait d'assister à l'horrible spectacle d'une vente de créatures humaines, et, tout ému, il s'écrie :

« O toi, père qui de ta main puissante et sans mouvement de ton essence divine, gouvernes l'innombrable compagnie de la cité sainte; toi qui retiens immobile les essieux des mondes supérieurs roulant dans les neuf espaces; toi qui donnes l'impulsion au temps, qui partages les âges rapides et les âges infinis à ton gré; je t'en prie, que mes larmes n'oppressent pas davantage ma conscience! J'oublie la loi qu'ils gardaient, mais ils appartiennent à l'humanité, et je me vois contraint à pleurer amèrement leurs souffrances. Eh, si les animaux dans leur sentiment brutal, mais poussés par l'instinct, connaissent les

---

s'il est âgé de 50 ans et plus, ou atteint d'une infirmité qui ne lui permette pas de pourvoir par lui-même à sa subsistance.

maux de leurs semblables, que veux-tu que fasse mon humaine nature, quand j'ai devant les yeux cette misérable compagnie, et quand je sais que ces hommes appartiennent à la génération des fils d'Adam!

« Un jour donc, qui était le 8 d'août 1444, et de fort bonne heure dans la matinée, à cause des chaleurs, les matelots commencèrent à rassembler leurs bateaux et à en faire descendre les captifs, pour les conduire où il leur avait été ordonné. Ils furent tous réunis en une espèce de camp; et c'était chose merveilleuse à voir. Là donc, parmi eux, il y en avait de raisonnable blancheur, fort beaux et dispos; d'autres basanés, ou pour mieux dire, presque jaunes; d'autres encore presque aussi noirs que les taupes de la terre; ils étaient aussi divers par le vêtement que par le corps, et il semblait, aux hommes qui les gardaient, qu'ils avaient devant eux l'image de l'empire inférieur. Mais quel est le cœur, si dur qu'il pût être, qui ne se fût point senti atteint d'une émotion de pitié en voyant ainsi cette multitude! Les uns avaient la tête basse et leur visage était baigné de larmes, quand ils se regardaient entre eux; d'autres étaient là à gémir fort douloureusement, et regardant les hauteurs des cieux, ils y attachaient leurs regards, en criant comme s'ils eussent demandé secours au père de la nature; d'autres encore se frappaient la figure de leurs mains, en se jetant avec accablement au milieu de la plage. Il y en avait qui faisaient leurs lamentations en manière de chant, selon la coutume de leur pays, et bien que les paroles de leur langage ne fussent pas entendues des nôtres, elles exprimaient parfaitement tout le degré de leur tristesse. Et comme leur douleur allait toujours augmentant, survinrent ceux qui avaient la charge du partage, et ils commencèrent à les éloigner les uns des autres, afin de séparer les lots également; et en faisant cela, il fallait nécessairement arracher les fils aux pères, les femmes à leurs maris, les frères à leurs frères. O fortune puissante! toi qui montes et descends sur tes roues, en diversifiant les choses du monde de la manière dont il te plait, ce fut ainsi que tu mis devant les yeux de ces êtres misérables certaines connaissances des choses dernières, afin qu'ils pussent recevoir quelque consolation en leur grande tristesse. Et vous qui vous occupez de ce partage, regardez avec pitié tant de misères! Voyez comme elles se lient les unes aux autres! C'est à peine si vous pouvez les envisager. Mais qui aurait pu accomplir une telle séparation sans douloureux travail! Tandis qu'on avait mis d'un côté les enfans, et que de l'autre les pères allaient gisans, on les voyait se lever tout à coup, et ils s'élançaient les uns vers les autres. Les mères serraient leurs enfans entre leurs bras et s'enfuyaient avec eux ; elles recevaient des blessures en leur chair, et cela sans pitié pour elles-mêmes, afin que leurs fils ne leur fussent point enlevés. Et ce fut ainsi que s'acheva le partage, avec un pénible travail, car outre celui que donnaient les captifs, le champ était tout plein de gens venus du lieu même, ou des *aldées* et des *comarcas* d'alentour. Ils abandonnaient leurs habitations; ils laissaient leurs maisons oisives, ne s'occupant plus du gain qu'elles devaient leur procurer, uniquement pour voir cette chose si nouvelle. Et en présence de cet événement qu'ils voyaient s'accomplir, les uns pleuraient, les autres en s'éloignant poussaient telles clameurs, qu'elles jetaient en trouble les ministres de ce partage [1]. »

Quelle triste et navrante description! Des cris, des larmes, des sanglots, des déchiremens épouvantables, toutes les douleurs que l'homme peut éprouver : voilà le spectacle qu'offre le premier jour de la traite, c'est-à-dire de l'esclavage. En regard mettons celui du premier jour de la liberté : tout y est noble, touchant et pur. Le corps entier des émancipés sanctifia son avènement à l'indépendance par une joie austère et solennelle. Dès l'aurore du 1er août 1834, les temples furent ouverts, et la population, sérieuse, sans cris, sans délire, alla rendre grâce à l'Être suprême du bienfait qui lui était accordé. Le lendemain même réserve, même dévotion au bonheur. Pas

---

[1] *Chroniques chevaleresques*, par Ferdinand Denis.

d'enivrement, pas de vengeance, pas d'excès; de troubles nulle part; la transition est presque imperceptible, et parmi ces 30,000 esclaves qui passent en un seul jour, simultanément, tout-à-coup, de l'ilotisme à l'indépendance absolue, on ne peut citer un seul crime, un seul acte de violence.

Depuis longues années la fête de Noël, la grande fête des Anglais, véritables saturnales des *West-Indies*, était précédée à Antigue de la publication de la loi martiale. Trois jours de repos de suite donnés aux esclaves par la religion épouvantaient la société : les chevaux des dragons coloniaux étaient sellés; les soldats recevaient des cartouches; on se mettait soigneusement en mesure de comprimer toute émotion dangereuse, et la milice entière était appelée sous les armes pour modérer les plaisirs publics. A la Noël de 1833 ces terribles précautions avaient encore été prises, car les esclaves d'Antigue étaient, ce qu'ils sont partout, des animaux dont la joie même est redoutable. A la Noël de 1834, cinq mois à peine après l'affranchissement, plus rien de cet effrayant appareil! Les inspirations de la liberté rassurent tout le monde; aucune disposition particulière n'est jugée nécessaire, et la plus parfaite tranquillité justifie la confiance des autorités! Bien mieux, on a supprimé la milice il y deux ans comme devenue inutile : 300 hommes de garnison suffisent à tout au milieu de 34,000 nègres qui enveloppent 2,000 blancs[1]. Nulle population n'est aujourd'hui plus gouvernable, au dire même des gouverneurs, que celle des émancipés, quoique les pernicieuses influences de l'esclavage ne puissent encore être complètement neutralisées à l'égard de la génération présente.

Qui ne serait frappé de la grandeur de ces faits d'une authen-

---

[1] C'est cependant une opinion commune, générale, passée à l'état de vérité dans l'Amérique du nord, professée même par des hommes politique éminens de ce pays, que les deux races ne peuvent vivre en paix l'une à côté de l'autre avec des droits égaux et une liberté égale, que là où les noirs auraient une prépondérance numérique, les blancs seraient écrasés; que là où les deux nombres se balanceraient ce ne serait que collisions continuelles et luttes interminables!

ticité incontestable? Quant à nous, ils exaltent tout ce qui vibre de bon dans notre cœur, et nous voudrions posséder une plume éloquente pour conserver cette admirable histoire de cent cinquante propriétaires donnant avec une foi généreuse la liberté à 30,000 esclaves qui la reçoivent avec un recueillement religieux.

Le jour de la délivrance définitive n'eut dans aucune autre colonie ce caractère majestueux. C'est que dans aucune autre colonie la liberté définitive ne fut un don *spontané* de la bonté des maîtres. Le succès continu qu'obtient l'émancipation à Antigue est le plus puissant argument en faveur de l'émancipation immédiate et *spontanée*; il doit d'autant plus fixer les méditations des créoles français, que ceux d'Antigue sont tous d'accord pour l'attribuer précisément à ce qu'ils ont refusé l'apprentissage. — Si les esclaves d'Antigue se sont montrés si parfaitement dignes de la civilisation, c'est qu'ils n'avaient pas à venger les injures d'un régime intermédiaire inévitablement oppressif.

Cependant, jamais assemblée d'hommes ne fut remuée plus profondément, jusque dans les sources vives de sa constitution organique; tous les liens sont rompus; voyons d'abord comment on les a renoués. La liberté est complète, l'égalité entière, rien de la législation passée ne peut convenir à cette société nouvelle; sachons avant tout comment elle a été réorganisée.

CHAPITRE II.

SAGESSE DES COLONS D'ANTIGUE.

Un changement aussi fondamental, qui laissait d'un côté à veiller sur les intérêts des propriétaires, et de l'autre à préserver l'inviolabilité de la jeune indépendance des nègres, ne fut point, on peut aisément le supposer, une tâche facile pour la législature. On trouve dans ses actes quelques traces légères du vieil esprit *maître*, mais en somme on doit honorer le courage avec lequel elle a surmonté les craintes des peureux et les passions d'une minorité hésitante.

Les lois qu'elle a faites sont généralement bonnes, sages, modérées, prévoyantes ; on est surpris seulement que les Antiguiens, avec la vieille réputation d'hommes éclairés dont ils se montrent fort jaloux, y aient conservé le fouet et le *tread-mill*. — Tout le sang colon ne peut se purifier à la fois. — Ils repoussent la critique en disant qu'ils ne se croient pas absolument barbares de ne point abroger chez eux une peine toujours subsistante dans les propres lois de la métropole. La raison n'est pas très bonne, car elle revient à la justification du mal par le mal, mais on la conçoit ; c'est à la métropole à donner l'exemple.

Les deux supplices encore écrits dans le code d'Antigue n'y sont plus du reste qu'une lettre morte. L'usage les a biffés. La cour de justice (notre cour d'assises) qui peut seule les ordonner, ne les ordonne jamais, et le prévôt maréchal auquel sont confiées les prisons nous assura que depuis dix-huit mois qu'il était dans l'île, il n'en avait pas vu faire une seule fois l'application. Nous avons pu juger par nous-même que le *tread-mill* n'est plus qu'un triste souvenir, à la rouille dont il est couvert comme celui de la Dominique, et aux traces de destruction que le temps imprime si rapidement dans ces climats aux choses abandonnées.

En fait, les lois prononcent seulement les peines de prison simple, prison avec travaux durs (*hard works*) et prison avec confinement solitaire, lequel confinement est borné à un mois par année. Les fautes commises à la geôle sont punies par une réclusion solitaire dans une cellule obscure, mais cette réclusion ne peut jamais dépasser trois jours. Les *hard works* consistent à casser des pierres pour la réparation des chemins et à travailler aux routes. Ici comme à la Dominique, il n'y a plus de chaînes, plus de bâtons, plus de rigoises, aucune trace de cet affreux attirail que l'on trouve dans nos îles françaises et en Haïti. Il reste toutefois une dernière réforme à faire, c'est de ne pas mêler à la vie générale les condamnés aux travaux durs. Outre que c'est, en principe, une aggravation de peine pour le prisonnier qui subit ainsi une exposition publique de tous les jours, ce spectacle est d'un effet moral très funeste. Il n'imprime pas à la répression l'espèce de solennité mystérieuse qu'elle devrait avoir; il ne la cache pas aux yeux du monde comme une chose dont la société toute entière reçoit un déshonneur. Les travaux forcés familiarisent le condamné avec la honte et le citoyen qui en est témoin avec la peine. — La philanthropie, dont ceux qui ne sont pas philanthropes disent tant de mal, a fait faire un pas immense à ces tristes matières sociales. On sait maintenant que la loi ne doit pas punir le coupable, mais l'amender. Quand un homme est criminel c'est qu'il se trompe, il y a donc à lui montrer son erreur et non pas à le châtier brutalement. Si cette proposition de la philanthropie est vraie, trancher la tête d'un coupable est bien plus qu'un acte barbare, c'est un acte stupide.

Conformément à l'esprit général de sa politique, la législature d'Antigue, par une loi du 25 juin dernier, a ordonné que les prisonniers au-dessous de seize ans, seraient séparés des autres et placés dans un établissement particulier, auquel on a donné le beau nom d'*asyle*. Là seront retenus les jeunes vagabonds, filles et garçons séparément; ceux qui seront rencontrés sans emploi, ceux qui auront fui le lieu de leur apprentissage ou commis quelque faute. Selon les réglemens de l'*asylum*, ils apprendront à lire, écrire, compter, et seront employés près de la ville à des ouvrages d'agriculture proportionnés à leur âge. Partie du produit de leur travail forme un pécule qu'on leur donne en les rendant à la liberté. Tout est calculé pour obtenir la réformation morale par l'habitude de mœurs douces et régulières, les punitions corporelles sont interdites. Cette bonne institution vient d'être mise en voie de pratique depuis peu de jours, et contient déjà trois enfans récemment extraits de la prison commune.

L'acte mémorable du 4 juin est empreint de toutes les générosités. En prononçant la libération générale et spontanée, il décrétait aussi que les vieillards, les infirmes et même les valides malades, resteraient sur les habitations auxquelles ils appartenaient et seraient soignés comme par le passé jusqu'à ce qu'il ait été pourvu à leurs besoins par des moyens légaux. Chacun accepta cette noble charge. Mais une telle sollicitude, si grande qu'elle fût, ne pouvait prévenir tous les malheurs. L'affranchissement, en faisant libres une masse d'hommes qui ne possédaient rien, devait créer des misères individuelles. La charité publique y pourvut.

Il existait depuis 1828 à Saint-John, capitale d'Antigue, une société du *Dealy meal* « pain quotidien, » qui, pareillement à celle de la Dominique, fournissait à manger aux pauvres incapables de pourvoir à leur subsistance. Elle avait fait bâtir dans ce but une maison avec des cuisines qu'elle appela *Soup House* (maison de la soupe). Peu à peu, elle élargit le cercle de ses opérations, et en 1837, elle fit construire à côté de ses premières cases un grand corps de logis avec seize chambres à quatre lits bien montés, qu'elle ouvrit aux malheureux de toutes classes et de toutes religions. C'est aujourd'hui un véritable hôpital, et le titre de *Soup House* qu'on a voulu lui garder de sa première origine ne donne plus qu'une idée fort incomplète de la sphère qu'il embrasse et du bien qu'il opère. — Quatre-vingt pauvres trouvent refuge dans ce lieu ; cinq matelots français y ont obtenu dernièrement des soins auxquels ils ont dû la vie.

Soup House dépense, seulement pour la nourriture de ses malades et de ses pauvres du dehors, 85 à 90 liv. sterl. par mois! Ce précieux hôpital a les défauts d'un établissement formé d'adjonctions successives : il manque d'unité, il est un peu jeté au hasard au milieu d'un champ, avec quelques planches pour clôture ; mais cela, comme on voit, ne l'empêche pas de rendre d'immenses services.

La société du pain quotidien ne reçoit aucune aide du trésor général, mais les paroisses sont autorisées à lui payer, sur leur budget particulier, deux schellings hebdomadaires pour chaque malade qu'elles y envoient. La société se soutient avec cette unique rétribution, les souscriptions de ses membres et les dons volontaires en argent ou en nature que peuvent lui faire les particuliers. Rien ne lui manque, tant est bon l'esprit général de l'île, et elle a pu même cette année faire construire un réservoir d'eau en fer [1] de la contenance de 700 gallons, en dehors de ses dépenses habituelles, montant à 1,225 liv. sterl., selon ses comptes de juin 1839 à juin 1840.

Séparée, mais dans la dépendance de *Dealy meal society*, est une léproserie établie peu de temps après l'hospice de *Soup House*, pour faire droit aux plaintes élevées contre l'admission des lépreux qu'on y recevait [2]?

[1] Antigue est complétement privée d'eau douce. Les deux ou trois ruisseaux de source qu'elle possède sont tellement saumâtres, que les bestiaux mêmes n'en veulent pas. Les animaux s'abreuvent dans de grandes mares creusées sur chaque habitation ; la population boit de l'eau de pluie recueillie dans des citernes attachées à chaque maison.

[2] Malgré cette distinction qui se baserait sur des opinions contagionistes, les lépreux ne sont pas isolés de la population. On en rencontre beaucoup dans l'île, et il n'est pris à leur égard aucune mesure d'ordre. La faculté anglaise, pas plus que la nôtre, n'a encore trouvé de remède

On ne s'est pas contenté de songer aux pauvres lépreux. La législature vient de voter des fonds pour l'érection d'une maison de fous, afin de retirer ces infortunés de la geôle où ils sont aujourd'hui barbarement confondus avec les prisonniers.

Antigue a donc paré avec une sage et charitable prévoyance aux inconvéniens d'une société qui, n'étant plus composée de tuteurs et de mineurs, n'a plus de soutiens forcés pour les vieillards et les infirmes. Ce n'est pas ici qu'on verrait une malheureuse négresse comme celle dont la rencontre nous a pénétré d'une si vive tristesse à la Dominique. —A mesure que l'on monte d'un degré sur l'échelle de la liberté, on monte aussi d'un degré sur l'échelle des améliorations.

Tout se tient, tout se lie dans les populations, et c'est une chose qui console de remarquer comme elles marchent facilement dans le bien, une fois qu'elles sont mises sur cette belle route. Outre la société du *Dealy meal*, il existe ici une société des dames du vêtement (*Ladies clothings society*), qui vend à moitié prix des habillemens aux pauvres; et une autre société, dite des dames de la visite (*Visiting ladies comity*), qui vont voir chez eux les malades pour les encourager, les aider et les secourir. Nous avons de plus visité un *asylum* pour les orphelines, où quatorze jeunes filles enlevées à la corruption de la misère et de l'abandon reçoivent une éducation élémentaire convenable. Elles sont placées au sortir de là comme domestiques et ouvrières chez des personnes qui se chargent d'en prendre soin. Cet *asylum* est également soutenu par des souscriptions particulières, et l'on doit ardemment désirer que la charité des hommes imite bientôt, pour les orphelins de leur sexe, l'exemple que leur donne l'exquise bonté des femmes.

On en peut juger, sans que nous le fassions observer, si Antigue se montra plus libérale qu'aucune autre colonie lors de la

---

à cette affreuse maladie, commune à toutes les Antilles, et qui, fort ignorante des privilèges de la peau, attaque impitoyablement les blancs comme les noirs.

loi d'abolition ; elle est aussi bien plus avancée sous le rapport de tout ce que l'humanité souffrante a droit d'attendre des heureux, et jusqu'à ce qu'une répartition plus équitable des richesses sociales ait fait disparaître les pauvres, on ne saurait trop louer, ni trop admirer ces généreuses charités.

Peut-être remarquera-t-on que nous n'avons pas parlé de maison d'enfans trouvés. Il n'en existe pas et il n'en est pas besoin. Bien que l'on dise la race noire dépourvue de l'esprit de famille, les négresses continuent à prendre soin de leurs enfans comme au temps de l'esclavage, même lorsque le père est disposé à ne pas les reconnaître ou à ne pas s'en occuper.

A la Jamaïque, la loi locale d'abolition décidait que les enfans de six ans et au-dessous, déclarés libres aux termes de l'acte d'émancipation, tomberaient en apprentissage s'ils étaient abandonnés par leurs parens. « Il ne s'est pas présenté un seul cas de cette nature [1]. »

« Y a-t-il, demandent les commissaires enquêteurs du parlement, des exemples de jeunes garçons tombés en apprentissage par suite du refus fait par leurs parens de les élever. » — « Non, il n'y a même pas d'exemple que des nègres aient jamais manifesté le désir de voir leurs enfans devenir apprentis [2]. »

La portée morale de semblables énonciations dépose si énergiquement en faveur de la race africaine toute entière, qu'il nous paraît superflu d'y appeler d'une manière particulière l'attention du lecteur et des adversaires de bonne foi que peuvent avoir encore les nègres. Faisons seulement remarquer par là quelle horreur le système de l'apprentissage inspirait aux émancipés. *On ne vit nulle part un seul père ni une seule mère engager à titre d'apprentis salariés sur les habitations ceux de leurs enfans que la loi avait libérés.*

---

[1] Témoignage de Lord Grey devant le comité d'enquête.
[2] Témoignage de M. John Oldham [*] devant le comité d'enquête.

[*] M. Oldham, propriétaire et régisseur d'habitations, ayant eu 4,000 apprentis sous ses ordres, a résidé pendant 22 ans à la Jamaïque.

En se bornant à ce fait, et en excluant même tous les autres, qu'on se figure ce qu'a dû engendrer de mal et ulcérer de cœurs une condition qui inspirait une si profonde répugnance! Au sein de l'ordre et du bien-être général qui règnent à Antigue spontanément émancipée, lorsqu'on se reporte aux troubles et aux malaises prolongés des îles qui passèrent par la voie de transition, n'est-il pas permis de répéter d'une manière absolue : L'expérience anglaise a prouvé irrévocablement que l'apprentissage, loin d'être une utile préparation à la liberté définitive, est au contraire un état également préjudiciable aux anciens maîtres et aux affranchis.

Les Antiguiens ont obtenu de leurs sacrifices une récompense immédiate, ils n'ont plus de mendians. Cette effroyable question du paupérisme, qui désole et menace l'Europe, a été résolue ici avec une extrême simplicité. L'individu surpris en état de mendicité est envoyé à l'hôpital comme incapable de suffire à ses besoins, s'il est vieux, malade, infirme et pauvre à la fois; ou bien à la geôle, s'il est valide, comme un être dangereux qui ne veut pas gagner sa vie. Cette netteté d'action tient, il est vrai, à ce que tout homme qui veut travailler est sûr, comme cela doit être, de trouver de l'ouvrage.

CHAPITRE III.

MORALISATION.

Aux bienfaits des anciens maîtres est venu se joindre, de la part des trois communautés religieuses qui règnent dans l'île, un redoublement de zèle pour l'éducation de la race émancipée.

Antigue n'a que trois religions: l'église établie, le moravisme et le méthodisme. Les méthodistes comptent de 5 à 6,000 communians; les frères moraves, 11,972; le reste appartient à l'église anglicane ou suit les offices des deux autres sociétés sans s'être fait inscrire encore sur les contrôles.

Les premiers missionnaires moraves parurent à Antigue en 1732. Ils étaient deux, l'un nommé Dober et l'autre Nitscham, « résolus à se vendre comme esclaves s'il le fallait, pour pouvoir causer avec les payens et les convertir. » On voulut leur fermer la bouche, on les emprisonna ici comme partout, mais rien pouvait-il rebuter des prêcheurs qui vivaient du travail de leurs mains de même que les misérables nègres? La persécution augmenta leur zèle, et au bout de quatorze ans ils avaient fait mille conversions! A la fin, quand on vit qu'il ne s'agissait pour les frères moraves que d'œuvres exclusivement pieuses, et qu'ils ne se croyaient pas interdit d'acheter eux-mêmes des esclaves, on les laissa s'établir en paix.

Entièrement voués aux noirs, ils refusèrent jusqu'à l'abolition de recevoir aucun blanc dans leur communauté; depuis, les blancs ont eu de la rancune, et il n'y en a pas un qui se soit fait moraviste. Le moravisme est la religion du peuple et affecte les mœurs du peuple. Nous avons vu le chef de la mission, M. Harvey, homme cité pour son éloquence, monter en chaire habillé d'une veste. Légalement et même socialement, jusqu'à un certain point, il n'existe plus ici de différence de couleur; mais religieusement, elle est encore assez tranchée.

On peut dire, à vue d'ensemble et en tenant compte des exceptions, que les nègres sont moravistes, les sang-mêlés Méthodistes, les blancs de l'Église anglicane.

Ces nuances n'empêchent pas toutefois les deux dernières sectes de travailler avec une égale ardeur à la moralisation des noirs, et de s'occuper d'eux aussi constamment que les frères Moraves. L'Église anglicane, qui a moins perdu de son influence ici qu'à la Jamaïque, est aussi active que ses rivales, et grâce à cette généreuse concurrence, Antigue est aujourd'hui une grande école. Nulle part, dans les rues de Saint-John, dans celles des villages, au milieu des campagnes, vous ne passez sans entendre sortir de quelque maison le bruit sourd d'une classe où l'on enseigne à haute voix. On aura peut-être peine à le croire, et cependant il faut y ajouter foi, car nous tenons directement nos notes de la bonté des chefs de service, il y a aujourd'hui à Antigue, sur une population de 35,000 âmes [1], 6,660 filles et garçons qui reçoivent une éducation élémentaire!

Église anglicane [2].	2,099
Moraviens.	1,301
A reporter	3,400

[1] Au moment de l'affranchissement la population était divisée comme suit :

29,839 esclaves,
3,895 libres,
1,980 blancs.
35,714

Antigue ne pourrait guère recevoir plus d'habitans. Sa surface ne dépasse pas 69,838 acres, et toutes les terres suscesptibles d'être cultivées sont mises en exploitation.

[2] L'Église anglicane donne, à elle seule, l'éducation à 5,892 enfans dans les petites îles de l'archeacondry (évêché) d'Antigue. En voici le tableau qui vient d'être publié par les soins du bon et spirituel archidiacre M. Davies.

Antigue.	2,099
Saint-Christophe	1,231
Mont-Serrat.	1,010
A reporter.	4,340

ANTIGUE.

$$\begin{aligned}\text{Report.} &\quad 3{,}400\\ \text{Méthodistes}^1 &\quad 2{,}433\\ \text{Plus, les écoles Mico}^2 &\quad\underline{773}\\ &\quad 6{,}606\end{aligned}$$

$$\begin{aligned}\text{Report} &\quad 4{,}340\\ \text{Nevis} &\quad 652\\ \text{Tortola et autres îles} &\quad 550\\ \text{Dominique} &\quad 191\\ \text{Auguilla} &\quad \underline{158}\\ &\quad 5{,}892\end{aligned}$$

[1] Nous sommes à même de fournir le détail des diverses stations méthodistes. Il fera comprendre mieux l'ensemble de ce qui se pratique généralement.

TABLEAU DES ÉCOLES DE LA SOCIÉTÉ DES MISSIONNAIRES WESLEYENS A ANTIGUE. 31 déc. 1839.

Les écoles de St-John, de Parham et de Sion-Hill sont sous la surveillance du gouvernement. — Ce signe * indique celles qui sont attachées à la société des dames pour l'éducation des nègres, qui les soutient en grande partie.

VILLES et VILLAGES.	ÉCOLES DU DIMANCHE.					ÉCOLES DE LA SEMAINE.				
	ALPHABET	UNE SYLLABE	LISANT AISÉMENT	ÉCRITURE SAINTE	TOTAUX	ALPHABET	UNE SYLLABE	LISANT AISÉMENT	ÉCRITURE SAINTE	TOTAUX
St-John Ebenezer.					573					
— Point.					50					
Parham.					557					121	121
Sion-Hill	38	35	32	71	176	25	20	8	100	100
*Willoughby bay	13	44	157	260	474	28	5	20	74	125
*Liberta					40	21	5		73	126
*Bethesda						24	9	29	10	36
*Sanderson						19	19	9	66	128
*Gunthorpe						10		14	53	100
*Vernon						23	7	14	19	43
*Sir Georges Thomas						17	8	10	22	66
*Lynch						14	7		9	44
*Wiers						11	11	1	16	37
*Big Duers						13	7	7	5	27
*Bolams										28
										90
					1870					1071

RÉCAPITULATION.	Écoliers du dimanche.	1870
	Écoliers de la semaine.	1071
	Total.	2941

[2] Établies depuis deux ans.

Sur ce nombre, qui comprend ensemble les écoliers des jours ouvrables et ceux du dimanche, on remarque parmi ces derniers 882 adultes [1] qui, travaillant dans la semaine, ne peuvent donner que le dimanche à l'étude.

Les frais de toutes les écoles sont entièrement supportés par les sectes qui les fondent. Le trésor de l'île ne donne rien pour cet objet, il économise en voyant les prodigieux résultats des efforts particuliers.

Les communions trouvent de quoi satisfaire à leurs dépenses dans les souscriptions spéciales de ceux de leurs membres appartenant à l'île, dans des sommes que vote en Europe le comité central de la secte, et enfin, comme on l'a vu dans le tableau des écoles méthodistes, au moyen de dons qui leur sont faits par les innombrables sociétés de bienfaisance existantes en Angleterre.

Tout le monde excite, aide et encourage les nouveaux affranchis. Chacun s'est pénétré du bon esprit, et les écoles du dimanche n'ont pour moniteurs que des hommes et des femmes qui se dévouent charitablement à l'instruction des noirs. Nous avons trouvé une fois à Saint-John, dans la chapelle des Méthodistes, quarante et une de ces généreuses personnes occupées à enseigner trois cents élèves de tous âges. Une autre fois, au village de Parham, nous avons vu deux cents écoliers réunis aussi sous la conduite d'instituteurs bénévoles [2].

Nous ne craignons pas d'entrer dans ces détails, car c'est offrir un beau sujet d'émulation à nos frères des îles françaises

---

[1] Répartis de la manière suivante :

Mico	132
Anglicans	400
Moraviens	50
Méthodistes	300
	882

[2] Il est juste de noter que dans les deux cas la très grande majorité de ces gens de bonne volonté appartenait à la classe de couleur.

et c'est là aussi qu'il faut prendre la véritable explication des heureux résultats de l'affranchissement spontané à Antigue. Veillez avec un zèle philanthropique sur la population noire, cherchez son bien en même temps que le vôtre, cette race bonne et facile répondra à tous vos soins. On peut le dire d'une manière presqu'absolue, le succès de l'émancipation est dans la main des maîtres.

Quelques personnes ne voient pas avec plaisir cette masse de lumières prodiguées aux affranchis ; elles en redoutent les effets futurs et craignent que des hommes auxquels on aura appris d'une façon d'ailleurs qui jusqu'ici reste toute élémentaire, à lire, à écrire, à se rendre compte de leur existence, ne veuillent plus être laboureurs. Il y a d'abord à répondre que ces hommes y seront forcés par la nécessité ; mais ensuite n'est-ce pas précisément l'éducation qui nous ouvre l'intelligence et nous donne le plus de force pour apprécier et combattre les préjugés? Eh bien, l'éloignement de l'ancien esclave pour la terre, qu'est-ce autre chose qu'un préjugé? — Jugez-en au surplus par l'expérience : ce mal de l'esclavage que le temps seul pourra réparer, il commence déjà à s'effacer un peu dans l'esprit des noirs, les mieux instruits. Lorsque nous fûmes à Parham, le chef de la congrégation méthodiste, M. Waymouth, eut la bonté de rassembler tous ses *leaders* [1], (c'était un dimanche), pour nous mettre en communication avec eux. Questionnés entre autres sur ce sujet, ils répondirent qu'ils en avaient fini avec ces idées-là et qu'ils élevaient leurs enfans *pour la terre*. Un motif puissant qui les maintiendra dans cette disposition, c'est que le labourage est encore le travail le plus productif de tous aux colonies, au point que des domestiques ont abandonné ici le service pour s'enrôler dans les groupes d'ateliers.

Les nègres, en lisant, apprendront que, sauf en Grèce, il

---

[1] Proprement dits conducteurs; quelque chose comme nos chefs de section.

n'est peut-être aucun peuple du monde chez lequel l'agriculture n'ait été particulièrement honorée; qu'à Rome on avait le droit d'être grand homme et laboureur; que de tous temps ceux mêmes qu'on appelle les nobles n'ont pas cru déroger en s'adonnant aux travaux de la terre.

Après avoir fait remarquer combien la haute classe se montre progressive à Antigue, il est important de montrer combien, ainsi que nous le disions tout-à-l'heure, la classe inférieure l'a suivie de près. Une fois libres et livrés à eux-mêmes, les émancipés ont parfaitement compris, d'après les conseils de leurs ministres, qu'ils devaient s'occuper de l'avenir. — Les frères-unis ou frères Moraves, qui ont tant fait pour eux, les excitèrent d'abord à former des sociétés de secours mutuels. La première, qui avait été fondée en 1828, sous le nom de *Spring Garden's friendly society* (société amicale de Spring Garden[1]), se reconstitua lors de l'affranchissement et adopta un règlement dont voici les principales clauses :

« La société a pour but d'aider ses membres en cas de détresse par un secours pécuniaire; de fournir une somme de 12 dollars (60 francs) pour leurs funérailles et d'étendre occasionnellement son assistance aux malheureureux même non membres de la société.

« La souscription est de deux schellings par mois.

« Le souscripteur malade en reçoit quatre par semaine.

« Le souscripteur que l'âge met hors de travail, ou celui qu'un accident rend infirme, devient pensionnaire.

« Il cesse de payer aucune contribution et reçoit deux schellings par mois.

« Tout membre condamné pour crime ou chassé de la congrégation par mesure d'ordre spirituel, ou comme ayant manqué aux réglemens, est exclu de droit et perd les bénéfices de la souscription.

---

[1] Nom du quartier où les frères Moraves ont leur principal établissement.

« Un comité électif décide de tout [1] et nomme les collecteurs de souscription. »

Nous voyons par les comptes de cette société, qu'elle eut En 1829, 197 liv. courantes [2]; — 1830, 191; — 1831, 160; — 1832, 100; — 1833, 174 avec 213 souscripteurs; — 1834, première année de l'affranchissement, 273 avec 406 souscripteurs; — 1835, 617 et 689 souscripteurs; — 1836, 725 et 699 souscripteurs, etc.

L'année 1840 finissant en septembre dernier, a reçu 937 liv. courantes et en a dépensé 782 de cette manière :

Secours hebdomadaires aux malades.	309 liv. c.
Pensionnaires.	102
Médicamens.	262
Funérailles.	81
Salaires de gardes.	19
Dépenses diverses.	9
	782

Dans chacun des établissemens Moraves d'Antigue, il se forma des sociétés semblables qui toutes eurent le même succès. Celle de *Lebanon* ou *Sea View* a 390 membres, dont les souscriptions de l'année dernière montent à 350 liv. sterl.

Les autres congrégations ont imité un aussi excellent exemple, et possèdent toutes maintenant des associations de cette nature. A Parham, le *Wesleyan Methodist sick and burial club* (club Wesleyen Méthodiste pour maladie et enterrement) compte, à l'heure qu'il est, 600 membres. Il a un capital de 300 liv. sterl. placé à intérêts. Pour encourager au mariage, il donne 4 dollars aux couples qui s'unissent légitimement.

L'église anglicane a trois *friendly society*. Celle de *Saint-*

---

[1] Le comité vient de décider qu'il serait fait un cadeau de 2 dollars à chaque accouchée membre de la société, après le baptême de son enfant.

[2] 10 livres courantes, valent 6 livres sterl. (150 fr.).

John, fondée en 1829, est composée de 550 membres et possède un capital de 200 liv. cour. placé à intérêts.

Toutes ces sociétés ont pour présidens inamovibles, les recteurs de paroisses chez les Anglicans, les ministres chez les Moraviens, les révérends chez les Méthodistes. Recteurs, ministres et révérends se trouvent constamment à la tête de tout ce que font les affranchis. C'est le mal du bien qu'opère le zèle plein d'ardeur de ces hommes, qui du reste se montrent exclusivement animés de l'amour de l'humanité. Peut-être n'ont-ils pas réfléchi qu'en donnant à leurs soins pour les nègres une action aussi immédiate, ils gênent, sous un certain rapport, le développement des pauvres hommes qu'ils protègent, qu'en faisant ainsi tout passer par leurs mains, ils tendent trop à abstraire les volontés générales dans la leur. C'est assurément à leurs efforts soutenus que l'on doit l'amélioration morale de la population, mais leurs bons offices ne nous semblent pas sans quelque danger par la manière dont ils les rendent. Les nègres sont aujourd'hui trop soumis aux ministres; on tire d'eux trop d'argent pour bâtir des chapelles monumentales. Cette influence, qui pour être particulièrement intellectuelle n'en est pas moins absolue, a le vice grave de ne pas laisser les noirs se conduire par eux-mêmes et s'habituer à exercer leur libre arbitre. Les affranchis n'agissent plus que par la volonté des ministres, si bien, pourrait-on dire, qu'après avoir été gratifiés de l'indépendance civile, ils sont tombés en une sorte d'esclavage spirituel.

Cela était-il nécessaire dans les premiers momens? Nous ne savons, et ce n'est qu'avec la plus extrême réserve que nous hasardons notre critique. Les hommes de religion ont rendu aux *West-Indies* de si éminens, de si réels services à la race noire; ils l'ont fait avec tant d'intelligence et d'habileté; ils ont obtenu de si magnifiques résultats, que l'on a peine à croire qu'ils se soient trompés dans l'emploi de la méthode. Cependant nous avons cru devoir exprimer le doute qui nous a saisi. Mais que l'on ne se méprenne point sur notre pensée:

cela n'altère en rien la profonde vénération que nous inspire la conduite des ministres qui sont venus se dévouer à l'éducation des affranchis dans les colonies anglaises. Ce sont véritablement les hommes de bonne volonté de l'Évangile ; leur zèle est infatigable, leur sollicitude est de toutes les minutes. Quelque part que vous alliez, vous les voyez toujours à leur poste, et il est rare que vous ne tombiez pas au milieu de ce que l'on appelle une réunion de culte, c'est à dire de cent ou deux cents auditeurs entourant un ministre qui les instruit, et cela, bien des fois pour les auditeurs, après une journée entière passée sur les champs de travail. Dans les endroits de la campagne où l'on n'a pu bâtir encore une chapelle, on couvre de chaume quatre poteaux et l'on y prêche. Les missionnaires des différens cultes se font réciproquement des visites avec un grand esprit de tolérance, et parlent à leurs divers sectaires du haut de la chaire. M. Gurney, de la société des Amis (quaker), durant le voyage qu'il fit aux *West-Indies*, put se faire entendre dans toutes les congrégations, et comme son prêche était annoncé d'avance par les chefs de culte, il raconte lui-même qu'il eut quelquefois jusqu'à 3,000 auditeurs[1]. Peut-être est-il nécessaire, pour expliquer de pareilles affluences, de dire que les assemblées de culte sont assez fréquemment convoquées par la voie de la presse, d'où l'on peut conclure que les émancipés lisent déjà les journaux.

Ces prédications sont d'un effet certain, parce qu'elles tournent souvent en conférences sur l'agriculture, l'éducation, la manière de lire et de comprendre la Bible, les devoirs des mères, etc. Les ministres anglais ont mis dans les œuvres religieuses cet esprit admirablement pratique dont leur nation est douée, cette science de l'appropriation des choses qui a fait par exemple en Angleterre mille livres excellens à donner en lecture à de petits enfans, tandis que l'on n'en pourrait pas citer un seul chez nous. Les ministres anglais tiennent aux né-

[1] *A winter*, etc.

gres le langage clair et imagé qui leur convient; ils savent le mettre directement à leur portée, et rien n'est plus curieux et plus intéressant que d'entendre dans les temples remuer et frémir sous leur parole leur impressionnable auditoire. Ce n'est pour nous l'objet d'aucun doute, que les progrès extraordinaires faits par les noirs des *West-Indies* ne soient dus à l'influence des ministres, de concert avec les sublimes inspirations de la liberté! La part qu'ils ont tous dans la vie des membres de leur communion a beaucoup servi au bon ordre des Iles émancipées. Les anciens maîtres, voyant l'assistance qu'ils prêtent aux affranchis et la confiance que ceux-ci placent en eux, se sont abstenus de bien des tentatives opposées à l'esprit de l'abolition, qui auraient nui à leurs propres intérêts en compromettant davantage la tranquillité publique.

Les colons français, trop faciles à écouter les plaintes amères des créoles de la Jamaïque contre l'influence des Baptistes, éprouvent une sorte d'horreur quand il est question des dissidens de l'église anglicane. Il serait sage à eux de vaincre cette antipathie, et d'appeler des Méthodistes, des Indépendans, des frères Moraves et des Baptistes. Ces communions sauraient bien vite former des prédicateurs français, et grâce au bon esprit de rivalité qui les anime, elles ne paraîtraient pas chez nous sans un immense avantage pour la masse de la population, leur présence ne servît-elle qu'à exciter l'émulation du clergé catholique en lui faisant honte des tiédeurs de sa charité.

Que les Français d'outre-mer y réfléchissent bien; il ne s'agit plus ici d'affecter pour la vieille religion de l'État un attachement qu'ils n'éprouvent réellement pas. On veut abattre l'ancien ordre de choses, il n'est plus nécessaire de feindre le respect pour une forme religieuse qui lui était favorable; il s'agit de la prospérité des colonies. Il est permis d'affirmer que sans le concours des ministres du culte réformé l'abolition n'eût jamais obtenu les rapides succès qu'elle vient d'avoir aux *West-Indies*. Peu importe les croyances prêchées : ce qui importe, ce sont les bons enseignemens répandus et les honnêtes exemples donnés. Or, c'est une chose fâcheuse à dire pour les catholiques, mais leurs missionnaires sont élevés dans de si détestables doctrines, qu'ils ne sont rien moins que propres à une œuvre d'ordre et de réconciliation aux Antilles. — Une seule preuve. — Quelques-unes de nos sœurs de Saint-Joseph, qui sont spécialement préparées pour les colonies, étant venues fonder une école à la Trinité, où il y a beaucoup de Français et partant de catholiques, annoncèrent l'intention de n'y admettre *que des enfans de familles blanches*. Il fallut que les colons eux-mêmes s'opposassent à cette déplorable exception [1]. — Au séminaire du Saint-Esprit, où les prêtres qui se destinent à la mission coloniale subissent un noviciat, on leur enseigne formellement que *le commerce des nègres est licite, s'ils sont* PRIVÉS A JUSTE TITRE *de leur liberté*, et que *l'esclavage ne contrarie ni le droit naturel, ni le droit civil, ni le droit ecclésiastique, ni le droit canonique* [2].

Après cela, peut-on être surpris de l'indélébile réprobation dont les trente condamnés martiniquais de l'insurrection de 1831 frappèrent le clergé catholique. « Éloignez-vous, dirent-ils aux prêtres qui voulaient s'approcher d'eux pour les accompagner à l'échafaud ; éloignez-vous, nous ne voulons pas de vos consolations ; vous êtes nos ennemis, vous êtes blancs ! »

S'ils veulent sauver leur pays, les colons français se défieront d'eux-mêmes, et chercheront avec courage des contrôleurs de leurs actes, au lieu de serviles flatteurs, dans les ministres de la religion.

Il est peut-être nécessaire de le dire pour quelques esprits

---

[1] Notes de M. Aubert Armand sur la Trinité. Juin 1839. *Précis de l'abolition*, quatrième partie.

Ce trait des sœurs de St-Joseph nous rappelle qu'à l'hospice d'orphelins et d'enfans trouvés de St-Pierre Martinique, où ne sont pas reçus les enfans de couleur, la sœur de St-Joseph qui nous accompagnait nous donna pour motif de l'exclusion, « que ceux-là ont toujours, à quelqu'âge que ce soit, la ressource de se faire domestiques. »

[2] *Théologie dogmatique et morale*, par M. D. Lyonnet. 1857, 8e volume.

trop ombrageux que nous désirons ne pas nous aliéner. Nous ne pensons point du tout que la morale du catholicisme soit inférieure à celle de tout autre culte ; si la majorité des prêtres catholiques sont mauvais, c'est qu'ils reçoivent une mauvaise éducation ; c'est que l'organisation de leur ordre en forme une caste à part qui a des intérêts en dehors de la grande famille ; c'est surtout que le célibat auquel ils sont astreints, leur commandant un devoir au-dessus de l'humanité, ils ne tardent pas à le violer. Et une fois que l'on manque à un devoir, on ne tient plus à aucun autre, parce qu'on a perdu le respect de soi-même en perdant la dignité intérieure.

Que ces idées soient justes ou non, il est malheureusement trop vrai que le clergé, partout où il n'a pas à craindre la pudeur publique qui le surveille en Europe, se conduit scandaleusement. Ses passions personnelles sèment la discorde et non la paix dans le troupeau. A la Dominique, où il y a deux curés, nous avons trouvé les catholiques divisés en deux partis pleins d'une violente haine. A la Jamaïque ils offrent le même douloureux spectacle ; au moment où nous étions à Kingston, ils n'avaient même plus de messe, parce que l'un des deux camps avait rompu la chaire, brisé l'orgue et les vitres, saccagé l'église enfin pour que le curé de l'autre camp ne pût y officier ! Bientôt nous montrerons en Haïti les prêtres commettant à ciel ouvert les actes les plus infâmes.

Notre accusation est-elle trop grave pour que l'on puisse s'en rapporter à la voix d'un seul juge ? Les appuis, malheureusement, ne nous manqueront pas, nous ne refusons pas de les citer :

« Sous la date du 2 novembre 1841, le gouverneur de la Guadeloupe écrit au ministre :

« Ainsi qu'on l'a fait connaître à Votre Excellence, l'instruction religieuse n'a pas reçu ici une bonne direction ; le clergé n'apporte pas un zèle extrême dans l'accomplissement de sa mission. Les prêtres s'occupent peu de l'instruction religieuse des noirs, et à cet égard, il faut l'avouer, l'autorité ecclésiastique mérite bien quelques reproches, ainsi que certains habitans, peu empressés de faire instruire leurs esclaves¹. »

« Je n'ai point trouvé dans le clergé catholique, dit le commandant Layrle, cette sévérité de mœurs, ce désintéressement que l'on remarque à un si haut degré chez les ministres du culte réformé. Il m'en coûte de dire qu'à quelques exceptions près, je n'ai pas vu les prêtres à la hauteur de leur mission. C'est un aveu pénible pour moi, mais je le dois à la vérité. Généralement je n'ai trouvé que désordre, que dépravation chez les membres du clergé romain, et je les ai vus plus occupés de satisfaire leurs passions et leurs intérêts que de ramener dans la voie de la vérité les populations qui ont tant besoin de conseils et de bons exemples. Je me suis trouvé à Saint-Vincent avec l'évêque de la Trinité; je sais combien cet honorable et excellent ecclésiastique a eu à gémir des rapports malheureusement trop fondés qui lui sont parvenus et qui passent toute créance. » (*Rapport sur Sainte-Lucie*².) Plus tard, lorsqu'il arrive à la Trinité, M. Layrle reprend : « J'ai remarqué que dans les lieux où les noirs professent le catholicisme, le concubinage était presque général, non pas parce que les hommes dont il s'agit diffèrent en rien de ceux des îles voisines, mais parce que les efforts tentés pour les ramener dans la voie de la morale ne sont pas aussi soutenus que si des sectes rivales étaient là pour renchérir les unes sur les autres³. »

Encore une fois, nous prions les catholiques fervens de ne se point irriter des choses que nous sommes obligé de dire. Nous regrettons qu'elles soient aussi fâcheuses, car ce n'est jamais sans tristesse que l'on voit les hommes manquer à leurs devoirs; mais il était indispensable de parler. Une société nouvelle va se former dans les colonies françaises affranchies, les

---

¹ Documens sur l'exécution de l'ordonnance du 5 janvier 1840, publiés par le ministère de la marine.

² *Précis de l'abolition*, quatrième publication, chapitre 4.

³   do   do   do

gens de religion auront un grand rôle à y jouer, toute une race qui va être enfin tirée des bassesses de la servitude leur sera confiée, et des impressions qu'elle recevra dépendra en grande partie le bien ou le mal de l'abolition. Pour la gloire de la civilisation et l'avantage de tous, il importe que ceux qui seront plus particulièrement chargés de moraliser les nègres, soient dignes de cette tâche délicate. Il était donc nécessaire de fixer l'attention générale sur un sujet aussi grave, de révéler au corps ecclésiastique les prévarications de ses membres, qu'il ignore peut-être. Il ne faut souvent que montrer l'étendue du péché pour le faire détester au pécheur lui-même. Prêtres catholiques! que vos missions coloniales ne soient plus abandonnées aux premiers venus; cherchez, choisissez au contraire parmi vous les plus vertueux, les plus intelligens, pour aller défendre, protéger, instruire cette famille nouvelle toute prête à écouter votre voix bienveillante et secourable. Vous qui êtes la souche première du christianisme, vous les premiers enfans de l'Église, ne vous laissez pas vaincre en dévouement et en charité par les frères protestans que vous dites égarés[1].

En tous cas, et quels que soient les agens moraux auxquels on confiera l'éducation spirituelle de nos îles, l'affranchissement ne saurait manquer de les épurer par lui-même. On peut juger aux colonies anglaises que l'indépendance habilement

---

[1] On peut douter malheureusement que le clergé de France veuille reprendre une digne place dans la question de l'affranchissement. Son chef principal, chose presqu'incroyable et cependant trop certaine, vient de se déclarer hostile à la délivrance des captifs noirs. Nous lisons dans la dernière publication de la société française pour l'abolition de l'esclavage (n° 19), cet affligeant extrait de ses registres :

« 5 janvier 1842. On annonce que des négociations sont entamées par le gouvernement avec l'archevêque de Paris, pour que le clergé des colonies soit mis sous sa protection spéciale, ainsi que le séminaire du Saint-Esprit, la plupart des ecclésiastiques employés aux îles étant opposés à l'émancipation.

« 16 février. Il est résulté d'un rapport fait au nom d'une commission, qu'il n'y avait pour le moment aucun concours à attendre de M. l'archevêque de Paris pour l'émancipation des esclaves. »

conduite est un élément de moralisation plus énergique encore que tout autre. Les nègres ont fait plus de progrès en deux ans de liberté qu'ils n'en avaient fait en quatre siècles de servitude. Il en a été fourni de vifs témoignages aux articles de la Dominique et de la Jamaïque ; on en trouve à Antigue des preuves non moins éclatantes. Certes le révérend M. Harvey, chef des Moraviens, n'était ni plus ouvert, ni plus éloquent ; le recteur de l'église anglicane, M. Obberton, n'était pas meilleur ; le révérend M. Park, supérieur des Méthodistes, n'avait pas plus de zèle, avant l'émancipation que depuis. Eh bien, de 1828 à 1833 (six années), il n'y avait eu dans l'île que 291 mariages ; de 1834 à 1839 (six années), il y en a eu 2,025[1] !

Voilà des chiffres, et ceux-là encore nous les tenons directement de l'obligeance des trois chefs de communauté.

Le recteur de Saint-John, durant les sept dernières années de la servitude, n'avait marié que 110 couples. Dans le cours de la seule année 1839, le nombre des mariages bénis par lui s'est élevé à 185[2]. Le docteur Lepscombe, évêque à la Jamaïque, termina un entretien avec M. Gurney, en déclarant « qu'avant l'émancipation, ses efforts pour l'instruction du peuple, soit profane, soit religieuse, avaient été comparati-

[1] MARIAGES FAITS A ANTIGUE DEPUIS LE 1er JANVIER 1828 JUSQU'AU 31 DÉCEMBRE 1839[3].

PAROISSES.	1828	1829	1830	1831	1832	1833	1834	1835	1836	1837	1838	1839
Saint-Jean.	15	17	27	21	29	35	86	134	113	86	137	217
Saint-Pierre.	2	1	4	3	2	2	22	106	52	41	40	66
Saint-Philippe.	0	3	4	7	9	26	43	78	40	23	34	35
Saint-Paul.	9	3	6	4	3	12	17	56	47	34	27	48
Saint-George.	2	1	4	8	12	10	11	51	38	22	24	49
Sainte-Marie.	1	2	1	1	1	4	23	49	40	37	54	45
Total	29	27	46	44	56	89	202	474	330	243	316	460

[2] *A winter in the West-Indies*, lettre onzième.

[3] Ce tableau est emprunté au *Précis de l'abolition*, quatrième publication.

vement inutiles! Sa parole était neutralisée par l'influence de l'esclavage ¹. »

C'est par leurs mariages, par leur fréquentation des écoles, par leur déférence presque exagérée à la volonté toute spirituelle des bons missionnaires qui les dirigent, par la manifestation de ces tendances si bien réglées, que les nègres confondent les mauvais prophètes qui, jugeant courtement de l'homme libre par l'esclave, les déclarent incapables de subvenir à leurs besoins et à leurs familles, inaptes à l'esprit d'ordre et de prévoyance, antipathiques aux habitudes de l'homme civilisé.

Et cependant les apôtres de servitude ne se lassent pas de calomnier la race qu'ils oppriment. M. Félix Patron, membre du conseil colonial de la Guadeloupe, disait encore il y a quelques mois dans une pétition à la chambre des députés.

« Qu'on ne s'y trompe pas : si le nègre désire la liberté, ce n'est pas parce qu'il souffre d'être esclave et d'avoir un maître; ce n'est pas parce que la liberté doit amener une augmention de bien-être dans sa situation, c'est parce que l'*esclavage pour lui c'est le travail* et que la *liberté c'est la cessation du travail*. Voilà ce que le nègre entend par liberté, et voilà pourquoi *il la désire si vivement*². En le rendant libre, ôtez-lui ces cases si coûteuses au maître, et si bonnes qu'elles seraient enviées par les deux tiers de la population des campagnes; ces hôpitaux où, dans la maladie et en cas d'infirmité, il trouve des soins si empressés ; ces pièces de terre qui ne lui sont livrées qu'après avoir été parfaitement labourées, pour lui en rendre l'exploitation plus facile, et qu'il ne cultiverait pas, si on ne l'y forçait, quoique le produit lui appartienne exclusivement et soit employé par lui selon sa volonté et selon ses caprices.... Que lui importe? pourvu qu'il puisse s'abandonner à l'oisiveté, qu'il

---

¹ *A winter in the West-Indies*, lettre dixième.

² M. Félix Patron ne nie plus du moins que les esclaves désirent la liberté.

soit libre de fumer et de dormir à sa volonté. Si on le chasse de la case où il a vécu jusqu'à ce jour, le bois prochain lui servira d'asyle et lui fournira tout à la fois et l'aliment qui suffit à sa chétive subsistance et l'abri nécessaire contre les intempéries. »

Par les faits que nous avons cités on peut juger ce qu'il y a d'exactitude dans les assertions du conseiller colonial de la Guadeloupe. Nos colons s'entretiennent volontairement en de semblables erreurs. Ils prennent un convulsif plaisir à se tromper eux-mêmes; et parce que leur indolence a peur des peines qu'il leur faudra prendre pour civiliser enfin les nègres, ils prétendent que ces malheureux sont incivilisables. Si M. Félix Patron écoutait moins passionnément ses instincts de maître, il ne redouterait pas les prétendus instincts sauvages des esclaves; s'il avait voulu connaître la vérité avant de parler, il aurait appris qu'à la Jamaïque, par exemple, les querelles pour location de cases ont montré avec la dernière certitude que les nègres étaient extraordinairement attachés aux lieux de leurs habitudes. Ils tinrent avec une sorte d'amour à leurs vieilles cases d'esclaves, et ce ne fut que contraints par la violence qu'ils les abandonnèrent. « Bien loin, disait le gouverneur de l'île, dans une dépêche du 24 décembre 1838, bien loin de se retirer dans les bois pour y croupir au sein de la paresse, comme le prétendaient les ennemis de l'émancipation, le noir libre se soumet aux plus mauvais traitemens (*most galling oppressions*) plutôt que de se laisser renvoyer de sa case [1]. »

Nous rougirions de tromper nos compatriotes des Antilles, même pour le succès d'une sainte cause, et ils peuvent ajouter foi entière à nos paroles : nous attestons n'avoir pas entendu dans les îles anglaises, *un seul* planteur dire que la *sauvagerie* dont les créoles français s'effrayent tant, fût ou pût jamais devenir à craindre. Loin de là, les fuyards de la servitude reparaissent dans le monde depuis la liberté. D'anciens maîtres occupent aujourd'hui d'anciens esclaves, déserteurs de quinze ans. Nous

[1] *Précis de l'abolition.*

avons vu à *Spanish Town* les marrons des Montagnes Bleues en habits noirs et en cravates blanches, quêtant des souscriptions pour bâtir une chapelle dans un de leurs villages.

Nos créoles et leurs stipendiés ont si souvent et si affirmativement parlé de l'instinct des nègres pour la vie sauvage, que cette idée singulière est partagée même par des hommes éclairés. Plus d'une fois nous avons entendu supposer que beaucoup d'Haïtiens se sont enfoncés dans les antiques forêts de Saint-Domingue pour se soustraire aux devoirs de la civilisation. Cela est absolument et diamétralement opposé aux faits que nous avons eus sous les yeux en parcourant l'ancienne colonie française. Les nègres d'Haïti, les plus pauvres et les plus noirs, non-seulement n'obéissent pas aux goûts d'insociabilité qu'on leur prête, quoique parfaitement libres de s'y livrer, mais ils tendent au contraire à se rapprocher le plus possible des centres; ils s'amassent dans les villes, ils s'agglomèrent près des villages comme s'ils voulaient y attendre la civilisation qu'un gouvernement parjure leur refuse.

Ici, où l'on ouvre des écoles, sur une population de 34,000 individus, ces hommes stupides et incivilisables les comblent de 6,500 de leurs adultes et de leurs enfans! N'est-ce pas prendre un singulier chemin pour retourner à la barbarie que de passer par les stations des instituteurs primaires! Or, nous avons vu les mêmes faits se reproduire à la Dominique et à la Jamaïque. De telles démonstrations parviendront-elles à détruire les sombres doutes de nos créoles?

Planteurs français, n'ayez aucune crainte, tout dépend de vous; il ne s'agit, vous le voyez, que de bien diriger les émancipés pour leur faire prendre de bonnes habitudes. L'avenir, nous le répétons encore, est dans vos mains, puisque vous êtes tout à la fois les plus riches et les plus instruits entre les hommes de la nouvelle société que la liberté va bientôt fonder aux Antilles.

Nous savons ce qu'ont dit les adversaires de l'affranchissement. L'état moral des nègres d'Antigue, assurent-ils, était beaucoup plus avancé que dans les autres colonies : ils savaient tous lire et écrire avant l'émancipation. A moins qu'ils ne l'aient oublié depuis, nous sommes bien obligé de répondre que cela n'est pas vrai, car maintenant encore ils n'en sont pas arrivés là, et les créoles d'Antigue ne nous démentent point lorsque, contrariés dans quelques-uns de leurs actes par le gouvernement métropolitain, ils se plaignent « des visionnaires d'Europe qui veulent élever la condition des noirs plus rapidement que l'état de ces demi-sauvages ne le comporte [1]. » Ce que l'on a essayé en faveur des esclaves n'a jamais réussi, comme le disait tout à l'heure l'évêque de la Jamaïque.

Les nègres d'ici n'étaient point d'un jour en avant des nôtres. Tout ce qu'ils savent est le fruit de six ans de contact avec des agens de moralisation pleins de bonté et d'activité, et leur esprit n'est pas même encore dégagé des aveuglemens de la superstition. Ils ne dansent pas plus que les esclaves de la Guadeloupe ou les affranchis de la Dominique pendant l'hivernage, parce que cela amène des coups de vent; ceux qui ont embrassé le méthodisme ne dansent jamais, parce que c'est un péché; ils ne plantent pas le dimanche, parce que les choses plantées le jour du Seigneur poussent mal ; enfin, les pratiques d'Obeah (le diable) sont encore généralement répandues. Nous avons vu traduire un *sorcier* au tribunal de paix tout comme dans une ville de province en France. Une femme, qui venait d'accoucher d'un enfant mort après avoir été effrayée par un coup de tonnerre, a soutenu qu'elle était ensorcelée; et une incendiaire, que nous avons trouvée à la geôle, nous a dit avec un grand caractère de conviction : « Ce n'est pas moi qui ai mis le feu, c'est l'*esprit* qui me poussait. » Cette pauvre femme est si bien connue pour un très bon sujet, qu'elle est dans la prison l'objet de quelques égards particuliers.

On se convaincra que les esclaves d'Antigue n'étaient pas

[1] Lettre de M. Salvage Martin, de celui-là même qui fut le promoteur de l'affranchissement sans transition.

avant l'abolition dans une situation remarquablement meilleure que partout autre part, si l'on veut noter qu'ici comme dans toutes les *West-Indies*, la population, courbée sous le faix écrasant de la servitude, y diminuait peu à peu d'année en année.

En 1821.	30,985 esclaves.
1824.	30,314
1827.	29,839
1831.	29,537
1834.	29,121 [1]
Différence de 1821 à 1834.	1,804
Sur laquelle il est juste de retirer.	1,168 affranchis.
Diminution absolue.	636

Quelque minime que soit cette perte, elle n'indique pas moins, appliquée à un espace de treize ans, une réelle souffrance chez la population qui la subit, puisque, selon les lois de la nature, la race humaine dans son état normal s'accroît incessamment.

Il y a de plus une observation bien simple à faire pour se convaincre que le progrès des nègres d'Antigue ne tient pas à leur instruction antérieure, c'est que ce progrès le lecteur a pu le voir se dessiner dans les deux îles que nous avons déjà parcourues. S'il est plus marqué ici, il le faut attribuer à ce qu'Antigue n'a pas eu à souffrir les agitations et les malaises de l'apprentissage, à ce que les affranchis y jouissent depuis longtemps de la liberté. Ce ne sont pas les esclaves qui étaient plus éclairés, ce sont les anciens maîtres qui furent meilleurs, plus justes, plus sensés, et dans leur bienfaisance est la raison de leur prospérité.

[1] Montgomery Martin.

CHAPITRE IV.

BIEN-ÊTRE DES AFFRANCHIS.

Une chose encore qui a distingué les sauvages noirs depuis qu'ils sont libres, ici comme partout, c'est le désir de devenir propriétaires, d'avoir leur *home*, selon l'expression des Anglais. Ils apprécient particulièrement le bonheur d'être délivrés de toutes les sortes de sujétions attachées à l'état d'homme lige. Cette disposition très prononcée a donné lieu à plusieurs spéculations particulières qui vont être expliquées en parlant de *Potter Town*.

Ce village s'élève en ce moment à une lieue de Saint-John, sur une grande pièce de terre détachée d'une vieille sucrerie autrefois abandonnée. Il sera composé de cent lots ayant chacun cinquante pieds de long sur quarante de large; les rues déjà tracées sont spacieuses, et des points convenables sont réservés pour les places ou les constructions publiques. Chaque lot se vend 40 piastres (200 fr.). L'acheteur bâtit sa case sur l'alignement indiqué, et peut planter quelques vivres dans ce qui lui reste de terrain. A peine cette entreprise fut-elle formée que trente-huit lots ont été payés comptant, et M. Richard, son auteur, ne faisait aucun doute de placer les soixante-deux autres avant huit ou dix mois.

Ceux qui ne sont pas assez riches pour acheter un terrain, le prennent à loyer et y bâtissent sous de certaines conditions. Un horloger de Saint-John, M. Philips, a loué ainsi un petit bien dont il ne pouvait tirer profit avant l'émancipation, et trouve nombre de locataires. Plusieurs des maisons que l'on y construit sont encore fort misérables : les noirs viennent là sortant de la case du maître, par amour du chez soi, sans posséder une obole ; mais tout s'améliorera avec le temps : « nous serons mieux, nous disait une vieille femme, quand nous aurons gagné un peu d'argent. »

Le plus beau *free settlement* [1] de ce genre, est celui qui se trouve sous la direction des frères Moraves, à *Lebanon* ou *Sea View*. Il est dû tout entier à l'intelligence politique et à la sage humanité d'une jeune femme. Mademoiselle Lavicomté, vivant au fond de la campagne, entourée de livres, occupée d'œuvres utiles, est un exemple de ce que l'on peut attendre des femmes lorsqu'elles reçoivent une éducation bonne et forte. Créole d'Antigue, élevée en Europe, elle se trouva, par la mort de son père, maîtresse d'un héritage assez considérable; mais nourrie dans les principes de la philanthropie et en présence de l'abolition, elle pensa que rien ne serait plus utile pour les nouveaux libres que d'exciter chez eux le goût de la propriété en leur facilitant les moyens de devenir propriétaires.

C'est une idée belle et hautement morale. Plus on élevera le nègre dans l'échelle sociale, en effet, plus il sera enclin à prendre de la considération pour lui-même, à se respecter, par suite à respecter les autres, et conséquemment à devenir un membre estimable de la communauté.

Mademoiselle Lavicomté, pour atteindre son noble but, usa d'une méthode fort ingénieuse. Elle loua sur sa propriété des morceaux de quarante pieds carrés pour 4 dollars par an, avec la faculté laissée au locataire de payer le terrain 11 livres courantes du pays (environ 160 fr.), par petites portions, quelque minimes qu'elles pussent être. Au moyen de cette heureuse combinaison, l'acheteur se trouve à même de placer ses moindres économies dans l'achat d'un bien qui deviendra son inaltérable possession et qu'il pourra léguer à ses enfans. Il n'existe véritablement pas de caisse d'épargnes plus sûre, ni plus productive. En leur ouvrant cette porte, mademoiselle

---

[1] On a vu à la Jamaïque que *free settlement* (établissement libre) était le nom donné aux villages fondés par les nègres qui ne vivent pas sur les habitations.

Lavicomté engage les émancipés à l'économie ; elle tend à remplacer leurs anciennes habitudes de désordre et de prodigalité par de nouveaux principes de réserve et d'industrie.

Dès qu'un certain nombre de ventes ainsi conçues furent opérées, mademoiselle Lavicomté offrit gratuitement et sans distinction de culte à la congrégation qui le voudrait accepter, un terrain propre à recevoir une église ou un temple. Les frères Moraves se présentèrent et construisirent une belle chapelle pour tout le monde et une belle maison pour eux-mêmes. Les acheteurs continuèrent à venir : aujourd'hui leur nombre s'élève à 105, et 600 âmes vivent à *Lebanon*.

Mademoiselle Lavicomté, qui ne songeait qu'à une œuvre de charité politique, a déjà vendu quinze acres de cette manière et se trouve avoir fait, sans s'en douter, une très bonne affaire. Peut-être le regrette-t-elle, car ceux qui ne voient pas ces jeunes villes noires avec plaisir n'ont voulu reconnaître en elle qu'un avide spéculateur. En revanche, ceux qui ont horreur et mépris des mauvaises interprétations données au bien, ceux qui n'ont pas la misérable science de découvrir l'égoïsme des dévouemens, féliciteront mademoiselle Lavicomté d'avoir gagné à une opération qui n'est pas seulement d'un bon cœur, mais aussi d'une bonne tête.

Ces villages libres retirent le travailleur de la dépendance où le tenaient les grands propriétaires, lorsque, privé d'un toit particulier, il donnait une partie de son temps pour la location de la case d'habitation. Voilà pourquoi on a calomnié les intentions de mademoiselle Lavicomté, et pourquoi les colons ont été longtemps ennemis des *free settlements*. Ils commencent à revenir à des idées plus saines ; ce que l'intérêt particulier leur faisait envisager comme un mal, peu à peu leur apparaît au point de vue général comme un grand bien. Les nègres, effectivement, qui fixent ainsi leur existence à la campagne, sont désormais acquis à l'agriculture. Leurs enfans deviendront laboureurs au milieu des laboureurs ; ils ne quitteront plus la terre qu'ils possèdent, et, comme l'a judicieusement fait observer

Sir Will. Collebroke, ancien gouverneur d'Antigue, « le système des cottages est le meilleur antidote à la folie des émigrations. » Les législateurs n'ont plus besoin alors de faire des lois arbitraires pour retenir ceux qui, n'étant pas attachés au sol, ont la fantaisie, souvent à leur propre dommage, d'aller voir le monde, ou se laissent séduire par les embaucheurs de Démérary et de la Trinité. Les nègres sans doute y gagnent une plus grande indépendance ; mais la colonie y gagne des propriétaires, c'est-à-dire des hommes doublement intéressés à sa prospérité.—Celui qui possède tiendra toujours un peu plus au sol que celui qui ne possède pas.—Pourquoi craindrait-on ces établissemens même dans les îles où la terre étant plus abondante se trouve naturellement meilleur marché? D'abord les nègres n'auront pas de sitôt assez d'économies disponibles pour acheter beaucoup ; ensuite ils ne trouveront jamais, à y cultiver des vivres, assez de profit pour satisfaire à leurs besoins qui augmentent de jour en jour. Lorsque la somme de vivres nécessaires à la consommation sera produite, il faudra bien retourner à la grande culture.

On voit maintenant ce qu'il faut penser de cette autre raison des adversaires de l'affranchissement qui, fort embarrassés des merveilleux progrès d'Antigue, se sont imaginés de dire : « les circonstances locales ont tout fait à Antigue ; l'île entière, ne contenant pas un pouce de terrain qui n'ait son maître, le nouveau libre, dans l'impossibilité de se créer un toit et un champ, a été forcé de se résigner à planter des cannes [1]. »

Ici comme partout, le nouveau libre a fort bien la faculté de

[1] On ne peut se défendre d'une certaine tristesse à voir les pénibles efforts que s'imposent les ennemis des nègres pour expliquer la prospérité de certaines îles quand ils ne peuvent la nier. M. Layrle attribue les succès d'Antigue « aux continuelles sécheresses de cette colonie, qui tuent les vivres des jardins à nègres ; » le noir sans provisions tombe sous la dépendance absolue des propriétaires et est contraint de s'adonner à la grande culture pour manger.— Le capitaine anti-abolitioniste a découvert une terre aux Antilles qui donne 20,000 boucauts de sucre par an

se retirer dans des *free settlements* et il en use quand il le juge convenable. Il y a d'ailleurs beaucoup d'exagération à dire que l'île entière est occupée. On n'estime pas à plus de 24,000 acres [1] la partie de sa surface mise en exploitation. Tout le reste, (les montagnes, et il y en a 36,000 acres), est à la vérité trop aride pour recevoir de la canne, mais ne le serait certainement pas trop pour recevoir des vivres. — Le mécontentement qu'inspirèrent d'abord aux planteurs Antiguiens les *free villages*, le soin qu'ils prennent d'améliorer leurs cases, les concessions qu'ils en font sans redevance aux laboureurs pour les attacher à l'habitation, disent assez que les nègres ont des moyens de se passer d'eux s'ils le veulent. Les circonstances topographiques n'ont donc rien à voir là-dedans, et ne furent d'aucune influence sur la situation morale des gens

et ne peut donner assez de patates et d'ignames pour nourrir 50,000 hommes !

A l'île de la Trinité, dont les produits n'ont éprouvé aucune diminution, le bien que voit M. Layrle ne contrariant pas moins le mal qu'il pense, ce ne sont plus les *sécheresses*, ce sont les *inondations* qui ont forcé les émancipés au travail et préservé le pays du désordre. Écoutez le capitaine :

« Le vagabondage est difficile à la Trinité, pays couvert de bois, plat et souvent sous l'eau. Le noir est forcé de se tenir dans le voisinage des habitations, et là, dans l'impossibilité où il est de se livrer à de petites productions, que les pluies abondantes de l'année ne souffriraient pas, force est à lui de s'employer pour ses anciens maîtres. Le vagabondage, si commun et si facile dans les autres colonies, ne peut pas exister à la Trinité : la situation du sol et l'état du ciel s'y opposent absolument. Cette circonstance a pour résultat de ramener à la grande culture des bras qui ne peuvent pas s'utiliser pour eux-mêmes. »

Il est donc bien positif qu'à la Trinité, où sur 2,000,000 d'acres de superficie on en compte à peine 100,000 d'exploités, si les 17,000 affranchis travaillent, c'est parce qu'ils ne trouveraient pas, dans les 1,900,000 acres restant, un coin propre à recevoir quelques vivres ! et cela dans un pays d'une fertilité si prodigieuse, que les plants de cannes de plusieurs quartiers n'ont pas été renouvelés depuis 20 ans !

[1] *Précis de l'abolition*, quatrième publication, chap. 4.

d'ici. Le nègre d'Antigue, après tout, n'est-il pas libre de ne donner de son temps que ce qu'il faut pour pourvoir à ses stricts besoins? Ne sait-on pas qu'il peut vivre une semaine avec le salaire d'un jour? Comment serait-il donc plus que celui de la Jamaïque dans l'état de dépendance? Une fois libre et rentré dans le droit commun, on devait lui permettre tout ce qui n'offense pas la justice, et l'entière disposition de son travail était la plus rigoureuse conséquence du principe admis. Tout arrêt législatif qui s'y serait opposé eût été de la tyrannie et n'eût pas seulement justifié, mais commandé la révolte ouverte au nom des droits de l'humanité.

Les petits lots de terrains loués ou vendus à des nègres, outre leurs avantages particuliers, ont exercé une heureuse influence sur l'état des cases des habitations. Pour attirer et retenir chez eux des laboureurs, les maîtres font bâtir des maisonnettes commodes, bien disposées, avec des fenêtres et des portes à hauteur d'hommes, propres enfin à y loger des membres de l'espèce humaine. Rien n'y ressemble à ces huttes de sauvages que la servitude avait construites ici comme partout ailleurs, et les ouvriers résidans qui n'ont encore que de vieilles cases, insistent beaucoup auprès des propriétaires pour en avoir de plus belles. Aussi M. Shand nous disait-il, en parlant de ces nègres qui devaient se contenter d'ajoupas dès qu'ils seraient libres : « Si on les en croyait, on leur bâtirait à tous des palais. »

Il est certain qu'il s'introduit dans la demeure des noirs une amélioration extraordinaire. Plus d'abandon, plus d'insouciance, plus d'extrême misère, plus de ficelles pour porter des *loques*, plus de simples planches pour dormir, plus de feu dans une encoignure des chambres pour y cuire éternellement un morceau de morue salée, plus rien de cet aspect barbare qui désole dans la demeure des esclaves. Au contraire, des tables, des chaises, des lits, des canapés, des buffets ornés de vaisselle et de verrerie; enfin, des glaces et jusqu'à des toilettes de femme avec des enveloppes de mousseline! Outre cela, dans presque toutes les cases une bouteille de vin de Madère dont le maître ou la maîtresse du logis vous offre généreusement un petit verre selon l'universel usage des colonies. Une seule chose est à craindre en vérité, c'est qu'au lieu de se borner à vivre du strict nécessaire, comme nos colons le redoutent tant, les nouveaux émancipés ne se livrent trop tôt à de folles dépenses. Ils contractent avec une rapidité presque effrayante tous ces besoins artificiels qui constituent seuls le commerce et la civilisation, en forçant l'homme à l'industrie pour les satisfaire. Le géreur de l'habitation *Potter*, qui gagne aujourd'hui cinquante guinées par an, est logé avec sa femme comme le sont les économes de nos îles, toutes choses ayant de plus chez lui le caractère *comfort* particulier aux Anglais et inconnu aux Français. — Ce géreur et sa femme étaient esclaves il y a six ans! — La maison de M. John Jabob, à *Sea View* (menuisier-charpentier, il est vrai), a quatre pièces avec des fenêtres à jalousies. — M. John Jacob était esclave il y a six ans! — Un de ses voisins, dont nous oublions le nom, a presque une ferme entourée d'une vaste palissade bien soignée et bien peinte. La fortune de M. John Francis est plus grande encore. Il vient d'acheter un tilbury de la dernière élégance, et il a fait demander des harnais en Angleterre parce qu'il n'en a pas trouvé d'assez beaux à son goût dans les magasins de la ville! Un tilbury au bout de six années de liberté! jugez où cela nous mène! Et lorsque nous avons demandé à M. John Francis pourquoi cette grande dépense? Il nous a répondu tranquillement que c'était « pour aller voir sa famille qui demeure un peu loin, et pour prêter une voiture aux ministres quand ils en auront besoin. » Il avait donné la veille du jour où nous le vîmes 5 liv. cour. (75 fr.) à la souscription ouverte dans la congrégation pour envoyer des missionnaires Moraves aux îles qui n'en ont pas [1].

Ce nègre n'a pas plus de trente-cinq ans; d'une haute dévo-

---

[1] L'association de *Sea View*, vient de fournir 200 gourdes (1000 fr.) de souscriptions volontaires pour cet objet.

tion, froid, réservé, le visage ferme, mais mystique; il a déjà merveilleusement compris la dignité et l'égalité humaines. Nous le trouvâmes chez lui (il était un peu malade) étendu sur un canapé et lisant. Il se leva; et quand le ministre de Lebanon qui nous présentait lui eut dit l'objet de notre voyage, il nous tendit la main selon l'usage anglais avec la vieille formule britannique : Je suis très heureux, Monsieur, de vous voir dans ma maison. Un nègre offrant la main à deux blancs!! Il nous a montré tout ce qui constitue sa fortune d'un air content mais modéré, et au jardin, il a pris fort simplement la houe pour déterrer quelques pommes de terre douces et nous les montrer. Sa femme, qui nous avait reçus avec beaucoup d'aisance, a conservé comme lui le costume des laboureurs.

M. John Francis est arrivé où il en est par une conduite régulière et par la confiance qu'inspire son intégrité. Son industrie consiste à transporter des terres, des pierres, des matériaux de toute espèce au moyen de deux cabrouets et de deux chevaux qu'il possède. Il ramasse quelquefois deux piastres net par jour.

C'est du produit de leur travail à gages sur les habitations de leurs anciens maîtres que ces hommes ont gagné le bien-être, le luxe que nous leur voyons. Et l'on ose nier les bienfaits de la liberté!

Ces choses ont une grande importance dans la question; il ne s'agit pas seulement de persiennes, de robes et de rideaux en effet; il s'agit d'une transformation radicale dans les habitudes des anciens esclaves; il s'agit d'un actif élément de civilisation, nous voulons dire leur goût très prononcé pour toutes les commodités de la vie. On nous permettra donc d'insister et de l'établir d'une manière incontestable, en l'appuyant de l'aveu bien net des colons eux-mêmes. — Ainsi, disent les commissaires, dans l'enquête ordonnée par la chambre des communes. « Ainsi, depuis l'abolition de l'esclavage, les colons se sont occupés d'améliorer les logemens des noirs?—Oui, répond M. Warren, propriétaire et géreur d'habitations à la Guyane anglaise, surtout depuis la cessation de l'apprentissage.— Qui a pu déterminer les colons de la Guyane à faire cette dépense? —Les colons et les cultivateurs qu'ils emploient sont placés les uns vis-à-vis des autres *dans une situation tout-à-fait anormale*. Ailleurs, c'est le maître qui impose ses conditions, mais chez nous les bras actifs sont si rares, que c'est l'ouvrier qui fait la loi au maître, ce qui nous oblige à subir son bon plaisir. En offrant aux noirs de jolies maisons bien construites, nous avons espéré les fixer sur nos habitations et nous assurer leur travail. — Les noirs paraissent-ils sentir le prix d'une demeure agréable!—Beaucoup : lorsqu'ils viennent se présenter pour un engagement, ils vont d'abord voir le logement qui leur est destiné ; si ce logement leur déplait, ils ne s'engagent pas [1]. »

Voici maintenant ce que confesse un adversaire décidé de l'émancipation, M. le capitaine de corvette Layrle. Nous copions textuellement : « Si dans les premiers momens beaucoup d'entre les noirs ont quitté les habitations pour jouir d'une liberté mal comprise, mal entendue, les besoins se sont bientôt fait sentir et les ont ramenés auprès de leurs anciens maîtres. Ceux-ci, pour s'assurer le travail des affranchis et conserver un plus grand nombre de bras, ont cédé de bonne grâce *aux exigences des nouveaux libres* en rendant leurs demeures plus agréables et plus spacieuses. » — « C'est surtout à Saint-Vincent et à la Grenade que j'ai été frappé du bien-être des noirs. J'ai visité les nouvelles cases que les propriétaires leur ont fait bâtir. Ce sont de charmantes maisons en bois, planchéiées à l'intérieur; elles sont décorées par les affranchis des objets nécessaires à la vie, et le tout est d'une propreté, d'un confortable qui contrastent avec les anciennes cases de bambous couvertes en chaume qui, dans certaines localités, rappellent encore le temps de l'esclavage[2]. » Et à Sainte-Lucie : « Je dois cependant faire remarquer cette circonstance heureuse pour le planteur,

---

[1] *Précis de l'abolition*, deuxième partie de la troisième publication.
[2] do quatrième publication.

c'est que le nouvel état social des affranchis les ayant mis plus en rapport avec la civilisation, ils en ont bientôt pris les habitudes et les besoins. Ce ne sont plus ces nègres en haillons ou mal vêtus que l'on voyait autrefois ; ce ne sont plus ces négresses demi-nues ou couvertes d'une mauvaise toile de Guinée. Aujourd'hui, les uns et les autres sont bien habillés, et aux champs comme à la ville, ils sont souvent remarquables par la richesse de leur toilette. Leur manière de vivre s'est aussi beaucoup améliorée. Ils ne se contentent plus maintenant des racines de leurs jardins et de poisson salé, il leur faut quelque chose de plus recherché : aussi les voit-on se nourrir de pain et de viande fraîche et prendre l'usage du vin, bien que les liqueurs alcooliques soient plus de leur goût ; mais en cela, les affranchis veulent faire comme les anciens maîtres. C'est grâce à ces besoins créés par l'émancipation que les noirs restent encore aux travaux de la terre [1]. »

Et les créoles français qui peuvent lire tout cela comme nous, écrivent que « l'affranchissement des colonies anglaises a été aussi funeste aux affranchis qu'aux planteurs ! » Pendant que leur misérable goût pour l'esclavage invente, afin de s'excuser, la barbarie des îles émancipées, les nègres des *West-Indies* font une chose que les plus fermes négrophiles n'auraient pas même espéré d'eux encore, ils font ce que les prolétaires d'Europe n'ont pas fait : ils se mettent en association ! Écoutez ce que le général Light, gouverneur de la Guyane Anglaise, écrit au ministre John Russel, en date de Démérary, 4 décembre 1839 [2].

« Monseigneur,

« Dans ma lettre du 18 novembre, j'ai eu l'honneur de vous informer que l'habitation abandonnée de *North-Bruce,* sur la côte Est de Démérary avait été achetée par six hommes de la

[1] Rapport du 11 avril 1840 sur Ste-Lucie, St-Vincent et la Grenade, Voir *Précis de l'abolition*, *etc.*, quatrième publication.
[2] *Parlementary Papers relative to the West-Indies*, p. 63.

classe émancipée. La pétition qui accompagne la présente, place cette transaction sous un point de vue encore plus important, et c'est avec une haute satisfaction que j'ai l'honneur de la transmettre à votre seigneurie, comme preuve que l'affranchissement produit les effets qu'on en devait attendre, que l'ancien esclave a déjà le désir d'élever sa condition sociale, qu'il connaît la valeur de sa liberté, de ses droits et de ses devoirs. Je suis fier de mettre cette pièce sous les yeux de votre seigneurie, et d'appuyer respectueusement la partie de la pétition qui demande que Sa Majesté veuille bien permettre aux acheteurs que leur propriété soit appelée de son nom. Je me réjouis aussi que cette pièce soit en contradiction directe avec les rapports faits contre les traitemens des engagistes vis-à-vis des engagés.....

« Il paraît que la terre de *North-Bruce* a été achetée par soixante-trois personnes, dont la plus grande partie sont des contre-maîtres et des mécaniciens employés sur des habitations voisines, et qu'elle a été payée avec les gages reçus depuis le 1ᵉʳ août 1838. Ils ont acheté avec l'intention louable d'avoir un chez eux indépendant (*an independent home*), et sans doute ils ajouteront à leur nombre par la vente de portions de terre dont ils n'auront pas besoin; mais j'apprends que les règles qu'ils ont faites pour leur communauté sont si rigides, qu'il n'y a que les gens sobres et bien déterminés à travailler qui seraient tentés de s'engager parmi eux. »

Voici la pétition.

« Nous les soussignés, etc., le 7 de ce mois, nous avons acheté des exécuteurs de feu B. Rogers, esq., pour la somme de 10,000 gourdes (50,000 fr.), son habitation appelée *North-Bruce*, contenant à peu près 500 acres de terre, et comme nous l'avons pu payer au moyen des économies que nous avons faites depuis que nous sommes libres, nous ne pouvons nous défendre d'exprimer toute notre reconnaissance envers les esprits généreux qui ont été les principaux instrumens de notre indépendance. Nous songeons avec une joie inexprimable que toutes les classes, depuis les plus grands jusqu'aux derniers citoyens se sont rangés de notre côté, nous nous souvenons et nous apprendrons à nos enfans à se souvenir que le souverain même assis sur le trône d'Angleterre a daigné être notre ami. »

Après ce touchant et ferme exorde, ils demandent que la reine leur permette d'appeler leur habitation de son nom, et veuille bien leur accorder son patronage, puis ils continuent :

« Nous vous prions d'assurer Sa Majesté que nous ne serons jamais coupables de rien qui puisse nous faire retirer sa protection. Nous sentons tous les bienfaits de la liberté, et nous tâchons de nous en rendre dignes. Nous sommes pacifiques par disposition, travailleurs par habitude, loyaux par nature. Nous assurons Votre Excellence que nous ne voulons pas nous endormir sur notre habitation et y vivre d'une vie de paresse. Nos vues et nos désirs sont d'avoir la terre divisée entre nous en portions égales, pour y édifier nos petites maisons et cultiver nos légumes dans les momens de loisir ; mais notre ferme détermination comme corps est de continuer à travailler journellement ainsi qu'aujourd'hui sur les diverses habitations où nous sommes employés. »

« Nous représentons de plus à V. E. qu'il est de notre intention d'établir chez nous une école, etc., etc. »

Suivent pour signatures 48 croix et 15 noms.

Jamais population ouvrière a-t-elle tenu un langage plus simple et plus digne !

Sir H. J. Light fait remarquer, après avoir transmis cette lettre, que la situation de *North-Bruce* indique chez les nègres fort peu de dispositions à s'éloigner des centres. « Car, dit-il, pour la même somme ils auraient pu acheter dans l'intérieur trois fois autant d'acres de terres de la couronne. »

Lord Stanley, dans son discours du 22 mars 1842 à la chambre des communes, cite plusieurs acquisitions de ce genre, et particulièrement celle de l'habitation *Orange-Nassau*, achetée 28,000 piastres par une société de cent quarante-un noirs, et celle de l'habitation l'*Amitié*, achetée 180,000 piast. (900,000 fr.)

par une société de cent vingt noirs, qui tous avaient payé comptant leur quote-part. Un des membres de cette dernière association, qui entretenait un cheval et un tilbury, avait versé 2,000 piastres sans cependant réduire le train de sa maison.

M. Favard, qui n'a jamais partagé les erreurs de ses commettans, convient que l'émancipation a été profitable au moins aux affranchis; mais lui qui, en sa qualité de propriétaire et de délégué des blancs, va sans doute en carrosse, il trouve fort mauvais que des laboureurs des Antilles aillent en tilbury[1]! Que dire à cela? Passons.

Les choses ne s'améliorent pas moins sous le rapport moral que sous le rapport matériel. Les relations de blanc à noir ne sont plus celles d'un maître à un chien. Les nègres sont restés polis, mais les maîtres, chose plus difficile peut-être, le sont devenus, et les colons d'Antigue ont montré un admirable bon sens en mettant de côté toutes les formes acerbes et orgueilleuses, en oubliant ce qu'ils avaient été vis-à-vis de leurs esclaves montés au rang de leurs égaux. Ils ont accepté les faits et se sont considérés comme chargés d'une grande mission. « Notre tâche était difficile; il a fallu beaucoup d'attention et de persévérance : une pareille transformation a de grands embarras. Nous avons dû user de beaucoup de ménagemens avec ces hommes; les encourager, accommoder les choses avec eux, et ne pas les irriter. En les traduisant devant le magistrat, nous pouvions expulser de nos cases ceux qui ne travaillent pas avec régularité, mais rarement nous avons voulu avoir recours à la loi. » Telles sont les idées dans lesquelles on trouve les habitans d'Antigue, et leurs bons procédés envers les émancipés ne se sont jamais démentis. Nous en avons été témoin. Ils ne nous faisaient jamais visiter une case d'habitation, par exemple, sans qu'ils en demandassent la permission avec quelques mots d'excuse. C'est tout simple. Ils n'entraient plus chez

---

[1] Examen des résultats produits par l'émancipation des esclaves, 1842.

eux, ils entraient chez leurs locataires. La légère nuance patriarchale que l'on remarque dans l'esclavage, lorsque le maître est humain, a disparu à la vérité ; les relations participent davantage du caractère d'une indépendance réciproque ; on sent que l'employeur et l'employé ne sont plus liés l'un à l'autre, mais tout reste en bons termes. Les blancs ne cherchent pas à violer les privilèges des nouveaux libres, et les noirs n'en gardent que plus aisément une certaine déférence pour les anciens maîtres. Personne n'a rien à craindre ; nulle hostilité n'existe de part ni d'autre, et comme nous disait M. Salvage Martin : « employeurs et employés, dans un cas difficile, s'assistent volontiers, même sans se connaître. »

Est-il nécessaire, après ce que nous venons d'exposer, de répondre au paradoxe favori de nos colons. La liberté, prétendent-ils encore, comme avaient prétendu les colons anglais; la liberté sera pour les nègres eux-mêmes un fardeau intolérable, et ils regretteront l'esclavage. Nous avons interrogé beaucoup d'affranchis dans ce sens, et, si cela pouvait être nécessaire, nous attesterions qu'ils veulent rester libres. Ils ne manquent pourtant pas de la parfaite intelligence de leur position actuelle, et ils se rappellent très bien ces graves paroles que leur adressa ici la veille de l'abolition M. Henri Loving, mulâtre, nommé surintendant général de la police :

« Je vous conjure, mes frères, de ne pas oublier que dans tout pays les hommes libres sont soumis à une foule de lois et de réglemens qui guident, dirigent et gouvernent leur conduite privée et publique : sachez encore qu'un homme libre est son propre esclave à lui-même, dans toute l'étendue de ce mot ; qu'il est l'esclave de son corps, à la conservation duquel il est obligé de veiller ; l'esclave de son estomac, qu'il faut bien qu'il nourrisse ; l'esclave des besoins de sa femme et de ses enfans ; l'esclave enfin de tout ce qui est nécessaire à son existence et à son bien-être domestique. »

« La liberté, nous ont dit plusieurs émancipés, a ses charges, ses peines ; ses douleurs. Il faut maintenant travailler sans relâche : nous avons à songer à notre nourriture, à nos enfans et à notre avenir. Nous nous asseyions autrefois quand nous le pouvions, car nous ne faisions de tort alors qu'à nos maîtres; tandis que maintenant nous nous en ferions à nous-mêmes : il faut rester debout. Mais c'est égal, continuaient-ils avec le langage métaphorique si familier aux nègres, mieux vaut être libre debout qu'esclave assis. » Dites encore, colons français, que vos ilotes ne comprendront pas la liberté.

Les émancipés ne se réjouissent pas de l'émancipation seulement parce qu'ils sont libres, mais aussi parce qu'elle a fait d'eux la race de paysans la plus heureuse qui soit sur toute la surface du globe.

Nos planteurs s'obstinent cependant à parler de nègres français réfugiés, qui, après avoir goûté de l'indépendance anglaise, l'ont trouvée si amère qu'ils reviennent volontairement prendre leurs fers. Ces insensés veulent absolument nous persuader que leurs coups de fouet ont des charmes invincibles, et que l'esclavage a des attraits particuliers pour ceux qui l'ont subi! Eh! mais, Aristote n'a-t-il pas soutenu que les esclaves blancs n'avaient qu'une demi-âme? On a peine à croire, en vérité, jusqu'où peut aller la folie humaine.

Il n'est pas sans intérêt, puisque nous sommes sur ce chapitre, et afin qu'il n'en soit plus question, de dire ce qui se passa dans plusieurs îles anglaises, et entre autres à la Jamaïque. Les nègres ont si peu de goût pour la liberté, qu'un grand nombre d'apprentis, tous fort bien instruits qu'ils seraient libres de droit quatre et six ans après la promulgation de la loi, achetèrent de leurs deniers ce qu'ils avaient encore à passer dans cette cruelle servitude que l'on appelait l'apprentissage[1],

[1] Ces sortes de rachats eurent lieu dès les premiers jours de la nouvelle condition faite aux esclaves. « Il résulte d'un rapport des juges spéciaux, que du 1er juin 1834 à la même date en 1835, sur 522 apprentis dont ils avaient à évaluer la valeur de rachat, 343 s'étaient rachetés; 166 y avaient renoncé trouvant l'évaluation au-dessus de leurs moyens. » (*Précis de l'abolition*.)

si bien que plusieurs prédiaux¹, qui avaient pris des termes assez longs avec leurs maîtres, payent encore actuellement pour le rachat des deux dernières années dont l'acte de 1838 les a depuis libérés! Un beaucoup plus grand nombre d'apprentis se seraient rachetés si le parlement avait eu la sagesse de stipuler le maximum de la valeur des prétendus libres qu'il avait faits. Des plaintes fréquentes sur l'exagération du prix des services qu'ils avaient encore à rendre parvinrent inutilement aux gouverneurs, et bien qu'on ait généralement estimé leur liberté définitive de 30 à 36 liv. sterl. (12 à 1400 fr.), on a calculé pour la Jamaïque seule, d'après l'examen des livres publics d'enregistrement où ces marchés furent inscrits, que les sommes ainsi payées s'élèvent de 60 à 65,000 liv. sterl.²!

A Sainte-Lucie, beaucoup d'émancipés se rachetèrent de la même façon; il faut le croire ou nier la véracité de cette note de MM. Sturge et Hervey : « Le gouverneur de Sainte-Lucie, dans une tournée qu'il vient de faire, a tâché de dissuader quelques apprentis de payer leur liberté, en leur disant que s'ils attendaient jusqu'en 1840, ils auraient leur argent pour commencer à travailler. Mais ils ont argué en réponse que les gages sont maintenant très élevés, et que sans doute ils baisseraient à l'époque de la liberté générale³. »

Une observation avant de passer outre. Que le lecteur n'exagère pas notre pensée; qu'il fasse même un peu la part de l'abolitioniste. Malgré nous, nous avons dû voir les résultats de l'émancipation plus de leur bon côté que du mauvais, mais notre volonté bien formelle est d'être toujours vrai. C'est dans la constance d'une énergique modération qu'est le triomphe de la cause de l'affranchissement. La sincérité, après tout, est de bonne politique. Si nous disions que tout est bien, on n'aurait

---

¹ Prédial (attaché au sol). On donna ce nom à ce que nous appelons les nègres de terre, c'est-à-dire les laboureurs.

² Notre autorité est M. Richard Hill.

³ Les *West-Indies en* 1857. *London.*

pas plus de foi en nous qu'en nos ennemis qui disent que tout est mal. C'est pourquoi, en rapportant les choses avantageuses qui nous ont frappé, nous ne prétendons pas du tout qu'il n'y ait point d'ombre au tableau. La liberté régentée par le zèle moralisateur des hommes de religion, conduite avec un art infini par les créoles, a produit ici des miracles; mais elle n'a pu faire que *tous* ces misérables esclaves devinssent d'un seul coup des citoyens utiles. La liberté a des indignes comme la servitude avait des *cravates* ¹. Antigue a ses insoucians qui, trouvant de quoi se maintenir la semaine entière avec deux jours de travail, se reposent les cinq autres jours; elle a ses paresseux décidés courant les grandes routes, les villes, les villages, et cherchant leur subsistance dans le vol. Elle a aussi une certaine population de misérables aux robes déchirées, aux vestes trouées, qui ne font rien et vivent de presque rien, dont l'industrie, par exemple, est d'acheter aux pêcheurs un poisson et de le vendre ensuite par minces tranches en détail, commerce où il ne faut pas plus de 5 sous de capital. Mais quel est le pays du monde qui soit parvenu à se délivrer de ces lépreux moraux! C'est par l'ensemble qu'il faut juger une société. Eh bien! nous maintenons que l'ensemble de la société des îles émancipées est bon, et nous allons en acquérir de nouvelles preuves en étudiant Antigue sous le point de vue que l'on pourrait appeler judiciaire.

Antigue a une cour de justice qui s'assemble quatre fois l'année pour juger des crimes et délits. Plus, deux fois par semaine, dans chaque paroisse, un citoyen notable est appelé à remplir au *police office* les fonctions de juge de paix, et connaît de tous les petits faits qui ne vont pas au criminel, disputes, injures, coups : matières de police en un mot. Il juge en dernier ressort sans que l'accusé ait d'avocat, et condamne par conviction sommaire; il prononce des amendes au profit du trésor, et peut aussi infliger la peine de la prison. Le principe

¹ Voir des *Colonies françaises*, page 26.

de cette justice expéditive est très bon pour éviter les grands procès. Le magistrat étant pris dans le peuple, la loi se trouve appliquée par le peuple lui-même, et il n'y a qu'une chose à regretter, c'est que le magistrat ne soit pas aussi nommé par le peuple.

Les rôles de la cour de justice qui tenait sa session de décembre, ne portait que vingt-une affaires pour ces trois derniers mois. Quatre *felony* (crimes), trois *assault and battery* (coups et blessures); enfin, quatorze *larceny* (petits vols). Voilà l'état criminel d'une population de 35,000 âmes pendant l'espace de trois mois! Est-il beaucoup de départemens de France qui n'auraient pas plus à perdre à montrer les relevés de leurs cours d'assises?

C'est surtout en comparant le présent au passé que l'on peut apprécier l'effet bon ou mauvais de l'affranchissement sur les sociétés qu'il vient réformer. Nous mettrons donc sous les yeux du lecteur le relevé des prisons de Saint-John depuis le 1ᵉʳ janvier 1830 jusqu'au 12 décembre 1840, jour où le savant docteur Wood, prévôt-maréchal, a bien voulu nous en donner copie.

Geôle.

1830	1831	1832	1833	1834	1835	1836	1837	1838	1839	1840
562	399	405	395	203	339	151	284	155	160	139

Relevé véritable des livres de la geôle.   *Certifié*,
Signé N. C. KOWET, geôlier.   OSWALD WOOD.

Maison de correction, ouverte le 8 décembre 1834, pour recevoir les condamnés de simple police.

Décembre 1834	1835	1836	1837	1838	1839	1840
36	706	736	850	244	311	291

Relevé véritable des livres de la maison de correction.
Signé J. MEAD.   *Certifié*, Osw. WOOD.

C'est donc depuis la liberté :

	1835	1836	1837	1838	1839	1840
Geôle..	339	151	284	155	160	139
Maison de correction.	706	736	850	244	311	291
	1045	887	1134	399	471	430

Le résumé comparatif est par conséquent :

	1830	1831	1832	1833
Dernières années de l'esclavage...	562	399	405	395

	1837	1838	1839	1840
Premières années de la liberté...	1134	399	471	430

Les chiffres de la liberté sont un peu plus gros que ceux de la servitude ; mais cette différence tournera bientôt à notre avantage si l'on se rappelle que la société s'est augmentée de la masse des affranchis. L'introduction dans cette société de trois quarts en plus de membres n'a donné qu'un quart de plus de condamnations, et encore les petits cas, et même beaucoup de crimes autrefois jugés par la justice seigneuriale des planteurs, et qui par conséquent ne figurent point dans les relevés de la servitude, arrivent tous indistinctement aujourd'hui devant les magistrats. Ainsi l'on peut dire, sans hésiter nous croyons : à Antigue comme à la Dominique, et même à la Jamaïque, le nombre total des coupables a diminué depuis l'affranchissement.

La chose est presqu'incroyable ; c'est pourquoi nous avons procédé un peu longuement et en produisant des témoignages irrécusables. Il ne faudrait pas supposer du reste que beaucoup de méfaits passent impunis. La police d'Antigue est sévère, et les fautes les plus légères sont réprimées. Lors de notre visite à la maison de correction, il nous a été permis de consulter le livre d'écrous du mois. Voici quelques-unes des condamnations que nous y avons trouvées :

N. 7 jours. Pour s'être offert comme commissionnaire sans permis.
— 30 — Arrêté dans une rixe et ne pouvant dire quels sont ses moyens d'existence.
— 60 —   d°.   d°.

N. 22 jours. Vagabondage.
— 30 — Pour s'être absenté sans cause de l'habitation où il était engagé.
— 7 — Batelier qui a refusé de mener quelqu'un conformément au réglement.
— 60 — *Rogue* (mauvais sujet noté) arrêté en vagabondage.

Il ỳ avait aussi plusieurs condamnations à deux et à un jour.

C'est une chose unanimement avouée que les routes et les villes n'étaient pas plus sûres autrefois qu'aujourd'hui. Le vol à main armée ou avec escalade et effraction est absolument inconnu ici, de même que dans les deux autres îles. Nous n'en avons du moins trouvé qu'un seul cas dans les prisons d'Antigue, et le coupable était un soldat blanc.

Dans quelques îles anglaises, a-t-on dit, les planteurs font faire des portes de fer pour se protéger la nuit. Si cela est, ce doit être assurément la faute des planteurs, car dans les trois colonies que nous avons vues, nous avons éprouvé la même surprise que nous manifestions en écrivant sur les îles françaises. Bien que l'on vive au rez-de-chaussée, les portes sont toujours ouvertes; on serait même fort embarrassé de les fermer, car il n'existe peut-être pas dix serrures dans ces trois colonies qui puissent résister à l'adresse du plus novice des voleurs européens. Quelque grand que fût le degré de sécurité dont on jouissait au temps de l'esclavage, il n'a pas diminué depuis l'abolition. Dans les campagnes de la Dominique on a conservé la mode d'exposer l'argenterie avec les verres fins sur les *side board* (sorte de buffets). Nous dormions la nuit à Roseau (Dominique), chez notre bon hôte, l'honorable William Blanc, dans une chambre dont les fenêtres laissées ouvertes étaient si basses, qu'on y pouvait atteindre avec un tabouret. A Saint-John (Antigue), dans l'hôtel où nous habitions, nous fûmes obligé, bon gré mal gré, de prendre confiance, par la raison que notre chambre, pourvue de trois portes, n'avait pas une seule serrure. A English Harbour (Antigue), la personne qui nous recevait nous donna un lit dans une maison de campagne isolée à vingt minutes de la ville. Comme le domestique en se retirant ne fermait ni portes ni fenêtres, nous lui demandâmes si cela n'était pas nécessaire; il répondit : non, fort tranquillement, comme s'il se fût agi de la chose la plus simple du monde. En notre qualité de parisien nous eûmes un moment de réflexion, mais en bon abolitioniste; nous pensâmes comme le domestique, comme le créole qui avait logé là son hôte, et nous dormîmes en paix. Dans nos courses sur les habitations, il nous est arrivé souvent, en visitant les cases à nègres, d'en trouver dont les portes étaient ouvertes. Ces mœurs sont tellement contraires aux mœurs européennes, qu'on aura peine à nous croire de ce côté-ci de l'eau, comme disent les créoles. Aussi pensons-nous devoir attester que rien n'est exagéré dans ce qu'on vient de lire.

Mais si le vol qualifié est rare, les habitans se plaignent avec aigreur des larcins que nous avons appelés ruraux dans le livre des *Colonies Françaises,* vols de cannes, de bois (pour cuisine), d'herbe (pour les chevaux), vols malheureusement trop faciles à commettre, presque impossible à réprimer. Une certaine classe de paresseux et de mauvais sujets s'y adonnent d'autant plus volontiers, qu'ils trouvent à la ville un débit prompt et fort aisé du fruit de leurs rapines. Ces déprédations spéciales ont-elles augmenté ou diminué ici depuis l'abolition? Il est difficile de rien savoir de précis à cet égard. Les uns disent oui, les autres disent non : chacun juge un peu selon ses préventions particulières. Nous pouvons assurer toutefois que M. Daniel, président du Conseil, et M. Nathan, *chief of justice* (président de cour royale), nous ont dit ensemble : « Nous n'éprouvons aucune hésitation à affirmer que les vols diminuent. » Ils sont encore trop nombreux, sans aucun doute; mais pour notre compte, nous déclarons n'avoir jamais cru que l'abolition de l'esclavage dût détruire tout vice chez les nègres et faire d'eux une société comme l'histoire n'en a jamais connu depuis l'âge d'or, une société irréprochable. L'esclavage après tout n'avait-il pas ses voleurs de cannes et de provisions ?

On peut supposer d'ailleurs, sans voir les choses d'un œil trop prévenu, qu'à mesure que les nègres deviendront eux-mêmes propriétaires, ils seront plus intéressés à la répression de pareils crimes et s'attacheront à les poursuivre. Les fainéans ne trouveront plus alors, comme il arrive aujourd'hui, d'excuse dans la compassion de leurs frères qui travaillent encore, mais sans être aucunement intéressés à la propriété qu'ils cultivent. N'y aurait-il pas aussi quelque moyen de répression à tenter? Un corps à pied et à cheval, à peu près de la nature de nos gardes-champêtres, répandu dans les campagnes, ne rendrait-il pas des services? Il faut y songer. La liberté ne doit point permettre que les traditions pillardes de l'esclavage se perpétuent, et que ce vice de rapine agricole, quoiqu'il tienne beaucoup à la nature des lieux, s'établisse dans les mœurs des nouveaux citoyens.

La législature, croyant tenir le remède, avait rendu dernièrement une mauvaise loi qui donnait à la police la faculté de requérir les preuves de propriété pour tout objet mis en vente dont elle suspectait l'origine. La métropole heureusement a refusé sa sanction à cet acte, qui n'était rien de moins qu'une loi des suspects. Les Antiguiens se montrent fort piqués du refus. Nous regrettons, nous, qu'on n'ait pas repoussé de même un acte passé le 22 septembre 1836, par lequel tout laboureur, ouvrier, artisan et domestique, est obligé, lorsqu'il veut sortir de l'île « de faire constater qu'il n'a *aucun parent quelconque* ou enfant âgé de moins de quatorze ans, que son absence laisserait dans le dénuement. »

A moins d'être enfant trouvé, il n'est personne qui puisse jouir du droit naturel de se transporter ou bon lui semble sous l'empire d'une pareille restriction. On l'a revêtue du prétexte de protéger les parens contre l'abandon de leurs fils, et les émancipés contre les promesses illusoires des embaucheurs de la Guyane ou de la Trinité. Mensonge législatif. Le véritable but de l'acte, est d'arrêter les nègres qui voulaient émigrer à la Trinité et à la Guyane. Du moment où l'on n'a pas même pris la peine de soumettre les riches à la formalité imposée aux pauvres ; du moment qu'elle regarde exclusivement « les laboureurs, ouvriers, artisans, domestiques, » elle est évidemment vexatoire à l'égard d'une certaine classe de citoyens.

Quelles que soient les plaintes des colons contre les difficultés qu'ils trouvent à obtenir de la métrople tout ce qu'ils jugent nécessaire, il est heureux que la sanction royale soit indispensable pour donner force à leurs désirs, et l'on voit qu'elle ne les préserve pas toujours d'injustice. S'il n'en était ainsi, combien d'autres arrêts, tout aussi injurieux au bon sens et à l'équité, se trouveraient dans le code des îles ! La métropole, loin de toutes passions locales, dégagée de la tyrannie des intérêts immédiats, peut seule faire contre-poids au vice inhérent à la constitution actuelle des colonies émancipées. Les créoles passent des actes qui leur semblent excellens, parce qu'ils sont utiles à leurs vues ; mais ils ne s'inquiètent pas de savoir si les actes garantissent les droits des laboureurs. La population noire n'a généralement pas encore voix aux assemblées ; elle ne peut y manifester ses vœux ; elle n'est ni assez instruite ni assez forte pour se plaindre haut et résister. Il est donc nécessaire qu'elle ne soit pas livrée sans secours à la toute puissance législative des colons, et que le gouvernement s'interpose entre l'ancien maître et le nouveau libre. — Nous n'avons maintenant qu'une crainte, c'est que le *colonial office*, oublieux de son passé négrophile, ici comme à la côte d'Afrique, n'abandonne la protection des émancipés pour devenir complice des propriétaires.

CHAPITRE V.

ADMIRABLES RÉSULTATS DE L'ABOLITION SPONTANÉE.

Après avoir exposé l'état moral en quelque sorte de la colonie, examinons quels sont les résultats obtenus. La chose est facile. La courtoisie des créoles Antiguiens et leur hospitalité, que je dirais princières, si prince voulait encore dire quelque chose de bon, ouvrent leurs fabriques comme leurs salons et donnent pour tout voir des facilités extrêmes.

Rien à Antigue ne porte le cachet d'une destruction future : non plus ici que dans les deux autres îles où nous sommes allé, ce n'est pas le désordre d'une société tombant dans le cahos que l'on trouve; c'est au contraire le mouvement d'un peuple qui se perfectionne et se reforme sur de nouvelles bases; partout on trouve une activité prodigieuse et les signes de la prospérité. Les Antiguiens ont l'amour du luxe : leurs maisons, leurs tables, leurs vaisselles, leurs voitures, leurs livrées sont tenues avec une recherche splendide, et ils apportent ce goût de magnificence jusque dans l'industrie. De tous côtés, des usines s'augmentent, se fondent ou se relèvent; c'est le même spectacle qu'à la Dominique avec un caractère plus riche et des proportions que nous ne craignons pas d'appeler monumentales. A *Hill over state*, M. Shand fait reconstruire ses batteries doubles de ce qu'elles étaient. A *Fetches Creek*, il monte une machine à vapeur de seize chevaux [1]. Toutes les habitations s'améliorent, s'étendent et mettent en culture des terres jus-

---

[1] L'île a aujourd'hui dix machines à vapeur alimentées par la houille que les navires apportent en guise de lest.

qu'ici laissées en friche. Le travail libre opère de tels prodiges que plusieurs sucreries rendent plus qu'elles n'avaient jamais rendu, et afin qu'on ne nous puisse taxer d'erreur, citons *Royal state* (paroisse Saint-Jean), appartenant à M. Shand; elle vient de faire, en 1839, 44 boucauts (80 milliers) de sucre, au delà de ses plus belles récoltes du temps de l'esclavage. D'autres habitations, vendues bon marché par des timides après l'affranchissement, ont déjà payé leur acheteur de tout ce qu'il avait donné pour la propriété! On nous a indiqué entre autres, comme se trouvant dans ce cas, *Mount-pleasant state* (paroisse Saint-Jean).

Non-seulement les anciennes habitations s'améliorent et s'étendent, non-seulement *pas une de celles existantes à l'époque de l'affranchissement n'est tombée*, mais encore *toutes celles qui avaient été abandonnées sous l'esclavage se réparent à grands frais, sont remises en exploitation*, et plusieurs d'entre elles se trouvent déjà en plein rapport. Comme il ne faut laisser aucun doute sur de telles marques des bienfaits de l'indépendance, nous allons très volontiers fournir les noms des plantations relevées de leurs ruines depuis 1834. *Hill House*, *Jennings*, *Dunnings*, *Potter's*, *Boland's*, *Franquil Vale*, *Patterson's*, *Buckley's*, *Oliver's*. Neuf! auquel nombre il faut ajouter *Rose Hill*, *sucrerie entièrement nouvelle* et dont le moulin est daté de 1838!

Mais ce n'est pas tout encore, des lots de trente, quarante, cinquante acres [1] qui, faute de bras, restaient en friche ou étaient seulement cultivés en provisions, sont aujourd'hui mis en cannes. Les propriétaires font faire leur sucre à des moulins voisins, jusqu'à ce que les bénéfices accumulés leur permettent à eux-mêmes d'en construire un. Citons toujours. Dans ce cas se trouvent *Red farm*, *William's farm*, et *Hammer's field*.

---

[1] L'acre anglais, il n'est peut être pas inutile pour le lecteur de le rappeler, a 660 pieds de long sur 60 de large.

Nous sommes allé à *William farm* et *Hammer's field*[1], les propriétaires sont pleins d'espérance.

Nous avons visité aussi *Potter's state*. M. Richard, qui a relevé cette habitation abandonnée depuis soixante ans, et dans laquelle il a eu tout à refaire, est sur le point de recueillir les fruits de son courage ; il compte retirer cent boucauts de sa prochaine récolte.

M. Richard est un commerçant de la ville qui, en voyant arriver la liberté, a envisagé l'entreprise de *Potter's state* comme une grande opération industrielle qui offrait des chances de succès. Il y a mis des fonds comme il aurait fait pour une expédition aux Indes. Jamais, nous disait-il, il n'aurait, sous l'esclavage, tenté pareille aventure. Notons-le comme un fait ressortant de l'esprit qui a présidé à la spéculation du négociant ; cette prospérité merveilleuse où Antigue est arrivée en six années, n'est pas due toute entière et exclusivement à l'administration douce et habile des créoles ou au travail des noirs : il y a aussi les fruits de la confiance. Une fois que la grande mesure a été décidée, que l'on a pu compter sur quelque chose de définitif, tout s'est solidifié, et les capitaux sont venus donner au travail le nerf, l'énergie, la fécondité qu'ils lui communiquent toujours.

Il est de bonne foi de le faire observer, les faveurs de la température ont ajouté à tous ces élémens de succès. Depuis plu-

---

[1] Ce nom d'*hammer's field* (champ du marteau) est assez singulier pour que nous en donnions l'explication. Il appartient à un homme de couleur, M. Thibou, charron carrossier, qui l'acheta de ses épargnes et voulut, en le baptisant ainsi, consacrer le souvenir des voies laborieuses par lesquelles il est arrivé à sa possession. — Laissez passer un siècle, qu'*hammer's field* s'étende, s'aggrandisse, croisse en richesse, en importance, et peut-être le petit bien de l'ouvrier charron sera érigé en fief par la grâce du roi ou de la reine d'Angleterre, s'il existe encore des rois et des reines en ce temps-là ; les descendans de M. Thibou s'appelleront MM. les ducs du Marteau, s'il y a encore des ducs, et mépriseront beaucoup les charrons et surtout les mulâtres, si l'on méprise encore les gens de métier et les mulâtres !

sieurs années les cannes sont superbes à Antigue, et l'on a trouvé un surplus de produit en y consacrant jusqu'aux jardins à provisions. Elles ont envahi les plus petits coins de terre ; il n'y a pas d'autre culture. L'île entière aujourd'hui n'est qu'un immense champ de cannes. Aussi est-ce bien à tort que l'on a vu un signe de paresse des nègres dans le renchérissement des vivres depuis l'abolition. Les maîtres d'Antigue, qui presque tous nourrissaient leurs nègres, ne s'occupaient jamais de faire assez de vivres pour la consommation des ateliers; ils trouvaient plus d'avantage à cultiver du sucre et à recevoir du dehors la meilleure partie de leurs provisions ; c'est pourquoi les nègres de cette colonie usent très peu de manioc, ils sont accoutumés à manger du pain, du biscuit de mer et de la farine de maïs, que l'île échange avec l'Amérique du nord contre ses mélasses. Aujourd'hui, sur quelques habitations montagneuses du côté du sud, où la canne ne peut venir dans certains endroits, on accorde encore beaucoup de jardins aux laboureurs ; mais presque partout cette place est restreinte à quelques pieds carrés dont il est impossible que le nègre puisse tirer assez de fruits même pour sa propre consommation. Ce qui reste des jardins n'est pas, il est vrai, très bien soigné généralement, mais nous l'avons entendu expliquer par cette circonstance que les gages du travail de l'habitation rapportent des bénéfices plus considérables et plus certains qu'on n'en trouverait à la place publique pour les provisions. La somme totale du travail, en un mot, se trouve toute entière appliquée à la grande culture, et c'est du marché à l'embarcadère des boucauts de sucre que les nègres d'Antigue en appelleraient si on les accusait de s'être livrés *à l'indolence native de leur race.*

Pour nous en convaincre, passons des faits de détail aux résultats d'ensemble ; adressons-nous à l'irrécusable démonstration des chiffres, c'est la conclusion naturelle de tout ce qui vient d'être dit. Nous remonterons jusqu'à l'année 1824 afin que le lecteur puisse jouir d'un terme étendu de comparaison.

ANNÉES.	SUCRE.	RHUM.	SIROP.
1824	19,884 boucauts.[1]	4,732 poinçons.	7,448 poinçons.
1825	16,901 —	4,082 —	8,182 —
1826	17,085 —	2,966 —	8,742 —
1827	5,965 —	987 —	2,990 —
1828	14,150 —	2,126 —	7,912 —
moyenne.	14,797 —	2,797 —	5,067 3/5 —
1829	12,849 —	3,024 —	6,338 —
1830	12,025 —	2,943 —	4,259 —
1831	13,148 —	2,489 —	7,912 —
1832	12,612 —	2,189 —	8,148 —
1833	11,092 —	1,704 —	8,231 —
moyenne.	12,189 —	2,468 1/5 —	7,177 3/5 —
1834	20,263 [2] —	1,149 —	13,818 —
1835	13,576 —	1,907 —	8,425 —
1836	10,312 —	946 —	4,149 —
1837	5,325 [3] —	431 —	3,039 —
1838	18,231 —	1,115 —	12,113 —
Moyenne.	13,545 —	1,109 3/5 —	8,308 4/5 —
1839	17,545 —	288 —	9,648 —

Nous trouvons dans le rapport du capitaine Layrle, en date du 1ᵉʳ mars 1841 :

	SUCRE.	RHUM.	SIROP.
1840	19,696 boucauts.	1,283 poinçons.	12,570 poinçons.

Comparées aux cinq dernières années de l'esclavage, les cinq premières années de l'émancipation donnent donc :

SUCRE. Augmentation en 5 années finissant au 1 sept. 1838 : 1,356 boucauts.
RHUM. Diminution   —   —   1838 : 1,349 poinçons.
SIROP. Augmentation   —   —   1838 : 1,131 1/5 —

[1] Il ne faut pas oublier, quand on parle de boucauts anglais, qu'ils sont de 1700 à 1800 livres.

[2] Nous sommes un peu embarrassé de ce chiffre, qui nous parait énorme et difficile à accorder avec les premiers mois d'indépendance. Cet état présente cependant tous les caractères de l'authenticité ; il a été fourni par le gouverneur de l'île, sir W. Colebrooke au secrétaire d'état des colonies, le 2 juin 1839. (Voyez les *Documens parlementaires*, troisième partie.)

[3] 1837 fut, comme 1827, une année d'excessive sécheresse. On

Les récoltes de 1834, 1838, 1839 et 1840 sont donc les plus belles qui aient jamais été faites dans l'île. Et il y a six ans à peine que la liberté est descendue sur cette terre de servitude!

Le lecteur attentif remarquera aussi que les quantités de mélasse ou sirop ont augmenté, tandis que celles de rhum ont beaucoup diminué. — On a compris, à Antigue, que la fabrication du rhum était une œuvre pernicieuse, parce que le rhum est le spiritueux le plus nuisible à l'économie animale que l'on ait jamais inventé. Plusieurs habitans se font un cas de conscience de n'en plus fabriquer, et la législature vient d'entrer aussi dans cette excellente donnée. Sachant qu'il était d'usage de solder les nègres trois quarts en argent et un quart en rhum, elle a défendu cette méthode de payement sous peine d'une amende de 20 liv. sterl. (loi de 1839). N'avons-nous pas raison de dire que la plus grande partie de la prospérité d'Antigue devait être attribuée à la sagesse de ses habitans? Ne voit-on pas combien presque tous leurs actes sont empreints de prévoyance et de haute sollicitude? C'est par cette conduite éclairée qu'ils ont fait tourner à leur avantage ce changement politique qui épouvanterait moins nos créoles, s'ils voulaient se dire que le bien ou le mal est dans leurs mains.

L'heureux tableau qui vient d'être déroulé, n'est pas celui d'un bonheur factice dû seulement au prix élevé des sucres sur le marché de la métropole, ou encore au hasard d'heureuses récoltes. Les mauvaises saisons nuisent aux cannes en tout état de cause; mais la température la plus favorable ne leur fait rien quand elles ne sont pas soignées. La prospérité d'Antigue n'est pas à la superficie, elle touche au cœur des choses. Il n'y a pas un acre de terre aujourd'hui dans l'île entière au-dessous de 60 piastres! Comme partout, il y eut ici des gens que les désordres possibles de l'affranchissement frappèrent d'épou-

trouve dans les dépenses de la colonie, chapitre des *services publics*, pour 502 liv. sterl. d'eau importée du dehors *. Nous avons dit, on se le rappelle, qu'Antigue n'a pas d'eau douce.

* *The Antigoa almanach*, 1838.

vante; les propriétés subirent une assez forte baisse ; elles ont déjà repris le niveau. Deux habitations, qui viennent d'être divisées par arrangement de famille, ont été estimées, nous a dit M. Salvage Martin, choisi lui-même pour arbitre, à leur prix réel. Celle d'*Elliott*, paroisse Saint-Philippe, qui avait été achetée autrefois 16,000 liv. avec les esclaves, et à laquelle on avait fait tout au plus pour 2,000 liv. sterl. de réparations, a été comptée, telle qu'elle est, pour 14,500 liv. dans un partage.

Voilà donc la propriété coloniale, *sans esclaves*, payée presque ce qu'elle valait avant l'émancipation *avec tous ses esclaves*! Nous avons déjà observé pareil phénomène à la Dominique. Or, nous citons nos auteurs avec le nom des propriétés, aucun doute ne peut exister.

Ce sont là de ces faits qui ont le privilège de parler plus haut que vingt volumes des mieux raisonnés. Toutes les calomnies anti-négrophiles n'y peuvent rien.

Les villes ont au moins autant gagné que la campagne. Beaucoup de boutiques nouvelles se sont ouvertes pour les nouveaux citoyens qui viennent y choisir eux-mêmes leurs vêtemens et les choses nécessaires à la vie. Grand nombre de marchandises que l'on ne connaissait pas dans l'île y ont été importées depuis l'indépendance. Ici encore, et toujours, les chiffres viendront attester ce que nous avançons de leur irréfutable témoignage :

Les droits sur les importations de 1833, dernière année de l'esclavage, furent de............ 13,576 liv. sterl.
  Ceux de 1839 ont monté à.......... 24,650 [1]!

En 1837 le revenu du trésor public était de 27,358 liv. cour.
  Les dépenses de......... 28,256 [2]
En 1839 le revenu monte à....... 48,268
  Les dépenses à......... 37,439 [3]

[1] *The Antigoa almanach and register* 1840.
[2]   do   do   do   1838.
[3]   do   do   do   1840.

Grâce à l'obligeance de M. Shervington, directeur du trésor[1], nous pouvons donner les sommes de cette année[2]. Le revenu a été de. . . . . 41,413 liv. courantes.
     Et les dépenses de. 37,617

Mais il faut dire que le revenu ne s'élève pas davantage parce que la législature, trouvant les finances en si bonne position, a diminué plusieurs charges publiques, comme, par exemple, les droits d'exportation sur les produits de l'île qui, en 1839, donnaient 9,224 liv., et n'en ont fourni cette année que 818, quoique la masse des exportations ait été la même. — Il est donc hors de toute contestation que les revenus généraux sont dans une voie d'accroissement considérable.

La fortune de la colonie a suivi le même mouvement à l'extérieur qu'à l'intérieur. Il est ici avoué par tout le monde que l'émancipation n'a pas seulement délivré les esclaves de la servitude, elle a aussi délivré les maîtres de leurs dettes par le moyen de l'indemnité[3] qu'ils ont reçue, tout en faisant la même quantité de sucre vendue plus cher que jamais en Europe. Ils administraient pour leurs créanciers hypothécaires comme ceux de nos colonies; ils administrent pour leur propre compte maintenant.

Leurs biens dégagés offrent toute sûreté aux capitalistes; l'intérêt de l'argent est descendu à 6 %, et le crédit a paru avec la liberté.

Avant l'affranchissement, aucune institution de la nature d'une banque n'existait dans les *West-Indies*; depuis, et cela est encore un fait capital, la banque coloniale, fondée en 1835, a continué à fleurir, et un nouvel établissement de ce genre, la banque des *West-Indies*, est juste sur le point de commencer ses opérations.

---

[1] M. Shervington est un mulâtre.

[2] L'année financière court du 1er octobre au 30 septembre.

[3] Antigue a touché, dans la répartition de l'indemnité, 425,338 liv. sterl. (110,638,450 fr.)

Ce qui rend le fait de l'augmentation des récoltes et, par suite, de la prospérité générale, plus extraordinaire encore, c'est que le nombre des laboureurs a diminué ici comme autre part depuis l'affranchissement. Nous avons déjà expliqué les différentes causes de cette diminution que nos antagonistes eux-mêmes, et entre autres M. le capitaine Layrle, ne font pas difficulté d'évaluer à *plus d'un tiers*. Quelle qu'elle soit, on a vu que ce n'est pas un mal, mais au contraire un grand bien, car le vice et la paresse n'y ont que faiblement contribué. Elle tient surtout à ce que maintenant les femmes sont femmes et restent au logis pour s'occuper de l'intérieur, pendant qu'en outre tous les enfans, au lieu de commencer à travailler dès l'âge de six ans, s'en vont à l'école jusqu'à douze ou quinze.

Mais si tant de bras ont été arrachés à l'agriculture, comment donc expliquer tant de terre récemment mises en exploitation? Le voici. En premier lieu, on a généralement adopté la charrue qui remplit la tâche de dix ou douze hommes. En second lieu, les esclaves faisaient le moins d'ouvrage possible, et ne sortaient pas d'un cercle tracé. Aujourd'hui, intéressés à l'œuvre par le produit direct qu'ils en tirent, les nègres font le double de ce qu'ils faisaient, et les localités leur permettant de s'étendre sur tous les points où on les demande, la culture augmente ainsi par le fait seul de la liberté du travail. Si l'homme libre achève en un jour ce que l'esclave mettait trois jours à accomplir, et c'est la proportion admise, il est clair qu'il reste deux jours francs applicables à de nouveaux labourages. Nous tenons de M. Salvage Martin, que sur son habitation d'*Hight Point*, paroisse Saint-Georges, il ne fait pas moins aujourd'hui avec quatre-vingt-dix ouvriers qu'autrefois avec ses trois cents nègres. M. Shand, à *Cedar hill upper* et *Cedar hill down*, n'a pas besoin de plus de cent laboureurs pour remplacer son ancien atelier de deux cents esclaves.

On est moins étonné de ces merveilleuses différences lorsqu'on réfléchit que dans les *West-Indies*, comme dans tous les pays à esclaves, rien n'avait été fait pour épargner la force humaine.

On a peine à imaginer l'insouciance avec laquelle les possesseurs d'esclaves prodiguent ce précieux instrument de travail. Croirait-on, par exemple, qu'autrefois dans les colonies anglaises (et encore actuellement dans les nôtres), neuf planteurs sur dix faisaient la distribution des engrais au moyen de corbeilles que les nègres portent sur la tête. Cette grossière méthode n'est pas seulement d'une lenteur extraordinaire, elle a de plus l'inconvénient d'être dégoûtante, car le suc du fumier coule à travers les corbeilles sur le corps des misérables ouvriers, et elle est d'autant plus odieuse, que les nègres ont une profonde aversion naturelle pour toutes les sortes de fumier. A cette heure on est bien forcé dans les îles affranchies de respecter ces répugnances, et le besoin de suppléer au nombre des bras a déjà fait trouver des agens mécaniques qui accélèrent singulièrement le travail général.

On n'est pas plus avancé aujourd'hui dans nos colonies qu'on ne l'était à Saint-Domingue il y a cinquante ans. Le colonel Malenfant se plaignait déjà en ces termes de ces déplorables habitudes. « C'est la paresse, mère de la routine, qui jusqu'ici a empêché les planteurs d'acheter une *fourche* et un *tombereau* pour curer les parcs. Lorsqu'on a besoin de fumier, l'atelier va au parc, et c'est avec les doigts des nègres et des négresses que la fiente est arrachée. Elle est mise dans des gamelles et portée sur la tête de chaque cultivateur à la pièce que l'on doit fumer. Cette manière de travailler fait perdre quatre à cinq cents journées qui seraient employées à d'autres travaux si l'on avait seulement un tombereau et une fourche. » Et les colons de Saint-Domingue répondaient alors ainsi que les colons de nos îles répondent encore : « on a toujours fait comme cela [1]. »

Il nous reste maintenant à parler du mode et du prix du travail.

De même que chaque île a des taux de salaire différens,

---

[1] *Des Colonies, et particulièrement de celle de St-Domingue*, par le colonel Malenfant, propriétaire à St-Domingue.

presque chaque habitation fait des arrangemens particuliers avec son monde. L'excellent système de la tâche, non-seulement pour ce que l'on appelle les ateliers indépendans, mais aussi pour les laboureurs logés dans les cases de la plantation, se répand chaque jour davantage, et son accroissement rend assez embarrassante toute information précise à l'égard des gages et des heures. Dans quelques cas, un contrat est passé pour tel ou tel ouvrage, avec un individu qui se charge comme nos entrepreneurs de fournir les ouvriers. D'autres fois, l'entrepreneur rassemble les ouvriers moyennant une petite prime, mais les termes des gages sont fixés à part avec chacun d'eux et de gré à gré. Dans le mode à la tâche, on donne ordinairement 6 dollars, 30 fr., pour fouiller les trous de cannes d'un acre de terre (*cross holling*[1].) La fabrication d'un boucaut de sucre est payée de 4 dollars à 4 dollars 1/2 au nombre d'ouvriers qui l'entreprennent, chauffeurs, écumeurs, sucriers. Les Antiguiens estiment généralement à 12 ou 13 schill. sterl. par semaine (cinq jours de travail) ce que gagne un nègre à la tâche.

Pour ceux qui logent sur l'habitation, ils ont la case, le jardin, les soins du médecin s'ils sont malades et un schilling currency (11 sols) par journée de travail, en addition de quoi ils ont droit d'avoir bœufs, vaches, chevaux paissant sur les prés de l'habitation, sans compter les cannes qu'ils peuvent manger à discrétion pendant la récolte, et l'eau qu'il leur est permis de puiser dans les réservoirs. A ces conditions, le laboureur s'engage à consacrer son temps d'une manière exclusive au propriétaire. Le propriétaire, de son côté, doit le fournir régulièrement de travail cinq jours par semaine. L'une et l'autre partie se préviennent un mois d'avance lorsqu'elles veulent rompre le contrat. — Les nègres montrent peu de goût pour les traités qui les attachent à la terre : les plus arriérés seuls les accep-

---

[1] Nous tenons de M. Becker, proprietaire dans la Paroisse de St-John, qu'autrefois, lorsqu'on louait des esclaves à un voisin pour faire pareil travail, le prix fixe était de 22 dollars. — S'il ne s'est pas glissé d'erreurs dans nos notes, on compte à peu près 8,500 trous dans un acre.

tent, et les maîtres, qui jusqu'à ce jour avaient une répugnance décidée à louer leurs cases à des laboureurs qui ne voulaient pas donner tout leur temps à l'usine, commencent à revenir de ces exigences. M. Becker, qui loue déjà des cases sur son habitation à un dollar et demi par mois, se trouve très bien, dit-il, de ce système, car il a ainsi sous la main des ouvriers à peu près quand il veut, et ne leur doit ni soins ni argent, quand il n'a pas besoin de leur service. Ce mode vaut d'autant mieux qu'il évite toutes sortes de contestations. Ceux qui font entrer la location de la case dans les gages, se plaignent que beaucoup de nègres ne travaillent pas chez eux, selon la convention, et ils le tolèrent de crainte d'irriter la population par des rigueurs même légales. Il sera toujours d'une meilleure économie administrative de rendre le salaire et le loyer tout-à-fait indépendans l'un de l'autre.

La durée habituelle de la journée est du soleil levé au soleil couché, ce qui, dans ces climats, donne, avec deux heures et demie pour les repas, neuf heures et demie de travail.

Maintenant, le travail libre est-il meilleur marché que le travail esclave? C'est encore un objet qui devait appeler notre attention. On est moins net ici et à la Jamaïque sur ce point qu'à la Dominique, chacun en juge et décide un peu selon ses dispositions propres. La question est fort controversée, et les passions individuelles la laisseront longtemps indécise. M. Salvage Martin, dont l'avis a beaucoup de poids à nos yeux, admet que le travail libre coûte sensiblement davantage. M. Nugent, dernier président de l'assemblée, a prononcé ces paroles dans un discours officiel: « Toutes choses considérées, je suis heureux de dire que le travail libre est meilleur marché, particulièrement sur les habitations qui étaient encombrées d'un grand nombre de bras inutiles. » A la Jamaïque, nous n'avons rien trouvé non plus de fixé sur cette matière. Les uns sont pour, les autres contre. M. Gurney cite une longue lettre de M. Steward, habitant du quartier de Mandeville [1], qui

---

[1] *A winter*, etc., lettre dixième.

d'après le résultat de sa propre expérience, soutient l'économie du travail libre comparativement au travail esclave. « Pour déblayer un emplacement dans ce quartier, seulement pour le rendre propre à recevoir des nègres, il en coûtait sous l'esclavage 80 liv. sterl., dit M. Steward; aujourd'hui ce premier établissement, beaucoup mieux fait, ne revient pas à 24 liv. st. Il y a vingt ans que, pour défricher un acre de terre dans les bois et le planter en café, il en coûtait 20 liv. st., et cette dépense jusqu'à la fin de l'esclavage n'est jamais tombée au-dessous de 16 liv. sterl. Sous l'apprentissage, il en coûta de 10 liv. 13 sch. à 12 liv. Aujourd'hui les frais de la même opération ne dépassent jamais 5 liv. 6 sch. 8 den. Je connais, dit encore le Dr Steward, une habitation qui avec 125 esclaves, dont la dépense, à raison de 5 liv. st. par an pour chaque esclave, s'élevait à 625 liv. st.; l'exploitation de cette même habitation n'a pas coûté pour la première année de liberté, en défalquant les loyers, plus de 220 liv. st. » Le correspondant de M. Gurney cite plusieurs autres propriétés dans le même cas. Nous renvoyons en note un tableau qui a été fourni par M. Davy, planteur très considérable et fort estimé [1]. On y voit que M. Davy, comme le

---

[1] Tableau comparé du prix des travaux de plantations dans la paroisse de Manchester pendant les trois différens états, d'esclavage, d'apprentissage et de liberté, donné par M. Davy, colon de la Jamaïque.

Cueillage; ramasser le café.

1833	Esclavage	4 liv.	14 sch.	» d.
1837	Apprentissage	4	7	2 3/4
1838-39	Liberté	3	18	1 1/2

Fabrication des boucauts.

1833	Esclavage	» liv.	9 sch.	2 3/4 d.
1837	Apprentissage	»	10	5 3/4
1838-39	Liberté	»	7	6

Ouvrages sur les glacis; pour retourner le café et veiller à ce qu'il ne soit pas mouillé par les grains de pluie.

1833	Esclavage	1 liv.	1 sch.	5 d.
1837	Apprentissage	»	19	3 3/4
1838-39	Liberté	»	17	2 1/2

Nettoyer une

D' Steward, penche décidément pour le meilleur marché même à la Jamaïque ; mais nous devons dire que des hommes de non moins de poids, et M. Cater, entre autres, sont d'un avis contraire.

Les doutes qui existent sur une difficulté aussi importante sont à nos yeux une présomption qu'elle se résoudra favorablement. On doit considérer que les colonies émancipées sont encore dans la crise du passage et fortement ébranlées par le changement radical qu'elles viennent de subir. Lorsque le tassement de la nouvelle construction sociale se sera opéré, beaucoup

Nettoyer une pièce de pâturage.

1837	Apprentissage	6 liv. 13 sch.	4 d.
1839	Par contrat ou tâche	3 »	»

Abattre le bois et préparer la terre pour planter le café. L'acre de terre :

1837	Apprentissage	8 liv. 10 sch.	» d.
1839	Par contrat ou tâche 5	6	8

Construire 35 chaînes* de mur en pierres posées les unes sur les autres.

1837	Apprentissage.	1 liv. 5 sch.	10 1/2 d.
1839	Par contrat ou tâche 1	6	8

Arracher les mauvaises herbes ; sarcler. 13 acres de café :

1837	Apprentissage.	14 liv. 8 sch.	4 d.
1839	Par contrat ou tâche 8	13	4

Arracher les mauvaises herbes ; sarcler. La pièce de 21 acres de café :

1837	Apprentissage	15 liv. 11 sch.	8 d.
1829	Par contrat ou tâche. . . . 14	»	»

Couper les arbrisseaux qui croissent dans un pâturage. L'acre :

1837	Apprentissage.	2 liv. 1 sch.	8 d.
1839	Par contrat ou tâche 1	»	»

Émonder 13 acres de café.

1837	Apprentissage.	17 liv. » sch.	» d.
1838	Par contrat ou tâche . . . 13	»	»

* La *chaîne* de la Jamaïque est une mesure de 66 pieds anglais. Ces murs servent à clore les habitations ou les pâturages. Dans les quartiers où il n'y a pas de pierres on fait des barrières de bois à jour ; dans plusieurs autres on enferme l'habitation dans une vaste ceinture de painguoins, espèces d'ananas sauvages, que leurs terribles piquans rendent impénétrables.

de choses que l'on ne peut faire maintenant deviendront possibles. Nous citerons dans ce sens l'opinion d'un homme qui, par son zèle ardent à défendre la propriété des créoles, doit mériter toute la confiance de leurs amis. M. John Flinter est l'auteur de plusieurs livres en faveur du maintien au moins actuel de l'esclavage ; il ne veut pas de l'abolition, parce que, dit-il, le nègre est naturellement paresseux, et que ce serait mettre les colonies à feu et à sang que de l'émanciper. Cela toutefois ne l'a pas empêché d'écrire, sans autre provocation que celle de l'évidence des faits observés sur les lieux : « Les propriétaires des Indes-Occidentales sont persuadés que l'on ne peut cultiver la canne sans esclaves ; mais ils pourront en peu d'années changer d'avis sur ce point, s'ils veulent faire des expériences prudentes et judicieuses protégées par le gouvernement. » — « Avec le temps, il est possible qu'au moyen du travail libre la culture tropicale soit plus avantageuse, et se fasse à meilleur marché et avec plus d'humanité que par des esclaves. J'ai fait l'expérience dans une caféière de l'Amérique du sud, je l'ai vu faire aussi à d'autres dans les indigoteries, et j'ai invariablement trouvé que la culture revenait moins cher avec des journaliers qu'avec des esclaves [1]. »

En tous cas, selon nous, tout labeur qui ne rapporte pas à son auteur de quoi lui procurer une bonne vie, est un mauvais labeur que l'on doit abandonner. Si le travail libre est plus cher que le travail esclave, il faudra payer le sucre plus cher ; si le travail libre est assez cher pour rendre impossible la culture de la canne, il faudra renoncer au sucre de cannes et aux colonies. Ce serait un malheur, mais pas aussi grand que celui de soumettre des créatures humaines au rôle de bêtes de somme, et nous ne prêcherions pas l'affranchissement avec moins d'énergie sans que notre conscience en prît alarme. Aucune con-

[1] *Examen del estado actual de los esclavos de Puerto-Rico*, 1832. M. Flinter, dans cette brochure, a pour principal but d'établir que les esclaves de Puerto-Rico sont infiniment plus heureux que les paysans de l'Europe.

sidération d'intérêt matériel ne peut lutter dans notre esprit contre une considération d'intérêt moral. Indemnisez les maîtres, répéterons-nous toujours, mais délivrez les serviteurs. Celui qui est ami de la justice n'a pas à rechercher à quel prix on peut obtenir du sucre ou du café, mais bien à quel prix on peut les obtenir sans blesser la justice.

En finissant, c'est un chagrin pour nous de penser que tout ce qu'on vient de lire sera perdu pour nos compatriotes des Antilles. Ils ne contrôleront même pas l'exactitude et la portée de nos recherches. Ils ont, pour leur malheur et pour celui de leurs esclaves, d'étranges façons d'agir sur le terrain de l'abolition. Ils nient purement et simplement les faits les plus concluans qu'on leur présente, lorsqu'ils ne les trouvent pas à leur gré, et ferment ainsi la porte à la vérité sans lui permettre même de se montrer. On ne peut imaginer l'espèce de vertige auquel ils sont en proie. Leur citez-vous une parole favorable à l'affranchissement recueillie dans les îles anglaises, ils vous répondent aussitôt : « Les créoles anglais vous ont trompé ; ils sont intéressés à jeter nos colonies dans des embarras pareils à ceux où ils se trouvent. » Puis, cela dit, ils restent persuadés que les Antilles britanniques sont perdues.

Les colons anglais nous ont trompé ! L'homme n'a pas la force nécessaire pour sacrifier ainsi ses idées et oublier ses passions. Un individu le pût-il, soyez assuré qu'un corps d'hommes ne le pourra pas. Que les créoles français le sachent d'ailleurs, les habitans d'Antigue sont loin de l'optimisme. Ils disent que tout irait bien mieux si on les laissait faire ; ils se plaignent avec amertume qu'on ne leur permette pas d'agir seuls, « eux qui connaissent le pays et savent ce qui lui est propre » ; ils blâment très haut « les plans des hommes fanatiques ignorant les choses coloniales et les réels besoins des Antilles auxquels la reine prête malheureusement l'oreille. » Ils voudraient « des lois de restriction jusqu'à ce que les progrès de la civilisation dictassent le moment de les abandonner. » Une ligne contraire, nous écrivait M. Salvage Martin, répondant à quelques questions qu'il nous avait permis de lui adresser : « Une ligne contraire rend douteux de savoir si l'issue de l'opération politique à laquelle nous assistons sera l'addition à la couronne d'Angleterre de nombreuses îles civilisées ou leur retour à la barbarie. Il était très possible de rendre la liberté des nègres profitable à tout le monde, si l'on eût voulu nous permettre de faire de bonnes lois. La trop courte durée de l'expérience ne me laisse pas d'opinion sur l'avenir. Souvent j'ai confiance, quelquefois je me décourage, et en somme, si je n'y compte pas toujours, j'espère du moins une issue favorable. » N'est-ce pas en d'autres termes le même langage que nous tenait M. William Blanc à la Dominique et M. le docteur Spalding à la Jamaïque !

On voit donc que les Anglais, s'ils disent le bien aux abolitionistes de France qui viennent les visiter, ne cachent pas le mal. Ils s'en font un devoir d'honnête homme, comme nous écrivait encore M. Martin. Ces doutes, que nous nous sommes fait à notre tour un devoir de ne pas dissimuler, on nous permettra d'ajouter qu'ils sont très faciles à concevoir et ne doivent effrayer personne. Ils sont dans la nature humaine. — M. Salvage Martin, avec son esprit juste et ferme, leur donnait une explication fort simple : « Quoi que nous puissions vouloir, et en dépit de ce que nous enseigne le bon sens, nous sommes instinctivement un peu ennemis de l'émancipation. Eh ! comment n'aurions-nous pas de regret pour le passé ! L'abolition m'a enlevé ma puissance ; elle m'a retiré mes coudées franches : j'étais maître, maître ! je ne le suis plus ; je pouvais tout, je ne puis plus rien. Ce nègre qui passe en me saluant et qui ne me saluera plus demain, si je ne lui réponds poliment, était mon serviteur hier, il est mon égal aujourd'hui. »

Les planteurs anglais ont été, comme le sont aujourd'hui les planteurs français, de violens ennemis de l'abolition, parce qu'ils y voyaient la ruine. Ils doutent de ses bienfaits actuels, parce qu'ils lui gardent rancune de la peur qu'elle leur inspira et de la toute puissance qu'elle leur a ôtée ; parce qu'une longue habitude avait depuis longtemps façonné leur esprit à l'ancien système ; parce que, accoutumés au vif plaisir d'une volonté tyrannique, l'obligation de traiter d'égal à égal avec leurs anciens esclaves les blesse et les chagrine ; parce qu'on ne renonce jamais sans regret au pouvoir absolu, à moins d'y être conduit par de hautes pensées de philosophie, de morale et de charité ; parce qu'en définitive, le vieil état de choses était plus commode...... pour eux. Tout cela est assez naturel, et cependant, au fond, on pourrait compter ceux qui voudraient revenir à l'esclavage, s'il leur était donné de retourner en arrière. « Non, non, nous disait M. Laroche, créole français établi à la Dominique, quand on a pris l'habitude des hommes libres, on ne veut plus d'esclaves. » M. Martin disait de même, en ajoutant : « Les inconvéniens de la servitude étaient mille fois plus intolérables que ceux de la liberté. Aujourd'hui, après tout, nous n'avons plus qu'à tâcher d'obtenir le travail des ouvriers ; nous ne sommes plus responsables de rien, et j'irai me coucher ce soir en plaignant le laboureur malade, mais sans crainte que sa maladie aboutisse pour moi à une perte de 200 ou 300 dollars. »

L'affranchissement des nègres a délivré les planteurs de la servitude des devoirs attachés à la propriété pensante ; le maître était toujours obligé de tenir à la main la chaîne rivée au pied de l'esclave, et l'on retrouve le bonheur d'être libéré de cette contrainte dans ce que disent beaucoup de créoles anglais. M. Sheriff, avocat à Saint-John, et propriétaire d'une sucrerie, allait plus loin que M. Martin. « Il n'est pas un de nous, prétendait-il, qui voudrait redevenir maître, lors même qu'on nous laisserait l'indemnité. » Écoutons encore M. Shand. M. Shand ne possède pas moins de quatorze habitations ; avec cette immense fortune coloniale, il doit être plus apte que personne à comprendre le pour et le contre de l'affranchissement : son intérêt a dû lui faire lire mieux qu'à personne l'avenir dans le présent. Voici comme il s'exprimait devant nous : « L'exercice du libre vouloir chez les ouvriers a rendu, cela est certain, le maniement des ateliers plus pénible. Nous avons affaire à une population impressionnable, jalouse, et le moindre reproche suffit pour décider un laboureur à chercher une autre condition. Ce qui est difficile par-dessus tout, c'est d'obtenir le travail continu nécessaire dans une manufacture de sucre, et bien que ces gens-là ne soient pas d'humeur plus fâcheuse que d'autres, il nous faut maintenant un art infini pour les conduire.—Voudriez-vous donc retourner à la servitude ? — Oh non, bien que la peine soit augmentée, il est plus agréable (*more pleasant*) de lutter avec les embarras de la liberté qu'avec ceux de l'esclavage. »

Ces discours, qui forment réellement l'opinion générale des créoles anglais, nous les livrons aux jugemens des créoles français comme le meilleur et le plus simple résumé des résultats de l'abolition.

Tout en faisant ces rassurantes observations, nous insistons pour qu'on ne leur donne pas d'autre valeur que celle que nous y attachons, c'est-à-dire une valeur d'épreuve favorable, bonne à tranquilliser les propriétaires français sur la crise de l'abolition qu'ils doivent bientôt subir. Ce sont des encouragemens d'expérience que nous leur offrons ; mais notre pensée n'est point du tout de soumettre l'opportunité de la mesure émancipatrice au plus ou moins de réussite qu'elle a obtenue chez les Anglais. Nous n'entendons pas démontrer que l'abolition ayant eu de bons succès dans les *West-Indies* et n'y trouvant point les intéressés mécontens, on ne doit plus hésiter à la proclamer chez nous. Ce serait admettre implicitement que si elle eût mal tourné là, il faudrait y renoncer ici. Or, dans notre opinion, il n'est pas permis à la France de refuser l'affranchissement.

Nos colons disent toujours : « Attendez les résultats de l'expérience anglaise. » C'est une fin de non-recevoir, une manière machiavélique d'éluder une détermination et de conserver leurs esclaves, puisque c'est une idée tout-à-fait accréditée parmi eux que les nègres anglais ne travaillent pas et que les colonies anglaises sont perdues.

Que signifie de vouloir attendre le résultat de ce qu'on appelle l'épreuve de la Grande-Bretagne? Quoi qu'il arrive chez nos voisins, les Français doivent toujours proclamer l'émancipation, car il faut toujours que les nègres français, d'une manière ou de l'autre, deviennent libres. En vertu du pacte fondamental de notre société, aucun membre de la grande famille française ne peut demeurer esclave.

Dans toute chose de ce monde il y a du mal, même dans la liberté. L'affranchissement aura donc ses douleurs, mais non pas des douleurs mortelles. Les abolitionistes sont les premiers à se réjouir qu'il ne faille point acheter l'abolition par de plus cruels sacrifices; car si l'affranchissement est un droit pour les nègres, un droit au-dessus de tout fait accompli, les négrophiles les plus ardens ont toujours désiré que la réalisation de cette grande œuvre de justice ne pût nuire à la fortune et au bien-être de familles entières attachées à la propriété esclave.

Nous demandons que nos compatriotes d'outre-mer, en lisant cette étude de l'état actuel de trois îles affranchies, se dégagent de leurs idées préconçues avec autant de soins et d'efforts que nous en avons mis à nous dégager des nôtres en la faisant. Qu'ils y mettent du courage et de la fermeté; qu'ils cessent enfin de reculer devant la discussion approfondie de la grande *épreuve* anglaise, comme des enfans qui ferment les yeux à l'approche d'un fantôme.

L'espèce d'horreur qu'ils montrent pour tout ce qui est favorable à l'abolition est une impardonnable faiblesse. Le mal qu'ils disent de l'émancipation britannique sans savoir ce qu'elle a produit, sans admettre même l'examen des faits, est parfaitement irrationnelle, surtout venant de gens qui nous reprochent continuellement, à nous autres européens, de parler des colonies sans les connaître. Ce reproche, au surplus, nous déclarons ne le point accepter. Eh quoi! faut-il donc avant de rappeler les hommes à l'observance des lois de la morale, fréquenter les maisons de jeux et de prostitution, aller respirer l'air empoisonné du vice, et se soumettre à ses diaboliques tentations? Non pas. Nous soutenons, nous, qu'il n'est aucunement nécessaire de s'exposer à la Guadeloupe ou à la Martinique pour avoir droit d'attaquer la servitude. La servitude est par elle-même une chose exécrable *à priori*, chacun en peut, on doit donc demander la destruction *à priori*.

Mais voyez l'inconséquence des colons! Quand ils ne nous accusent pas de perfide partialité, de mauvaise foi et de détestables ambitions, ils prononcent le mot de légèreté et nous blâment sévèrement de ne point entreprendre un voyage de dix-huit cents lieues pour acquérir le droit de parler des colonies. Ils ont, eux, le travail libre à leur porte, et ils le proclament impossible, sans se donner la peine de faire un voyage de dix-huit heures pour en constater les effets là où il existe! Ils font un crime aux abolitionistes de ne pas savoir, disent-ils, ce qui se passe aux Antilles, et ils ne savent rien de ce qui se passe à la Dominique et à Antigue, où leurs esclaves s'évadent en petits bateaux! O l'injustice des hommes!

Mais le temps des récriminations est passé; méditons tous ensemble et cherchons la lumière et la vérité en gens de bien et de bonne volonté.

Nous ne nous sommes pas borné à citer des paroles, à argumenter sur nos propres théories, nous avons rapporté des actes, fourni les noms des usines nouvelles qui s'organisent, le nombre des coûteuses machines à vapeur qui élèvent leur monumentale cheminée sous le soleil des tropiques, celui des écoles qui s'ouvrent et des banques qui se fondent. Cette façon de procéder, en permettant une vérification facile, garantit une fidélité scrupuleuse. Les colons français doivent se rendre à ces palpables évidences, à moins de croire que les colons de la Grande-Bretagne achèvent volontairement leur propre ruine par des dépenses extraordinaires, pour avoir le plaisir d'entraîner le monde dans le gouffre de l'émancipation, de même que leur gouvernement publie de faux rapports pour tromper l'Europe! Ou les créoles anglais s'entendent de gaîté de cœur avec le cabinet de Saint-James dans l'abominable projet d'anéantir toutes les Antilles, ou les créoles français sont dans une incroyable erreur lorsqu'ils prennent crainte de l'abolition sur ce que leurs journaux leur en disent. Et à ce propos, un dernier mot.

N'est-point une chose affligeante et qui accuse bien le défaut de tenue et d'unité propre à notre administration? Le gouvernement rend des ordonnances en faveur des nègres ; il avoue des désirs d'arriver à l'émancipation ; il sait que nos créoles s'encouragent à la résistance, persuadés que le soin de leur fortune s'accorde avec leurs passions, et que l'affranchissement serait leur ruine ; il sait cela, et dans les journaux des colonies, censurés par ses agens, on ne trouve que les mauvaises nouvelles des *West-Indies*, jamais les bonnes! Pourquoi donc? — Malheureuses îles, ceux mêmes qui les devraient éclairer les aveuglent! — Un de nos plus chers désirs sera comblé s'il est donné à notre livre d'ouvrir les yeux aux possesseurs d'esclaves, et de les convaincre bien que leurs véritables intérêts s'unissent avec ceux de l'humanité.

APPENDICE

AUX

COLONIES ANGLAISES.

APPENDICE

AUX COLONIES ANGLAISES.

A.[1]

ACTE

POUR L'ABOLITION DE L'ESCLAVAGE

DANS LES COLONIES ANGLAISES.

Londres, 28 août 1833.

Considérant que divers individus sont retenus en état d'esclavage dans plusieurs colonies de Sa Majesté; qu'il est juste et opportun de les affranchir, et qu'en même temps il convient d'accorder aux personnes, qui ont eu droit jusqu'à présent aux services de ces individus esclaves, une indemnité raisonnable pour la perte de ce droit;

Considérant qu'il y a lieu de prendre des mesures pour exciter l'industrie des individus destinés à être émancipés, et pour s'assurer de leur bonne conduite pendant un certain laps de temps après leur émancipation;

Considérant qu'il est nécessaire de mettre les lois actuellement en vigueur dans lesdites colonies en harmonie avec les nouvelles relations sociales que doit amener cette émancipation générale des esclaves, et que, pour donner le temps de modifier dans ce sens la législation dont

---

[1] Voir page 6.

il s'agit, il y a nécessité de laisser écouler un certain intervalle avant que l'émancipation commence à avoir lieu;

Le Roi, d'après l'avis, le consentement et l'autorité des lords spirituels et temporels et des communes, réunis en parlement, a décrété ce qui suit :

ARTICLE PREMIER.

Tout individu, de l'un et de l'autre sexe, résidant dans les colonies ci-dessus mentionnées, qui, antérieurement au 1er août 1834, aura été, d'après les lois actuellement en vigueur, dûment porté sur le rôle des esclaves, et qui à cette époque sera âgé de six ans et au-dessus, deviendra apprenti-travailleur (*apprenticed-labourer*) par le simple effet des dispositions du présent acte, et sans qu'il soit besoin pour cela d'un brevet d'apprentissage ou d'aucun autre acte particulier. Les esclaves retenus habituellement en mer par la nature de leurs occupations seront, quant à l'application des présentes dispositions, considérés comme résidant dans la colonie à laquelle ils appartiennent.

ART. 2.

Auront droit au travail de chaque apprenti-travailleur pendant la durée de l'apprentissage, les personnes qui auraient eu droit au travail du même individu comme esclave, si le présent acte n'eût pas été rendu.

ART. 3.

Sont déclarés complètement libres tous les esclaves qui, du consentement de leurs maîtres, auraient été transportés dans le royaume uni de la Grande-Bretagne et de l'Irlande antérieurement à la promulgation du présent acte, et tous les apprentis-travailleurs qui, postérieurement à sa promulgation, y seraient également transportés du consentement de leurs anciens maîtres.

ART. 4.

Les apprentis-travailleurs seront divisés en trois classes distinctes : la première, se composant d'apprentis-travailleurs ruraux (*prædial apprenticed-labourers*) attachés au sol, et dans laquelle seront compris tous les individus de l'un et de l'autre sexe jusqu'alors habituellement employés, comme esclaves, sur les habitations de leurs maîtres, soit à l'agriculture, soit à la fabrication des produits coloniaux, soit à tout autre travail;

La seconde classe, se composant d'apprentis-travailleurs ruraux non attachés au sol, et dans laquelle seront compris tous les individus de l'un et de l'autre sexe jusqu'alors habituellement employés, comme esclaves, sur des habitations n'appartenant point à leurs maîtres, soit à l'agriculture, soit à la fabrication des produits coloniaux, soit à tout autre travail ;

La troisième classe, se composant d'apprentis-travailleurs non ruraux (*non prædial*), et dans laquelle seront compris tous les apprentis-travailleurs de l'un et de l'autre sexe qui n'appartiendront ni à l'une ni à l'autre des deux classes précédentes.

La division des apprentis-travailleurs par classes aura lieu conformément aux règles qui seront établies à cet effet par des actes d'assemblée, arrêtés ou ordres en conseil, comme il sera dit ci-après.

Toutefois, aucun individu âgé de douze ans et au-dessus ne pourra, en vertu desdits actes, être compris dans l'une des deux classes d'apprentis-travailleurs ruraux, si, antérieurement à la promulgation du présent acte, il n'a été employé, sans interruption, pendant une année au moins, soit à l'agriculture, soit à la fabrication des produits coloniaux.

ART. 5.

Le temps d'apprentissage des apprentis-travailleurs ruraux, attachés ou non attachés au sol de l'habitation de leurs anciens maîtres, ne pourra se prolonger au-delà du 1er août 1840. Pendant cette période, les personnes qui emploieront ces apprentis-travailleurs ruraux ne pourront exiger d'eux plus de quarante-cinq heures de travail par semaine.

ART. 6.

Le temps d'apprentissage des apprentis-travailleurs non ruraux ne pourra se prolonger au-delà du 1er août 1838.

ART. 7.

Si la personne qui a droit aux services d'un apprenti-travailleur désire le libérer de ses obligations d'apprenti avant la fin de son apprentissage, elle pourra accorder cette libération par acte authentique, dans les formes qui seront déterminées par les actes d'assemblée, arrêtés ou ordres en conseil, ainsi qu'il sera dit ci-après.

Mais, si l'apprenti-travailleur ainsi libéré est âgé de cinquante ans et plus, ou s'il est atteint d'une infirmité corporelle ou intellectuelle qui ne lui permette pas de pourvoir par lui-même à sa subsistance, la personne qui l'aura libéré devra subvenir à ses besoins pendant le reste du temps de son apprentissage, comme si la libération n'avait point eu lieu.

ART. 8.

Tout apprenti-travailleur pourra, sans le consentement et même contre la volonté de la personne qui a droit à ses services, se libérer de son apprentissage moyennant le payement, fait à celle-ci, du montant de l'estimation qui aura été faite desdits services, en se conformant, tant pour le mode de cette estimation que pour le mode et les conditions du payement et de la libération, aux règles qui seront établies par les actes d'assemblée, arrêtés ou ordres en conseil, ainsi qu'il sera dit ci-après.

ART. 9.

Aucun apprenti-travailleur ne pourra être transporté hors de la colonie à laquelle il appartient.

Tout apprenti-travailleur rural compris dans la première des trois classes établies en l'article 4 devra être employé, par la personne qui aura droit à ses services, aux travaux des plantations ou des propriétés auxquelles il était attaché ou sur lesquelles il travaillait habituellement antérieurement au 1er août 1834. Néanmoins, avec l'autorisation écrite de deux ou d'un plus grand nombre de juges de paix munis de la commission spéciale dont il sera fait mention ci-après, la personne qui aura droit aux services desdits apprentis-travailleurs ruraux pourra les employer aux travaux d'une autre habitation ou propriété à elle appartenant, pourvu qu'elle soit située dans la même colonie. L'autorisation dont il s'agit ne pourra être delivrée et ne sera valide qu'après que lesdits juges de paix se seront bien assurés qu'elle n'aura point pour effet de séparer l'apprenti-travailleur rural de ses père, mère, mari, femme ou enfans, ou de toute autre personne réputée lui appartenir à ces différens degrés d'alliance ou de parenté, et qu'il n'en résultera aucun inconvénient pour sa santé ou son bien-être. Ladite autorisation devra, d'ailleurs, être libellée, délivrée, certifiée et enregistrée conformément à ce qui sera établi par les actes d'assemblée, arrêtés ou ordres en conseil, comme il sera dit ci-après.

ART. 10.

Les droits d'une personne aux services d'un apprenti-travailleur pourront se transmettre à une autre personne, par marché, acte de vente, contrat de mariage, donation, testament, succession, etc., en la forme et suivant les règles qui seront établies par les actes d'assemblée, arrêtés ou ordres en conseil, comme il sera dit ci-après, pourvu, toutefois, que cette transmission ne sépare point l'apprenti-travailleur de ses père, mère, mari, femme et enfans, ou de toute autre personne réputée lui appartenir à ces différens degrés d'alliance ou de parenté.

ART. 11.

Toute personne ayant droit aux services d'un apprenti-travailleur est tenue de pourvoir à ce qu'il reçoive, pendant la durée de son apprentissage, la nourriture, l'habillement, le logement, les médicamens, les soins médicaux, etc., que tout maître, aux termes des lois actuellement en vigueur dans la colonie à laquelle appartiendra l'apprenti-travailleur, doit aujourd'hui à chacun de ses esclaves du même âge et du même sexe.

Dans le cas où l'apprenti-travailleur rural, au lieu d'être nourri par des distributions de vivres, cultivera lui-même pour sa subsistance une portion de terrain consacré à cet usage, la personne qui aura droit aux services de cet apprenti devra mettre à sa disposition un terrain d'une qualité et d'une étendue suffisantes pour assurer sa nourriture, lequel terrain sera situé à une distance raisonnable de l'habitation de l'apprenti, et lui accorder dans l'année, sur les quarante-cinq heures de travail auxquelles elle a droit chaque semaine, le temps nécessaire pour la culture dudit terrain, l'enlèvement et la rentrée des vivres récoltés.

L'étendue du terrain, sa distance du lieu d'habitation de l'apprenti-travailleur rural et le temps à allouer pour sa culture, seront réglés dans chaque colonie par des actes d'assemblée, arrêtés ou ordres en conseil, comme il sera dit ci-après.

ART. 12.

En se soumettant aux obligations imposées aux apprentis-travailleurs par le présent acte, ou qui leur seront imposées ultérieurement par des actes d'assemblée générale, arrêtés ou ordres en conseil, comme il sera dit ci-après, tout individu de l'un ou de l'autre sexe qui, au 1er août 1834, se trouvera en état d'esclavage dans lesdites colonies britanniques (*british colonies*), sera, à partir de cette époque, entièrement et pour toujours libre et affranchi.

Les enfans qui naîtront dudit affranchi postérieurement à ladite époque, et les enfans de ses enfans, seront également libres à partir du moment de leur naissance.

Enfin l'esclavage, entièrement et pour toujours aboli, est déclaré illégal dans toute l'étendue des colonies, plantations et possessions extérieures de la Grande-Bretagne, à dater du 1er août 1834.

ART. 13.

Si un enfant de l'un ou de l'autre sexe, n'ayant point encore atteint l'âge de six ans accomplis au 1er août 1834, ou étant né, postérieurement à cette époque, d'une femme apprentie-travailleuse, est amené devant l'un des juges de paix investis des fonctions spéciales dont il sera parlé ci-après, et s'il est bien prouvé à ce juge de paix que l'enfant manque d'une partie des choses nécessaires à la vie, et qu'il est âgé de moins de douze ans, le juge de paix devra, dans l'intérêt de l'enfant, passer, avec la personne qui a ou qui a eu droit aux services de la mère, un engagement d'apprentissage (*identure of apprenticeship*), en vertu duquel l'enfant sera admis chez cette personne comme apprenti-travailleur. Mais si le juge de paix reconnaît que cette personne est incapable, par un motif ou par un autre, de remplir convenablement les conditions stipulées, il pourra, par un acte semblable, placer l'enfant chez une autre personne qu'il choisira, et qui aura la volonté et le pouvoir de remplir les conditions stipulées.

L'engagement d'apprentissage devra déterminer si l'enfant appartiendra à la classe des apprentis-travailleurs ruraux attachés au sol, à celle des apprentis-travailleurs ruraux non attachés au sol, ou à celle des apprentis-travailleurs non ruraux, et stipuler expressément que l'apprentissage durera jusqu'à ce que l'enfant ait atteint sa vingt et unième année, et qu'il ne pourra être prolongé au delà de ce terme.

Durant son apprentissage, l'enfant sera, quant au nombre d'heures de travail et quant à ce qu'il lui sera alloué pour ses besoins, placé dans la même catégorie que tout autre apprenti-travailleur.

L'engagement d'apprentissage devra toutefois contenir une clause expresse, portant que le temps et les facilités nécessaires à l'éducation et à l'instruction religieuse de l'enfant seront donnés par la personne qui l'aura reçu comme apprenti.

ART. 14.

Sa Majesté pourra délivrer ou autoriser les gouverneurs de chacune des colonies susmentionnées à délivrer, en son nom et sous le sceau public de la colonie, à une ou à plusieurs personnes, des commissions spéciales de juges de paix, les chargeant de veiller à l'exécution du présent acte ou des lois qui seraient ultérieurement rendues, pour en assurer plus complètement encore l'exécution dans toute l'étendue de la colonie, ou seulement dans une paroisse, un arrondissement, un quartier ou un district.

Les personnes auxquelles ces commissions seront données auront le droit d'agir comme juges de paix dans les limites qui leur seront tracées par lesdites commissions ; mais elles devront se renfermer entièrement dans les attributions spéciales qui leur sont confiées : il est bien entendu néanmoins que rien, dans le présent acte, ne s'oppose à ce que ces mêmes personnes soient appelées à faire partie des comités généraux de paix établis, soit pour toute une colonie, soit pour une paroisse, un arrondissement, un quartier ou un district d'une colonie, si Sa Majesté, ou le gouverneur de la colonie à ce autorisé par Sa Majesté, juge convenable qu'elles y soient admises.

ART. 15.

Sa Majesté pourra accorder aux juges de paix investis des fonctions spéciales dont il vient d'être parlé, pourvu que le nombre n'en excède pas cent, un traitement annuel dont le maximum est fixé à 300 livres sterling. Ce traitement ne leur sera payé que tant qu'ils conserveront leur commission spéciale, qu'ils résideront dans la colonie, et qu'ils y rempliront les devoirs de leur emploi.

L'acceptation d'une commission de juge de paix spécial, et la jouissance du traitement qui y sera attaché, ne priveront, en aucune manière, le titulaire des droits qu'il pourrait avoir à toucher une demi-solde, pension ou allocation quelconque, à raison de ses services antérieurs dans les armées de terre ou de mer de Sa Majesté, nonobstant toutes lois et tous usages ou statuts à ce contraires.

Chaque année, il sera présenté au parlement un état indiquant : 1° les noms de tous ceux à qui des traitemens auront été accordés ; 2° la date de leurs commissions ; 3° le montant du traitement attribué à chacun d'eux.

ART. 16.

Attendu qu'il est necessaire d'établir, dans chacune des colonies ci-dessus mentionnées, des règles et des réglemens (*rules and regu-*

lations), pour déterminer d'une manière certaine à laquelle des classes d'apprentis-travailleurs ruraux attachés au sol, d'apprentis-travailleurs ruraux non attachés au sol, ou d'apprentis-travailleurs non ruraux, appartient chaque apprenti-travailleur; pour déterminer de quelle manière, dans quelle forme et avec quelle solennité devra avoir lieu la remise volontaire à un apprenti-travailleur de tout ou partie du temps de son apprentissage; pour déterminer de quelle manière, dans quelle forme et avec quelle solennité devra également avoir lieu le rachat par un apprenti-travailleur de tout ou partie du temps de son apprentissage, sans le consentement et, au besoin, contre le consentement de la personne qui a droit à ses services ; pour déterminer comment sera faite l'estimation de la valeur future desdits services ; comment et à qui le montant de cette estimation sera payé dans chaque cas; de quelle manière, dans quelle forme, et par qui la libération dont il s'agit sera donnée, effectuée et enregistrée ;

Attendu qu'il est également nécessaire, pour le maintien de la tranquillité publique dans lesdites colonies, de faire et d'établir des règlements propres à maintenir l'ordre et la bonne discipline parmi les apprentis-travailleurs ; à assurer l'accomplissement ponctuel de leurs obligations en ce qui regarde les services dus par eux aux personnes qui les emploient; à prévenir et à punir l'indolence, la négligence ou la mauvaise exécution de leur travail ; à garantir l'accomplissement, par l'apprenti-travailleur, des engagemens qu'il aurait pris volontairement pour louer ses services pendant le temps qu'il ne doit point à la personne qui l'emploie; à prévenir et à punir l'insolence et l'insubordination, de la part des apprentis-travailleurs, envers ceux qui les emploient ; à prévenir et à punir le vagabondage desdits apprentis-travailleurs, et toute inconduite de leur part, qui tendrait à porter ou porterait atteinte à la propriété de ceux qui les emploient; à réprimer et à punir toute émeute, toute résistance concertée contre les lois de la part des apprentis-travailleurs, et à empêcher que, durant le temps de leur apprentissage, ils ne s'évadent de la colonie à laquelle ils appartiennent ;

Attendu qu'il sera également nécessaire, dans l'intérêt des apprentis-travailleurs, d'établir diverses règles pour qu'ils reçoivent avec exactitude et régularité la nourriture, les vêtemens, le logement, les médicamens, les soins médicaux, et toutes les autres allocations auxquelles ils ont droit, conformément à ce qui a été dit ci-dessus, et pour régler la quotité ainsi que la qualité de ces diverses choses, dans le cas où la législation actuellement en vigueur dans lesdites colonies n'aurait pas posé des [règles convenables à cet égard en ce qui concerne les esclaves;

Attendu qu'il est également nécessaire que des dispositions soient prises pour prévenir et punir toutes les fraudes, omissions ou négligences qui pourraient être commises relativement à la quantité ou à la qualité des fournitures et aux époques où elles devront être faites; attendu qu'il est nécessaire, dans le cas où l'apprenti-travailleur rural pourvoirait lui-même, en tout ou en partie, à sa subsistance par la culture d'un terrain particulier à ce affecté, que des règlemens soient faits et établis quant à l'étendue de ce terrain, à la distance à laquelle il doit être du domicile ordinaire de l'apprenti-travailleur rural, et au temps à prélever, pour sa culture, sur le temps de travail annuel dû, ainsi qu'il a été dit ci-dessus, par l'apprenti-travailleur rural à la personne qui l'emploie;

Attendu qu'il peut être aussi nécessaire d'adopter des dispositions pour assurer auxdits apprentis-travailleurs ruraux la jouissance de la portion de temps durant laquelle ils ne sont pas obligés de travailler au service des personnes qui les emploient, et pour assurer un compte exact du temps durant lequel lesdits apprentis-travailleurs ruraux sont obligés, par le présent acte, de travailler au service des personnes qui les emploient;

Attendu qu'il est nécessaire, en outre, de prendre des dispositions pour empêcher d'imposer à un apprenti-travailleur rural un travail à la tâche (*task work*) sans son libre consentement; mais qu'il peut être nécessaire aussi, dans le cas où la majorité d'un atelier d'apprentis-travailleurs ruraux attachés à une habitation voudrait accomplir un travail à la tâche, d'imposer l'obligation de demander et d'obtenir l'assentiment de la minorité quant à la proportion dans laquelle devront être réparties les tâches entre les différens travailleurs composant l'atelier;

Attendu qu'il est encore nécessaire d'adopter des dispositions, afin de régler tout ce qui concerne les contrats volontaires que les apprentis-travailleurs pourront par la suite passer, avec ceux qui les emploient ou avec toute autre personne, pour le loyer de leur travail; de fixer une limite à la durée de ces engagemens volontaires, et d'assurer l'exact accomplissement des conditions stipulées, tant par les apprentis-travailleurs, que par ceux qui loueront leurs services ;

Attendu qu'il est encore nécessaire de faire des règlemens pour prévenir ou punir tout acte de cruauté ou d'injustice, tout dommage ou autre tort quelconque dont se rendraient coupables, envers lesdits apprentis, les personnes qui ont droit à leurs services ;

Attendu qu'il est encore nécessaire que des dispositions soient prises pour déterminer de quelle manière et dans quelle forme seront faits les engagemens d'apprentissage passés dans l'intérêt des enfans dont il a été question ci-dessus, et pour assurer l'enregistrement et la conservation desdits actes ;

Attendu qu'il est encore nécessaire que des dispositions soient prises pour que les juges de paix, pourvus du mandat spécial dont il a été parlé ci-dessus, apportent économie et célérité dans l'exercice de la juridiction et des pouvoirs qui leur sont confiés ; pour qu'ils soient à même de juger sommairement toutes les questions susceptibles d'être portées devant eux ; pour que chacune des colonies sus-mentionnées soit partagée en districts de manière à fixer l'étendue de leurs juridictions respectives, et pour que les apprentis-travailleurs de ces districts soient fréquemment et exactement visités par eux ;

Attendu qu'il est encore nécessaire que des règlemens soient faits pour déterminer les indemnités et la protection auxquelles lesdits juges de paix ont droit dans l'exercice de leurs fonctions ;

Considérant que les différentes dispositions à prendre sur les objets énumérés dans le présent article ne pourraient, sans de grands inconvéniens, émaner d'une autorité autre que celle des gouverneur, conseil, assemblée ou autre législature locale de chacune des colonies susmentionnées, ou autre que celle du roi assisté de son conseil privé, quant à celles de ces colonies qui sont soumises à l'autorité législative de Sa Majesté en conseil,

Il est arrêté et décrété que rien, dans le présent acte, ne s'oppose à ce que les gouverneurs, conseils, assemblées ou autres législatures locales dont il vient d'être parlé, ou Sa Majesté en son conseil privé, rendent des arrêtés, actes d'assemblée générale ou ordres en conseil qui peuvent être nécessaires pour régler les différens objets mentionnés dans cet article, ou pour assurer la pleine et entière exécution des dispositions déjà adoptées dans cette vue ; mais il est décrété en même temps que lesdits gouverneurs, conseils, assemblées ou autres législatures locales ne pourront, non plus que Sa Majesté en conseil, adopter ni faire exécuter aucune disposition contraire au présent acte.

ART. 17.

Il est interdit aux gouverneurs, conseils, assemblées ou autres législatures locales, ainsi qu'à Sa Majesté en conseil, de conférer aux personnes qui ont droit aux services d'un apprenti-travailleur, ou à toutes autres personnes, à l'exception des juges de paix investis des fonctions spéciales sus-mentionnées, l'autorisation de punir lesdits apprentis-travailleurs, pour les fautes qu'ils auraient commises, en leur infligeant des coups de fouet, en les battant, en les emprisonnant, en leur infligeant toute autre correction ou châtiment corporel, ou en augmentant le nombre d'heures de travail fixé par le présent acte.

Lorsqu'il s'agira d'une femme appartenant à l'une des classes d'apprentis-travailleurs, il leur est également interdit de conférer à une cour, à l'un des membres d'une cour ou d'un tribunal, ou à un juge de paix, l'autorisation de la punir, par le fouet ou par d'autres coups, d'une faute qu'elle aurait commise.

Il est bien entendu, toutefois, que les lois et règlemens de police en vigueur dans les colonies sus-mentionnées, pour la répression et la punition des différens délits, seront applicables aux apprentis-travailleurs comme régissant toutes les personnes de condition libre.

ART. 18.

Aucun acte colonial ou ordre en conseil ne pourra attribuer à d'autres magistrats qu'aux juges de paix pourvus des mandats spéciaux ci-dessus mentionnés, la connaissance : 1° des délits que pourraient commettre les uns envers les autres, dans leurs relations respectives, telles qu'elles résultent du présent acte, les apprentis-travailleurs et les personnes qui les emploient; 2° de toute inexécution, violation ou négligence de la part des uns et des autres dans l'accomplissement de leurs obligations réciproques; 3° de toutes les difficultés et contestations auxquelles donneraient lieu les relations respectives subsistant entre les apprentis-travailleurs et les personnes ayant droit à leurs services.

ART. 19.

Les juges de paix spéciaux exerceront, dans les colonies auxquelles ils seront respectivement attachés, la juridiction exclusive qui leur est attribuée par l'article précédent, nonobstant toute loi, coutume ou usage à ce contraire, mais sans qu'il puisse être porté atteinte aux pouvoirs dont la loi investit les cours supérieures civiles et criminelles desdites colonies.

ART. 20.

Aucun apprenti-travailleur ne pourra, pour quelque motif, prétexte, faute ou délit que ce soit, être condamné, soit à la prolongation de son temps d'apprentissage; excepté dans le cas ci-après indiqué, soit à un nouvel apprentissage, soit à une augmentation de travail de plus de quinze heures par semaine, en sus du nombre d'heures pendant lesquelles il doit, aux termes du présent acte, travailler au profit de la personne qui a droit à ses services.

Néanmoins, tout apprenti-travailleur qui, pendant le temps de son apprentissage, aurait volontairement abandonné le service de celui qui l'emploie, pourra, à l'expiration de ce temps, être contraint de travailler pour ladite personne pendant un temps équivalent à la durée de l'absence qu'il aura faite, ou de l'indemniser du préjudice que lui aura causé cette absence, à moins que l'apprenti-travailleur n'ait déjà compensé ce préjudice, soit par un travail extraordinaire, soit autrement. Cependant, après un laps de sept années à dater du jour de l'expiration du temps de l'apprentissage, il ne pourra plus être exigé de l'apprenti-travailleur aucune indemnité ou compensation semblable.

ART. 21.

Les apprentis-travailleurs ne pourront être forcés de travailler le dimanche, si ce n'est pour vaquer aux occupations domestiques, faire les travaux indispensables, veiller sur les propriétés, nourrir et soigner le bétail.

Aucun obstacle ou dérangement quelconque ne devra les empêcher de remplir librement leurs devoirs religieux, le dimanche, où et comme il leur plaira.

ART. 22.

Attendu qu'il peut être nécessaire que les personnes en état d'apprentissage soient, pendant la durée de cet apprentissage, dispensées de l'accomplissement de services civils et militaires, déclarées impropres à certains offices civils et militaires, ainsi qu'à la jouissance de certaines franchises politiques dans lesdites colonies, et exemptées de toute arrestation ou emprisonnement pour dettes, il est décrété que rien, dans le présent acte, ne s'oppose à ce que des dispositions adop-

APPENDICE. 263

tées dans ce but soient mises en vigueur dans les colonies sus-mentionnées par des actes d'assemblée, arrêtés ou ordres en conseil.

ART. 23.

Comme il est désirable que tout ce qui se rattache au régime intérieur des colonies sus-mentionnées soit, autant que possible, réglé par les législatures locales, dans le cas où ces législatures rendraient des actes pour substituer aux dispositions de la présente loi d'autres dispositions qui, sans rien changer au fond, s'adapteraient mieux aux localités et au régime intérieur de ces colonies, et où Sa Majesté confirmerait et approuverait les modifications par un ordre en conseil, les dispositions du présent acte ainsi modifiées seront suspendues et cesseront d'être en vigueur dans lesdites colonies après la réception et la promulgation de l'ordre en conseil, tant que les modifications elles-mêmes ne seront point rapportées.

ART. 24.

Afin d'indemniser les personnes qui ont actuellement des droits aux services des esclaves dont le présent acte prononce l'affranchissement, le parlement met à la disposition de Sa Majesté une somme de 20 millions de livres sterling.

(Le reste de cet article contient des dispositions purement financières. Il autorise les lords-commissaires de la trésorerie à régler, comme ils le jugeront convenable, les époques auxquelles auront lieu les différens emprunts partiels destinés à procurer la somme de 20 millions de livres sterling; à déterminer la quotité de chacun de ces emprunts, et à créer, au profit des soumissionnaires, soit des annuités perpétuelles rachetables (*redeemable perpetual annuities*), soit des annuités à terme (*annuities for terms of years*), etc. Il établit que le taux de l'intérêt des sommes empruntées sera réglé sur le cours des annuités, au moment de l'emprunt, et que dans aucun cas il ne pourra dépasser ce cours de plus de 5 schellings pour cent par an.)

ART. 25.

Lorsque les lords commissaires de la trésorerie voudront contracter un emprunt, ils devront en donner avis au public par l'intermédiaire du gouverneur et du député gouverneur de la banque d'Angleterre, etc., etc.

Les soumissions seront reçues selon les formes usitées pour les emprunts ordinaires, etc., etc.

Aucun emprunt ne pourra être contracté que lorsque le parlement sera assemblé, et qu'il aura pris connaissance des pièces y relatives.

ART. 26.

Les annuités à créer pour les emprunts faits en exécution du présent acte seront semblables aux annuités existant au moment où ces emprunts seront contractés.

ART. 27.

Lesdites annuités seront dans la même catégorie que les autres annuités, et soumises aux mêmes lois et règlemens.

ART. 28.

Les commissaires pour la réduction de la dette nationale pourront souscrire et contribuer, pour lesdits emprunts, avec les valeurs déposées en leur nom à la banque d'Angleterre.

ART. 29.

Les sommes provenant desdits emprunts seront versées à la banque d'Angleterre, et portées en recette sous le titre : *Compte de l'Indemnité des Indes-Occidentales (The West-India compensation account)*, etc.

ART. 30.

Les caissiers de la banque d'Angleterre donneront reçu des versemens faits entre leurs mains en vertu desdits emprunts, etc.

Lorsqu'un soumissionnaire ne versera qu'une partie des sommes qu'il se sera engagé à fournir, ces sommes demeureront acquises au trésor public, et les annuités que ledit soumissionnaire aura reçues en échange n'auront plus aucune valeur.

ART. 31.

Les intérêts dudit emprunt de 20 millions de livres sterling, et les frais qui en résulteront, seront acquittés sur les fonds de la dette consolidée du royaume uni de la Grande-Bretagne et de l'Irlande (*consolidated fund*, etc.).

ART. 32.

Les fonds nécessaires pour servir les annuités créées en vertu dudit emprunt et payer les frais qui en résulteront seront versés, par l'échiquier, entre les mains du caissier de la banque.

ART. 33.

Pour la distribution et la répartition entre les ayants-droit du fonds d'indemnité créé par le présent acte, Sa Majesté pourra nommer des commissaires arbitres.

Ces commissaires, dont le nombre ne pourra être moindre de cinq, examineront les réclamations qui leur seront déférées, et prononceront sur les droits des réclamans au partage de l'indemnité dont il s'agit.

ART. 34.

Avant d'entrer en fonctions, les commissaires arbitres prêteront, entre les mains du chancelier de l'échiquier ou du greffier de la chancellerie, le serment dont la teneur suit :

« Je jure de remplir, aussi fidèlement et aussi impartialement qu'il
« me sera possible, le mandat dont je suis investi par l'acte du 28 août
« 1833, intitulé, etc.[1]. »

ART. 35.

Les commissaires arbitres pourront se réunir aux jours et lieux qu'ils jugeront convenables, sauf l'approbation des commissaires de la trésorerie.

Ils pourront avoir un solliciteur (*solicitor*), un secrétaire, des commis, des messagers et d'autres officiers sous leurs ordres, dont ils fixeront les émolumens, sauf la même approbation.

Ils pourront exiger desdits solliciteur, secrétaire, commis, messagers et autres officiers, le serment de remplir fidèlement leurs devoirs, les révoquer quand ils le jugeront convenable, et en nommer d'autres à leur place.

Ces divers employés devront s'acquitter fidèlement des fonctions qui leur seront confiées, sans accepter, pour leurs services, d'autres émolumens que ceux qui leur seront alloués ainsi qu'il est dit ci-dessus.

ART. 36.

Les délibérations des commissaires arbitres devront, pour être valables, être prises par trois d'entre eux, au moins.

ART. 37.

Il ne pourra être accordé d'émolumens qu'à trois des commissaires arbitres, et qu'autant qu'ils ne seront point membres du parlement.

ART. 38.

Dans chacune des colonies sus-mentionnées, le gouverneur, le pro-

---

[1] *An act for the abolition of slavery throughout the british colonies, for promoting the industry of the manumitted slaves, and for compensating the persons hitherto entitled to the services of such slaves.*

cureur-général ou un autre magistrat supérieur attaché au gouvernement (*chief law adviser*), et deux ou un plus grand nombre d'habitans, au choix du gouverneur, seront nommés commissaires adjoints, à l'effet d'éclairer les commissaires arbitres dans tous les cas et sur tous les objets pour lesquels lesdits commissaires les consulteraient.

Ces commissaires adjoints exerceront les mêmes pouvoirs et la même autorité que les commissaires arbitres ; ils prêteront serment (le gouverneur, entre les mains du chef de justice ou de tout autre juge, et les commissaires adjoints, entre les mains du gouverneur) d'exercer loyalement et impartialement les pouvoirs et l'autorité qui leur sont confiés sur toutes les matières à l'égard desquelles ils seront consultés par les commissaires arbitres ; ils transmettront à ces derniers l'exposé complet des différentes informations verbales qu'ils auront recueillies, ainsi que la copie exacte des renseignemens écrits qui leur auront été adressés ; et, d'après ces documens et ceux qu'ils auraient pu recevoir d'ailleurs, les commissaires arbitres rendront leur décision.

ART. 39.

Les lords commissaires de la trésorerie sont autorisés à faire payer aux commissaires arbitres, sur des reçus signés d'eux, et sans aucune retenue, les sommes qu'ils demanderont pour l'acquittement des diverses allocations et dépenses auxquelles donneront lieu les travaux de la commission. Ces sommes seront prélevées sur celle de 20 millions de livres sterling, etc.

Le compte des sommes ainsi payées sera mis sous les yeux du parlement dans les deux mois qui suivront l'ouverture de sa plus prochaine session.

ART. 40.

Les commissaires arbitres pourront citer devant eux toutes les personnes qu'ils jugeront capables de leur donner des éclaircissemens sur les diverses questions qui leur seront soumises.

Si les personnes citées ne comparaissent point aux jours et lieux indiqués, sans pouvoir donner d'excuse valable, ou si, comparaissant, elles refusent d'affirmer leurs déclarations, sous serment, ou de répondre aux questions qui leur seront faites par les commissaires, ou de produire et d'exhiber des pièces et documens qui se rattachent aux objets soumis à l'examen des commissaires arbitres, lesdites personnes encourront les mêmes poursuites et seront passibles des mêmes amendes que les temoins qui, dans les affaires portées devant la cour du banc du roi, font defaut et refusent de prêter serment ou de donner les renseignemens qui leur sont demandés. Les commissaires arbitres sont, en conséquence, investis des mêmes pouvoirs, juridiction et autorité que les membres de ladite cour, pour prononcer les amendes dont il s'agit et en poursuivre le recouvrement.

ART. 41.

Les commissaires arbitres pourront déférer le serment aux personnes qui comparaîtront devant eux, et les entendre comme témoins sur toutes les matières concernant leurs attributions. Ils pourront aussi recevoir, sur ces mêmes matières, toutes les dépositions faites, par écrit et sous serment, dans le royaume, devant les juges de paix ou magistrats dans la juridiction desquels se trouveront les déposans, et, dans chacune desdites colonies, devant le président ou l'un des membres des cours de greffe (*court of record*), ou toutes cours suprêmes de judicature.

ART. 42.

Tout individu qui fera sciemment de fausses déclarations, devant les commissaires arbitres ou les magistrats mentionnés en l'article précédent, sera passible des peines portées par la loi contre les faux témoins.

ART. 43.

(Cet article accorde aux commissaires arbitres leur *port franc* pour les lettres et paquets qu'ils expédieront ou qui leur seront adressés, mais en tant seulement que ces lettres et paquets auront trait aux matières dont la connaissance leur est attribuée par le présent acte ; il indique, avec quelque détail, les mesures à prendre pour prévenir les abus qui pourraient résulter de cette franchise, et prononce une amende de 100 livres et la révocation de l'employé chargé de l'expédition des lettres et paquets, qui prêterait les mains à quelque abus de ce genre.)

ART. 44.

Aucune portion de l'indemnité de 20 millions de livres sterling ne pourra être répartie entre les ayants-droit, si Sa Majesté n'a préalablement déclaré, par un ordre en conseil, que les dispositions nécessaires pour assurer l'exécution du présent acte ont été adoptées et mises en vigueur dans la colonie où sont domiciliés ces ayants-droit, si une copie en forme dudit ordre en conseil n'a été transmise aux lords commissaires de la trésorerie pour leur gouverne, si cet ordre n'a été publié à trois reprises différentes dans la Gazette de Londres (*London Gazette*), et s'il n'a été mis sous les yeux du parlement, six semaines après sa promulgation, lorsque le parlement sera assemblé, et, lorsqu'il ne le sera pas, six semaines après l'ouverture de la session suivante.

ART. 45.

Les commissaires arbitres procéderont à la répartition de la somme de 20 millions de livres sterling entre les dix-neuf colonies et possessions suivantes, savoir :

Les îles Bermudes,
Les îles de Bahama,
La Jamaïque,
Honduras,
Les îles Vierges,
Antigue,
Mont-Serrat,
Nevis,
Saint-Christophe,
La Dominique,
La Barbade,
La Grenade,
Saint-Vincent,
Tabago,
Sainte-Lucie,
La Trinité,
La Guyane anglaise,
Le cap de Bonne-Espérance,
L'île Maurice.

Ils détermineront la part à laquelle chacune de ces colonies aura droit : 1° d'après le nombre des esclaves appartenant à chacune d'elles ou y étant établis, tel que le donneront les derniers relevés faits au bureau de l'enregistrement des esclaves, créé en Angleterre par un acte de la cinquante-neuvième année du règne de George III, intitulé : *Acte pour l'établissement, dans la Grande-Bretagne, d'un enregistrement des esclaves coloniaux, et pour la mise en vigueur de dispositions nouvelles relativement au transport des esclaves hors des colo-*

nies anglaises; 2° d'après les prix de vente des esclaves dans chacune desdites colonies pendant les huit années antérieures au 1er janvier 1834, en excluant de cette évaluation toutes les ventes d'esclaves qu'ils supposeraient avoir été faites sous des réserves ou à des conditions qui auraient affecté le prix des esclaves. Ils établiront ensuite, en livres sterling, la valeur moyenne d'un esclave dans chacune desdites colonies pendant les huit années dont il vient d'être parlé ; ils multiplieront le nombre total des esclaves de chacune d'elles par le chiffre de cette valeur moyenne, et les 20 millions de livres sterling seront répartis entre les dix-neuf colonies proportionnellement au produit de cette multiplication.

ART. 46.

Lorsque les commissaires arbitres reconnaîtront que des individus à raison desquels l'indemnité sera réclamée ont été illégalement portés sur les rôles des esclaves dans l'une des colonies sus-mentionnées, ils déduiront de la somme réservée pour les propriétaires d'esclaves de cette colonie une somme représentant la valeur desdits individus, et cette somme sera consacrée au payement des dépenses générales de la commission.

ART. 47.

Attendu qu'il est nécessaire d'adopter des règles pour la répartition, entre les propriétaires des esclaves affranchis par le présent acte, de la portion de l'indemnité assignée à chaque colonie, et que ces règles ne sauraient être établies qu'après une enquête préalable sur tous les faits qui doivent être pris en considération pour ladite répartition, il est enjoint aux commissaires arbitres de se livrer aux investigations les plus complètes sur tout ce qui peut servir à déterminer l'équitable répartition de l'indemnité dont il s'agit. Ils auront égard, notamment, à la valeur relative des esclaves ruraux et des esclaves non ruraux; ils diviseront ces esclaves en autant de catégories différentes qu'ils le jugeront convenable, suivant la situation particulière de chaque colonie; ils fixeront, avec toute la précision possible, la valeur moyenne de l'esclave dans chacune de ces catégories; ils rechercheront et examineront d'après quels principes l'indemnité à allouer doit être distribuée entre les personnes qui auraient des droits quelconques, communs ou séparés, sur lesdits esclaves, comme propriétaires, créanciers, légataires ou rentiers; ils rechercheront encore d'après quels principes et de quelle manière devront être établies les dispositions nécessaires pour protéger les droits que peuvent avoir, sur le fonds d'indemnité, les femmes mariées, les mineurs, les individus qui sont dans un état habituel d'imbécillité, de démence ou de fureur, les personnes qui se trouvent au delà des mers ou celles qui sont sous le poids de quelque incapacité légale; conformément à quelles règles, de quelle manière et par qui seront choisis les curateurs qu'il peut être nécessaire de nommer pour veiller aux intérêts des individus dont il s'agit, et comment ces curateurs seront indemnisés de leurs peines.

Ils rechercheront encore quels sont les principes qui devront régler, en ce qui touche l'indemnité, la succession des ayants-droit qui mourraient *ab intestat*.

Ils examineront toutes les questions qu'il pourrait être nécessaire d'éclaircir, afin d'établir des règles justes et équitables pour la répartition de l'indemnité entre les personnes qui auraient des droits hypothécaires, des créances, ou tout autre droit quelconque assis sur les esclaves émancipés par le présent acte.

Après avoir fait ces différentes recherches et recueilli tous les renseignemens nécessaires, les commissaires arbitres prépareront, pour chaque colonie en particulier, en ayant égard aux lois et usages qui y sont en vigueur, des projets de règlemens généraux (*general rules*), renfermant les dispositions qu'ils jugeront les plus propres à assurer l'équitable répartition du fonds d'indemnité entre les différentes personnes mentionnées ci-dessus, et à protéger les droits de chacune, etc. Quand lesdits commissaires arbitres auront définitivement arrêté et signé ces projets, ils en feront l'envoi au président du conseil, pour être soumis à Sa Majesté en conseil; et ils agiront de même pour toutes dispositions nouvelles qu'ils croiraient utile de proposer ultérieurement.

ART. 48.

Les projets de règlemens généraux dont il est question dans l'article précédent seront insérés, à trois reprises différentes au moins, dans le *London Gazette*, avec un avis portant que toutes les personnes intéressées d'une manière quelconque à l'adoption ou au rejet des dispositions contenues dans lesdits règlemens pourront, dans un délai que l'avis fixera, adresser à Sa Majesté en conseil leurs réclamations contre les dispositions dont il s'agit. Le conseil privé de Sa Majesté pourra, par un nouvel avis publié dans le *London Gazette*, prolonger la durée du délai autant qu'il sera jugé nécessaire de le faire.

ART. 49.

Lorsque des réclamations de la nature de celles dont il est fait mention dans l'article précédent seront adressées à Sa Majesté en conseil, Sa Majesté, ou l'un des comités du conseil privé, pourra les envoyer en communication aux commissaires arbitres qui feront connaître leur avis.

Sa Majesté pourra, au reste, sur le vu desdites réclamations, confirmer ou annuler les projets de règlemens qui en seront l'objet, y faire toutes les modifications qu'elle jugera convenables, ou les renvoyer aux commissaires arbitres pour être soumis à un nouvel examen.

ART. 50.

A l'expiration du délai fixé pour faire lesdites réclamations, Sa Majesté, bien qu'il ne lui en ait été adressé aucune, pourra confirmer ou annuler les projets de règlemens, les modifier comme elle le jugera convenable, ou les renvoyer aux commissaires arbitres pour être de leur part l'objet d'un nouvel examen.

ART. 51.

Lorsque Sa Majesté donnera son approbation à l'un des projets de règlemens mentionnés ci-dessus, elle le déclarera par un ordre en conseil, lequel ordre reproduira tout au long les dispositions desdits projets avec les modifications qui y auront été faites.

Cet ordre, dûment certifié par le président du conseil de Sa Majesté, sera ensuite transmis au grand chancelier pour être enregistré et classé dans les archives de la haute cour de chancellerie.

ART. 52.

Les règlemens généraux dont il s'agit pourront être révoqués, amendés, modifiés et renouvelés, suivant qu'il sera nécessaire, par d'autres règlemens, rédigés, publiés, approuvés, enregistrés et classés dans les archives de la cour de chancellerie, ainsi qu'il est dit ci-dessus.

ART. 53.

Les règlemens généraux rendus dans les formes qui viennent d'être déterminées auront les mêmes force et valeur que s'ils avaient été rendus par le roi avec le concours du parlement; pourvu, néanmoins, qu'ils ne contiennent aucune disposition contraire au présent acte ou aux lois et usages en vigueur dans lesdites colonies, en tant, toutefois, que ces lois et usages ne seraient point eux-mêmes contraires aux dispositions du présent acte.

ART. 54.

Lesdits règlemens généraux seront obligatoires pour les commissaires arbitres. Ils devront toujours s'y conformer dans l'exercice des fonctions qui leur sont confiées par le présent acte, et dans les décisions qu'ils auront à rendre sur les diverses réclamations en obtention de l'indemnité qui leur seront déférées.

ART. 55.

Toute personne qui, à quelque titre que ce soit, sera ou se prétendra fondée à réclamer son admission à participer à l'indemnité, pourra adresser directement sa réclamation aux commissaires arbitres.

Et, afin que la méthode, la régularité et la célérité convenables soient apportées dans le mode de procéder relativement aux réclamations dont il s'agit, les commissaires arbitres sont autorisés à préparer, dans les formes ci-dessus indiquées, des règlemens destinés à fixer la marche à suivre par les réclamans; à conférer aux commissaires adjoints, nommés dans chaque colonie, le droit de recevoir lesdites réclamations et d'émettre leur avis sur leur objet, en se conformant aux règlemens généraux établis comme il a été dit ci-dessus; à prescrire le mode, le temps, le lieu et la forme dans lesquels il conviendra de donner avis au public des réclamations formées, ou de les communiquer spécialement aux personnes qu'elles intéressent; à déterminer les formes et le mode de procéder pour la liquidation de ces réclamations ou pour former les oppositions auxquelles elles peuvent donner lieu; enfin à faire toutes les dispositions qui leur paraîtront convenables sur la méthode, l'économie et la célérité à apporter dans l'examen desdites réclamations; sur les témoignages à requérir et à admettre pour ou contre elles; sur la forme à suivre pour statuer sur leur objet, et sur la méthode, les formes et le mode de procéder à observer (pour les réclamations portées devant les commissaires adjoints), tant par ces commissaires adjoints que par les parties intéressées, leurs agens ou leurs témoins.

Ces règlemens pourront, au reste, quand l'occasion l'exigera, être amendés, modifiés, changés ou renouvelés dans les formes indiquées ci-dessus.

ART. 56.

Les commissaires arbitres examineront les réclamations qui leur seront présentées, et statueront sur les droits des réclamans dans les formes établies par les règlemens généraux dont il vient d'être parlé.

Les parties intéressées, qui ne seraient pas satisfaites de la décision prise par les commissaires arbitres, pourront en appeler devant Sa Majesté en conseil; et il sera donné avis de ces appels aux commissaires arbitres, qui devront soutenir leur décision.

Sa Majesté en conseil déterminera le mode de procéder en ce qui touche ces appels.

Lorsque deux ou un plus grand nombre de personnes auront élevé des prétentions opposées devant les commissaires arbitres, celles en faveur de qui la décision des commissaires aura été rendue seront admises à la soutenir à la place de ces derniers.

ART. 57.

Sa Majesté en conseil pourra confirmer, annuler, amender ou modifier, comme elle le jugera convenable, toute décision des commissaires arbitres contre laquelle il aura été interjeté appel, ou renvoyer l'affaire devant les commissaires pour plus ample informé et nouvel examen.

Toutefois Sa Majesté ne pourra recevoir en conseil, à l'appui des appels, des explications et renseignemens qui n'auraient point été fournis aux commissaires ou admis par eux avant l'adoption de leur décision.

ART. 58.

Les décisions des commissaires arbitres, lorsqu'elles n'auront donné lieu à aucun appel dans les délais qui seront déterminés par Sa Majesté en conseil, seront définitives et obligatoires à l'égard de toutes les parties intéressées. Les décisions rendues sur appel par Sa Majesté en conseil seront définitives et sans appel.

ART. 59.

Le lord haut trésorier, ou trois commissaires au moins de la trésorerie, sont autorisés à faire payer, sur le fonds de 20 millions de livres sterling, le traitement des commissaires, officiers, commis et autres personnes employées à la répartition de l'indemnité, ainsi que les diverses autres dépenses qui pourront se présenter.

Chaque année, l'état de toutes ces dépenses sera mis sous les yeux du parlement.

ART. 60.

De temps à autre les commissaires arbitres dresseront une liste contenant les noms et la désignation des personnes auxquelles aura été allouée une part dans l'indemnité, et, après que trois d'entre eux au moins auront certifié et signé ladite liste, ils en feront l'envoi au principal secrétaire d'État de Sa Majesté, chargé du portefeuille des affaires desdites colonies, qui, après l'avoir lui-même approuvée et signée, la transmettra aux commissaires de la trésorerie. Les commissaires de la trésorerie autoriseront alors, par un mandat revêtu de leurs propres signatures, les commissaires pour la réduction de la dette nationale, à payer aux personnes dénommées dans la liste les sommes qui leur seront allouées, en imputant ce payement sur le crédit ouvert à la banque d'Angleterre, sous le titre : *Compte de l'indemnité des Indes-Occidentales*, etc.

ART. 61.

L'acte de la cinquante-deuxième année du règne de George III, intitulé : *Acte pour abroger ou amender certains actes relatifs à des cérémonies et assemblées religieuses et aux personnes prêchant et enseignant dans ces assemblées*, est mis en vigueur dans celles des colonies sus-mentionnées auxquelles auraient été appliqués, en tout ou en partie, les statuts suivants, savoir :

Le statut de la treizième et de la quatorzième année du règne de Charles II, intitulé : *Acte pour prévenir les malheurs et les dangers qui peuvent résulter du refus du serment judiciaire, fait par certains individus appelés quakers et par d'autres personnes;*

Le statut de la dix-septième année du règne de Charles II, intitulé : *Acte pour empêcher les non-conformistes de se réunir en corporation;*

Le statut de la vingt-deuxième année du règne de Charles II, intitulé : *Acte pour prévenir et supprimer les conventicules séditieux;*

Le statut de la première et de la deuxième année du règne de Guillaume et de Marie, intitulé : *Acte pour exempter des pénalités portées par certaines lois les sujets protestans de Leurs Majestés, dissidens de l'Église anglicane;*

Le statut de la dixième année du règne de la reine Anne, intitulé : *Acte pour consolider la religion protestante en affermissant l'Église anglicane; pour confirmer la tolérance établie en faveur des protestans dissidens, par l'acte intitulé : « Acte pour exempter des pénalités « portées par certaines lois les sujets protestans de Leurs Majestés,*

APPENDICE. 275

« *dissidens de l'Église anglicane;* » *pour suppléer aux défauts de cet acte, et pour mieux assurer la succession protestante en obligeant les gens de loi de l'Écosse à prêter serment et à souscrire la déclaration mentionnée dans le présent statut.*

Dans les colonies auxquelles les dispositions de l'acte de la 52ᵉ année du règne de George III seront étendues et appliquées comme il est dit ci-dessus, la juridiction, les pouvoirs et l'autorité que cet acte confère en Angleterre aux juges de paix et aux juges tenant les assises générales et trimestrielles (*general and quarter sessions*), seront exercés par deux ou par un plus grand nombre de juges de paix investis du mandat spécial dont il a été parlé ci-dessus.

ART. 62.

Sa Majesté pourra, par des ordres en conseil, établir l'enregistrement des esclaves dans la colonie de Honduras, afin que le présent acte puisse y recevoir son exécution. Toutes les lois faites par Sa Majesté pour le gouvernement de ladite colonie seront, en ce qui touche le présent acte, aussi valides et aussi efficaces que toutes celles faites en conseil par Sa Majesté pour le gouvernement des diverses colonies soumises à son autorité législative.

ART. 63.

Tout fonctionnaire placé à la tête du gouvernement de chacune des colonies sus-mentionnées sera considéré comme *gouverneur* de cette colonie, pour tout ce qui se rattache à l'exécution du présent acte.

ART. 64.

Aucune des dispositions du présent acte n'est applicable aux territoires appartenant à la compagnie des Indes-Orientales, à l'île de Ceylan ou à l'île Sainte-Hélène.

ART. 65.

Les délais fixés, tant pour la mise à exécution du présent acte dans les colonies sus-mentionnées, que pour la durée de l'apprentissage des apprentis-travailleurs, devront être prolongés de quatre mois pour le cap de Bonne-Espérance, et de six mois pour l'île Maurice.

ART. 66.

Devront être considérés comme parties intégrantes de chacune des colonies sus-mentionnées (en ce qui regarde l'exécution du présent acte), les îles et territoires qui en dépendent et qui sont soumis au même gouvernement colonial.

COLONIES ANGLAISES.

B.¹ T

PRÉSENTANT LA RÉPARTITION DE D'INDEMNITÉ DE 20,000,000 LIVRES STERLING ACCORDÉE POUR L'ABOLI[TION]

(Extrait de l'ouvrage de statistique sur les colonies anglaises, p[ar...])

CATÉGORIES établies par l'acte d'émancipation ².	SUBDIVISIONS des TROIS CATÉGORIES.	JAMAIQUE.			TRINIDAD.			TABAGO		
		NOMBRE d'esclaves affranchis.	TAUX MOYEN de l'indemnité par tête.	MONTANT de l'indemnité.	NOMBRE d'esclaves affranchis.	TAUX MOYEN de l'indemnité par tête.	MONTANT de l'indemnité.	NOMBRE d'esclaves affranchis.	TAUX MOYEN de l'indemnité par tête.	MONTANT
			liv. sc.	liv. st.		liv. sc.	liv. st.		liv. sc.	liv.
Appr.-travaill. Apprentis-travailleurs ruraux attachés au sol.	Commandeurs.....	14,043	31 00	435,727	1,100	83 13	92,009	209	38 11	8
	Ouvriers de 1ʳᵉ cl.	11,244	31 06	351,902	345	73 16	25,462	350	43 04	15
	— de 2ᵉ cl.	2,635	20 14	54,514	333	62 02	20,679	248	28 18	7
	Cultivat. de 1ʳᵉ cl..	107,053	26 12	2,848,836	8,018	54 04	434,533	3,734	26 10	99
	— de 2ᵉ cl...	63,923	12 16	818,946	2,448	44 06	108,413	3,567	19 05	68
Appr.-travaill. Apprentis-travailleurs ruraux non attachés au sol.	Commandeurs.....	1,329	31 00	41,254	86	83 13	7,193	6	41 13	
	Ouvriers de 1ʳᵉ cl.	1,153	31 10	35,729	51	71 09	3,645	5	40 08	
	— de 2ᵉ cl.	322	20 18	6,728	34	63 08	2,155	5	28 16	
	Cultivat. de 1ʳᵉ cl.	11,670	26 18	340,130	1,101	49 04	54,187	74	26 09	1
	— de 2ᵉ cl..	5,104	13 04	67,452	357	44 06	15,809	68	19 11	1
Apprentis-travailleurs non ruraux.	Chefs ouvriers....	1,759	30 19	54,485	92	74 02	6,819	40	53 00	2
	Ouvriers ordinair.	780	20 11	16,045	220	63 19	14,071	9	58 11	
	Portef., journal., marin., etc.,1ʳᵉ cl.	1,428	30 05	43,229	59	63 19	3,773	66	53 00	3
	Idem, de 2ᵉ classe.	901	22 13	20,440	133	54 17	7,227	55	28 14	
	Domestiq., 1ʳᵉ cl.	12,883	29 03	375,619	1,678	64 00	107,400	316	31 03	9
	— 2ᵉ cl..	19,083	19 11	372,933	1,584	44 04	70,059	316	21 15	6
	Enf. au-dess. 6 ans.	39,013	5 09	214,368	2,246	22 04	49,823	1,479	4 16	7
	Vieill. et infirmes.	15,692	4 06	67,998	872	12 06	10,725	1,032	»	
	Marrons.............	1,075	12 11	13,593	»	»	»	»	»	
		311,070	19 15	6,149,898	20,757	50 01	1,033,982	11,589	20 04	233

¹ Voir page 8.

² Les apprentis-travailleurs seront divisés en trois catégories distinctes: La première se composant d'app[rentis] employés comme esclaves sur les habitations de leurs maîtres, soit à l'agriculture, soit à la fabrication de[s produits coloniaux]

Le seconde catégorie se composant d'*apprentis-travailleurs ruraux non attachés au sol*, et dans la[quelle seront compris ceux appar]tenant point à leurs maîtres, soit à l'agriculture, soit à la fabrication des produits coloniaux, soit à tou[t autre...]

La troisième catégorie se composant d'*apprentis-travailleurs non ruraux*, et dans laquelle seront c[ompris...]

(*Acte du 28 août 1833, pour l'abolition de l'esclavage dans les colonies anglaises, art. 4.*)

EAU

IÉTAIRES D'ESCLAVES DES COLONIES ANGLAISES PAR L'ACTE RENDU LE 28 AOUT 1833, ESCLAVAGE.

9, *d'après les documens officiels, par M. Montgoméry Martin.*)

	GRENADE.		SAINT-VINCENT.			BARBADE.			SAINTE-LUCIE.		
	TAUX MOYEN de l'indemnité par tête.	MONTANT de l'indemnité.	NOMBRE d'esclaves affranchis.	TAUX MOYEN de l'indemnité par tête.	MONTANT de l'indemnité.	NOMBRE d'esclaves affranchis.	TAUX MOYEN de l'indemnité par tête.	MONTANT de l'indemnité.	NOMBRE d'esclaves affranchis.	TAUX MOYEN de l'indemnité par tête.	MONTANT de l'indemnité.
	liv. sc.	liv. st.		liv. sc.	liv. st.		liv. sc.	liv. st.		liv. sc.	liv. st.
64	41 06	48,032	927	40 00	37,053	1,963	38 17	76,242	332	51 04	16,997
41	41 06	30,590	268	40 03	10,769	1,821	38 17	70,726	237	41 18	9,932
78	34 08	9,363	375	26 11	9,960	784	29 03	22,837	30	33 10	1,005
49	34 08	297,343	7,622	35 18	273,518	27,693	29 03	806,674	5,564	33 11	186,550
28	20 13	118,235	5,605	22 01	123,496	15,615	15 11	242,585	2,192	16 15	36,747
10	41 04	412	23	39 09	908	32	38 16	1,242	8	50 05	402
21	41 05	866	22	38 05	842	224	38 16	8,690	3	41 13	125
10	34 08	344	21	25 17	543	163	29 03	4,748	1	33 00	33
14	34 68	7,362	268	35 13	9,560	2,330	29 03	67,870	256	33 11	8,583
23	20 13	2,580	178	21 12	3,847	1,568	15 11	24,359	100	16 15	1,676
93	41 05	3,921	112	43 08	4,859	391	38 17	15,186	36	50 05	1,810
25	33 17	4,231	102	27 06	2,785	408	29 03	11,884	36	33 11	1,207
28	41 03	1,155	247	40 09	10,000	64	38 17	2,485	2	50 00	100
98	27 10	13,705	136	27 14	3,769	1re cl. 200 / 2e cl. 871	29 02 / 15 12	5,825 / 15,572	80	33 10	2,682
50	34 08	12,040	953	36 06	34,624	3,816	38 17	148,211	1,061	33 11	35,573
75	20 13	20,125	1,253	22 09	28,169	1re cl. 5,890 / 2e cl. 2,803	19 09 / 7 15	114,382 / 21,788	390	16 15	6,529
20	10 06	34,265	2,963	10 18	32,235	14,732	3 18	57,209	1,937	8 08	16,404
39	8 12	11,257	1,189	3 04	3,828	1,780	1 19	3,456	1,006	8 08	8,432
	»	»	»	»	»	»	»	»	»	»	»
40	26 02	616,246	22,266	26 11	590,765	83,150	20 14	1,719,971	13,291	25 04	334,787

eurs *ruraux attachés au sol*, et dans laquelle seront compris tous les individus jusqu'alors habituellement
doniaux, soit à tout autre travail.
compris tous les individus jusqu'alors habituellement employés comme esclaves sur des habitations n'appar-

apprentis-travailleurs qui n'appartiendront ni à l'une ni à l'autre des deux catégories précédentes.

C[1].

TROIS MOIS A LA JAMAIQUE,

PAR M. H. WHITELEY.

—

Les raisons qui, après de mûres reflexions, m'ont engagé à livrer au public le rapport suivant de ce que j'ai observé à la Jamaïque pendant mon dernier voyage, sont celles-ci : Je crois devoir à mon propre caractère, quelque peu importante que soit ma position sociale, d'expliquer en détail à plusieurs des amis qui se sont intéressés à mon bien-être, les circonstances qui provoquèrent mon retour inattendu après un si court séjour dans le pays. — Je dois à mes semblables, à mes concitoyens d'Europe et à leurs dépendans à la Jamaïque, d'exposer sans réserve et sans exagération les faits que j'ai observés; — en dernier lieu, je sens que c'est un devoir religieux et social, un devoir aussi bien envers Dieu qu'envers les hommes (puisque la Providence, par des moyens si imprévus, m'a placé dans des conditions qui donnent à mon témoignage quelque valeur immédiate), de rendre un compte exact de ce que j'ai vu dans la colonie.

Je sais qu'en remplissant cette tâche, j'offenserai inévitablement des individus, que j'éveillerai des hostilités; mais, poussé par des considérations que je n'ose méconnaître, j'accepte la responsabilité à laquelle le devoir m'engage; et tout en évitant soigneusement les révélations qui ne seraient pas utiles pour donner de l'authenticité aux faits, je saurai le remplir, quelque pénible que cela puisse être, soit pour les autres, soit pour moi-même.

J'arrivai à la Jamaïque le 3 septembre 1832. J'y étais envoyé par une respectable maison des *West-Indies* à Londres, avec une recommandation pour être employé dans un magasin ou comme teneur de livres sur une habitation.

Antérieurement à mon arrivee à la Jamaïque, je n'avais pas une idée bien nette de la nature de la servitude coloniale, et mes opinions sur le

---

[1] Voir page 84.

traitement des esclaves étaient plutôt favorables que contraires; c'était au point que, excepté ce que tout le monde trouve dans les journaux, je n'avais jamais lu une seule publication contre l'esclavage. J'étais enfin de ceux qui croient qu'il y a plus de véritable esclavage en Angleterre que dans aucune de ses colonies. Plusieurs fois il m'était arrivé de blâmer des hommes tels que M. B. L. et autres, de faire tant de bruit au parlement à propos de la servitude coloniale, et de négliger, comme je le pensais alors, la réelle servitude des pauvres enfans des manufactures de leur propre pays, dont je connaissais la triste condition, étant resté toute ma vie dans un district manufacturier, et étant intéressé, ainsi que plusieurs de mes parens, dans la fabrique de couvertures, à Heckmondwike, près de Leeds.

Je fus encore confirmé dans ces idées par la lecture du dernier ordre en conseil pour l'amélioration de l'esclavage, que je crus adapté à toutes les colonies. Une copie de ce document fut envoyée par un membre de la chambre des communes au comité central de Leeds, dont j'étais membre, afin de nous mettre à même de juger quelle était la meilleure condition, de celle des esclaves des *West-Indies* ou des enfans des manufactures, et l'opinion que me laissa cette lecture fut que, tout bien considéré, la situation des esclaves nègres était de beaucoup préférable à celle des enfans des manufactures.

Ce fut dans ces dispositions et avec ces impressions que je debarquai à la Jamaïque.

Je dînai le jour de mon arrivée à la baie de Sainte-Anne, à bord du vaisseau qui m'avait amené, avec plusieurs colons, parmi lesquels était M. Hamilton Brown, le représentant de la paroisse Sainte-Anne à l'assemblée coloniale. On fit quelques réflexions sur le nouvel ordre en conseil, et je fus fort surpris d'entendre M. Brown jurer par son Dieu que cet ordre ne serait pas adopté à la Jamaïque, et que les planteurs ne permettraient jamais au gouvernement anglais, sous aucun prétexte, de s'interposer entre eux et leurs esclaves, de quelque manière que ce soit. M. Brown, et plusieurs autres qui étaient présens, parlèrent longuement du bonheur et de l'aisance dont jouissaient les esclaves, et des grands avantages qu'ils avaient sur les pauvres en Angleterre. Parmi plusieurs circonstances qui le prouvaient, M. Robinson cita celle d'un esclave de cette ville qui avait envoyé des lettres imprimées aux nègres de sa connaissance pour les inviter a un souper.

Une de ces lettres fut remise à M. Hamilton Brown, qui avait l'intention de l'envoyer au gouverneur, pour lui prouver l'état comfortable de la population esclave. Tous ces faits et d'autres encore qu'on rapporta, tendaient à confirmer l'opinion où j'étais touchant l'esclavage de la Jamaïque. J'avoue cependant que je fus ébranlé en voyant, ce même jour, que la chapelle des Baptistes de Sainte-Anne, qui avait été détruite six mois avant par les blancs, était encore en ruines, et en apprenant qu'il n'était plus permis aux missionnaires de prêcher dans cette paroisse. Malgré tout, je quittai la ville le lendemain matin sans que mes impressions sur le sort des esclaves fussent matériellement détruites.

Je partis à cheval pour l'habitation de *New Ground* le jour suivant. Je vis çà et là sur mon chemin plusieurs points de vue qui me remplirent d'admiration, jusqu'à ce que j'aperçusse une bande de nègres au travail. La plupart étaient des femmes, et elles étaient surveillées par un commandeur, le fouet à la main. Juste au moment où je passais il fit claquer son fouet en disant : « Travaillez ! travaillez ! » Cette vue m'affecta beaucoup, et il commença à s'élever en moi des doutes au sujet de la supériorité de la condition des esclaves sur celle des enfans des manufactures. Les magnifiques perspectives et le chant même des oiseaux perdirent à mes yeux tous leurs charmes; partout sur mon chemin j'entendais sans cesse résonner à mes oreilles le bruit foudroyant du fouet.

Je fus reçu, à mon arrivée sur l'habitation, de la manière la plus cordiale par le géreur, et traité selon l'hospitalité des *West-Indies*. Après quelques questions concernant l'Angleterre, il commença à s'étendre sur l'heureuse condition des esclaves, et m'indiquant deux nègres tonneliers qui travaillaient dans la cour, il me demanda si j'apercevais la moindre différence entre le sort des esclaves et celui des laboureurs anglais. J'avouai que je n'en voyais pas, car ils paraissaient travailler avec grand intérêt et gaîté.

Peu après le géreur dit d'un air très impératif : « Sonnez la cloche. » Un des domestiques esclaves agita alors une grosse cloche, et en quelques minutes quatre commandeurs parurent devant la maison accompagnés de six nègres. Chaque commandeur avait un bâton à la main et un long fouet roulé autour de ses épaules. Ils s'arrêtèrent devant la porte de la salle, et le géreur, mettant son chapeau, s'avança vers eux, tandis que je m'assis près de la croisée pour observer ce qui suivrait, car j'avais été prévenu que ces six nègres allaient être punis.

Les quatre commandeurs rendirent leurs comptes et reçurent de nouveaux ordres ; ensuite le géreur leur fit plusieurs questions sur les fautes des six esclaves amenés pour la punition. Il n'interrogea pas les accusés eux-mêmes, et, sans aucune explication, la sentence fut prononcée et immédiatement mise à exécution.

Le premier était un homme d'à peu près trente-cinq ans. Gardeur de bestiaux, son crime était d'avoir égaré une mule. Sur l'ordre du géreur, il se dépouilla d'une partie de ses vêtemens et s'étendit à plat ventre par terre ; alors un des commandeurs commença à le frapper de son fouet. Ce fouet a à peu près dix pieds de long avec une courte poignée, mais c'est un instrument d'une force terrible. Le bourreau le fait tournoyer au-dessus de sa tête et le ramène avec une grande vivacité sur la victime. Le sang jaillit à chaque coup. En voyant ce spectacle offert pour la première fois à mes yeux avec ses révoltans détails, en voyant la victime dégradée qui pleurait sous le châtiment, je fus frappé d'horreur ; je tremblais ; je me sentais mal ; mais, déterminé à voir la fin de tout ceci, je restai à la fenêtre. Le patient, à chaque coup, se repliait sur lui-même comme un reptile blessé, en s'écriant : « Seigneur ! Seigneur ! Seigneur ! » Quand il eut reçu une vingtaine de coups, le commandeur s'arrêta pour relever la chemise (ou plutôt la robe) du pauvre homme qui était retombé sur son corps meurtri. Le malheureux s'écriait : « Croyez-vous moi pas homme ? » Je compris que par cette exclamation il voulait dire : « Croyez-vous que je n'aie point la sensibilité d'un homme ? » Mais on recommença tout de suite à frapper, lui continuant de s'écrier : « Seigneur ! Seigneur ! Seigneur ! » jusqu'à ce qu'il eut reçu les trente-neuf coups. Quand cet homme se releva, je vis le sang couler des plaies creusées par le fouet ; il paraissait épuisé, mais on lui ordonna de reprendre immédiatement ses occupations ordinaires !

Le second était un jeune homme d'à peu près dix-huit ans. On le força de se déshabiller lui-même et de s'étendre de la même manière que le premier ; ses mains et ses pieds furent tenus par quatre esclaves, dont l'un était un jeune garçon qui devait être fouetté ensuite. Ce dernier était mulâtre, et descendait, je pense, de quelqu'européen qui lui avait donné naissance avec une négresse de l'habitation. Ces deux jeunes gens furent fouettés exactement de la même manière que je l'ai décrit déjà ; ils se tordaient en poussant des gémissemens sourds, et paraissaient éprouver des douleurs aiguës. Ils reçurent chacun trente-neuf coups. Leur méfait était de n'avoir pas rempli toute la tâche qui leur était prescrite. On leur ordonna à tous deux d'aller rejoindre leur bande comme à l'ordinaire dans l'après-midi pour couper les cannes.

Deux jeunes femmes, à peu près du même âge, furent étendues par terre et tenues par quatre hommes, l'une après l'autre, puis leur corps ayant été découvert de la manière la plus indécente, chacune des pauvres créatures reçut trente-neuf coups du fouet meurtrier. Elles s'écriaient de même : « Seigneur ! Seigneur ! Seigneur ! » Elles paraissaient aussi souffrir vivement et on voyait leur peau toute arrachée. Une autre femme (la sixième coupable), fut aussi étendue et découverte pour être fouettée, mais à la prière d'un des commandeurs, elle fut remise à délai. La faute de ces trois femmes était, ainsi que celle des deux jeunes gens, un déficit dans le total de leurs travaux.

Le géreur surveillait cette cruelle opération avec autant d'indifférence que s'il se fût agi de leur payer leurs gages. Pour moi, j'étais anéanti d'horreur et de pitié. Je n'ai aucune raison de penser que le naturel de ce jeune géreur (il n'avait pas plus de 24 ans), fût moins humain et moins sensible que le mien, mais telle est la dureté qu'engendre l'habitude constante de ces scènes de barbarie. La réception qu'il m'avait faite à mon arrivée avait été si aimable, si franche et si cordiale, que si je ne l'avais pas vu de mes propres yeux, je ne l'eusse jamais cru capable de commettre de telles cruautés sur ses semblables.

Aussitôt que cela fut terminé, il rentra, et m'engagea à boire du rhum et de l'eau avec lui; mais je lui dis que j'étais malade et que je ne pourrais rien prendre ; j'avais été réellement frappé d'épouvante et abattu par la scène à laquelle j'avais assisté. Il me répondit que ce n'était certainement pas un devoir agréable, mais qu'il était inévitable, et que je m'habituerais bientôt comme les autres à de tels spectacles. Je lui demandai s'il était nécessaire d'infliger souvent de pareilles punitions, il me répondit : « C'est incertain ; je puis n'avoir pas à le faire durant un mois, ou je puis avoir à recommencer demain. »

Telle fut ma première initiation à la connaissance de l'esclavage des *West-Indies*, le 4 septembre 1832, le lendemain du jour de mon débarquement dans l'île et une heure après mon arrivée sur l'habitation.

Je restai à *New Ground* sept semaines complètes, et durant cet espace de temps je fus témoin de la flagellation de vingt esclaves. J'entendis en outre parler de plusieurs autres, fouettés au champ par ordre du géreur. Je ne compte pas non plus les coups de fouet partiels donnés par les commandeurs en surveillant les bandes à l'ouvrage.

Les faits suivans sont des cas que je me rappelle parfaitement. Mais je n'ai la date précise que d'un seul, ayant été obligé de détruire presque tous mes papiers à cause des menaces de l'*union coloniale* [1].

1º. Un esclave employé à la fabrication du sucre reçut 39 coups de fouet de la manière que j'ai décrite. Un teneur de livres m'assura que ce nègre n'avait réellement commis aucune offense ; mais que le géreur l'avait puni pour se venger de l'économe qui le protégeait, et avec lequel le géreur avait eu des différens. Ne pouvant fouetter l'économe, il fouettait l'esclave. Je n'aurais jamais pu ajouter foi à de semblables allégations si je n'avais pas entendu parler de faits pareils, dont je ne pouvais révoquer en doute l'authenticité, arrivés sur d'autres plantations.

2º et 3º. Deux jeunes femmes. La punition fut infligée le soir sur le glacis où on fait sécher le piment. M. M. Lean, le géreur et moi, nous étions assis près de la croisée de son salon, lorsque la bande de jeunes esclaves employée à arracher le piment arriva avec ses paniers pleins. Le teneur de livres en chef examina comme à l'ordinaire chacun des paniers, afin de s'assurer si la tâche imposée avait été entièrement remplie. *Il trouva les corbeilles de deux pauvres filles insuffisantes, et ordonna qu'à l'instant même elles fussent fouettées*. Le géreur ne s'interposa pas, ne fit aucune question, la chose ne présentait pas assez d'importance pour qu'il s'en mêlât, quoique cela se passât à peu de distance de la croisée ouverte près de laquelle nous nous trouvions. Une des deux filles fut à l'instant même étendue à terre, déshabillée comme à l'ordinaire de la manière la plus indécente et la plus brutale, et le commandeur commença à frapper.—Chaque coup appliqué sur sa chair faisait un grand bruit. A un cri plus perçant que poussa la pauvre créature, le géreur dit en se retournant vers moi, avec un atroce sourire : « Voilà le meilleur coup, de par Dieu ! » L'autre femme fut aussi fouettée, mais pas tout à fait aussi fort. Elles reçurent comme d'ordinaire chacune 39 coups.

4º et 5º. Dans une autre occasion, je vis fouetter deux filles de dix à treize ans, par ordre du géreur ; elles appartenaient à la seconde bande employée à sarcler la canne, et *elles étaient accusées d'avoir été paresseuses le matin*. On les fit tenir par terre par deux jeunes filles de leur âge. Elles reçurent chacune 39 coups.

[1] M. Whiteley ne donne aucun détail sur l'*union coloniale*. C'etait sans doute quelqu'association des blancs contre l'abolitition de l'esclavage.

6° et 7°. Je vis ensuite fouetter très fort deux jeunes gens dans la tonnellerie, mais je ne pus apprendre leur offense.

8°. Un homme, dans le chemin qui conduit de *New Ground* à *Golden spring*. Nous étions à cheval quand nous rencontrâmes cet homme, et pour une faute que je ne pus apprendre (ayant vu que mes questions sur ces choses étaient regardées comme blessantes), le géreur appela un commandeur du champ voisin et lui fit donner 39 coups sur la place.

9° et 10°. Deux jeunes gens, *pour avoir dormi trop long-temps*. Ils étaient muletiers, et comme pendant la récolte ils avaient été deux jours et une nuit sans dormir, en sortant à la pointe du jour avec le géreur (le soleil n'était pas encore levé), nous les trouvâmes qui harnachaient leurs mules; or, ils devaient, selon les règles de l'habitation, être sortis depuis une demi-heure; ils reçurent une correction très sévère.

11°. Une jeune fille. Elle s'était enfuie pendant quelques jours de l'habitation dans la crainte d'être punie.

Je ne parlerai plus que de deux faits qui excitèrent plus particulièrement ma sympathie; car au bout de quelques semaines, quoique mon horreur morale pour la servitude ne fît que s'accroître, pourtant ma sensibilité à la vue des souffrances physiques commençait à s'affaiblir, au point qu'une punition ordinaire ne m'affectait plus comme les premières fois.

12°. L'un de ces deux cas est celui d'une femme mariée, mère de plusieurs enfans. Elle fut amenée un matin à la porte du géreur par un commandeur qui l'accusait d'avoir volé une poule, en apportant comme preuve de conviction des plumes trouvées dans sa case. Le géreur lui demanda si elle voulait payer la volaille. Elle répondit quelque chose que je ne pus entendre distinctement. On répéta la même question et elle fit la même réponse. Alors le géreur dit : « Mettez-là à terre. » Là dessus, la femme remplit l'air de cris d'effroi; elle paraissait prête à s'évanouir, ses lèvres devinrent pâles et livides. J'étais tout près d'elle et je pouvais facilement l'observer. Le géreur proféra un affreux jurement et répéta son ordre : « Mettez-là à terre. » Alors la femme supplia qu'on lui permit de mettre quelque chose pour couvrir sa nudité, ce qu'on lui accorda. Couchée à terre et tenue par deux nègres, sa robe et sa chemise lui furent littéralement arrachées de dessus le dos, et ainsi brutalement exposée aux regards, elle reçut le fouet. La punition qu'on infligea à cette pauvre créature fut d'une inhumanité affreuse.

Comme elle était assez grasse, le fouet manié avec une grande vigueur s'enfonçait à chaque coup dans la chair. Elle agitait vivement tout le corps en poussant des cris, mais sans articuler une plainte, excepté une fois, où elle supplia en sanglottant qu'on ne découvrît pas indécemment sa nudité. Elle paraissait souffrir plus encore de cette offense à la pudeur que des cruelles meurtrissures de son corps, mais le géreur ne répondit à sa prière que par un mot brutal (trop grossier pour être répété), et la flagellation continua. J'étais si indigné que je m'enfermai ; je comptai les coups un à un, il y en eut 50, excédant de 11 le nombre que la loi coloniale accorde à la volonté arbitraire du maître. Ce fut la seule fois que je vis dépasser le nombre légal de 39 coups, mais le géreur ou le teneur de livres n'en donnèrent jamais moins de 39. La pauvre victime était cruellement déchirée. Quand on lui permit de se relever, elle avait un frisson violent. Le géreur jura brutalement et la menaça de recommencer si elle ne se tenait pas tranquille, puis il ordonna qu'on la conduisît à l'hôpital et qu'elle passât la nuit au cachot. Elle y fut enfermée pendant plusieurs nuits, et elle travaillait dans la cour pendant le jour, étant trop fortement blessée pour pouvoir aller aux champs de quelques jours. Cela eut lieu le 27 septembre.

13°. Le châtiment d'un homme d'à peu près soixante ans sera le dernier dont je ferai mention. C'était le troisième commandeur ; il y en avait cinq en tout sur l'habitation, dont le seul emploi était exactement de mener ou de contraindre par le fouet la population noire au travail. J'avais causé avec cet homme et je m'étais particulièrement intéressé à lui, car ses cheveux argentés et quelque chose dans son aspect me rappelait mon vieux père que j'avais laissé en Angleterre. Il était à *New Ground* depuis un grand nombre d'années. Un jour qu'il vint chez le géreur pour lui rendre compte, selon l'usage, de l'ouvrage de sa bande, le géreur dit qu'il n'y en avait pas assez de fait et ordonna qu'il fût fouetté à l'instant. Le vieillard reprit : « Eh bien ! je n'aurais pu mieux faire, eussiez-vous été là. » Alors, avec un profond soupir, il déposa son bâton et son fouet, dénoua ses vêtemens et s'étendit avec impassibilité à terre pour être fouetté sans être tenu. Un des commandeurs qu'on avait appelé paraissait éprouver une grande répugnance a remplir cet office, mais le géreur ayant juré grossièrement deux ou trois fois, il se décida à infliger la punition de 39 coups. Le vieillard regardait le géreur d'un air suppliant, criant à chaque coup pendant plusieurs minutes : « Busha ! busha ! busha ! » (Maître ! maître ! maître !)

Mais voyant qu'il ne faisait aucun signe de pitié, il cessa de demander grâce et ne manifesta sa souffrance que par des gémissemens étouffés. J'étais profondément ému de cette scène, et je sentis alors *que ces gémissemens étaient un solennel appel à la justice de celui qui entend la plainte des opprimés*. Quand la correction fut terminée et que le pauvre homme fut debout, les autres commandeurs s'entre-regardèrent en remuant la tête, mais ils n'osaient pas articuler un seul mot.

Plusieurs fois, en causant avec le géreur, j'avais exprimé la peine et l'horreur que je ressentais à la vue d'un esclavage accompagné de tant de souffrances, mais il avait tâché de me persuader, contre l'évidence de mes propres sens, que les corrections n'étaient pas douloureuses, et il assurait de plus que beaucoup de nègres n'avaient jamais été frappés de leur vie. Je questionnai ensuite M. Burrows, le teneur de livres en chef, à ce sujet, et je lui demandai s'il pouvait me citer un seul nègre (ou négresse), libre ou marié, qui n'eût jamais été fouetté. Après un peu de réflexion, il me répondit qu'il lui était impossible de m'en nommer aucun. Ainsi il y avait 277 esclaves sur l'habitation, dont très peu d'enfans, et un homme qui était avec eux depuis deux ans ne pouvait pas en citer un seul (à l'exception des jeunes enfans) qui, une ou plusieurs fois, n'eût subi cette cruelle et dégradante punition?

Je fis des efforts pour m'assurer de la vérité, et j'interrogeais les esclaves eux-mêmes quand l'occasion s'en présentait. Leur reponse ordinaire était : « Ah ! Massa, j'ai été fouetté bien des fois par le maître. » Ayant adressé cette question à un vieux nègre qui avait été gardeur de moutons, et qui se trouvait alors employé à l'écurie, il dit qu'il avait été fouetté très souvent. « Et pourquoi avez-vous été fouetté ? demandai-je. — Quand les moutons s'égaraient, *quand ils étaient malades, et quand ils mourraient!*—Et combien de coups le maître donnait-il habituellement?—Ah! Massa, reprit le pauvre homme, quand j'étais étendu à terre et qu'on me fouettait jusqu'au sang, j'avais bien autre chose à faire que de compter les coups. » Le jour où je quittai l'habitation, ce même homme me dit une chose qui me frappa. « Vous avez vu, Massa, combien les pauvres nègres sont opprimés; nous ne nous plaignons pas de l'ouvrage, mais on nous traite trop mal. »

Je demandai à un autre nègre, marié et père de famille, si lui et sa femme avaient jamais été fouettés. Il répondit que tous deux ils l'avaient été plusieurs fois, et me fit remarquer qu'il était bien décourageant, quand on faisait son possible pour être *bon nègre*, de ne point échapper au fouet plus que les pires esclaves de l'habitation. Cet homme était Baptiste, très religieux et d'une conduite exemplaire; il avait été membre de la chapelle de la baie de Sainte-Anne que j'avais vue en ruines. Il savait lire un peu, et je lui donnai un livre d'hymnes.

Le nègre dont je parle était charpentier. Je demandai au maître charpentier (écossais nommé Walden) s'il avait jamais fouetté cet homme. Il répondit que oui, et il ajouta qu'il était obligé de fouetter tous les esclaves commis à sa garde, et qu'il ne les emmenait jamais dans le bois sans un fouet, afin de pouvoir châtier ceux qui lui déplairaient.

J'adressai de semblables questions à d'autres encore, et partout je reçus les mêmes réponses établissant la preuve de l'assertion du teneur de livres, à savoir qu'il ne connaissait pas un seul esclave sur l'habitation qui n'eût été fouetté.

Je puis encore dire que rencontrant un jour un esclave du nom de Johnstone, appartenant à *Green parck*, habitation voisine, je lui demandai aussi s'il avait jamais été fouetté. Il me répondit : « Oui, Massa, je l'ai été et j'ai été mis aux fers pendant trois mois et trois jours. » En prenant des informations, j'appris que la faute de cet homme était d'avoir été à la chapelle méthodiste (de M. Whitehouse), et que c'était pour cela que son maître (M. Hurlock) l'avait fait fouetter et mettre aux fers.

Pendant mon séjour à *New Ground*, la bande des prisonniers (esclaves condamnés) y fut employée à creuser les trous de cannes pour la plantation. J'eus ainsi de fréquentes occasions de les voir et de causer avec eux. Je n'oublierai jamais l'impression pénible que je ressentis à la vue de ces malheureux. Le fils du surintendant de la prison (nommé Drake) m'accompagnait aux champs la première fois que j'allai voir la bande, et en chemin il me fit observer que je serais sans doute choqué de leur extérieur, mais que je ne devais pas oublier que tous ces nègres étaient des malfaiteurs, des voleurs ou des criminels. Je fus, en effet, témoin à mon arrivée du plus affligeant et du plus hideux spectacle. La bande entière, composée de quarante-cinq nègres, hommes et femmes, était enchaînée en couples par le cou; je vis même un homme et une femme attachés ensemble. Deux vigoureux commandeurs veillaient sur eux, armés chacun d'un fouet et d'un bâton d'épine. Presque toute la bande avait le corps nu en travaillant, et en m'approchant d'eux je découvris sur leur dos, depuis le haut des épaules jusqu'en bas, les sillons de vastes cicatrices se croisant dans tous les sens. Les commandeurs usaient à discrétion de leurs fouets et de leurs bâtons, indépendamment des sévères punitions ordonnées par le surintendant. Je ne vis pas un seul de ces malheureux qui ne portât sur le corps des traces évidentes de cette discipline barbare. Les uns avaient de larges entailles recouvertes de chair ; d'autres avaient des plaies à vif et récentes. Tout cela réuni produisait le plus horrible tableau que j'eusse jamais vu. L'un d'eux portait une grosse chemise (ou robe) encore toute teinte de son sang. Pendant que j'étais là, les commandeurs en frappèrent très violemment quelques-uns qui restaient en arrière des rangs.

Je demandai à un des commandeurs pour quels crimes ces gens là étaient condamnés. Il me répondit que quelques-uns étaient des accusés de la paroisse Trelawney, compromis dans la dernière révolte ! que d'autres étaient des voleurs et des fugitifs ; puis me montrant deux individus (un homme et une femme), il ajouta que ceux-là avaient été pris pendant la loi martiale..... pour avoir prié (*for praying*). Je demandai s'il m'était permis de parler à ces personnes, et comme on ne me fit pas d'objection, j'allai causer avec eux. Le premier, appelé Rogers, m'apprit qu'il avait été condamné pour s'être réuni à d'autres nègres afin de prier ensemble. Le second, dont j'ai oublié le nom, me dit que c'était la seconde fois qu'il était mis à la chaîne, seulement pour s'être joint à quelques-uns de ses amis et de ses parens en assemblée de culte. Afin d'être bien sûr de l'exactitude de ce fait extraordinaire, je pris des informations auprès de quelques nègres des plus intelligens de *New Ground* qui connaissaient les particularités des condamnations, et leur témoignage s'accorda si complètement avec ce que je savais déjà, qu'il ne me fut pas permis de conserver un doute à ce sujet, et j'eus malheureusement bientôt de bonnes raisons de savoir que sur beaucoup d'habitations il y a peu d'offenses pour lesquelles les infortunés esclaves soient punis avec plus de sévérité que pour le crime d'avoir prié Dieu !

Le surintendant de la bande des prisonniers, Drake, vint souvent à *New Ground*, pendant que sa bande y était employée, pour voir s'ils faisaient assez d'ouvrage, (car il était à la tâche), et un jour le géreur l'engagea à dîner. Le soir, comme nous étions debout à la porte, lui et moi, il se prit, en termes très violens, à maltraiter les amis de l'émancipation des nègres, et il ajouta que si je prononçais un mot hostile contre les oppresseurs d'esclaves, il aurait un grand plaisir à me couper la tête ; puis, allongeant le bras vers les hommes qui travaillaient à notre vue, il se mit à jurer grossièrement, en disant : « Oh ! si je pouvais tenir Buxton et Lushington là, enchaînés par le cou dans ma bande, je les traiterais bien ; oui, de par Dieu, je le ferais, et nous serions tous heureux. » Le géreur m'apprit que ce Drake recevait 500 livres courantes de sa place.

Je vais encore indiquer ici quelques détails que j'eus lieu d'observer, tendant à mettre au jour les particularités du système des planteurs de la Jamaïque.

Il y avait sur l'habitation de *New Ground* quinze ou seize nègres religieux avec lesquels je fis plus particulièrement connaissance, mais j'appris qu'il y en avait d'autres encore. Ceux que je connus étaient Baptistes et Wesleyens. Lorsqu'ils se furent aperçus qu'ils pouvaient avoir confiance en moi, ils m'exprimèrent souvent de vifs regrets au sujet du bannissement des missionnaires. Ils n'osaient prier ensemble, car si on les eût trouvés ainsi, ils étaient sûrs d'être flagellés. Un de mes parens, propriétaire à la Jamaïque, mais résidant en Angleterre, m'avait dit que je pourrais prêcher pour les esclaves et m'occuper de leur instruction religieuse ; je vis bientôt que cela ne me serait pas permis même par ses propres agens coloniaux. En effet, le fondé de pouvoir, dès notre première entrevue, me recommanda expressément de ne point parler de religion aux nègres.

Le dimanche il n'y a aucune observation quelconque de culte à *New Ground*, non plus que sur les autres habitations de la paroisse. Les blancs passent habituellement ce jour en visites à leurs confrères géreurs ou teneurs de livres sur les plantations voisines ; ou, s'ils restent chez eux, ils jouent aux dames et aux palets. Les nègres travaillent tous à leurs terres de vivres ou portent leurs provisions au marché, excepté les tonneliers qui travaillent pour l'habitation, et ont ce jour-là un salaire. Les nègres ne recevant du maître que quelques harengs salés, il faut nécessairement qu'ils emploient le dimanche à cultiver des provisions. La loi ne leur accorde que vingt-six jours par an pour ce travail indispensable.

Lorsque les esclaves travaillent aux champs, il arrive souvent que les plus forts dépassent les plus faibles ; alors les commandeurs (qui sont devant la bande quand elle laboure et derrière quand elle coupe la canne), s'élancent sur ceux qui sont restés en arrière et les frappent pour ranimer leurs efforts, étant eux-mêmes passibles du fouet si l'ouvrage prescrit n'est pas terminé. J'ai vu des commandeurs étendre des esclaves aux champs et leur donner de leur propre autorité depuis six jusqu'à douze coups de fouet. Je les ai vus commander à des femmes de se placer debout, à une distance convenable, et les fouetter aussi longtemps qu'ils le jugeaient à propos. J'ai souvent vu le maître d'équipages (c'est le nom qu'on donne au commandeur de la sucrerie) fouetter ainsi vieux et jeunes, hommes et femmes. Une nuit, il frappa une femme au visage avec une si grande violence qu'elle poussa un cri terrible. Elle avait un enfant malade à l'hôpital et avait essayé de quitter sa tâche un peu plus tôt pour aller le voir ! Telle était sa faute ! Un jour, le commandeur en chef, qui était un homme très fort, fit une effroyable entaille avec le fouet à une femme de 50 ans qui coupait des cannes avec la grande bande. L'économe et un des teneurs de livres qui étaient présens avec moi n'y firent pas la moindre attention. Les coups de fouet tombaient sans interruption sur les esclaves au travail, au point que je finis par croire qu'ils souffraient plus en résultat de cette manière, que des atroces punitions infligées par ordre des maîtres, géreurs et économes.

Les commandeurs ayant l'habitude de fouetter sévèrement les nègres qui viennent trop tard le matin, il arrive de là fréquemment qu'ils s'enfuient pendant plusieurs jours ou plusieurs semaines pour échapper à la punition; mais lorsqu'ils se représentent quelques temps après, ainsi qu'ils le font généralement, c'est avec la certitude d'être cruellement fouettés et de passer toutes les nuits au cachot pendant des semaines. J'ai souvent vu six ou sept de ces fugitifs sortir des cachots le matin, travailler aux champs tout le jour, et le soir en rentrant, être remis au cachot. C'est généralement la crainte d'être puni, me dit-on, qui les engage à la fuite.

La sévérité tyrannique de ce système peut être justement appréciée par un autre incident que je vais rapporter. Un dimanche après-midi, comme j'étais assis selon l'ordinaire à la croisée du salon avec le géreur, une vieille négresse, paraissant âgée d'à peu près 60 ans, vint à nous et demanda qu'on lui permît de parler. Elle dit qu'elle était vieille et engourdie, qu'elle avait des infirmités aux genoux (elle nous les découvrit pour le prouver), qu'elle ne pouvait plus supporter l'ouvrage des champs, et, d'après toutes ces raisons, elle priait qu'on la laissât libre (*sit down*), c'est-à-dire, qu'on la dispensât des travaux réguliers de l'habitation. Le géreur rejeta sa demande, lui ordonna deux ou trois fois de partir, et fit observer « qu'elle parlait trop bien anglais. » Enfin comme la vieille femme continuait ses importunités, il perdit patience, appela un des domestiques, et lui ordonna de mettre la suppliante aux fers. Elle fut, en conséquence, immédiatement conduite au cachot et y passa toutes les nuits pendant une semaine, continuant comme d'ordinaire à travailler aux champs pendant le jour. Le dimanche suivant elle fut graciée par le commandeur en chef, et vint, en ma présence, remercier le géreur de ce qu'on ne la mettait plus au cachot. C'est ainsi que sa pétition fut rejetée et servit d'exemple pour intimider les autres supplians.

En parlant avec M. M'Lean (comme cela m'arrivait souvent dans le commencement de mon séjour à *New Ground*) touchant l'extrême sévérité du système en activité sur l'habitation, il m'assura qu'il était loin d'être un maître aussi dur que l'étaient les géreurs des autres habitations, et pour m'en convaincre, il me rapporta des sévérités (ou plutôt des atrocités) exercées sur les autres habitations de la paroisse, allant bien au-delà de ce que j'avais vu à *New Ground*. J'ai entendu, en effet, citer des traits inouïs de cruauté. Un habitant de la paroisse Saint-André me dit que le fouet y était donné bien plus fort que dans la paroisse Sainte-Anne, et qu'on se servait souvent après le fouet de bâtons d'ébène garnis d'épines. Mais je n'essaierai pas de décrire tout ce que j'ai recueilli par ouï-dire, quoique je ne puisse révoquer en doute la véracité de personnes qui presque toutes trouvaient ces violences nécessaires. Je ne veux garantir que ce que j'ai vu positivement par moi-même.

Les débauches avouées des blancs de l'habitation me dégoûtaient autant que la cruauté de leur système. A *New Ground*, le géreur, les teneurs de livres et le charpentier en chef, vivaient dans le déréglement habituel le plus complet et le plus grossier. La tolérance sans contrôle touchant ce vice abrutissant, peut amener et infailliblement amène une tyrannie morale aussi visible qu'effroyable. Un des teneurs de livres m'avoua volontiers qu'il avait eu douze femmes de nègres depuis six mois. Je vis un autre blanc de l'habitation battre sa concubine très cruellement avec un tourne-broche pendant qu'elle était enceinte, et pour une faute très légère. Comme j'avais refusé de me dégrader en me soumettant sur ce point *à la coutume du pays*, selon leur cynique expression, ils me regardèrent bientôt avec un mélange de dédain et de défiance.

Je vais maintenant expliquer les raisons qui m'amenèrent à abandonner les projets que j'avais formés en allant à la Jamaïque, et qui provoquèrent mon retour en Europe après une si courte résidence.

J'étais arrivé depuis une semaine à *New Ground*, lorsque j'allai voir à la baie de Sainte-Anne le procureur ou agent des propriétaires de l'habitation, à la protection duquel mes parens m'avaient recommandé. Je lui dis que d'après ce que j'avais vu de l'existence des planteurs, je me sentais peu apte à cette profession et que j'étais résolu de l'abandonner ; mais que n'ayant pas d'autre ami que lui dans cette partie de l'île, je lui serais fort reconnaissant s'il voulait me permettre de rester sur l'habitation comme simple résident, jusqu'à ce que j'eusse des nouvelles d'une personne de Kingston à qui j'avais écrit pour la prier instamment de tâcher de me trouver un emploi. Le procureur me demanda le nom de cette personne. Je lui appris que c'était M. Pennock, missionnaire Wesleyen ; que j'étais moi-même membre de cette société, et que j'avais à l'occasion officié comme prédicateur avant de quitter l'Angleterre. Il parut très déconcerté de cette nouvelle. Il m'assura que M. Pennock ne pourrait rien faire pour moi, et ajouta que tels étaient les sentimens des habitans de la Jamaïque contre les sectaires, que lui-même, quoiqu'il fût l'homme le plus influent de la paroisse, il serait exposé à des haines violentes, et peut-être en péril, si les planteurs savaient qu'il protégeât un homme de mon ministère ; « ils n'hésiteraient pas, me dit-il, en montrant la mer, à me jeter là pour ce seul fait. »

Malgré tout, comme je lui étais recommandé par les propriétaires, il ajouta qu'il ferait de son mieux afin de me servir. En attendant, il m'autorisa à demeurer sur l'habitation sans rien faire, puisque je détestais le système de l'esclavage ; mais il me conseilla de cacher à tout le monde que j'étais Méthodiste, et, comme je l'ai déjà rapporté, me défendit positivement de chercher à instruire les nègres, ou de leur dire un seul mot de religion. Il fut d'ailleurs obligeant, et me promit d'écrire à M. Whitehorn, procureur à Kingston, pour le prier de me chercher quelqu'occupation.

Une semaine environ après cette conversation, j'appris par un teneur de livres voisin qu'on avait découvert, par l'adresse de ma lettre à M. Pennock, que j'étais en correspondance avec les sectaires, et que des messieurs de la baie de Sainte-Anne avaient formé le projet de me goudronner[1] quand ils en trouveraient l'occasion. J'écrivis

---

[1] C'est un supplice inventé par les Américains contre les abolitionistes. Nous avons

à ce sujet au procureur qui était sur sa propriété à peu près à vingt milles de *New Ground*; il m'engagea à venir immédiatement auprès de lui, m'avertissant de ne point passer par la baie pour ne pas rencontrer de membres de l'*union coloniale*, mais bien de prendre le chemin de la montagne. Je me rendis donc chez lui, où je restai une nuit, puis je partis pour Kingston. Je vis là M. Pennock et plusieurs autres personnes qui voulaient bien seconder mes efforts et me chercher un emploi; mais n'ayant pas réussi, je fus obligé de revenir à *New Ground*. Je fis dans la suite un second voyage à Kingston, mais sans plus de résultat.

Dans une nouvelle visite au procureur de l'habitation, je lui exprimai combien j'étais affligé, après avoir tant dépensé pour venir à la Jamaïque, de ne pouvoir trouver aucune occupation par cela seul que j'étais méthodiste. Il me dit alors que M. Hamilton Brown désirait beaucoup m'être utile, mais qu'il était si intimidé par les menaces proférées contre ceux qui protégeaient les sectaires, qu'il n'osait pas s'aventurer à le faire.

Il m'assura ensuite que si je ne voulais pas consentir à devenir membre de l'église de l'*union coloniale*, et renoncer même à l'apparence d'être sectaire, il doutait que je pusse obtenir un emploi quelconque dans la colonie. Je lui exprimai mon étonnement au sujet de l'injuste partialité des colons en faveur des hommes de l'église établie, quoiqu'ils n'ignorassent pas que plus d'un ministre éminent et membre de cette église travaillaient à l'abolition de l'esclavage avec non moins de zèle que les Wesleyens ou les Baptistes. Le procureur me répondit clairement (et ces mots firent sur moi une impression profonde) : « C'est l'opinion générale parmi nous que l'éducation et l'esclavage sont incompatibles. » Ce furent ses propres paroles. C'est pourtant un homme dont volontairement je ne voudrais pas parler d'une manière désobligeante, car il a toujours été bon pour moi [1].

oublié son origine. Il consiste à plonger un homme que l'on a déshabillé dans un tonneau de goudron; on le couvre ensuite de plumes, et on l'expose dans cet état à la risée publique. Les propriétaires d'esclaves des États-Unis ont poussé une ou deux fois la facétie jusqu'à faire rôtir comme un dindon l'abolitioniste emplumé.

[1] Je n'ai point donné son nom dans la crainte de blesser sa susceptibilité; mais, consciencieusement, je ne puis taire ses opinions; elles servent trop bien à faire connaître le régime colonial. Lorsqu'un homme de mœurs aussi nobles, et sous tous autres raports si estimable, soutient un système qui conduit nécessairement à « fermer les yeux » sur les infâmies dont je viens d'esquisser à peine le tableau, que doit-on attendre, je le demande des administrateurs subalternes qui sont sans cesse exposés aux influences démoralisatrices de l'esclavage?

Je crus de mon devoir de lui faire part des sentimens qu'avaient soulevés en moi les cruelles flagellations et en général la sévérité des traitemens que j'avais observés à *New Ground*. Il convint que cela était vrai, mais il répliqua qu'on ne pourrait pas cultiver les habitations sans le fouet, et fît tous ses efforts pour me convaincre que les punitions n'altéraient pas la santé des nègres.

Je lui parlai aussi de l'excessive immoralité et de la licence que j'avais rencontrées, et je lui exposai les faits dont j'avais été témoin; il me répondit que c'était une chose sur laquelle eux, les procureurs fondés de pouvoir, devaient « fermer les yeux. » Il me dit même qu'il n'y avait que deux économes mariés sur la totalité des habitations qu'il administrait, et qu'il désirait bien n'en jamais avoir d'autres; car, me fit-il observer, les blancs prennent en général pour maîtresses les sœurs et les filles des commandeurs, et s'il se tramait quelque complot parmi les esclaves, ils seraient sûrs d'en être avertis par ce moyen. C'est ainsi que par esprit de conservation, cet homme bon et honorable « ferme les yeux » sur la corruption la plus infâme.

Peu de temps après, une personne de ma connaissance vint de la baie de Sainte-Anne me prévenir de quitter *New Ground* sans délai, parce que les membres de l'*union coloniale* qui habitaient la baie étaient décidés à me faire du mal. Cette nouvelle m'alarma, et je fis part de mes craintes au géreur, qui me dit de n'avoir aucune inquiétude, et jura qu'il perdrait la vie plutôt que de me livrer à mes ennemis. Je ne saurais dire si M. M'Lean était sincère dans cette occasion, j'eus par la suite de bonnes raisons de ne le pas croire étranger aux projets formés contre moi; en tous cas je restai. J'aurais été d'ailleurs fort embarrassé de prendre un autre parti, car en quittant l'habitation je ne savais où me réfugier.

Le dimanche suivant, c'était un jour de revue de la milice, je vis arriver à *New Ground* beaucoup de géreurs et de teneurs de livres qui revenaient de la revue, et j'observai entre eux de mystérieux chuchottemens. Vers le soir, deux hommes s'annonçant comme députés de l'église de l'*union coloniale (from the colonial church union)*, demandèrent à me parler. Le géreur introduisit un M. Dicken et un M. Brown. J'avais déjà rencontré le premier de ces messieurs; je le saluai, mais il ne répondit pas à mon salut. M. Brown, prenant la parole, me dit qu'il était député par plus de cent personnes de la baie de Sainte-Anne pour me dire : 1° qu'elles avaient appris que j'égarais l'esprit des esclaves en professant des doctrines tendant à les dégoûter de leur situation présente ; 2º que j'étais Méthodiste, et que le parent qui m'avait envoyé à la Jamaïque était un damné Méthodiste ; 3º qu'il y avait à la baie une barrique de goudron pour me goudronner comme je le méritais, et « que par Dieu ils le feraient. »

Je leur répondis que je me reconnaissais Méthodiste, mais j'ajoutai avec calme que je ne me sentais coupable, depuis mon arrivée dans l'île, de rien qui pût avoir raisonnablement offensé ni les planteurs ni aucun autre homme, et que je les priais de spécifier mon crime. Alors M. Brown dit que 1º j'avais écrit au révérend Thomas Pennock, missionnaire Wesleyen ; 2º que dans la lettre que j'avais adressée à M. le procureur, j'avais dit : « Que Dieu vous récompense de toutes les bontés que vous avez eues pour moi, et vous accorde la santé et le bonheur dans votre vie » ; 3º que j'avais dit à un esclave qui m'avait ouvert une porte : « Dieu vous bénisse » ; 4º que j'avais fait des questions aux commandeurs des prisonniers touchant les offenses des nègres de leur bande ; 5º que j'avais fait des observations particulières sur la manière dont j'avais vu M. M'Lean, le géreur, traiter les esclaves. (A ce moment, Dicken, géreur de *Windsor*, habitation voisine, l'interrompit pour me dire qu'il avait deux nègres aux fers, et que si je voulais venir un matin, ajouta-t-il avec un grossier serment[1], je les verrais rudement fouetter) ; 6º que j'avais prêché à 150 nègres à la fois.

Je fus obligé de m'avouer coupable de toutes ces fautes, excepté de la dernière, qui n'avait pas l'ombre de vérité. Dicken alors sauta à ma gorge, et jura par son Dieu qu'il serait le premier à la couper si j'osais continuer à parler ainsi aux nègres. Il prit alors un pistolet qu'il arma et tint en l'air (sans me viser), en disant que s'il lâchait la détente, il y aurait dans la maison à l'instant même, plus de vingt personnes disposées à faire de moi ce qu'il voudrait. Mais M. M'Lean s'écria vivement qu'avant de me laisser toucher, il recevrait lui-même une balle dans la poitrine.

Je dis à ces messieurs qu'il n'était besoin de faire aucune violence, que vu les circonstances dans lesquelles je me trouvais, mon unique désir était de quitter l'île à la première occasion favorable ; que je demandais seulement que lui et ses amis me permissent de le faire tran-

---

[1] Les planteurs de tous rangs, à quelques rares exceptions près, jurent d'une manière scandaleuse, mêlant les mots les plus sacrés aux plus révoltantes obscénités.

quillement. Ils me promirent de rapporter ma demande à leur société, l'église de l'*union coloniale*, et ils partirent.

Il fut convenu que je m'embarquerais sur le *Huskisson*, et que je resterais sur l'habitation jusqu'au départ du vaisseau; mais comme on me vit une fois causer avec M. Watkis, Méthodiste, et frère du membre de l'assemblée coloniale de ce nom, le procureur fut averti (on ne spécifia pas autre chose), et il envoya un mot au géreur pour provoquer mon départ *immédiat*. On me fit faire grande hâte. Je revis encore une fois le procureur dans ma route de la baie de Sainte-Anne à la baie d'Annotto. Il me dit qu'il était indispensable, pour ma propre sûreté et pour la sienne, que je quittasse le pays. Il s'excusa d'avoir pressé mon départ en m'assurant qu'il avait reçu plusieurs lettres très violentes sur mon compte des membres de l'*union coloniale*, qui le menaçaient d'abattre sa maison, comme ils l'avaient déjà fait à d'autres.

Je quittai Sainte-Anne pour la baie d'Annotto, où j'attendis le départ du navire, et pendant ce temps j'eus une violente attaque de la fièvre du pays, qui me retint dix jours. Enfin, le 8 octobre, je quittai la Jamaïque, après y avoir passé juste trois mois et six jours.

J'ai rapporté les faits tels que je les ai observés moi-même pendant mon court séjour, et je les livre à la méditation du lecteur. Ils feront suffisamment connaître le caractère de l'esclavage des nègres, tel qu'il existe maintenant à la Jamaïque, sans que j'essaye d'y ajouter un commentaire. Mais comme j'ai dit que j'avais quitté l'Angleterre avec la conviction que la condition générale des esclaves des Indes-Occidentales était de beaucoup préférable à celle des enfans des manufactures, il est juste que j'expose les dispositions dans lesquelles je suis revenu. Elles sont : que la condition des enfans des manufactures est certainement déplorable. Elle réclame hautement de grandes améliorations, et je me réjouirai sincèrement de voir les amis de l'émancipation des nègres, de concert avec les amis de la réforme du régime des manufactures, coopérer à faire passer promptement au parlement la loi des dix heures, mais pourtant on ne peut établir de comparaison positive entre la situation des enfans des manufactures et celle des esclaves des plantations. La première est très mauvaise, mais la seconde est infiniment pire.

Voilà ce qu'était l'esclavage à la Jamaïque au mois de septembre 1832, vingt-trois mois avant l'abolition !

D.[1]

LETTRE

INSÉRÉE DANS LE SIÈCLE DU 18 OCTOBRE 1842.

À M. LE RÉDACTEUR EN CHEF.

. . . .

. . . . . Le marquis de Normanby, alors secrétaire d'état pour les colonies, fut informé, en 1839, qu'un négrier espagnol, *los dos Amigos*, avait été admis à commercer librement à Cap-Coast, établissement anglais sur la Côte-d'Or.

Le dernier ministère whig, d'après cette information, envoya à la côte occidentale d'Afrique M. le docteur Richard Madden, avec mission d'examiner si le commerce national, soit dans les établissemens de la Grande-Bretagne, soit dans les comptoirs des traitans espagnols et portugais, participait au trafic des nègres.

Le résultat de l'enquête faite par le docteur Madden fut que la traite était principalement soutenue par le commerce anglais et alimentée par des fonds anglais. Il constata que les navires négriers s'approvisionnaient de marchandises dans les établissemens britanniques mêmes, et que les négocians anglais livraient aux factoreries à esclaves les effets et munitions dont elles avaient besoin pour leur infâme trafic. Il constata de plus l'existence de l'esclavage dans plusieurs possessions de la Grande-Bretagne à la Côte-d'Or.

Le docteur Madden fit son rapport en conséquence. Homme droit et courageux, il ne déclina aucune obligation du devoir et recommanda, entre autres choses, qu'on poursuivît une puissante maison de Londres, MM. Forster et Smith, comme aidant la traite et ayant employé plus particulièrement un de ses vaisseaux, le *Robert-Heddle*, à fournir des marchandises spéciales à ce commerce à un nommé de Souza, notoirement marchand d'esclaves, établi près de Whydah.

[1] Voir page 126.

Le ministère whig approuva hautement le rapport de son commissaire officiel, et parut disposé à exercer des poursuites contre MM. Forster et Smith.

Les choses en étaient à ce point lorsque sir Robert Peel et ses amis vinrent au pouvoir. Lord Stanley, devenu secrétaire-d'état pour les colonies, prit d'abord en grande considération le travail de M. Madden, puis, tout à coup, fit nommer à la chambre des communes un comité d'enquête sur l'état des possessions britanniques à la côte occidentale d'Afrique.

Cette commission, chargée d'une enquête qui venait d'être faite sur les lieux, était évidemment destinée à détruire l'effet du rapport Madden, où à jeter un voile sur les relations trop bien constatées du commerce national avec les traitans. On la composa, à peu d'exceptions près, de partisans politiques du ministère, et l'un de ses premiers membres nommés fut, le pourrait-on croire? précisément M. Forster, chef de la maison coupable, qui est à la fois membre du parlement et négrier.

Le rapport de cette commission et les dépositions faites devant elle viennent d'être imprimées; je les ai sous les yeux et j'y vois que M. Forster a été le principal interrogateur de M. le docteur Madden sur les actes criminels dont celui-ci accuse la maison Forster et Smith!

Inutile de dire que le rapport du comité parlementaire est une complète apologie des marchands anglais. Le docteur Madden persiste à soutenir l'existence de leurs relations aussi scandaleuses qu'étendues avec les traitans ; le comité les a absous, et déjà lord Stanley, sous prétexte de ne point entraver la liberté du commerce, a révoqué les ordres donnés par le précédent ministère à l'escadre en croisière de saisir tous les navires nationaux qui trafiquent avec les négriers ou leurs pourvoyeurs.

Le *colonial office*, au lieu de s'opposer, dans les limites de son pouvoir, à la cupidité des spéculateurs, prend sur lui de protéger un commerce déclaré illégal, uniquement parce que cette tolérance peut procurer des bénéfices aux manufacturiers et aux armateurs de la Grande-Bretagne. Lord Stanley devient infidèle à la cause qu'il soutenait lui-même autrefois, pour éviter les embarras qu'il y aurait à mécontenter le corps des marchands. Peut-on après cela s'étonner qu'il mette sous le nom d'émigration africaine le transport forcé qu'il fait aux *West-Indies* des noirs enlevés par les croiseurs aux négriers? Peut-on être surpris qu'après avoir empêché ceux de ces infortunés qui se trouvent à Sierra-Leone de retourner dans leur pays, malgré leurs désirs nettement exprimés, il les oblige à *émigrer librement* aux colonies sur des vaisseaux où ils subissent, hélas ! des traitemens aussi affreux que ceux dont on avait prétendu les délivrer en les arrachant des mains de leurs ravisseurs.

Il n'est que trop vrai, le cabinet de Saint-James, sous l'influence de préoccupations égoïstes, abandonne la cause des hommes noirs ; les amis de l'humanité doivent s'affliger du changement de ses procédés vis-à-vis des Africains, car l'Angleterre se retire ainsi toute force morale pour achever la destruction de l'esclavage qu'elle avait énergiquement commencée. Quelle autorité une puissance qui mène malgré eux des nègres dans ses colonies, et les condamne là, dès leur arrivée, à un engagement forcé d'un an au moins, conserverait-elle pour interdire la traite aux autres ?

La violence pourrait seule pratiquer cette charité de nouvelle espèce. Le gouvernement français permettra-t-il à l'Angleterre d'exercer une telle violence ? Voilà maintenant la question. Il est à souhaiter que la presse entière se ligue contre ses faiblesses ; l'honneur du pays et l'humanité ensemble lui commandent d'agir.

La France et la Grande-Bretagne sont liées par des conventions formelles pour l'abolition de la traite ; c'est donc faire injure à la France que de vouloir renouveler cet infâme trafic sous quelque nom que ce soit. La France d'ailleurs, en s'opposant, ne fera qu'obéir aux vieilles et généreuses traditions qui l'ont constituée la protectrice de tous les faibles.

Le ministère Guizot peut s'enhardir et secouer la peur que lui inspire l'Angleterre ; il obtiendrait d'autant plus facilement raison du cabinet de Saint-James, que celui-ci n'a pas en cette occurrence l'opinion publique pour lui. Gardons-nous, en effet, de confondre la nation anglaise, qui veut fermement et loyalement l'abolition de l'esclavage, avec son gouvernement, qui, toujours peu soucieux des moyens, veut à tout prix fournir des bras à ses possessions transatlantiques.

Agréez, etc. V. SCHŒLCHER.

TABLE ANALYTIQUE
DES MATIÈRES CONTENUES DANS LES COLONIES ANGLAISES.

DOMINIQUE.

CHAPITRE I. — LOI D'AFFRANCHISSEMENT, 5.

Raisons pour lesquelles l'auteur n'a visité que trois îles affranchies. Les créoles anglais étaient aussi opposés que les nôtres à l'émancipation, 4. — Circonstance du vote de la loi d'abolition, 5. — Loi d'abolition. Indemnité, 6. — Répartition de l'indemnité, 7. — Magistrats spéciaux et apprentissage, 9. — Les maîtres eux-mêmes demandent la suppression de l'apprentissage, 10. — 1ᵉʳ août 1838, 11. — Calme parfait de la population émancipée. Les anciens maîtres disent que l'émancipation sera avantageuse pour tout le monde, 12. — L'acte d'abolition donné sans moyens d'ordre, 13. — Dangers de laisser les législatures locales faire les règlemens appropriés à l'abolition. Absence de lois, 14.

CHAPITRE II. — EFFETS DE L'ABOLITION, 16.

Le vol, même celui de cannes et de provisions, n'a pas augmenté, 16. — Statistique de la prison. Population de l'île, 17. — La liberté, élément de moralisation. Mariages, 18. — Efforts de la Grande-Bretagne pour l'instruction des nègres. Écoles, 19. — Fondation Mico, 20. — 2,000 élèves dans les écoles de la Dominique. Avidité des nègres pour l'instruction, 21. — Désaccord entre *l'assemblée* et le *conseil*, 22.

CHAPITRE III. — TRAVAIL, 23.

État des récoltes depuis 1824 jusqu'en 1840, 23. — Les nègres *libres* ont moins travaillé que les nègres esclaves. Une assertion des créoles français. Diminution du nombre des travailleurs, 24. — Les affranchis plantent des cannes pour leur compte. Leurs préjugés contre le travail de la terre, 26. — Le manque de bras date de loin à la Dominique. Les nègres vendus comme des bœufs d'une île à l'autre. Superficie de l'île, 27. — Bonnes espérances des créoles anglais, 28. — Valeur soutenue des propriétés. Grands travaux entrepris. Situation comparée des créoles français et des créoles anglais, 29. — Confiance de ces derniers dans l'avenir. Esprit d'erreur qui frappe nos colons, 30. — États des importations de 1833 à 1841. Pourquoi les nègres ne travaillent que cinq jours par semaine. Observation du sabbat. Le marché transporté du dimanche au samedi, 31. — Les nègres plus excusables de faire le samedi que les ouvriers européens de faire le lundi. Comment les Anglais respectent le dimanche, 32.

CHAPITRE IV. — CONDITION DES AFFRANCHIS, 33.

Aucune prévision en faveur des émancipés. Mendicité, morts affreuses, 33. — Une négresse malade. Ce n'est point la liberté qui est responsable des souf-

COLONIES ANGLAISES.

frances des pauvres, 34. — Société du *pain quotidien*. Condition du travail libre, 35. — La majorité des planteurs de la Dominique estiment que les frais d'exploitation sont aujourd'hui moins considérables que du temps de l'esclavage, 36. — Conclusion, 37.

JAMAIQUE.

CHAPITRE I. — ÉMANCIPATION, 39.

Superficie de l'île, 39. — Son importance et sa richesse. Premiers effets de l'affranchissement, 40. — Nulle part l'affranchissement n'a coûté une goutte de sang. La Jamaïque sans loi de police au premier août 1838, 41. — Danger qui existe à donner aux colonies la puissance législative. Conduite paisible des émancipés, 42. — Assertion de la municipalité de la Havane. État judiciaire, 43. — Les délits et crimes diminuent, 44. — L'émancipation a éclairé les nègres. Les diverses communions religieuses, 46. — Wesleyens dissidens, 47. — Communion nègre dissidente, 48.

CHAPITRE II. — BAPTISTES, 49.

Les planteurs anglais opposés à toute instruction donnée à leurs esclaves, 49. — L'éducation est un fâcheux compagnon pour l'esclave. Prédications clandestines du Baptisme, 50. — Persécution. Les esclaves ne veulent pas de la religion des maîtres. Insurrection de 1831, 51. — Révoltes continuelles des esclaves de la Jamaïque, 52. — Progrès du Baptisme, 54. — Caractère du rôle des Baptistes. Ils ne séparent pas le chrétien du citoyen. Ils prennent rang en 1834, 55. — Leur triomphe en 1838. Leur empire sur les affranchis. Assistance qu'ils leur prêtent, 56. — Accusations portées contre les Baptistes par les propriétaires. Leur justification par les gouverneurs, 57. — Tous les prêtres vivent de l'autel, 58. — Luxe des prêtres anglais aux *West-Indies*. Villages libres fondés par les ministres. Si les Baptistes étaient guidés par l'intérêt personnel, ils se seraient donnés aux blancs, qui sont plus riches que les nègres, 59. — Le capitaine Layrle, 60. — Le gouvernement français n'a envoyé pour étudier les effets de l'affranchissement aux *West-Indies* que des ennemis déclarés de l'abolition, 62.

CHAPITRE III. — LES AFFRANCHIS, 64.

Écoles, 64. — 36,931 élèves dans les écoles de la Jamaïque, 65. — Énormes dépenses faites pour l'instruction des affranchis, 66. — La législature de l'île vote elle-même des fonds pour les écoles, 67. — Avidité des nègres pour l'instruction. Instituteurs nègres, 68. — Les maîtres d'école pas assez rétribués. Importance de la fonction de maître d'école. Urgence d'écoles supérieures pour les affranchis, 69. — Nombreux mariages. Souscriptions des affranchis pour l'abolition de l'esclavage, et pour la prédication de l'Évangile en Afrique, 70. — Discours de nègres, 73. — Société de tempérance, 75. — Diminution des cas d'ivresse. Les débits au détail de vins et de liqueurs sont d'affreuses tentations présentées à la faiblesse du peuple, 76. — Possibilité de supprimer sans perte la fabrication du rhum. Caisses d'épargnes, 77. — Penchant des nègres à devenir propriétaires. Les nègres contribuables, 78. — Sans l'empressement des affranchis à payer leurs taxes, la paroisse Clarendon n'aurait pu, en 1841, subvenir à ses charges. Les nègres électeurs, 79. — Les émancipés sont heureux, 80. —

Les esclaves anglais aussi *abrutis* que les esclaves français. Proclamation de sir Lyonnel Smith pour annoncer la liberté définitive, 81. — Les esclaves anglais étaient moins préparés que les nôtres pour l'indépendance, 83.

CHAPITRE IV. — TROUBLES, 84.

Qui doit-on accuser des troubles ? Résistance des colons jamaïcains à l'émancipation, 84. — Ils tenaient le même langage que les nôtres, 85. — La loi locale rapprochant l'apprentissage de l'esclavage, 86. — Sévérités excessives des planteurs pendant l'apprentissage, 88. — L'absence des propriétaires a beaucoup nui au succès de la mesure. Mauvaise conduite des géreurs et des économes, 89. — Nouvelles violences des maîtres après 1838. Les nègres jaloux de leurs droits, 90. — Question des loyers, 91. — Nègres violemment expulsés des cases. Plus de blancs naturellement despotes que de nègres naturellement paresseux, 92. — Des membres de la législature accusent les planteurs d'avoir manqué de sang-froid et d'équité, 93. — Opinions des gouverneurs sur les troubles. Lettre du docteur Spalding, créole propriétaire, 94. — Les affranchis n'ont pas refusé le travail, ils en ont débattu les conditions, 96. — Procès pour location de cases. Jugemens en faveur des émancipés, 97. — Les anciens maîtres plus coupables que les anciens esclaves, 98. — Pas de sympathie du propriétaire aux laboureurs. Les créoles de la Jamaïque blâmés par les gouverneurs et le *colonial office*, 99.

CHAPITRE V. — TRAVAIL, 101.

Tous les planteurs bons et habiles ont trouvé des laboureurs sans exigences ni caprices, 101. — Les nègres ont la mémoire du bien et du mal, 102. — Les affranchis travaillent quand on les paye, 103. — Beaucoup de propriétaires n'ont pas de quoi payer les ouvriers, 104.— Si les nègres se reposaient quand ils ont de quoi manger, les planteurs ne feraient pas tant d'efforts pour obtenir des émigrans africains, 105. — Considérables dépenses des émancipés, 106. — Laboureurs travaillant à crédit, 107. — Salaires, 109. — Cherté de la vie à la Jamaïque. Les nègres faisant jusqu'à trois tâches dans un jour, 110. — La rétribution du travail doit être considérée relativement aux besoins de la vie. 51 liv. sterl. nécessaires à l'existence d'un laboureur à Démérary, 111.

CHAPITRE VI. — IMMIGRATION, 114.

Manque de bras, 114. — Le propriétaire à la discrétion du laboureur, 115.— Pas d'hôpital et 750,000 fr. consacrés à encourager l'immigration, 116. — Résultats de l'enquête faite par le parlement britannique sur le travail libre. Conduite perfide du gouvernement anglais à l'égard des Africains qu'il arrache aux négriers, 117. — Barbaries d'une des premières expéditions d'immigration africaine, 120. — Le cabinet de Saint-James abandonne la cause des hommes noirs. Les colons anglais sont fort loin d'être ruinés, 124. — Nouvelle *traite* sous le nom d'*émigration libre*, 125. — Impossibilité d'obtenir des émigrans libres de l'Afrique, 126.— Le gouvernement français doit intervenir, 128. — Les *Sénégambies* anglaises, 129. — La nouvelle traite hypocritement couverte du prétexte de civiliser l'Afrique. Le seul moyen de civiliser l'Afrique, c'est d'y envoyer des civilisateurs, 130.— L'immigration africaine, à cette heure, perpétuerait la subalternisation des hommes noirs. Immigration des *hill-Coolies* à Maurice, 131. — Le climat des Antilles n'est pas plus funeste aux blancs qu'aux

Africains, 133. — Préjugé européen contre le climat des Antilles, 135. — L'immigration européenne aux colonies est la seule qui soit conforme aux intérêts de la morale. Comment elle réussira, 136. — Les Africains mis en contact avec les difficultés de notre société, 137. — Régimens noirs, 138. — Contrats d'engagemens de libérés, 139. — Les nègres soldats, 141.

CHAPITRE VII. — DÉFICIT DANS LA GRANDE CULTURE, 142.

Des diverses causes qui ont diminué le nombre des travailleurs. Préjugé des affranchis contre le travail de la terre, 142. — Ils mangent du pain parce que le manioc ou l'igname rappelle la nourriture de l'esclavage, 143. — Somme de travail considérable employée par les nègres dans la fondation de leurs établissemens particuliers. Concurrence entre la grande et la petite culture, 144. — Sécheresse calamiteuse, 145. — Tableau des exportations de la Jamaïque, 147. — La récolte de la Jamaïque moitié de ce qu'elle était au temps de l'esclavage. Les nègres devenus consommateurs, 149. — Tableau comparé des produits des *West-Indies*, depuis 1814 jusqu'en 1840. Égarement des conseils coloniaux de nos possessions transatlantiques, 150. — Injuste appréciation de la conduite des affranchis. Atroces lois de la servitude, 151. — La plus fainéante barbarie est préférable à la révoltante civilisation des pays à esclaves, 152.

CHAPITRE VIII. — AMÉLIORATIONS GÉNÉRALES, 153.

Importations, 153. — Tableau des importations avant et après l'affranchissement, 155. — Crise financière. Banque. Crédits étendus à l'excès, 156. — Droits imprudemment frappés sur les importations. Valeur avantageuse de la propriété territoriale, 157. — Évaluation proportionnelle d'une habitation de la Jamaïque, 158. — Diminution annuelle et continue des populations esclaves. Les esclaves entrent pour moitié dans la valeur d'une habitation. Une habitation a de tous temps été fort difficile à vendre, 159. — Les esclaves subissaient une dépréciation notable. Décroissement successif de la production de la Jamaïque depuis 1815, 160. — Observations de M. Richard Hill sur le prix actuel des propriétés coloniales. Les propriétaires absens vendent, mais les fondés de pouvoir et les géreurs résidans achètent, 161. — Dix millions de francs placés à la Guyane anglaise depuis l'abolition dans l'achat d'exploitations agricoles, 163. — L'ordre se rétablit. Le fouet et le *tread-mill* proscrits par la législature de la Jamaïque, 164. — Aucun symptôme de décadence. La révolution de l'affranchissement a produit moins de malheurs particuliers qu'aucune autre, 165. — Le bien est acquis, le mal est facilement réparable, 166. — Affranchissement et esclavage, 167.

ANTIGUE.

CHAPITRE 1er. — ABOLITION IMMÉDIATE, 169.

Sage conduite des maîtres d'Antigue, 169. — Historique du refus de l'apprentissage. M. Salvage Martin, 170. — Le premier jour de la traite, 172. — Le premier jour de la liberté, 173. — La loi martiale n'est pas publiée pendant les fêtes de Noël de 1834. La milice supprimée comme inutile, 174. — Avantages de l'affranchissement immédiat et spontané, 175.

TABLE ANALYTIQUE.

CHAPITRE II. — SAGESSE DES COLONS D'ANTIGUE, 176.

Législation de l'affranchissement. Lois pénales, 176. — Régime tempéré des prisons. Prison pour les jeunes détenus, 177. — Société du pain quotidien. Hôpital de *Soup-House*, 178. — Léproserie, 179. — Maison de fous. Société des dames du vêtement, société des dames de la visite, *asylum* pour les jeunes orphelines, 180. — Pas d'enfans trouvés chez les nègres. Nouveau témoignage de répugnance des affranchis pour l'apprentissage, 181. — Pas de mendicité à Antigue, 182.

CHAPITRE III. — MORALISATION, 183.

Les trois sectes religieuses. Frères Moraves, 183. — Ecoles. 6,660 filles et garçons dans les écoles d'Antigue. Population de l'île, 184 — Zèle des mulâtres d'Antigue pour l'instruction des nègres, 186. — L'éducation détruira le préjugé des affranchis contre le travail de la terre, 187. — Société de secours mutuels parmi les nègres, 188. — Immenses bienfaits répandus par l'activité évangélique des hommes de religion, 190. — Les colons français feront bien d'appeler les ministres dissidens de l'église anglicane, 192. — Les prêtres catholiques, 193. — Leur mauvaise conduite hors d'Europe, 194. — Le clergé de France ennemi de l'abolition, 196. — Mariages, 197. — Les colons français s'entretiennent volontairement dans l'erreur, 198. — Attachement des affranchis pour les lieux qu'ils avaient habités, 199. — Le goût des nègres pour la vie sauvage est une calomnie des maîtres. L'avenir est dans les mains des planteurs, 200. — Les nègres d'Antigue n'étaient pas plus éclairés que ceux des autres îles, 201. — La population esclave diminuait d'année en année, 202.

CHAPITRE IV. — BIEN-ÊTRE DES AFFRANCHIS, 203.

Villages libres, 203. — Belle fondation de mademoiselle Lavicomté, 204. — Avantages des établissemens libres formés par les nègres, 205. — Les circonstances topographiques n'ont eu aucune influence sur la prospérité de l'île. Tristes efforts des ennemis des noirs pour nier le succès de l'abolition, 206. — Amélioration générale de la demeure des nègres et de leur manière de vivre, 208. — M. John Francis, affranchi de 1834, a maintenant voiture, 209. — Goût de civilisation des nègres avoué par les anciens maîtres, 210. — Affranchis se mettant en association, 212. — Habitations achetées par des nègres associés, 213. — Bons rapports entre les anciens maîtres et les anciens esclaves, 215. — Les affranchis ont la parfaite intelligence des nécessités de leur position, 216. — Encore une calomnie des maîtres. Grand nombre d'apprentis qui s'étaient rachetés, 217. — Il y a des paresseux parmi les nègres comme parmi les blancs. État judiciaire de la colonie, 219. — Relevé des prisons, 220. — Sévérité de la police, 221. — Sécurité publique, pas de vol qualifié, 222. — Fréquence du vol de cannes et de provisions, 223. — Loi des suspects et loi contre l'émigration, 224. — Il est nécessaire que la métropole intervienne législativement entre les anciens maîtres et les anciens esclaves, 225.

CHAPITRE V. — ADMIRABLES RÉSULTATS DE L'ABOLITION SPONTANÉE, 226

Activité générale, constructions nouvelles, 226. — Habitations abandonnées relevées de leurs ruines. Habitations nouvelles, 227. — Confiance inspirée par une mesure définitive. Le champ du Marteau, 228. — Raisons de la cherté des vivres, 229. — Tableau des récoltes de 1824 à 1840. Les récoltes de l'émancipation sont les plus belles qui aient jamais été faites dans l'île. Plusieurs habitans se font un cas de conscience de ne plus fabriquer de rhum. Augmentation de la valeur des propriétés, 231. — Prospérité des villes. Droits d'importations. État florissant des revenus du trésor, 232. — L'argent tombé à 6 pour cent. Banques fondées, 233. — Le nombre des travailleurs naturellement diminué d'un tiers. Introduction de l'usage de la charrue, 234. — Mauvais emploi que font les propriétaires d'esclaves de la force humaine. Manière de distribuer les engrais, 235. — Prix et mode du travail, 236. — Le travail libre est-il plus cher ou moins cher que le travail esclave, 237. — Tableau des prix de main-d'œuvre pendant l'esclavage, l'apprentissage et la liberté, 238. — Si le travail libre est plus cher que le travail esclave aux colonies, il faut renoncer aux colonies, 240. — Aveuglement des planteurs français. Opinion des planteurs anglais, 241. — Pourquoi les maîtres anglais gardent rancune à l'affranchissement, 242. — Aucun d'eux ne voudrait retourner à la servitude, 243. — Il est plus *agréable* de lutter avec les embarras de la liberté qu'avec ceux de l'esclavage. L'auteur n'entend pas soumettre l'opportunité de la mesure émancipatrice au plus ou moins de réussite qu'elle a eu dans les colonies anglaises, 244. — Répugnance de nos propriétaires d'esclaves pour tout ce qui est favorable à l'abolition, 245 — Les créoles français reprochent aux abolitionistes de parler des colonies sans les avoir vues, et ils parlent de l'émancipation sans la connaître, 246. — Le gouvernement français ne permet de publier aux colonies que les faits contraires à l'abolition, 247.

APPENDICE.

A. Acte pour l'abolition de l'esclavage dans les colonies anglaises, 251.

B. Tableau présentant la répartition de l'indemnité de 20,000,000 livres sterling accordée aux propriétaires d'esclaves des colonies anglaises par l'acte rendu le 28 août 1833 pour l'abolition de l'esclavage, 276.

C. Trois mois à la Jamaïque, 278.

D. Lettre insérée dans le *Siècle* du 18 octobre 1842, 297.

ILES ESPAGNOLES

ILES ESPAGNOLES.

SAN JUAN BAUTISTA DE PUERTO-RICO.
(JANVIER 1841.)

CHAPITRE I.
COUP-D'ŒIL GÉNÉRAL.

Au milieu même de l'enthousiasme universel qu'excita le retour de Christophe Colomb après son premier voyage, le gouvernement espagnol créa une junte pour régulariser les affaires du Nouveau-Monde et en assurer la prompte exécution. La présidence de cette junte fut remise à un personnage éminent, Fonseca, évêque de Badajos, qui reçut le titre de Patriarche des Indes. Telle est l'origine du fameux conseil des Indes; et dès ce moment (1493) furent fixées les bases de l'administration qu'il appliqua aux établissemens espagnols d'outre-mer.

On établit à Cadix une douane spéciale pour la nouvelle branche de navigation qui allait s'ouvrir. Tout ce qui regardait les contrées révélées au monde et données à la Castille par Christophe Colomb dut aboutir là, et l'on prit des mesures où se manifeste clairement le principe d'exclusion et d'isolement qui a depuis toujours caractérisé la politique de l'Espagne à l'égard de ses colonies. De sévères précautions sont recommandées relativement aux personnes qui seront employées dans les pays nouvellement conquis. Nul, sous les peines les plus rigoureuses, ne peut s'y rendre pour y trafiquer ou s'y établir sans une autorisation des souverains, de l'amiral (Colomb) ou de Fonseca, le Patriarche des Indes [1].

Lorsqu'au retour du second voyage de l'amiral on sut qu'il n'y avait aux Nouvelles-Indes ni les monceaux d'or et de pierreries, ni les richesses espérées, et que les naturels étaient des hommes nus habitant simplement des terres d'une fertilité prodigieuse, une proclamation du 10 août 1495 permit bien à tout sujet du royaume d'aller s'établir à Española (Saint-Domingue), mais cette autorisation, toutefois, ne fut accordée qu'à de certaines conditions. Les navires pour Saint-Domingue devaient exclusivement partir du port de Cadix, et sous l'inspection des officiers de la couronne. — Dans les instructions données à Ovando, qui allait prendre, en 1500, le gouvernement de la colonie naissante, le système prohibitif est accusé d'une façon plus tranchée encore. La couronne garde le privilège du commerce de ses colonies. Personne n'a le droit d'y porter des marchandises pour son compte particulier. Un facteur royal est nommé dans l'île, par la seule entremise duquel on pourra se procurer des denrées d'Europe. Le roi et la reine se réservent la propriété des mines, celle des pierres précieuses et de tout ce qui a une grande valeur, même des bois de teinture. Il est dit de plus qu'aucun étranger ne pourra résider dans les Indes-Occidentales s'il n'est sujet de quelque royaume soumis à leurs majestés. Défense est faite aux Juifs, aux Maures et aux nouveaux convertis d'aller en Amérique et de s'y établir [2].

L'Espagne ne conçut pas la fondation des colonies comme une entreprise utile aux enfans de la métropole et à l'industrie, qui trouvaient là un nouvel élément d'activité ; elle n'y vit qu'une source de bénéfices pour la couronne ; elle ne chercha aux Amériques que de l'or et de l'argent. Ce n'était point leur fertilité ni les relations de vastes centres de civilisation à créer qu'elle avait en vue, c'était leurs mines de riches métaux qu'elle voulait exploiter.

[1] W. Irving : *Histoire de Christophe Colomb.*
[2] Herrera : *Historia de las Indias.* Déc. I, liv., 4, chap. 12.

Cette pensée misérablement étroite, l'Espagne l'appliqua avec une grande vigueur de moyens; mais le système de prohibition qui en découlait porta un coup mortel à ses établissemens transatlantiques, et fut la cause de l'état de langueur où ils restèrent plongés. On avait à peine commencé à occuper St-Domingue, la Jamaïque, Cuba et Puerto-Rico, que la couronne porta toutes ses forces sur la Nouvelle-Espagne (le Mexique), conquise en 1520. La nation, détournée en quelque sorte par le gouvernement lui-même, abandonna les îles pour le continent, et l'industrie générale suivit la mauvaise direction qui venait d'en haut.

L'Espagne aurait pu tirer encore un grand profit de ses possessions des Antilles si elle eût permis aux étrangers d'y vivre et de continuer, sous son administration vigilante, ce qu'elle ne voulait pas faire par elle-même. Les colons, en créant des richesses agricoles, fussent devenus de nombreux consommateurs des produits manufacturés de la péninsule : mais le funeste principe de l'exclusion des étrangers ne le voulait pas.

Ainsi s'explique, selon nous, la rapide décadence des colonies espagnoles aux Antilles. Elles ne conservèrent que les hommes qui ne voulurent pas se déranger pour suivre en Amérique le mouvement imprimé par le conseil des Indes. Négligés par leur métropole, qui se contentait de fortifier ces points où elle ne laissait que son drapeau, sans communication active avec la civilisation, ils tombèrent dans l'apathie et bientôt dans l'ignorance. Mêlés aux faibles restes de la race indigène presqu'entièrement détruite par la cruauté des premiers colonisateurs, ils formèrent avec le temps une assez nombreuse population de blancs créoles. Ces créoles vécurent à peu près comme les sauvages et adoptèrent l'indolente existence des Indiens. Ayant abandonné jusqu'aux coutumes de leur noble mère patrie, mais gardant toutefois un fonds des habitudes énergiques propres au caractère national, ils se bornaient à chasser par les bois et les savanes, avec un courage indomptable, le farouche bétail issu de quelques vaches apportées par les conquérans, et tout leur commerce consistait à en vendre les cuirs à des navires de Cadix qui abordaient deux ou trois fois l'année dans leurs ports fermés au reste du monde.

San Juan Bautista de Puerto-Rico, située entre Haïti, la Jamaïque et Cuba, subit les phases que nous venons de décrire. Colonisée en 1511, elle en était encore, il y a vingt ans à peine, à cet état fort rapproché de la barbarie. Ce ne fut qu'en 1820 que le gouverneur Aroztegui put parvenir avec des peines infinies à visiter l'île! Deux de ses prédécesseurs, Daban et Uztariz, avaient échoué dans une entreprise semblable faute de sentiers coupés à travers des forêts impénétrables. — Puerto-Rico, il est vrai, avait bien reçu depuis 1793 quelques-uns de ces émigrés que les révolutions de Saint-Domingue et de la côte ferme jetèrent çà et là par le monde avec colère ou mépris; mais ces nouveaux venus, auxquels la loi fondamentale interdisait de posséder, n'avaient pu y former de grands établissemens, et l'île restait dans ses langes sans que la métropole en tirât aucun bénéfice. Ce n'était qu'un lieu de déportation, le Botany-Bay de l'Espagne, où encore aujourd'hui on envoie des condamnés politiques qui, pour n'avoir pas trouvé le gouvernement de la reine Christine digne de leur nation, sont obligés de faire la chaussée de San Juan.

Le commerce de l'île était nul, son agriculture nulle, son existence nulle; rien n'en sortait, rien n'y entrait, lorsqu'un gouverneur, don Alejandro Ramirez, jugeant que l'énergie des peuples industriels pouvait seule vivifier ce beau pays, obtint du cabinet de Madrid la cédule du 10 août 1815, par laquelle Sa Majesté Ferdinand VII permettait aux étrangers de s'établir dans l'île, d'y acheter des propriétés, et de plus les exemptait de la dîme pour quinze années.—Ce fut le signal du développement de Puerto-Rico. Les hommes d'entreprise accoururent pour exploiter la prodigieuse richesse de ce terrain vierge encore. Ils apportèrent des capitaux, créèrent des habitations, montèrent des machines à vapeur, excitèrent par l'exemple de leurs laborieux efforts l'émulation de quelques Espagnols, et substituèrent le mouvement avec la vie à une morne torpeur.

Par un signe infaillible, le nombre des habitans, on peut juger combien la prospérité de l'île s'est rapidement élevée sous leur influence.

En 1820, il montait à 230,622 personnes [1]
En 1828, — 302,672 [2]
En 1830, — 323,838 [3]
En 1834, — 358,836 [4]

Et la population ici s'accroît avec une telle force [5] que selon toute probabilité, elle approche beaucoup à cette heure de 400,000. — Elle est aidée, il est vrai, en dehors de sa fécondité naturelle, d'un côté par l'immigration, de l'autre par l'introduction des esclaves de traite qui nous occupera plus tard.

Tout à Puerto-Rico se trouve dans un rapport de progression

---

[1] Divisées comme suit :
102,432 blancs, européens ou du pays,
21,730 esclaves,
20,191 nègres libres,
86,269 mulâtres libres.
230,622 *

[2] *Memoria sobre todos los ramos de la isla de Puerta-Rico; por el coronel Pedro de Cordova.* Madrid, 1838.

[3] Divisées comme suit :
162,311 blancs, européens ou du pays.
34,240 esclaves,
26,857 nègres libres,
100,430 mulâtres libres.
323,838 **

[4] Divisées comme suit :
188,869 blancs, européens ou du pays,
41,818 esclaves,
26,000 nègres libres,
102,149 mulâtres libres.
358,836 ***

[5] Les relevés des naissances en 1828, 29 et 30 vont chaque année de 14 à 15,000 ! les morts 8,300. (*Memoria sobre todos los ramos de la isla de Puerto-Rico.*)

* *Examen del estado actual de los esclavos de Puerto-Rico; por don Jorge Flinter.*
** do do do do
*** *Memoria sobre,* etc., por Cordova.

égale. En 1810, la valeur des exportations n'allait pas au-delà de 65,672 piastres ; en 1832, elle excédait 3,000,000 de piastres; en 1836, nous trouvons 3,352,458 ; en 1837, 3,386,369 ; en 1838, 5,254,045; en 1839, 5,516,611 [1].— Le mouvement général des importations a été, en 1836, de 4,005,944 ; en 1837, de 4,209,489; en 1838, de 4,302,140; en 1839, de 5,462,206. — Il est entré dans le port, en 1836, 1,237 navires; en 1837, 1,221 ; en 1838, 1,291 ; en 1839, 1,392. — Les revenus de l'île se sont élevés, en 1836, à 728,385 piastres; en 1837, à 688,040; en 1838, à 838,736 ; en 1839, à 975,823.

[1] Comme il peut être intéressant pour quelques lecteurs de connaître la nature et le détail des exportations de Puerto-Rico, nous allons en fournir le tableau tel qu'il se trouve dans la *Balanza mercantil de la isla de Puerto-Rico, correspondiente al año 1839*, rédigée par ordre *del señor don Antonio Maria de Valle*, intendant de l'île et publiée a Puerto-Rico, 1840.

CLASSIFICATION
DES FRUITS ET EFFETS EXPORTÉS, ET LEURS VALEURS RESPECTIVES.

Productions de l'île.			*Valeurs.*		*Totaux.*
			Piastres.	cent.	
1,183,973 1/2	livres	Coton.........	189,435	76	
228,925	id.	Riz........	10,301	61	
69,245,783	id.	Sucre.......	2,423,602	40	
8,538,362	id.	Café	853,836	20	
673,832	id.	Cuirs en poil.....	60,644	92	
210	cabèzes	Chevaux........	7,025	00	
83	id.	Mulets........	4,340	00	
3,598	id.	Bêtes à cornes....	120,303	06	
		Bois de construction.	24,236	00	
79,166	id.	Bois de teinture...	494	79	
212 3/4	fanègues[*]	Maïs en grain.....	531	87	
2,311,719 3/4	galons	Mélasse........	496,757	99	
649 2/3	barriques	Rhum......	16,241	66	
2,701	fanègues	Sel..........	2,701	00	
4,320,339 1/2	livres	Tabac.........	172,813	58	
Productions diverses non comprises dans les classifications précédentes.............			14,879	04	4,398,142 88
Or monnayé...............			1,104	00	
Argent monnayé.............			129,285	00	130,389 00
Effets et productions du dehors.					
1,752,536	livres	Coton.......	280,405	76	
8,358	id.	Indigo........	8,358	00	
37,243 1/5	fanègues	Cacao......	541,800	61	
445,334	livres	Cuirs.......	40,080	06	
2,162	barils	Farine de blé.....	27,025	00	
Bois.................			9,946	67	
Autres articles.............			80,463	62	988,079 72
		Total de l'exportation..........			5,516,611 60

[*] Mesure répondant à peu près à 25 livres.

Les comptes de la trésorerie publiés dès la première semaine de janvier, nous ont mis à même de connaître le montant des recettes de 1840 : elles s'élèvent jusqu'à 1,276,677 piastres !

Les bénéfices que la métropole retire aujourd'hui de cette île, qui était encore une charge pour elle en 1815, augmentent aussi proportionnellement.

En 1833, Puerto-Rico donna pour la première fois à l'Espagne, 100,000 piastres; en 1834, 35, 36, 37, 38, 300,000. Enfin en 1839, 631,068 piastres, y compris 154,801 piastres, partie d'une contribution extraordinaire de 500,000 piastres frappée sur l'île par les Cortez en 1838 pour le cas de guerre [1]. Tout cela de revenu net, les charges du pays acquittées, ses immenses fortifications splendidement entretenues et des travaux publics considérables soldés régulièrement !

Population, exportation, importation, revenu public, embellissemens de la ville capitale, dans laquelle on compte aujourd'hui de 16 à 18,000 habitans, tout grandit presque de soi-même, par la seule impulsion de quelques spéculateurs étrangers. Que serait-ce donc si l'on ouvrait des routes qui rendissent praticable l'exploitation de l'intérieur ! Si une enquête générale sur la propriété mettait un terme aux contestations dont elle est l'objet; si le territoire n'avait été, lors de la conquête, distribué par immenses portions, avec un désordre qui, après avoir occasionné déjà de graves procès en 1758 [2], donne lieu encore à des embarras funestes; quel parti enfin, avec une politique prévoyante et capable qui dirigerait

---

[1] Nous n'avons pas de mérite à citer tous ces chiffres. Ils ne nous ont coûté aucune peine, ni aucune recherche. — Si des circonstances fatales ont fait perdre à la nation espagnole sa force et sa grandeur, les Espagnols n'ont pas perdu, individuellement, les qualités qui les ont toujours distingués. Ils ont conservé entre autres un grand esprit d'ordre. La comptabilité administrative de Puerto-Rico est tenue avec une régularité admirable, et l'autorité publie tous les ans, au mois de janvier, des états circonstanciés sur la situation de toutes les branches du service. C'est dans ces documens que nous avons puisé.

[2] *Memoria sobre todos los ramos de la isla de Puerto-Rico.*

le mouvement, ne tirerait-on pas de cette possession, qui a 322 lieues carrées des bois les plus riches, des terres les plus fécondes, des pâturages les plus gras des Antilles?

Mais on ne s'occupe d'aucune amélioration fondamentale. La métropole dévore inconsidérément les fonds que l'on pourrait placer dans l'île, avec d'immenses avantages pour l'avenir, et de magnifiques rivières comme Palo Seco et Cataño, qui viennent déboucher dans la rade même, ont leurs rivages tellement envahis par les mangliers, qu'une petite barque peut à peine y trouver sa voie!

Il est loin le temps où l'Espagne organisa si puissamment sa domination dans les Amériques. Elle ne sait pas même profiter de l'expérience et utiliser les vastes marchés que lui offrent encore les deux îles, débris de sa grandeur éteinte; elle laisse l'industrie et la marine étrangères les approvisionner, pendant que ses provinces languissent et que ses derniers vaisseaux disparaissent un à un! Les États-Unis introduisent ici chaque année pour 10 à 12,000 piastres de jambons, et les jambons de la Gallicie ou de l'Estradamure, quoique d'une qualité supérieure, restent dans la Péninsule. Les État-Unis fournissent presqu'exclusivement l'île de farines, et la féconde Castille tombe en friche, bien qu'elle puisse donner des blés magnifiques!

Pauvre grande et noble Espagne, jusqu'où elle est tombée sous la désastreuse série de rois incapables et de guerres civiles qui l'ont tant abaissée depuis deux siècles! Où en est-elle donc réduite! Ses arts, son génie, sa science politique, sa marine autrefois la première du monde, tout est perdu... tout est mort! Elle, qui tint une place à la tête des peuples européens, elle a oublié jusqu'aux plus simples notions de l'économie politique.

Il a fallu que les étrangers vinssent à Puerto-Rico pour lui indiquer les richesses que recélait son Botany-bay; et en voyant ce qu'ils produisent avec quelques malheureux esclaves, elle n'a pas eu l'idée de tirer de sa léthargie la vieille population créole qui végète toujours dans une paresse inouïe au milieu des broussailles et des grandes herbes.

CHAPITRE II.

LES IBAROS.

Il s'est passé ici un fait étrange et digne d'être médité par les adversaires des noirs. Les créoles de Puerto-Rico, (*Ibaros*) ont vu les nouveaux venus travailler et ils ont été à peine excités par ce mouvement. Pendant que tout s'animait à l'entour d'eux, ils sont restés assis, tranquilles, impassibles, indifférens à la civilisation comme les indiens de la Guyane.

La classe des *Ibaros* se compose principalement de 180 à 190,000 individus, appelés d'une manière plus distinctive *Blancos de Tierra,* c'est-à-dire, blancs du pays. Malgré le nom dont ils se montrent tous jalousement fiers, ces gens ne sont pas véritablement blancs, si l'on veut entendre par ce terme une race dont le sang européen soit pur. Ils constituent, selon toute apparence, une génération sortie du mélange des indigènes et des Espagnols. Ils ont au moins autant de sang indien que les Castillans ont de sang maure, ce qui ne les empêche pas d'avoir les traits tout-à-fait espagnols, les cheveux noirs et brillans, le corps ferme et bien fait, le teint olivâtre, à peine plus foncé que celui des fils de Castille.

Dans cette classe se fondent, par la similitude des mœurs, 100,000 mulâtres et nègres, libres depuis plusieurs générations, qui ne nous ont paru distingués des autres que sur les recensemens, où on les appelle *Pardos*[1]. Le préjugé de couleur, quoiqu'il existe toujours à leur égard, est en réalité fort embarrassant à maintenir, car beaucoup d'entre eux ont acheté ou

---

[1] Le padre Iñigo, dans son histoire fort estimée de Puerto-Rico, dit que les mulâtres composent la plus grande partie de la population de cette île. Chap. 30.

gagné par des services rendus au pays des lettres de blancs, et l'on serait mal venu à ne point les traiter comme tels. *Pardos* et *Blancos de Tierra* sont confondus sous la dénomination d'*Ibaros*, et vivent éparpillés dans la campagne.

Considérés en dehors des idées de progrès et d'obligations sociales, les Ibaros, sans avoir, il est vrai, la conscience de leur détachement de toutes choses, sont les plus grands philosophes du monde. Ils ne connaissent aucune espèce de besoin factice, et Diogène, exagérant sa doctrine pour rendre sa leçon plus frappante aux yeux du peuple athénien, n'avait pas réduit la vie à une plus simple expression. Leur faut-il une maison pour s'abriter, ils prennent dans les bois quatre troncs d'arbres qu'ils enfoncent en terre; ils y attachent, pour en former la toiture et les murailles, de petits arbres qu'ils nouent entre eux avec des lianes flexibles comme une corde et d'une solidité éternelle; puis ils revêtent tout cela, toits et murs, de *yaguas*, grosses feuilles de palmistes qu'ils ont fait préalablement sécher au soleil. La maison est construite. On l'appelle *bohio*, du nom qu'avaient les cabanes des indigènes. Comme les anciennes huttes indiennes, les bohios sont élevés sur leurs quatre poteaux de deux ou trois pieds au-dessus du sol, qui est fort humide. On y monte par une petite échelle. Dans ces constructions, il n'entre ni clou ni mortier. Une partie assez large d'un bohio reste ouverte à tous vents : il n'y a guère de fermé que le réduit où on dort la nuit, pour éviter la trop grande fraîcheur, et où l'on s'entasse, mari, femme, enfans, grands parens, quelquefois au nombre de dix ou douze personnes, toutes amoncelées les unes sur les autres.

Dans un bohio, pour table, chaise, lit, berceau, on ne trouve que des hamacs faits en écorce de mayaguez, qui coûtent 2 réaux (25 sols) à celui qui ne veut pas prendre la peine de les fabriquer, et que l'on use presque jusqu'à leur complète destruction. Quant aux ustensiles de ménage, la nature y pourvoit encore à peu près seule. La grosse et large feuille du palmiste sert à tout; en la pliant, en la cousant, on en fait des plats, des baquets à laver, des paniers qui tiennent lieu aussi de commodes, et jusqu'à des bières pour enterrer les enfans. Un morceau d'arbre creusé sert à piler le maïs qui est le fonds de la nourriture ; enfin les fruits du callebassier et du cocotier fournissent des verres, des assiettes, des cuillères, des écuelles à café, et des vases propres à conserver l'eau ou le lait, le tout suspendu, s'il le faut, avec un morceau d'écorce arraché en passant à une branche du mayaguez!

Les Caraïbes avaient certainement bien plus de besoins que ces misérables gens qui semblent vivre pour vivre. Leur subsistance est en rapport avec leur logement et leurs meubles; il est impossible d'être plus frugal : un peu de café, de maïs, de lait, et les fruits du bananier, les nourrissent toute l'année.

Le bananier ! c'est la plante par excellence des Ibaros ; il n'en est pas d'un rapport plus abondant, d'une culture plus facile. Une fois en terre, elle pousse toute seule, sans demander aucun soin, et quand elle vous a donné son *régime*, énorme grappe de bananes qui fait presque la charge d'un homme, vous la coupez simplement à ras du sol, vous retournez à votre hamac, et de son tronc il sortira bientôt un nouvel arbuste qui vous donnera six mois après un nouveau régime. Notez encore que le plus mince couteau est assez bon pour la couper. Sa tige, composée de fibres presque sans adhésion, aqueuse, folliacée, bien qu'elle s'élève jusqu'à quinze et vingt pieds, n'offre de résistance qu'au vent, qui la courbe sans la briser. Quant à la banane elle-même, elle n'est pas moins *commode;* verte ou mûre, cuite ou crue, elle plait également au goût; il suffit de lui enlever l'écorce avec les doigts pour en faire un repas substantiel, agréable; enfin elle se prête à mille préparations sans en exiger aucune. Le bananier semble avoir été créé pour la gent fainéante des Ibaros.

Outre ses pieds de bananes, l'Ibaro cultive un peu de café, de maïs et de tabac à l'entour de son bohio, avec l'aide de sa femme, qui travaille aussi à la terre, mais rien de plus. Sa seule dépense réelle consiste dans le premier achat d'une longue et large lame qu'il a toujours pendue au côté, d'une vache, mais surtout d'un cheval qui paissent au milieu de riches pâturages naturels. Un Ibaro, en effet, ne sait pas marcher, il lui faut un cheval. C'est un de leurs dictons, qu'un homme sans cheval n'est propre à rien : *Un hombre sin caballo no sirve para nada;* et il est fort ordinaire, pour donner un dernier trait de leur indolence, de les voir entrer tout montés dans les boutiques où ils achètent.

Sous le rapport du caractère, les Ibaros ont conservé quelque chose du mélange indien que nous supposons dans leur origine. Dissimulés et indiscrets comme des sauvages, les hommes sont silencieux, réservés, observateurs ; les femmes, au contraire, bavardes et communicatives ; les uns et les autres également désintéressés et hospitaliers. Approchez-vous de leurs bohios, ils vous engagent à entrer « quoique la maison ne soit pas digne de vous », et ils s'empressent à vous offrir du café, disant avec ce ton de courtoisie grave que les Espagnols ont répandu partout où ils ont passé : « Je ne suis point paresseux quand j'ai à faire service à un cavalier. » Vaillants d'ailleurs à ne jamais démentir le généreux sang d'hidalgo qui coule dans leurs veines.

Nous n'avons pas outré à plaisir la fainéantise des Ibaros, la somme de travail qu'ils fournissent est véritablement nulle, et l'on s'est trompé en supposant, comme M. Mac Queen, qu'ils prenaient part à la grande culture de l'île. Prouvons-le.

Puerto-Rico a produit en 1832, avec 41,000 esclaves, 414,663 quintaux de sucre[1], qui donnent, à 112 livres le quintal, ... 46,442,256 liv.
Soit. . . . . 23,221,128 kil.

La Martinique, avec 78,000 esclaves, en produit 30,600,000 kilogrammes.

Il résulte donc de ces chiffres que Puerto-Rico, avec presque la moitié moins d'esclaves, a fabriqué presque la moitié autant

---

[1] Chiffre de M. Flinter.

de sucre ; c'est une différence notable, et il paraît naturel au premier aperçu de l'attribuer au travail des Ibaros ; mais que l'on veuille bien nous suivre dans l'examen des choses, et l'on jugera qu'en réalité il n'y a ici presque rien à réclamer pour eux.

D'abord il est hors de doute que le sol de Puerto-Rico, vierge et neuf, est infiniment plus fertile, toute culture égale, que le vieux sol de la Martinique, où l'on estime à 600 francs l'engrais nécessaire maintenant pour chaque carreau de terre. Ensuite la somme de labeur qu'un planteur Puertoricain exige de ses noirs est fort rapprochée du double de celle que demande un Martiniquais. Ceci se conçoit parfaitement. L'habitant de Puerto-Rico ne ménage pas plus aujourd'hui ses nègres que celui de la Martinique ne les ménageait autrefois, car ceux qu'il épuise aux champs, il peut les remplacer au marché. Quelles que soient les violences individuelles qu'ont à subir les esclaves de nos îles, le propre intérêt des maîtres français s'oppose à des abus généraux sur la masse ; au lieu que le maître espagnol n'est au contraire retenu par rien dans ses exigences. Après cela, l'esclave de la Martinique a son dimanche entièrement à lui ; l'esclave espagnol est obligé, comme on le verra par les règlemens mêmes de police, de donner à l'usine deux heures le matin, qui s'étendent souvent jusqu'à trois ou quatre. Continuons. L'usage à peu près universel des îles françaises est d'accorder aux esclaves le samedi pour leur nourriture ; cet usage est, on peut dire, inconnu ici. Il y a par conséquent, outre les deux et trois heures de chaque dimanche, cinquante-six jours de labeur pleins qui figurent dans la récolte de Puerto-Rico, et qui ne se peuvent retrouver dans celle de notre colonie. Quelle différence doit donner en plus le travail de 41,000 ouvriers pendant cinquante-six jours, et en moins le repos de 71,000 pendant le même espace de temps! Il faut, en outre, faire entrer en ligne de compte qu'à la Martinique, le nombre des femmes dépassant celui des hommes [1], tandis qu'à Puerto-

[1] *Colonies françaises*, p. 24.

Rico le nombre des hommes dépassant celui des femmes[1], la supériorité de puissance des instrumens de travail employés dans cette dernière île ne saurait manquer de se résumer par une certaine augmentation de produits. Enfin, comme la population active de Puerto-Rico se renouvelle surtout par la traite, elle est essentiellement composée de sujets arrivés au développement complet de leurs facultés, et offre très peu de non-valeurs en vieillards et en enfans ; or, ceux-ci ne forment pas moins de 38 pour cent de la population esclave de la Martinique[2]. Les documens que l'on possède sur Puerto-Rico ne nous permettent pas de déterminer d'une manière précise sa perte de force sous ce rapport ; mais le mode de recrutement étant donné, il est impossible de ne point admettre que cette perte peut tout au plus monter à 20 pour cent ; car à Bourbon la classe des vieillards et des enfans ne s'élève pas au delà de 25 pour cent[3], et cette disproportion avec nos autres colonies s'explique uniquement par ce fait, que la traite fut, jusqu'en 1830, beaucoup plus active à Bourbon qu'ailleurs. C'est donc encore 18 pour cent de travail en sus dont disposent les planteurs de Puerto-Rico comparativement aux Martiniquais.

Calculez toutes ces valeurs, et voyez ce qu'il reste pour la part des 300,000 Ibaros dans l'excédant de produits des 41,000 esclaves espagnols mis en rapport avec ceux obtenus des 78,000 esclaves français. Rien.—Une seule réflexion pour en finir. Puerto-Rico, en 1808, avait 180,000 habitans[4], mais à peine quelques esclaves. Il n'en sortit pas plus de 1,428 quintaux de sucre[5].

[1] Voir plus bas, page 538.
[2] On compte à la Martinique 25,232 enfans
et 6,011 vieillards.
En tout 29,243 sur le total de 78,076
(*Recherches statistiques sur l'esclavage colonial ;* par Moreau Jonnès, 1842.)
[3] do   do   do
[4] Pedro Cordova. *Parte civil. Censos.*
[5] Témoignage de M. Mac Queen devant le comité d'enquête parlementaire. (*Précis de l'abolition*, 2ᵉ partie de la 3ᵉ publication.)

Aussi nombreux que nous l'avons dit, les blancs de Puerto-Rico ne pouvaient s'agglomérer dans les villes comme il arrive aux colonies françaises et anglaises ; ils sont répandus sur la surface de l'île dans leurs bohios, qu'ils plantent séparément loin les uns des autres, à la manière des Caraïbes, et vivent isolés au milieu des immenses savanes sans goût de sociabilité, inutiles à eux-mêmes et aux autres. Dans ce pays luxuriant, ils ont de la peine à trouver la piastre que le fisc leur demande chaque année. Une piastre ! l'unique contribution à laquelle ils soient condamnés pour prix de la vie qu'ils mènent. Il n'est pas possible d'être, nous ne dirons pas plus pauvre, car n'ayant aucun besoin, ils n'éprouvent aucune privation, mais plus misérable. C'est la nudité au milieu de la saleté. Les pays chauds comportent seuls une pareille existence.

A ce propos, qu'il nous soit permis de nous interrompre un instant. — La facilité avec laquelle on peut se procurer sous les tropiques les choses nécessaires à la vie, a souvent été invoquée par les apôtres de servitude comme un obstacle à tout travail libre et régulier aux Antilles. C'est là une pétition de principes dont il faut se méfier. Ce n'est point la chaleur du climat qui engendre la répugnance pour le travail, ce sont les mauvaises institutions politiques et le défaut de développement des facultés intellectuelles de l'homme. Sans doute, si rien ne stimule son activité et ses efforts, les richesses du climat le jeteront dans l'oisiveté, comme il arrive ici des Ibaros. Mais éveillez son esprit, excitez son génie, développez tous ses goûts, cultivez son intelligence, donnez-lui quelque conquête à faire, dirigez, comme a dit M. Richard Hill, « dirigez son industrie vers l'acquisition de quelque bien, de quelqu'avantage que la nature ne lui ait pas accordé et qui flatte son intérêt ou son ambition, les facilités de la vie matérielle ne feront alors que favoriser ses progrès, surtout si une éducation convenable et un gouvernement sage y président[1]. »

---

[1] *Lettres d'un Voyageur à Haïti.*

Toutefois, dans aucune hypothèse, il ne faut compter qu'un ouvrier des Antilles travaillera autant que ces malheureux prolétaires d'Europe que l'aiguillon de la nécessité surexcite jusqu'à la mort. L'esclavage a encore cela de détestable qu'en obtenant ce résultat par la violence, il fausse les lois de la nature. Sans avoir une foi très aveugle dans le système des causes finales, on peut dire que la nature, en prodiguant ses fruits sous les tropiques, a clairement indiqué qu'elle ne voulait pas qu'on fît sous les latitudes chaudes les actes de vigueur qu'elle exige pour se laisser arracher ses trésors dans les pays froids.

Revenons aux Ibaros.

L'élevage des bestiaux est à peu près leur seule occupation. Ayant, ainsi que nous l'avons dit, chacun un cheval ou une vache, ils peuvent s'en occuper presque sans peine[1]. Ils ne mettent du reste aucune science dans cette sorte d'industrie. Les animaux s'élèvent à peu près seuls, et leurs qualités tiennent bien moins aux soins que l'on prend d'eux, qu'à la bonté des riches pâturages de l'île.

Lorsqu'on détermine des Ibaros à venir sur une habitation, ils ne consentent pas à y faire autre chose qu'à couper les cannes pour la roulaison, ou abattre les bois : tout autre travail est refusé comme au-dessous de leur dignité ; et encore se livrent-ils si peu à celui-là, qu'il ne saurait guère compter. A

---

[1] Les bœufs et les chevaux de Puerto-Rico sont célèbres dans les Antilles et forment une branche de commerce de l'île déjà considérable, mais que l'on pourrait quadrupler. Il s'en exporte chaque année dans tout l'archipel, où ils sont bien plus estimés que ceux des États-Unis. On en a vendu en 1832 pour 220,000 piastres (1,100,000 fr.). L'île comptait à cette époque 100,000 têtes de grand bétail, 8,000 chevaux, 1,200 mulets, 600 ânes, 7,000 moutons et 5,000 chèvres. Nous voyons, dans les relevés statistiques de 1859, que l'on n'a pas exporté cette année-là plus de 210 chevaux. . . . . . 7,023 piastres.
85 mulets. 4,540
3,598 bêtes à cornes. . 120,303

131,666 piastres (658,330 fr.)

bien prendre, ils ne font rien, absolument rien ; ils existent, voilà tout. Comme les éphémères, ils croissent, mettent au monde des enfans, et meurent sans avoir payé autrement leur dette à la société, sans laisser aucune trace de leur inutile passage sur la terre. Leur vie s'écoule dans une indolence qu'un Européen ne peut concevoir, tant, avec ses habitudes d'activité acquise, elle lui paraît fatigante! A quelqu'heure du jour que l'on passe devant leurs maisons de feuilles, le matin, le soir, à midi, on les voit tous, hommes et femmes, étendus dans le hamac. Ils ne se lèvent que pour se recoucher. A voir ces 300,000 *blancs* se bercer depuis deux siècles dans leurs filets de mayaguez, on peut juger que la *paresse naturelle* tant reprochée *aux nègres* est un vice propre à tous les peuples ignorans qui, placés sous un climat favorable et dépourvus des besoins de la civilisation, s'abandonnent à l'inertie naturelle à l'homme.

C'est pour en donner une preuve convaincante que, sans nous contenter du souvenir des pauvres Indiens, nous nous sommes occupé des blancs de Puerto-Rico.

Le capitaine-général don Miguel Lopez de Baños, qui a laissé ici le souvenir d'un bon administrateur, ne s'était point aveuglé sur les vices et les inconvéniens d'une population pareille à celle des Ibaros, et l'on trouve dans un ban de police qu'il publia en 1838, un chapitre entier évidemment fait pour tâcher de combattre le mal.

« Tout homme de la campagne doit avoir une propriété qui lui fournisse les moyens de vivre lui et sa famille, ou bien être au service d'une autre personne qui lui donne de quoi pourvoir à ses besoins.

« Les municipalités ouvriront un registre de tous les journaliers. Le journalier est celui qui, n'ayant point de propriété, doit, pendant l'année ou partie de l'année, travailler pour autrui moyennant salaire. — La police donnera au journalier un bulletin où sera inscrit le numéro du registre. Tout journalier qui n'aura point ce bulletin dans le terme d'un mois après la publication du présent décret, payera une amende de deux réaux.

« Tout journalier non occupé durant un mois continu sera regardé comme vagabond et traité comme tel, à moins qu'il ne justifie d'une cause légitime qui l'empêche de se livrer au travail.

« Le journalier qui vivra dans l'oisiveté, origine de tous les vices, sera contraint par la municipalité de former sur une habitation un engagement qui ne pourra dépasser une année.

« Les femmes qui se dédient au travail de la terre et qui vivront dans les bohios sans qu'il leur soit connu aucune occupation honnête pour subsister, seront de même forcées par l'autorité à un engagement sur une habitation.

« Les alcades et municipalités, sous la plus étroite responsabilité, ne pourront consentir à ce que dans leurs districts respectifs il existe aucun vagabond; car jusqu'à ce que cette vermine de la société ait disparu, et que l'on convertisse en citoyens utiles ceux qui se livrent honteusement à la paresse, l'ordre intérieur des villes et bourgs, ni la sécurité des personnes honnêtes ne se peuvent consolider. »

Ces moyens, dont nous sommes fort loin de louer le caractère arbitraire, étaient-ils insuffisans, ou le capitaine-général, malgré sa puissance, n'a-t-il pu les appliquer? Nous ne savons. Peut-être l'un et l'autre. Toujours est-il que le mal subsiste. Il faut, pour le combattre, le prendre plus corps à corps. Un des meilleurs moyens, il nous semble, de stimuler sans violence cette lourde population, serait de la mettre d'abord en contact direct avec la civilisation, autrement dit d'ouvrir des routes qui feraient circuler devant elle les produits des arts et de l'industrie, et d'établir des écoles où on l'obligerait d'envoyer ses enfans. Imposer les bohios comme une maison, pourrait être aussi une mesure efficace. Nous ne sommes pas non plus éloigné de croire qu'une contribution somptuaire frappée sur les hamacs de toute nature puisse devenir utile. Ce serait aller chercher le mal dans sa source, atteindre la paresse dans son lit. L'Ibaro, privé de hamac, travaillerait peut-être plutôt que de rester debout.

La très grande majorité des Ibaros ne possède absolument rien, et les bohios n'étant pas taxés, le revenu de l'île ne porte que sur les produits agricoles et commerciaux. Ce vice organique n'a pas échappé aux hommes occupés de matières fiscales, et pour y remédier, autant que dans l'espérance d'attaquer avec plus de succès que le gouverneur Baños la masse compacte et inerte de la population, M. Latoja, assesseur de l'intendant de Puerto-Rico, vient de proposer à la commission des finances d'étendre les charges de l'île sur chaque tête de citoyen. Dans un mémoire plein de bonnes vues, M. Latoja fait observer que tous ces misérables, forcés de s'occuper un ou deux jours de la semaine pour payer leurs contributions personnelles, apprendraient à travailler pour eux-mêmes. La commission, réunie sous la présidence du capitaine-général-gouverneur avec les délégués des villes et des villages, a pris ce mémoire en sérieuse considération, et il est probable que l'antique indolence des Puertoricains aura bientôt à se débattre contre les efforts de la civilisation. Parviendra-t-elle encore à y résister? Nous le craignons, car les Ibaros sont disséminés sur toute la surface de l'île, et il faudra de la persévérance et une petite armée de préposés spéciaux pour les poursuivre. En tous cas, si l'on n'attache pas au droit de capitation une pénalité, jamais on n'atteindra le but que l'on se propose.

Le complément indispensable de l'excellent mémoire de M. Latoja, serait l'établissement simultané de prisons que l'on pourrait appeler maisons de détention fiscale. Ceux qui n'acquitteraient pas leurs taxes seraient enfermés là jusqu'à ce que, par le travail régulier et salarié, travail agricole bien entendu, auquel la loi les contraindrait, ils eussent payé leur dette à l'état. Nous imaginons les maisons de détention fiscale à peu près pareilles aux sucreries pénitentiaires que nous avons proposées dans notre livre sur les colonies françaises.

Si le gouverneur actuel, le général Santiago Mendez de

Vigo, reste en place, il se pourrait bien que la résolution du comité des finances ne fût pas perdue. Ce chef distingué n'a pas mesquinement repoussé la conception de son prédécesseur don Miguel Lopez de Baños ; il juge bien qu'il y a dans la civilisation future des Ibaros une grande gloire pour celui qui la réaliserait et un grand bénéfice pour son pays, c'est plus qu'il n'est nécessaire pour exciter l'ardeur d'un véritable espagnol comme lui. Songer à l'entreprise, c'est déjà presque se montrer capable de l'accomplir.

Mais qu'il s'attende à de rudes labeurs. On ne s'en prend pas aisément à une masse d'hommes aussi nombreuse et aussi peu saisissable que celle des Ibaros. Il aura besoin d'une volonté longtemps suivie, incessamment active. Il rencontrera des difficultés épineuses, car on peut craindre jusqu'à la révolte. Le droit de ne rien faire et de ne participer à aucune charge sociale est un des *fueros* que les vieux indigènes de Puerto-Rico n'abandonneront pas sans résistance. Cependant l'œuvre de leur régénération n'est pas impossible. Après tout, ils ont le cerveau fait comme le nôtre, ils ont des passions pareilles aux nôtres, et ils céderont aux influences qui nous conduisent nous-mêmes. Avec de l'adresse et de la persévérance on pourra les entraîner.

M. Kortright l'a déjà prouvé sur sa belle habitation de Manati. Il y emploie aujourd'hui quelques Ibaros qui travaillent, la houe même à la main, au milieu des rangs de l'atelier et sous la direction du commandeur qui est esclave. Tout a été vaincu à la fois. M. Kortright, pour en arriver à ce point, les a d'abord attirés par de bons gages, traités ensuite avec soin, avec douceur, et occupés d'une manière continue. Les bénéfices qu'ils ont faits et le bien-être inconnu qu'ils en tirent leur ont ouvert les yeux ; l'ambition du gain les a pris, et ils sont à cette heure si bien apprivoisés qu'ils se présentent d'eux-mêmes à l'ouvrage. Chez eux, comme chez tous les hommes de toute race et de toute couleur, les besoins augmentent avec la faculté de les satisfaire.

CHAPITRE III.

LES ESCLAVES.

S'il existait beaucoup d'habitans aussi intelligens et aussi humains que le planteur dont nous venons de parler, l'émancipation deviendrait facile à Puerto-Rico, et l'on serait assuré d'avoir le travail sans être obligé d'y contraindre des esclaves à coups de fouet.

Il faut le dire en effet à la honte de l'humanité; les nouveaux colons qui sont venus exploiter Puerto-Rico n'ont pas songé à employer l'énorme population indigène qui pourrit dans l'ignorance et la paresse. Ils n'ont pas voulu se donner la peine de la façonner à des habitudes laborieuses, de lui faire comprendre les avantages de l'industrie; ils ont préféré s'adresser à la traite. Spéculateurs avant tout, ils spéculèrent sur les outils humains dont ils avaient besoin comme sur le reste; et ce sont des bras d'esclaves qui ont douloureusement créé les merveilles de prospérité que nous avons signalées? Il y a des années où l'on a introduit ici jusqu'à 3,000 nègres nouveaux! En 1794, on ne comptait à Puerto-Rico que 17,500 esclaves; en 1820 pas au-delà de 21,730; mais en 1824, 22,725; en 1828, 33,876; en 1834, lors du dernier recensement, 41,818 [1]!

Et quelques-uns disent en France que le droit de visite est inutile!

On est tenté de louer la charité de nos planteurs quand on voit comment sont traitées à Puerto-Rico les malheureuses créatures courbées sous le grand mal de la servitude. Complètement livrées à la discrétion du maitre, leur travail n'a de limites que son bon plaisir. A l'époque de la récolte, on voit les noirs aller au moulin dès trois heures du matin et con-

---

[1] Pedro Cordova : 55, *estados comparativos*.

tinuer ainsi jusqu'à huit et neuf heures du soir, ayant, pour toute compensation, le plaisir de manger de la canne. Jamais dans l'année ils n'obtiennent vingt-quatre heures de trêve. Le dimanche et les jours de fête ils doivent encore se rendre à l'ouvrage, deux heures le matin et souvent deux heures le soir. A peine formés, on leur suppose la force d'un homme; des enfans de douze ans sont placés dans les grands ateliers. Nous avons vu, et c'était un dimanche, un pauvre garçon de cet âge couché dans la boue et cruellement taillé, parce qu'il était arrivé sur les rangs sans sa houe qu'il avait égarée. Le travail est conduit à coups de fouet, excité à coups de fouet. Le fouet, le fouet partout et toujours.

Les esclaves de Puerto-Rico, ainsi que nous l'avons dit plus haut, n'ont pas même, comme aux îles françaises, la consolation d'avoir le samedi à eux, avec un jardin pour se nourrir à leur convenance. Deux fois par jour ils reçoivent une ration de morue, de hareng ou de tasao[1] et de riz, préparés dans une cuisine commune. La ration, suffisante ou non, ils doivent s'en contenter. Que pourraient-ils objecter ou faire? Elle n'est cependant pas toujours suffisante, à en juger par ce que disait un planteur, en nous montrant ses nègres: « Vous voyez, ils sont en bon état; moi, d'abord, je ne les laisse pas mourir de faim comme font tant d'autres; vous n'en trouverez pas un maigre : je les nourris bien, parce que je veux qu'ils travaillent beaucoup. »

Quand nous disons qu'ils n'ont pas de jardin, il faut comprendre ce que nous entendons: on leur accorde bien un petit morceau de terre, mais qu'en peuvent tirer des gens qui ont à peine quelques heures du dimanche à eux?

En vérité, on ne saurait imaginer une condition plus horrible que celle de ces infortunés, et seulement à y penser le cœur se soulève d'indignation et de colère. La nuit non plus ne leur appartient pas. Après le souper, on les rassemble comme les bœufs et les mulets, et on les parque tous pêle-mêle,

---

[1] Viande sechée au soleil.

hommes, femmes et enfans, dans une grande salle garnie d'un lit de camp, où ils sont tenus sous-clef et sans air, jusqu'au lendemain! Il est impossible de rapprocher davantage le traitement fait à l'homme de celui fait à la brute.—Que l'on ne croie pas surtout que nous exagérions rien : ces pièces, appelées *cuarteles*, existent sur la plupart des habitations, et l'usage se modifie si peu à cet égard, que nous avons vu un cuartel en construction parmi les bâtimens de la magnifique *hacienda d'el Ingenio* qui s'élève à grands frais dans ce moment. Quelques planteurs, comme M. Fernando Fernandez à l'habitation Santa-Anna, ont modifié ce système. Ils ont bâti une cour où les nègres au moins possèdent chacun une case séparée ; mais la cour est toujours bien fermée à neuf heures. C'est une prison plus grande mais guères moins détestable.

Si l'effet de décomposition morale qu'exerce la servitude sur le maître comme sur l'esclave était encore l'objet d'un doute pour les penseurs, nous en aurions à ce sujet un terrible exemple à fournir. Nous avons été reçu chez un jeune homme, dont l'âme naturellement douce a encore été ennoblie par les bienfaits d'une belle éducation reçue en Europe. Jamais il n'eût acheté un nègre de sa vie, mais la mort de son père lui en a laissé un grand nombre pour seul héritage. L'esclavage produisant en lui les mêmes sentimens d'horreur qu'il éveille dans tous les esprits généreux et cultivés, il eut d'abord une peine extrême à posséder des hommes, et, quoiqu'il réside sur son bien, il prit un *mayordomo* (géreur), pour n'avoir pas à commettre les cruelles violences inséparables du travail forcé. Eh bien, ce jeune homme laisse ses esclaves dans l'état où il les a trouvés, et les loge dans une de ces affreuses casernes dont nous parlions tout-à-l'heure, se bornant à ne pas tourner la clef de la serrure ! Son hôpital, comme celui de tous les autres planteurs, est un lieu infect que l'on ferait nettoyer en France pour y mettre des chiens !

En fournissant cet exemple de la perversité que le contact de la servitude communique même à des âmes honnêtes, nous ne pouvons manquer de noter l'opinion insensée de M. Flinter. Cet homme, qui « ne conteste pas l'injustice de l'esclavage, qui refuse de l'excuser, malgré le fait de son existence parmi les nations les plus civilisées du monde ancien et moderne, » qui paraît enfin avoir le cœur bien placé, en est cependant venu à défendre aveuglément la servitude en général et la servitude espagnole en particulier ! Il ne conçoit pas de destin plus fortuné que celui d'un nègre de Puerto-Rico, et c'est en résumant un long parallèle entre les laboureurs d'Europe et les misérables gens traités comme on vient de le voir, avilis, dégradés, comme on le verra encore dans les pages suivantes, qu'il conclut ainsi : « Que l'on se débarasse de la préoccupation du mot *servitude* auquel l'imagination des hommes donne tant de valeur, et les esclaves des Indes-Occidentales apparaîtront sans aucun doute comme les laboureurs les plus heureux de tous les pays du globe[1] ! »

De toutes les *haciendas* qu'il nous a été permis de visiter, nous n'en avons rencontré qu'une seule, celle de M. Kortright, où les nègres fussent établis convenablement. Il leur a fait construire à chacun une petite maison en bois, avec porte haute, fenêtres, bancs et planches contre les murailles pour y poser leurs ustensiles. Le maître a eu soin encore d'ajouter à chaque case une petite cuisine séparée où l'esclave peut du moins accommoder à sa fantaisie les vivres qu'on lui distribue hebdomadairement.

M. Kortright est un anglais de bonne éducation et de noble cœur, qui a regret d'être propriétaire d'hommes par succession, et qui cherche à adoucir le sort de ses esclaves autant qu'il est en lui. Le bel exemple qu'il a donné, son jeune ami, M. Manuel Canales, va le suivre prochainement, et M. Kortright aura ainsi fait deux fois du bien. Bonne récompense de ses sacrifices. Si nous pouvions désirer pour les esclaves moins

---

[1] *Examen del estado actual de los negros de la isla de Puerto-Rico;* 1832.

que la liberté, nous souhaiterions qu'il fût imité de toute la colonie.

Mais les planteurs de Puerto-Rico sont occupés de tout autre chose que d'imiter M. Kortright. Aucune de ces idées ne les tourmente; ils ont un caractère particulier; ils ne voient que leurs affaires. Dans les Antilles françaises et anglaises on trouve des colons, des hommes qui cherchent à se rendre la vie agréable ; des propriétaires qui cultivent leurs plantations comme on en voit en Europe qui font valoir leurs biens. Ici rien de cela ; ce sont des spéculateurs, des commerçans. Une habitation n'est qu'une manufacture de sucre ; tout est sacrifié à l'utile ; nulle part on n'aperçoit trace de luxe, et la maison du maître est un magasin. Les champs sont bien soignés, les cannes bien tenues, mais rien de plus. Pas de ces jardins, pas de ces splendides bordures d'arbres que l'on admire dans les autres îles et aussi à Cuba. — Lorsqu'on a vu la misérable condition des esclaves, les exigences impitoyables de travail, la stricte économie apportée dans les moindres branches de l'exploitation, tout cela joint à la prodigieuse richesse du sol, on ne s'étonne plus que Puerto-Rico puisse donner son sucre à meilleur marché qu'aucune de ses rivales.

Outre le fouet, et sans parler des fers de toute formes, des carcans à bois de cerfs, du sepo[1], etc., etc., les habitations ont une prison plus ou moins sévère, selon l'humeur du maître. L'autorité ne se mêle pas de l'administration intérieure; elle n'intervient jamais, et chaque planteur mène son troupeau humain comme il lui plaît. A Santa-Anna, don Fernando Fernandez vient de construire six cachots complètement privés de jour, et ne recevant d'air que ce qu'il en faut pour ne pas étouffer.

El S* Fernandez est un génie actif, remuant, et qui fait volontiers ce que nul autre n'a encore fait; un de ces hommes qui, sur un bon terrain, produisent les grandes choses. A voir ses

---

[1] La *barre* de nos îles. Voir page 100 des *Colonies françaises*.

cachots si forts, si obscurs, si tristes, il lui est venu l'idée de les employer en guise de médecin. — Beaucoup de nègres, afin de se reposer ou de ne point travailler, dit-il, se font des blessures qu'ils entretiennent et enveniment volontairement. Il va donc enfermer là jusqu'à parfaite guérison tous les malades qu'il jugera malades volontaires ! Quelle tête autre que celle d'un propriétaire d'esclaves pouvait trouver cette application nouvelle du système cellulaire ?

Nous nous sommes imposé la loi d'appuyer toujours nos assertions de preuves authentiques. Nous allons en conséquence citer queques articles du dernier règlement de police relatif au régime des esclaves. On pourra juger en les lisant si la peinture que nous venons de faire est inexacte. Les lois résument l'état des mœurs.

Ce règlement, publié en août 1826 par le gouverneur don Miguel de la Torre, a un préambule digne du sujet : « Je ne pourrais me glorifier de l'honneur que m'a fait Sa Majesté, si je n'appliquais un efficace et prompt remède, un appareil de sévérité aux désordres, aux catastrophes et aux maux si graves, si funestes à la sécurité publique que nous fait ressentir la servitude des habitations. »

On aura eu peine à croire que les nègres, comme nous l'avons dit, n'aient pas même chez ce peuple chrétien le jour du Seigneur tout entier à eux ; M. Flinter, que nous citions tout à l'heure, a écrit avec une assurance impardonnable « que les esclaves de Puerto-Rico ne travaillaient ni dimanche ni jours de fête[1]. » Qu'on lise le règlement d'août 1826.

« Les maîtres ne pourront employer le dimanche aucun esclave aux travaux de l'habitation, mais ils pourront les occuper pendant deux heures à nettoyer les maisons, bâtimens, etc. (Chap. 2, art. 3.) »

Continuons. « Les maîtres donneront à leurs esclaves trois

---

[1] *Examen del estado*, etc.

rechanges. *Il est convenable*[1] qu'on leur donne les deux premières à la fois, afin qu'ils aient de quoi se changer quand ils sont mouillés au travail, et de quoi dormir toujours couverts. (Chap. 3, art. 2.)

« Aucun maître ou géreur ne permettra sur son habitation les visites d'esclaves étrangers, et quand les nègres auront à aller sur une habitation voisine ou à sortir de la leur, ils devront porter une autorisation écrite avec date du jour, mois et année, exprimant le lieu où ils se dirigent et l'objet pour lequel ils sortent. (Chap. 6, art. 1er.)

« Les maîtres permettront que leurs esclaves, hommes et femmes séparés, se divertissent et se récréent honnêtement les jours de fête dans l'intérieur de l'habitation, *sans tolérer qu'ils se joignent avec les esclaves d'autres habitations* ou avec des libres, et dans un lieu ouvert à la vue du maître ou du géreur. Ces plaisirs dureront depuis trois heures du soir jusqu'au coucher du soleil. Il est particulièrement recommandé aux maîtres et géreurs de veiller *à ce que les sexes soient toujours séparés*. (Chap. 7, art. 1, 2 et 3.) »

« A l'heure de se retirer pour dormir (qui sera huit heures quand il fait nuit de bonne heure, et neuf quand il fait nuit plus tard), on fera l'appel de la liste de tous les esclaves, afin qu'il n'en reste aucun hors de l'habitation ou du *cuartel*. Le *cuartel* devra être éclairé toute la nuit. On y placera un ou deux esclaves qui feront garder le silence à la chambrée et empêcheront tout désordre. (Chap. 8, art. 2 et 3.) »

« L'esclave doit vénérer le maître ou le géreur comme des pères de famille; celui qui faillira à ses devoirs pourra être puni par le propriétaire ou le géreur, selon la faute : de la prison, des fers aux pieds, des chaînes, du sepo, *pourvu que l'on n'y mette pas la tête*[2], ou être fouetté sans que le nombre des coups dépasse 25. (Chap. 13, art. 1er [3]. »

[1] Il est convenable ! Une pareille clause n'est pas obligatoire !

[2] *Con que no sea poniendo lo en este de cabeza !* On la mettait donc !!

[3] *Reglamento sobre la education, trato y ocupaciones que deben dar a sus esclavos los dueños y mayordomos de esta isla.*

Oui, mais quand le nombre dépassera 25, qu'arrivera-t-il? Dérision.

Sous un pareil régime, que l'on se figure ce que deviennent les nègres. Leur abaissement ne se peut décrire. Le plus misérable blanc ne parle jamais à un noir, qu'il le connaisse ou non, qu'en le tutoyant. Nous avons entendu des maîtres de douze et quatorze ans tutoyer des négresses de cinquante, et nous avons retrouvé ici une chose horrible, déjà autrefois observée par nous à Cuba, des esclaves qui fléchissent le genou en approchant de leurs possesseurs, des enfans qui se mettent tout à fait à genoux au milieu même de la rue pour saluer le blanc qu'ils connaissent! Oui, nous avons vu cela de nos yeux. L'abrutissement de ces infortunés est à peine imaginable, et l'on pourrait le croire absolu, si quelques rares complots malheureusement privés d'ensemble, ne venaient attester qu'il y a encore des hommes au milieu de ces troupeaux de vils esclaves.

Les nègres de Puerto-Rico sont incontestablement plus incultes que ceux de nos îles. Rien, absolument rien, n'a été fait pour eux. Sur un petit nombre d'habitations, où il y a des cases au lieu de *cuartel*, nous avons trouvé ces cases encore plus affligeantes à voir que celles des colonies françaises, plus nues, plus dépourvues de toute espèce de meubles, moins faites en un mot pour abriter des êtres humains.

Quant à des idées de morale, il ne faut pas espérer en trouver parmi les esclaves d'ici. On a *christianisé* ces pauvres gens, mais ils ne se doutent pas de ce que c'est qu'être chrétiens. Chose remarquable : ce sont les Portugais et les Espagnols, les deux peuples les plus dévots de la terre, qui ont été les plus empressés à faire la traite des noirs, et ont toujours montré la plus grande indifférence pour l'éducation religieuse de leurs nègres. Il nous paraît aussi digne d'être médité, que ces deux peuples, après avoir été les premiers à ramener l'antique fléau de la servitude dans le monde moderne, soient les derniers à y persister, quand les hérétiques anglais ont déjà extirpé de leur corps social cette lèpre hideuse.

CHAPITRE IV.

SERVITUDE ESPAGNOLE.

De telles révélations sur la servitude espagnole étonneront beaucoup, peut-être, quelques lecteurs ; on croit généralement qu'elle est la moins rude et la moins cruelle de toutes. C'est qu'effectivement l'Espagne est de toutes les nations celle dont le code noir est le meilleur. Mais d'abord, des lois protectrices pour des esclaves, c'est à dire pour des gens privés des moyens de les faire exécuter, précisément parce qu'ils sont esclaves, sont illusoires et nulles de fait ; après cela, l'Espagne s'étant arrêtée au milieu de la carrière de la civilisation, n'ayant participé à aucun progrès d'humanité, ne voulant pas la délivrance des nègres, il s'ensuit naturellement que les agens qu'elle envoie dans les Antilles ne s'inquiètent aucunement de la race avilie placée sous leur protection. Le conseil des Indes a toujours rendu de bonnes lois *por las Indias*. Malheureusement on ne voit pas qu'il ait jamais voulu les faire exécuter. — Si l'on ouvre les gros volumes in-folio des vieilles ordonnances concernant les colonies et les Amériques, on n'y trouvera que des prescriptions d'une mansuétude extraordinaire pour les Indiens ; mais le monde entier le sait, malgré les ordonnances les Indiens ont disparu jusqu'au dernier des Antilles, et, selon une belle expression de M. Humboldt : « Il ne reste d'eux sur la terre que le souvenir de leurs malheurs. »

Les premiers nègres importés seraient de même exterminés depuis longtemps, si la traite ne venait, d'années en années, remplacer les victimes que les lois protectrices ne protègent pas. — L'excès de leurs misères est tel que leur race est toujours prête à s'éteindre, quoiqu'on les condamne pour ainsi dire à se reproduire en accordant quelques faveurs aux mères fécondes, et en libérant celles dont les entrailles maudites ont porté dix esclaves [1].

M. Humboldt, en parlant de la destruction des races indiennes, a précisé avec fermeté le caractère de la législation espagnole à l'égard des esclaves : « Chaque ordonnance qui autorisait un nouvel envahissement de la liberté des indigènes, répétait avec une artificieuse dissimulation les protestations faites anciennement en faveur de leurs droits inaliénables. Un profond mépris des lois coloniales naquit de cette confusion d'idées, de cette irrésolution du pouvoir qui voulait, en augmentant les revenus, conserver l'apparence d'une pieuse modération [2]. »

Ce qui est vrai pour ce qui se passa il y a trois siècles est encore vrai aujourd'hui. Les prescriptions bienfaisantes pour les esclaves ne sont que des mensonges législatifs.

Les lois des Indes fixent avec précision le nombre d'heures de travail, la quantité d'alimens, les punitions, etc.; mais qui

---

[1] Ici, comme dans toutes les îles de l'Archipel, on voit, sur la population prise en masse, le nombre de femmes dépasser celui des hommes. Les 302,672 individus du recensement de 1828 se partagent
en 156,902 femmes
et 145,770 hommes.
───────
302,672

C'est la marche constante qu'affecte la procréation humaine dans les pays chauds, lorsque les peuples sont abandonnés à leurs élémens naturels de reproduction. Parmi les esclaves, au contraire, on trouve, sur les 34,240 individus qu'indique le relevé de 1830,
17,554 hommes,
16,686 femmes.
───────
34,240

Pourquoi donc la population esclave échappe-t-elle à une loi si fortement, si incontestablement accusée dans la population libre? C'est que la traite seule vient renouveler cette race infortunée que la servitude décime ; et la traite s'inquiétant fort peu de l'équilibre des sexes, cherchant avant tout des forces immédiates, apporte plus d'hommes que de femmes !

[2] *Histoire de la géographie du nouveau continent.*

songera ici à faire observer les lois des Indes? Les esclaves, selon le vœu du rescrit royal du 31 mai 1789, ont encore dans tous les quartiers un syndic chargé de les défendre, de soutenir leurs plaintes : cela est vrai ; mais pense-t-on que ce syndic, blanc, propriétaire d'esclaves, intéressé par ses relations, par ses propres avantages au maintien intégral de l'autorité du planteur, donnera souvent raison au nègre contre son possesseur, daignera même l'écouter? C'est impossible. Les esclaves peuvent obliger le maître à les vendre s'ils prouvent le fait de mauvais traitemens. Oui ; mais celui qui oserait élever une pareille prétention, où trouvera-t-il des témoins? Et à moins qu'il ne soit mutilé, à qui, si les preuves sont douteuses, l'autorité donnera-t-elle gain de cause, du misérable ilote ou du puissant planteur ?

Tout ce que nous disons ici, il y a quarante-six ans qu'un noble espagnol le disait déjà presque dans les mêmes termes : « Malgré la sagesse et la douceur de la nation espagnole, à combien d'excès l'esclave ne reste-t-il pas exposé dans la solitude d'une plantation ou d'une ferme, là où un grossier *capetez*, armé d'un coutelas et d'un fouet, exerce impunément son autorité absolue! La loi ne limite ni le châtiment de l'esclave ni la durée du travail ; elle ne prescrit pas non plus la qualité et la quantité des alimens [1]. Elle permet à l'esclave, il est vrai, d'avoir recours au magistrat pour que celui-ci enjoigne au maître d'être plus équitable : mais ce recours est à peu près illusoire; car il existe une autre loi d'après laquelle on doit arrêter et renvoyer au maître tout nègre trouvé sans permission à une lieue et demie de distance de la plantation à laquelle il appartient. Comment peut parvenir devant le magistrat l'esclave fatigué, exténué par la faim et par les excès de travail? S'il y parvient, comment sera-t-il défendu contre un maître puis-

---

[1] L'écrivain avait certainement connaissance de la cedule royale dont nous parlions tout-à-l'heure ; mais comme elle ne fut jamais exécutée, il suppose qu'elle n'existe pas.

sant qui cite pour témoins les complices salariés de ses rigueurs [1] ? »

Que répondre à ces désolantes questions sorties de la bouche même d'espagnols, de fonctionnaires intéressés à cacher le mal? Rien! Rien! Rien! Les vices de l'esclavage sont ce qu'ils ont été, et tant que durera l'esclavage ils seront ce qu'ils sont encore. Nous croyons l'avoir déjà démontré, et c'est le plus sûr argument pour la nécessité de l'abolition, *il n'y a pas de bonnes lois possibles pour la servitude.* Là où elle règne, celui qu'elle opprime ne peut et ne doit pas avoir de droits. Toute observation de sa part est une insolence; toute plainte une rébellion.

A moins d'agir sur une petite échelle comme dans les îles Danoises, où le gouverneur peut écouter tous les esclaves qui auraient à lui parler; où, en trois heures, le pauvre ilote, sur quelque point de l'île qu'il habite, a la faculté de se mettre sous la sauve-garde de son défenseur, jamais on ne réussira, même avec la volonté la plus soutenue, à sauver les nègres des fatalités de la servitude. Ce mode d'être, faussant la destinée humaine, ne peut se maintenir que par la violence. Les principes seront aussi excellens qu'on les puisse imaginer; ils resteront inappliqués et inapplicables, ou bien l'on désorganisera le système; alors mieux vaut d'une seule fois établir la liberté. *Toute loi en faveur d'un esclave est un non sens et une déception*, que l'on se le persuade bien. Jean-Jacques l'a dit : « Servitude et droit sont contradictoires. Ils s'excluent mutuellement. »

Les nègres espagnols jouissent du droit de rachat. La loi a tout prévu pour combattre les obstacles que le maître y voudrait apporter; elle a déterminé que si le propriétaire et l'esclave ne sont pas d'accord sur la valeur de la *liberté*, deux ar-

---

Informe sobre negros fugitivos (du 9 juin 1796), par don Francisco de Arango y Pareño, syndic du consulat; cité par M. Humboldt. (*Essai politique sur Cuba*, 1er vol.)

bitres (le syndic étant toujours celui de l'esclave) fixeront le prix. Si les arbitres ne s'entendent pas, l'alcade en nommera un troisième qui décidera en dernier ressort. — On a étendu le droit de rachat autant qu'il le pouvait être. L'esclave a la faculté de donner tel acompte qu'il lui plait sur sa valeur ; le propriétaire alors ne peut exiger qu'un travail proportionnel à ce qui lui reste dû sur la somme totale fixée. Par suite de cette disposition législative, il arrive qu'un maître, lorsqu'il veut être utile à un esclave sans toutefois le libérer entièrement, le vend au-dessous de ce qu'il vaut en stipulant que l'acquéreur ne pourra exiger du vendu, si celui-ci se veut racheter, plus qu'il ne lui a coûté. Enfin, conséquemment à ce principe, le maître ne peut non plus refuser de vendre un enfant dont la loi fixe le prix à 25 gourdes (125 fr.) au moment de la naissance, et à 50 lorsqu'il a six mois. — Ce sont là d'incontestables avantages, croirait-on? Nullement; ils ont tourné au détriment des nègres. Afin d'éviter le désordre que le droit de rachat peut jeter dans les ateliers, les maîtres espagnols, par les mille moyens en leur puissance, empêchent les noirs de se faire un pécule, et c'est en vue surtout de les priver de leur plus grande source de bénéfices qu'ils ne leur donnent jamais le samedi.

Pour la cent millième fois, n'espérez pas introduire quelque chose de bon dans l'esclavage; il corrompt tout : le bien même y engendre le mal.

La vérité est que malgré les excellentes lois des Indes, il règne dans les colonies espagnoles un despotisme sans contrôle sur les habitations, et que les victimes ne peuvent crier sous peine de souffrir encore d'avantage. Un *hacendero* que nous ne pouvons nommer, car de tels actes restent sans vérification possible, a fait travailler l'année dernière ses nègres cinquante-deux heures de suite! Il avait calculé qu'il trouverait profit à fabriquer beaucoup de sucre en ce moment-là, et que les bénéfices sur le produit dépasseraient les pertes qu'il pourrait éprouver sur les producteurs en les excédant.

C'est un cheval que l'on crève pour réaliser telle ou telle

opération qui tient à une heure d'avance ou de retard ; et les esclaves sont comme les chevaux, tant qu'on leur met l'éperon dans les flancs il faut qu'ils aillent jusqu'à ce qu'ils tombent!

On nous a cité le fait que nous venons de rapporter, mais il est certainement bien loin d'être unique. Quand on prend des hommes pour instrumens de travail, il est naturel que la cupidité fasse ses combinaisons sur eux comme sur matière inerte. Partout ce vice essentiel de l'esclavage s'est représenté : aux colonies françaises ou anglaises de même qu'aux colonies espagnoles, à Puerto-Rico de même qu'à Cuba. C'est dans cette dernière île que M. Humboldt entendit discuter froidement « s'il vaut mieux pour le propriétaire ne pas fatiguer à l'excès les esclaves dans le travail, et par conséquent les remplacer moins souvent, ou en tirer en peu d'années tout le parti possible, sauf à faire plus fréquemment des achats de nègres bozales [1]. » Polingbroke, ami d'ailleurs des colons et défenseur de la traite, en rapportant l'effroyable mortalité qu'il avait remarquée parmi les esclaves des colonies de Démérary et d'Essequibo (Guyane anglaise), l'explique de la manière suivante : « A l'époque dont je parle, les nègres étaient vendus de 20 à 40 liv. sterl. avec quinze mois de crédit. En raison du peu d'élévation de ce prix, je crains qu'ils n'aient été victimes d'un travail forcé ou de mauvais traitemens, les propriétaires pensant qu'un excès de labeur de douze ou dix-huit mois était suffisant pour payer les frais d'acquisition d'un esclave [2]. »

Maintenant, quel que soit l'absolutisme du maître espagnol sur ses domaines, quelque soin que prenne l'Espagne pour isoler ses colonies et les préserver de la contagion des idées libérales, la servitude résistera-t-elle à l'impulsion générale qui pousse l'archipel des Antilles vers la liberté? Nous n'avons qu'un mot à répondre à cette question solennelle : *les propriétaires de Puerto-Rico ne le pensent pas.* Plusieurs d'entre eux, avec qui

---

[1] *Essai politique sur l'île de Cuba*, 1er vol.

[2] *A voyage to the Demerary; by Polingbroke.* London, 1807.

nous avons causé, ne donnent pas quinze ans de vie à l'esclavage. C'est encore trop. Ils ne voudraient point l'abolition, mais ils sentent qu'ils ne peuvent y échapper; ils en parlent et ils l'entrevoient comme un fait irrésistible qu'ils auront bientôt à subir. Allons, peuple de France, à toi de suivre le généreux exemple donné par l'Angleterre pour entraîner l'univers dans le grand mouvement émancipateur.

CUBA.

(AVRIL 1841.)

—

Une visite faite ici, il y a douze ans, nous avait laissé des souvenirs assez précis pour qu'il ne fût pas utile de s'y arrêter de nouveau. Elle ne pouvait offrir à notre examen d'autres tableaux que ceux dont nous venions d'être frappé à Puerto-Rico. Nous nous bornerons donc à quelques réflexions d'ensemble.

Cuba est la plus grande des Antilles; on y compte 3,645 lieues maritimes carrées [1], et ses auteurs nationaux pensent qu'elle peut nourrir 7 millions et demi d'habitans [2]. En 1771, un recensement dont l'abbé Raynal a eu connaissance, donna pour résultat 172,620 âmes. — Malgré cette nombreuse population créole, Cuba, sans esclaves, végétait comme Puerto-Rico avant d'ouvrir ses ports à l'étranger. Délivrée du système prohibitif vers la fin du siècle dernier, elle entra presqu'aussitôt dans une ère de prospérité croissante, égale aujourd'hui à celle où se trouvait Saint-Domingue en 1789. Sa production moyenne, en 1838 et 1839, s'est élevée à 3,681,342 quintaux de sucre, ce qui excède celle de toutes les colonies anglaises de l'archipel et de Maurice réunies. Elle a donné en outre 49,840,000 livres de café. On estime son mouvement commercial actuel à 50 millions de piastres (250 millions de francs)! Les différentes branches du revenu public ont donné, en 1827, 8 millions et demi de piastres (42 millions de francs), en 1829, 9,142,610 piastres (45,713,050 francs)! C'est plus que ne rap-

[1] Humdoldt: *Tableau statistique de Cuba*; 1831.
[2] *Essai politique sur l'île de Cuba*, 1ᵉʳ vol.

porte la Colombie, dont le territoire est quatre fois plus étendu et la population quatre fois plus grande [1].

Les riches habitans de Cuba, comme ceux de notre ancienne colonie, vivent dans la magnificence et couvrent l'île, dont ils se font une patrie, de splendides édifices. Aussi éclairés que les Européens, ils ont fondé à la Havane des institutions scientifiques qui peuvent rivaliser avec celles du continent; ils savent mettre à profit toutes les inventions de la civilisation pour mieux diriger leurs cultures, perfectionner leurs moyens manufacturiers, augmenter leurs richesses, et cette heureuse activité industrielle, au milieu du luxe des arts, offre une imposante étude à l'économiste. Des bateaux à vapeur parcourent journellement les côtes et relient les cités entre-elles. Déjà une ligne de chemin de fer de quinze lieues conduit de la Havane à Guines, et on la continue de façon à traverser l'île de part en part pour aller aboutir au port de Batavano, d'où l'on pourra communiquer en quelques heures avec Santiago par un service de bateaux à vapeur. Ainsi seront bientôt rapprochés jusqu'à se toucher les deux pointes extrêmes de ce pays, si grand que Colomb le prit pour un continent. Ainsi va croître encore la prospérité de Cuba, car ces belles voies de communication, en diminuant les frais de transit, engageront à exploiter des terres de l'intérieur laissées incultes jusqu'ici faute de moyens suffisamment économiques pour charroyer les récoltes [2].

Un extrait du rapport qui vient d'être publié sur le chemin de fer, fera mieux saisir que toutes nos réflexions la grandeur industrielle de Cuba.

---

[1] Humboldt : *Tableau statistique de Cuba*.

[2] « Le plus grand obstacle au développement de l'agriculture de l'île, disait M. Ramon de la Sagra, en 1831, tient au défaut de chemins et au détestable état de ceux qui existent. Beaucoup d'habitans ne cultivent pas de riz, de maïs ou autres produits, parce que les dépenses excessives du transport augmentent les valeurs de telle sorte qu'il est impossible de les vendre. » (*Historia economico-politica y estadistica de la isla de Cuba*, publiée à la Havane en 1831.)

La 1re année de son existence (1839), il rendit 308,275 piastres.
Et la seconde. . . . . . . (1840) 346,119   »

En un an, 37,840 piastres, près de 200,000 francs d'augmentation !

Il a transporté en 1839. . . . . . . 41,550 caisses de sucre.
En 1840. 70,328   »   »

Enfin, durant le même espace de temps, il a prêté ses rapides wagons à non moins de 161,145 voyageurs !

Quel mouvement, quelle activité, quelle puissance ! et ce ne sont là encore que des indices de ce que pourrait devenir cette île magnifique ! On estime que les six septièmes de sa surface sont encore sans culture malgré sa population actuelle, qui se monte à environ un million d'âmes. M. Humboldt a calculé que si Cuba avait la densité de population de la Jamaïque, elle présenterait déjà trois millions d'habitans !

Hélas, il faut regretter, non pas que Cuba n'ait point atteint tout son développement, mais qu'elle se soit développée. Cette grandeur naissante est portée comme dans les cités antiques par une masse souffrante d'esclaves avilis. On l'admire et on la déteste ; de même qu'après avoir éprouvé le premier mouvement de stupéfaction qu'inspire l'immensité des pyramides d'Égypte, on ne jette plus sur elles qu'un regard de profonde tristesse, lorsqu'on vient à penser que pour élever chacun de ces prodigieux monumens destinés à loger un squelette de cinq pieds, comme dit Volney, il a fallu torturer une nation toute entière pendant vingt ans et y sacrifier des milliers de vies. — Les richesses de cette île offensent l'humanité : loin de glorifier l'industrie des hommes, l'éclatant spectacle qu'elles présentent est une grande injure aux progrès du siècle.

La première introduction de nègres eut lieu à Cuba en 1521. Elle n'excéda pas le nombre de 300 ; en 1763, l'île renfermait tout au plus 32,000 esclaves. Le recensement de 1775 ne donne pas au-delà de 44,340. De 1763 à 1789, elle en reçut à peine 24,000. Jusque là, le trafic des esclaves était en Espagne un privilège ; la cour vendait les licences de traite. Mais de

1790, époque où cet infâme commerce fut déclaré libre en même temps que le port de la Havane, de 1790 à 1804, elle en importe 60,393. De 1804 à 1816, 78,500. Pendant la seule année de 1817, 25,841; en 1818, 19,902; en 1819, 17,194[1]! C'est une sorte de frénésie. L'île, débarrassée des entraves du régime prohibitif, semble vouloir occuper ses premiers jours de franchise à dépeupler l'Afrique. Et encore ne sont-ce là que « les nègres *enregistrés* dans les douanes. Combien d'autres ont été introduits par contrebande [2] ! »

Cuba possède aujourd'hui, selon toute probabilité, 400,000 esclaves, et le travail forcé y dévore si rapidement les victimes offertes à ses fureurs, que la population des champs, incessamment renouvelée, est à cette heure presqu'entièrement composée d'Africains, nous entendons de nègres nouvellement importés [3].

Une femme qui s'est mise au nombre des apôtres de l'esclavage, et que nous ne voulons pas nommer par respect pour son titre de femme, en fait elle-même l'aveu. « Les esclaves employés aux labeurs de la campagne sont tous *bozales* (nouveaux) et ne peuvent s'exprimer dans notre langue [4]. »

Mais une chose que cette femme n'a pas dite, et qui donne un caractère plus atroce encore à ce qui se passe à Cuba, c'est que parmi les nègres il n'y a guère que des hommes !

Le dénombrement de 1817 avait donné 74,821 femmes

---

[1] Le redoublement d'activité pendant ces trois dernières années s'explique par une convention signée au commencement de 1817, entre l'Angleterre et l'Espagne, qui fixait au 30 mai 1820 l'abolition entière de la traite.

[2] Humboldt : *Essai politique*, tome 1er.

[3] M. Kennedy, commissaire anglais à la Havane, porte à 25,000 le nombre des esclaves annuellement introduit à Cuba. (Voir *A winter in the West-Indies*, lettre sur Cuba.)

[4] Article de la *Revue des deux Mondes*, 1er janvier 1841.

et 124,324 hommes esclaves. Celui de 1827, fait par ordre du général Vives, divise ainsi cette triste population.

Hommes. . . . . 183,290.
Femmes. . . . . 103,652.
286,942 [1].

Dès 1827, on trouve donc presque deux hommes pour une seule femme. Déjà, dans son voyage *aux régions équinoxiales* en date de 1826, M. Humboldt avait constaté que sur les plantations de cannes à sucre, les femmes étaient aux hommes (en excluant la classe des mulâtres) à peine dans le rapport de un à quatre [2]!

Ce vice de l'esclavage propre à toutes les îles, a toujours été si excessif à Cuba, qu'il y fut proposé, en 1811, d'imposer une taxe sur les plantations qui n'avaient pas un tiers de négresses parmi leurs esclaves [3]. Mais les voix qui s'élèvent en faveur des victimes prêchent dans le désert aux colonies. La proposition fut négligée, et, depuis, la disproportion entre les sexes s'est encore accrue d'une manière monstrueuse.

L'esclavage espagnol, autrefois le meilleur, est devenu si rude à Cuba, que l'on n'y veut plus du tout de femmes : elles ne résistent pas assez aux excès de travail, aux durs traitemens, aux cruelles fatigues qu'imposent à leurs esclaves, des maîtres dont les énormes bénéfices ne font que développer l'impitoyable avidité; elles sont trop promptes à s'épuiser : chacun ne demande donc à la traite que des hommes. Quant à la reproduction naturelle de la race, on ne s'en inquiète pas. Un nègre met vingt ans à pousser tout comme un blanc, c'est trop long pour d'aussi féroces planteurs. Ils trouvent plus avantageux de l'aller acheter tout fait au marché. « Le vaisseau qui est arrivé dernièrement, écrit un armateur à un de ses agens de la côte, amena un grand nombre de femmes

[1] Ramon de la Sagra : *Historia*, etc.
[2] Tome XI.
[3] d°

dont nous n'avons pu nous débarrasser à aucun prix. Je vous recommande d'en embarquer le moins possible ou pas du tout, afin que je puisse me défaire avantageusement de la cargaison[1]. » Et les agens obéissent si bien à de tels ordres, que sur les 400,000 animaux nègres de Cuba on compte à peine aujourd'hui 130 ou 150,000 femelles! « Il existe des habitations, dit M. Gurney, où, nous a-t-on assuré, il n'y a pas une seule femme[2]. » Ainsi les misères de l'ilotisme pour les esclaves de la grande île n'ont pas de relâche ; on n'y peut trouver aucune compensation : elles sont éternelles. L'espérance même leur est interdite ; le repos est encore de la douleur, et le soir venu, quand ils rentrent pêle-mêle aux *cuarteles*, fatigués des souffrances du jour, le corps sillonné des coups de fouet qui ont aiguillonné leur ardeur, ils s'endorment tristement solitaires, misérables, agités, sans consolations domestiques, sans avoir même de compagnes qui adoucissent leur destin en le plaignant! Aux supplices de la servitude se joignent ceux du cloître !

Si l'on pouvait éprouver quelque consolation à la vue d'un aussi affreux égoïsme, ce serait en pensant qu'il doit entraîner la perte des auteurs de tant de crimes. En effet, comme nous le disait M. Richard Hill : « qu'une mesure quelconque mette un terme soudain à la traite, et l'agriculture de Cuba, par une conséquence rigoureuse, s'éteint en peu d'années. Le nombre excessif des mâles, représentant toute sa force de production, elle n'a point de base de perpétuité et doit commencer à diminuer du jour même où la colonie sera privée d'une nouvelle adjonction de laboureurs venant de la côte d'Afrique. »

Souhaitons donc plus que jamais que la France abolisse l'esclavage qui souille encore ses possessions d'outre-mer, car elle aura alors autant d'intérêt que l'Angleterre à tuer la traite

---

[1] Cette lettre, citée dans l'ouvrage de M. Turnbull, est reproduite dans le livre de M. Gurney, *The West-Indies, in* 1827.

[2] *A winter*, lettre sur Cuba.

pour tuer la formidable rivalité de Cuba avec les colonies à sucre émancipées. Et que durera la traite quand la France et l'Angleterre ensemble auront résolu de l'anéantir! Pas un jour.

En attendant que la France sorte de sa coupable tiédeur et veuille bien prendre une part effective à cette œuvre de haute humanité, la Grande-Bretagne, qui *tire d'Afrique des émigrans libres*, vient de faire des efforts particuliers pour obtenir l'affranchissement des nègres *bozales* aux îles espagnoles. Nous espérons que notre gouvernement aura assez de courage pour empêcher l'Angleterre de renouveler la traite *sous un autre nom*, mais nous sommes heureux que l'Angleterre poursuive l'infâme trafic *sous son véritable nom*. Elle use d'ailleurs dans cette circonstance d'un droit qui nous paraît incontestable.

En 1817, la Grande-Bretagne signa avec l'Espagne un marché qui fixait au 30 mai 1820 l'abolition entière de la traite. Par ce marché, l'Espagne accepta de l'Angleterre une somme de 400,000 liv. sterl. (10 millions de francs) à titre de compensation du dommage qui pourrait résulter pour elle de la cessation de ce commerce. — L'Espagne déchue, avilie, indigne d'elle-même au point de souscrire un tel acte, ne pouvait guère, on s'y devait attendre, rester fidèle à sa parole. Elle prit l'argent et toléra frauduleusement la continuation de la traite.

Le cabinet de St-James ayant payé à celui de Madrid sa renonciation à la faculté d'introduire des Africains dans ses colonies, est très équitablement autorisé à revendiquer l'indépendance des nègres amenés au mépris de la convention. On a cependant beaucoup blâmé chez nous la tentative des Anglais en faveur des malheureux que l'on entasse à Cuba et à Puerto-Rico sous le fouet des planteurs. Les feuilles radicales elles-mêmes, faisant entrer de légitimes ressentimens patriotiques dans une cause toute d'humanité, se sont mises avec les colons contre les Anglais, comme si ce n'eût point été de la vie et de la liberté de pauvres esclaves qu'il se fût agi; comme si l'affranchissement forcé de tout nègre nouveau n'était pas un des plus sûrs moyens d'atteindre le commerce barbare dont tous les honnêtes gens désirent la ruine!

Dans les efforts de nos voisins, on n'a voulu voir que de l'égoïsme et une arrière-pensée exclusivement politique. Les amis de l'humanité doivent s'en affliger. Nous n'avons jamais cru au désintéressement absolu du cabinet de Saint-James, et les damnables entreprises qu'il vient de tenter pour procurer des bras à ses colonies nous révoltent plus que personne, mais cela ne nous empêche pas d'approuver ce qu'il pourra faire pour détruire l'esclavage. Il ne sera que plus facile ensuite de s'opposer à ce qu'il voudrait essayer pour rétablir les engagemens forcés. Qu'importe l'intérêt de l'Angleterre, si cet intérêt est lié à une œuvre bonne et sainte? Le bien, pour être le bien, surtout en politique, a-t-il besoin d'être produit toujours par des motifs exclusivement charitables? Sommes-nous donc accoutumés à trouver tant d'abnégation dans le monde, qu'il faille reprocher aux hommes un acte de vertu, parce qu'ils y gagnent quelque chose?

L'Angleterre, aujourd'hui qu'elle n'a plus d'esclaves, désire qu'il n'y en ait plus nulle part; je ne m'en étonne pas. Elle regarde comme utile pour elle de détruire la servitude, et cherche à y entraîner les autres nations; quoi de plus naturel? Est-ce bien la peine de fourvoyer sa logique dans un dédale de contradictions accumulées les unes sur les autres; de dire, ici, que l'Angleterre veut perdre les *West-Indies* pour anéantir la production coloniale; puis, là, que les richesses de Cuba tentent son avidité, et que l'affranchissement est un prétexte dont elle couvre son insatiable ambition?

L'ambition que cache le zèle de l'Angleterre pour la répression de la traite n'est pas un grand secret, elle est de fort bonne politique, nullement effrénée et peu faite pour épouvanter les esprits sérieux. Le sucre fabriqué à Cuba ou à Puerto-Rico par des Africains, nourris, battus et traités comme des bêtes de somme, revient au prix de 14 à 15 francs. Le sucre fabriqué dans les îles émancipées par des nègres qui exigent le juste bien-être dû à l'homme pour son travail, revient au prix de 28 à 30 francs. Il s'agit tout simplement de tuer l'esclavage, dont les produits font concurrence à ceux de la liberté. Voilà où se réduit la monstrueuse ambition britannique. Nous n'y voyons pas de quoi nous effrayer. Il nous semble qu'on y peut donner la main sans être bien mauvais patriote, et il est regrettable que les journaux français s'y soient trompés d'une manière funeste à la cause de l'abolition.

Il n'y a point là que de la philanthropie, c'est vrai; mais l'idée en est-elle moins raisonnable, moins légitime? Lorsque la France aura prononcé l'abolition de l'esclavage dans ses colonies, elle montrera, il n'y a pas à en douter, autant de zèle que l'Angleterre à poursuivre la traite. Nous le voulons espérer pour son bon sens, car elle n'aura pas moins à craindre la redoutable rivalité du sucre esclave avec le sucre libre.

Il faut empêcher le gouvernement britannique d'aller prendre des nègres en Afrique pour les jeter dans ses colonies, mais il faut s'associer aux efforts que le peuple anglais lui commande de faire pour la délivrance de tous les esclaves noirs.

Ce n'est pas du reste que l'on ne doive s'attendre à beaucoup d'obstacles pour décider le cabinet de Madrid à l'abolition. L'Espagne résistera aussi longtemps qu'elle le pourra, car en tolérant, malgré les traités qu'elle a signés, l'introduction des nègres dans sa puissante colonie, elle a deux buts. Le premier, égoïste, misérable, lâche, celui de ne pas diminuer les revenus considérables dont le travail forcé augmente chaque jour les chiffres; le second, essentiellement politique, celui d'avoir ainsi une *armée non armée*, mais toute prête et facile à lancer contre les 400,000 blancs de l'île[1], s'ils donnaient suite à leurs

---

[1] On trouve dans le savant ouvrage de M. Ramon de la Sagra sur Cuba, que cette île possédait, en 1827,
    311,051 blancs,
    106,494 libres,
    286,942 esclaves.
En tout 704,487.   Plus

désirs connus de se rendre indépendans. L'Espagne sait très bien que les planteurs de Cuba se seraient affranchis depuis longtemps de l'onéreux tribut qu'ils payent à une métropole devenue presqu'étrangère pour eux et dont ils ne reçoivent rien, s'ils ne craignaient en se révoltant que les esclaves ne profitassent de l'occasion pour se libérer aussi.

Il est de l'intérêt de la métropole de balancer cette force terrible de la population blanche, qu'aucune garnison ne saurait contenir le jour où elle voudrait réellement proclamer son indépendance. Le cabinet de Madrid n'a pas oublié ce qui arriva dans la partie espagnole de Saint-Domingue, en 1822, et il fait des nègres nouveaux un contrepoids à des projets de soulèvement de la part de la vieille population créole. Il ne redoute pas moins l'émancipation, dans la crainte que les blancs alors ne viennent à s'associer avec les noirs, et que les deux races ennemies, réconciliées par la liberté, ne fassent cause commune pour secouer ensemble une tutelle importune.

Il est douloureux de penser que la politique de nations qui se vantent d'appartenir à la civilisation, les puisse entraîner à préférer leurs propres intérêts à ceux de l'humanité, et l'on ne se peut défendre d'un vif sentiment de dégoût, lorsqu'à propos de ces graves questions, on entend un journal (*el Espectator*), une de ces voix que le progrès a conquises pour éclairer et moraliser le monde, témoigner l'espérance que le cabinet de Ma-

---

Plus 26,075, population de passage, garnison et équipages de navires.

En 1817, le recensement général avait donné
>   239,830 blancs,
>   114,058 libres de couleur,
>   199,145 esclaves.

En tout 553,033.

Si les deux premières classes ont subi depuis un accroissement proportionnel à celui qui s'était opéré durant la précédente période de dix ans, le nombre des blancs doit être aujourd'hui d'environ 410,000 et celui des libres de 120,000. On voit aussi que nous n'avons pas exagéré en faisant monter tout-à-l'heure le nombre des esclaves à 400,000.

drid, le gouvernement d'un peuple libre, « n'abandonnera pas le soin de sa dignité » jusqu'à donner la liberté à 400,000 nègres. Pour appuyer un vœu aussi déshonorant, *el Espectator* a répété cette banalité deux fois calomnieuse : « Que la liberté prononcée à Cuba livrerait l'île comme Saint-Domingue à la merci d'une race sauvage. » Quelle différence entre ces indignes paroles d'un journaliste de 1842 avec ce que les planteurs de Cuba disaient eux-mêmes en 1811 : « Nous sommes loin d'adopter des maximes que des *nations civilisées* ont regardées comme irrécusables, celle, par exemple, que sans nègres esclaves il ne pourrait y avoir de colonies. Nous déclarons, nous, au contraire, que sans esclavage et même sans nègres, il aurait pu exister ce que l'on entend par colonies. Toute la différence aurait été que les bénéfices eussent été plus grands et les progrès plus rapides [1]. »

Par quelque moyen que ce soit, l'honneur de notre siècle exige que l'on mette un terme à la servitude. Cuba est un des repaires où le brigandage du commerce de chair humaine se fait avec le plus de fureur. Les nations éclairées se doivent d'y établir un cordon de croiseurs pareil aux cordons sanitaires dont elles entourent les lieux pestiférés. Nous allons, dans le travail qui va suivre, essayer encore une fois d'en montrer l'urgence en exposant les crimes et l'immense destruction d'existences humaines dont la traite et l'esclavage ont affligé depuis leur origine, et affligent chaque jour l'humanité.

Mais auparavant, répétons-le : Que les blancs de l'île de Cuba ne se laissent point tromper par leur nombre et ne s'en tiennent pas aux conseils des journaux mauvais; bien qu'ils se trouvent presqu'égaux numériquement avec leurs esclaves, ils n'échapperaient pas à une conflagration générale.—Il y a peu de mois, quelqu'agitation s'était manifestée à la Jamaïque, il fut

---

[1] *Representacion d'el ayutamiento y consulado de la Havana.* Dans les *Documentos sobre el trafico y esclavitud de negros*, 1814, cité par M. Humboldt. (*Essai politique sur l'île de Cuba.*)

dit que *c'était un parti de nègres libres qui préparaient une expédition sur Cuba.* Il n'en était rien ; mais le fait seul de cette rumeur dévoile par où les créoles périront. Le petit nombre de maîtres qui subsistent aux Antilles feront bien d'y réfléchir mûrement, de regarder l'avenir et de ne pas se fier à un présent moins sûr qu'ils ne croient. Les dangers, pour eux, sont très grands, très réels, et s'ils ne les voient pas c'est qu'ils jugent les choses de trop près. Qu'ils se placent à un point de vue élevé ; qu'ils jettent les yeux sur la population des Antilles ; qu'ils examinent les rapports de nombre des diverses classes d'habitans ; qu'ils songent qu'un savant, dont les calculs trouvent peu d'incrédules, M. Humboldt, établissait en 1826 que les hommes de couleur dans l'archipel (nègres ou mulâtres, libres ou esclaves) formaient les quatre-vingt-trois centièmes de la population totale [1] ; qu'ils considèrent ce que la liberté donnée aux 800,000 esclaves anglais a dû ajouter de force morale à cette masse compacte qui les touche, les entoure, les presse ; qu'ils apprécient encore ce que les prédications continuelles, dont les abolitionistes ne se départiront jamais, font pénétrer de lumière et de connaissance sur le néant du prétendu contrat passé entre les maîtres et les esclaves ; qu'ils n'oublient pas que les négrophiles, comme on en peut juger par leur persévérance, sont décidés à se faire les agitateurs des colonies tant que la liberté ne sera pas complètement et irrévocablement fondée ; qu'ils se rendent compte de ce que les 700,000 Haïtiens ajouteront de puissance à ce mouvement lorsqu'ils sortiront tôt ou tard de leur honteuse léthargie, et voudront se mêler, comme c'est leur droit et leur devoir, de la délivrance de leurs frères ; qu'ils récapi-

---

[1] Population totale de tout l'archipel des Antilles en 1826 : 2,843,000.

Blancs,	482,600	Blancs,	0—17
Libres noirs et mulâtres,	1,212,900	Libres,	0—43
Esclaves,	1,147,500	Esclaves,	0—40
	2,843,000 *		1—00

* *Voyage aux régions équinoxiales.*

tulent toutes ces causes d'émancipation forcée, et ils verront s'il ne serait pas plus sage de l'accorder volontairement.

La ruine les menace dans un avenir plus ou moins prochain, mais non fort éloigné.

Le savant que nous citions tout à l'heure est un homme d'une vaste intelligence politique, et c'est en 1826 qu'il prononçait ces paroles solennelles comme un arrêt de mort : « Si la législation des Antilles et l'état des gens de la race africaine n'éprouvent pas bientôt des changemens salutaires ; si l'on continue à y discuter sans agir, la prépondérance politique passera entre les mains de ceux qui ont la force du travail, la volonté de s'affranchir, et le courage d'endurer de longues privations. Cette catastrophe sanglante aura lieu comme une suite nécessaire des circonstances[1]. »

Cette prédiction ne regarde pas seulement les Antilles, les états à esclaves de l'Union américaine, quelle que soit dans ces repaires la supériorité numérique des blancs, subiront l'inévitable arrêt de la justice éternelle. C'est un de leurs hommes politiques les plus haut placés, un des pères de l'indépendance, Thomas Jefferson, qui le leur annonça en ces termes du fond de son austère retraite : « L'heure de l'émancipation s'avance pour nous avec le temps ; elle arrivera, amenée soit par notre résolution spontanée, soit par des procédés sanglans pareils à ceux de Saint-Domingue, qu'exciterait et dirigerait la puissance de notre ennemi actuel, s'il parvient à établir des postes permanens dans le pays en offrant un asyle et des armes aux opprimés. C'est là une page de notre histoire qui n'est pas encore feuilletée[2]. » — Ce ne sera point l'Angleterre, mais les affranchis des Antilles qui accompliront les paroles de l'oracle.

[1] *Voyage aux régions équinoxiales du nouveau continent*, vol. 11e, liv. 10, ch. 23.

[2] Lettre écrite en 1814 à M. Edward Coles, secrétaire de Jefferson, depuis gouverneur de l'état d'Illinois. Elle est insérée dans le *Genius of universal emancipation* ; octobre 1829 ; édité par Lundi.

Encore une fois, si les colons sont trop aveugles pour apercevoir le danger, que les gouvernemens y pensent, c'est leur office. La science politique est la prévision des événemens. Les désastres de Saint-Domingue seront-ils donc une leçon perdue pour tout le monde !

Le cratère du volcan s'aggrandit, et l'on ne pourra pas toujours le boucher avec les têtes de nègres que des insurrections manquées abandonnent aux bourreaux. Les noirs, il est vrai, ont presque toujours succombé jusqu'ici dans leurs révoltes, par suite de leur défaut d'ensemble ; mais à mesure que l'on avance, à mesure que le nombre des libres en augmentant opère davantage l'élévation de la race en intelligence et en caractère, la simultanéité d'action devient plus possible parmi les esclaves. Or, le jour où elle sera établie, malheur ! malheur aux maîtres ! ils sont perdus.

TABLE ANALYTIQUE

DES MATIÈRES CONTENUES DANS LES ILES ESPAGNOLES.

PUERTO-RICO.

CHAPITRE I. — COUP-D'ŒIL GÉNÉRAL, 309.

Politique de l'Espagne à l'égard de ses colonies, 309. — Funestes effets du système d'isolement colonial. La race blanche tombant dans la barbarie, 311. —Puerto-Rico en 1820. Effets de l'admission des étrangers, 312.—Extraordinaire accroissement de la population, 313. — Commerce et nature des exportations, 314. — Revenus du trésor, leur mauvais emploi, 315. — Décadence de l'Espagne, 316.

CHAPITRE II. — LES IBAROS, 317.

Ibaros, blancs du pays. Classe de couleur, 317. — Bohios. Ménage d'un Ibaro, 318. — Le bananier, 319. — Caractère des Ibaros. Démonstration de leur indolence absolue, 320. — Leur excessive pauvreté. Ce n'est point la chaleur du climat qui engendre la paresse, ce sont les mauvaises institutions, 323. — Élevage des bestiaux. Les bœufs et les chevaux de Puerto-Rico célèbres, 324. — *Paresse naturelle* des blancs de Puerto-Rico. Ban de police contre les fainéans, 325. — Moyens de stimuler sans violence cette lourde population, 326. — L'entreprise est difficile, mais pas impossible. M. Kortright réussira à faire travailler des Ibaros, 328.

CHAPITRE III. — LES ESCLAVES, 329.

Introduction de nègres nouveaux. Horrible condition des esclaves espagnols, 329. — *Cuarteles*. Effet de décomposition morale qu'exerce la servitude sur les plus nobles âmes, 331. — Habitation de M. Kortright, 332.—Les planteurs Puertoricains essentiellement spéculateurs. Châtimens, 333. — La prison en guise de médecin. Les esclaves travaillant les dimanches et jours de fête, 334. — Il leur est interdit de se fréquenter d'une habitation à l'autre, 335. — Leur profond avilissement. Aucune idée morale ni religieuse, 336.

CHAPITRE IV. — SERVITUDE ESPAGNOLE, 337.

Caractère de la législation espagnole à l'égard des esclaves, 337. — Population de Puerto-Rico, 338. — Les lois sont excellentes, mais elles sont lettres-mortes, 339. — Il n'y a pas de bonnes lois possibles pour la servitude. Le droit de rachat établi dans les colonies espagnoles a tourné au détriment des esclaves, 340. — Horribles calculs de quelques planteurs, 341. — Les colonies espagnoles n'échapperont pas au mouvement qui pousse tout l'archipel américain vers la liberté, 342.

CUBA.

Production actuelle de Cuba. Mouvement commercial, 345. — Chemin de fer et bateaux à vapeur de la colonie, 346. — La prospérité de Cuba est une injure à l'humanité. Importation de nègres, 347.—Une femme sur quatre hommes dans la population esclave, 349. — La barbarie même des colons de Cuba doit entraîner leur perte, 350. — Droits de l'Angleterre à demander l'affranchissement de tous les nègres introduits depuis 1820 aux îles espagnoles, 351.—Sans croire au désintéressement du cabinet de Saint-James, on doit l'aider à détruire l'esclavage. Pourquoi il veut anéantir la traite, 352. — Intérêt politique qu'a l'Espagne à encourager la traite, 353. — Population de Cuba, 354. — Remarquable proposition des planteurs de Cuba en 1811. Réels dangers des possesseurs d'esclaves, 355. — Prédiction de Jefferson sur l'esclavage des États-Unis, 357.

QUELQUES MOTS SUR LA TRAITE

ET SUR SON ORIGINE.

QUELQUES MOTS SUR LA TRAITE

ET SUR SON ORIGINE.

§. Ier.

Le morceau des *Chroniques chevaleresques* que nous avons cité dans la notice sur Antigue (page 172), nous a conduit à faire sur l'origine de la traite quelques recherches dont il ne nous paraît pas inopportun de donner ici le résultat.

M. Ferdinand Denis, toujours si scrupuleusement et si judicieusement exact d'ailleurs, s'est trompé en intitulant l'extrait d'Eanez Zurara *le premier jour de la traite*. Eanez, en effet, n'assigne à son drame que la date de 1444, et il est certain que l'on vit des esclaves noirs en Europe avant cette époque. En faisant attention aux détails de la scène qu'il décrit, on peut même s'assurer que ce n'est pas là un cas de traite : c'est une vente de prisonniers de guerre analogue à celles qui avaient lieu chez les anciens, et dont l'usage s'était prolongé par toute la chrétienté. — Les Portugais, dans les expéditions qu'ils faisaient chez les Maures sur la côte d'Afrique, ramenaient des captifs qu'ils livraient à la servitude, de même que les Maures mettaient en esclavage tous les chrétiens qu'ils prenaient. — On remarque dans la description de Zurara qu'il y a des captifs « de raisonnable blancheur, d'autres basanés, d'autres noirs. » L'étonnement douloureux des habitans, raconté par le chroniqueur d'une manière si saisissante, prouve qu'ils n'avaient pas encore assisté à un tel spectacle, mais non pas qu'il n'eût été déjà donné autre part. Il est certain que dès la fin du quatorzième siècle, les Guauches des Canaries, par exemple, furent amenés et exposés comme esclaves sur les marchés de Séville et de Lisbonne[1]. Tout le monde sait aussi qu'il existait en Espagne beaucoup d'esclaves maures qui avaient été pris dans les guerres avec cette nation.

En tous cas, il est facile d'établir que les nègres vendus à Lagos sous les yeux d'Eanez Zurara, ne furent pas, comme nous le disions, les premiers que l'on vit en Europe. Ortiz de Zuñigo, ainsi que M. Humboldt le rapporte avec son exactitude ordinaire, dit formellement que « des noirs avaient été déjà amenés à Séville, sous le règne du roi Henri III de Castille[2], » par conséquent avant 1406. — « Les Catalans et les Normands ont fréquenté les côtes occidentales d'Afrique jusqu'au tropique du Cancer pour le moins quarante-cinq ans avant l'époque à laquelle don Henri le Navigateur commença la série de ses découvertes au-delà du cap Non[3]. »

A la vérité, bien peu de nègres purent arriver alors en Europe, et ils ne pouvaient y être, en raison même du petit nombre, l'objet d'un trafic. C'est plus particulièrement à la suite des découvertes entreprises par ordre de l'infant Henrique que ce trafic commença à s'établir. Antôa Gonçalves (Antonio Gonzalès) ayant fait un voyage à la côte en 1441, rapporta des nègres dont il s'était emparé à Porto de Cavalleiro. « Ce furent, dit Goes, les premiers nègres que l'on vit en Portugal[4]. » « La vue du butin et des esclaves excita fortement les esprits, ajoute Barros, en sorte que toute la population du royaume fut enflammée du désir de poursuivre cette route de Guinée[5] »

Au commencement de 1443, six caravelles commandées par

---

[1] *Annales eclesiasticos y seculares de Sevilla*, liv. XII, §. 10, por *Ortiz de Zuñigo*.

[2]   do   do   do

[3] Humboldt : *Histoire de la géographie du nouveau continent*, sect. 2e, t. 3e.

[4] *Chronique du prince D. João.* Voyez *Histoire du Portugal*, par le Dr Shoefer.

[5] *Déc.* I, liv. 1, chap. 65.   do

Lançarote, gentilhomme de la chambre de l'infant, firent une expédition à la côte, découvrirent l'île des Hérons, et ensuite, « dans une attaque sur les îles Nar, et dans des courses sur les îles et les rivages voisins, elles firent prisonniers un grand nombre de nègres avec lesquels elles revinrent en Portugal[1]. » Dans la même année (1443), un bourgeois de Lisbonne, Dinez Fernandez, équipa un vaisseau, dépassa le Sénégal « où il fit plusieurs nègres prisonniers », découvrit le cap Vert, et, empêché par une tempête de le doubler, revint à Lisbonne[2].

Il est donc bien avéré que des esclaves noirs avaient été vendus en Portugal avant 1444. L'infant Henrique, en immortalisant son nom et son pays par ses découvertes maritimes, déshonora en même temps l'un et l'autre en excitant le commerce des nègres.

On avait vendu d'abord tous les prisonniers, quelles que fussent leur nation et la couleur de leur peau, comme nous le montre Eanez Zurara, et l'on s'y croyait très suffisamment autorisé parce qu'ils étaient *infidèles*; mais peu à peu l'on se restreignit aux noirs, par la raison que ces hommes n'étant ni blancs, ni chrétiens, il était clair pour des fanatiques qu'on en pouvait trafiquer sans péché. Des compagnies se formèrent à Lisbonne et à Lagos, afin d'exploiter régulièrement cette nouvelle branche d'industrie. Les Portugais allèrent escarmoucher sur les côtes d'Afrique et en ramenèrent des nègres qu'ils vendaient en toute conscience.

Ils eurent pendant un certain nombre d'années le monopole de cet odieux trafic. « Il y avait longtemps, dit Ortiz de Zuñigo en 1474, que, des ports d'Andalousie, on naviguait aux côtes d'Afrique et de Guinée, d'où l'on amenait des esclaves nègres qui abondaient dans Séville; mais depuis les dernières années du roi don Henry, le roi don Alphonse de Portugal s'était beau-

---

[1] Goes. Chronique déjà citée. Voyez *Histoire du Portugal*, par le Dr Shoefer.

[2] Goes. Chronique déjà citée. d[o]

coup occupé de cette navigation, et tout ce qui s'y faisait était par l'entremise des Portugais[1]. » Ce fut en 1474, relate encore Zuñigo, que les Espagnols voulurent garder tous les bénéfices de la traite, en la faisant de nouveau directement eux-mêmes, et sans plus avoir de commission à payer aux Portugais[2].

Toujours par le même historien, nous apprenons que les nègres à Séville étaient alors déjà nombreux. Ils formaient un corps de la population, et avaient un quartier, une chapelle, des lois et une police particulières. Une cédule du 8 novembre 1474, nomme mayoral des noirs et gens de couleur, libres et esclaves, un nègre nommé Juan de Valladolid. Il est appelé à juger les querelles et les procès ; il est aussi chargé de présider aux mariages, « parce qu'il est à notre connaissance, dit la cédule, que vous savez les lois et les ordonnances. » Juan de Valladolid se fit une si bonne renommée, qu'on l'appelait *el conde negro*, le comte noir. Son nom fut donné à une des rues du quartier qu'il habitait[3].

Il y a lieu de penser qu'un grand nombre de nègres étaient déjà nés de ces esclaves en Europe vers 1500, et que l'on continuait à acheter des noirs de Guinée, car on autorisa cette même année, par lettres royales du 3 septembre, l'introduction des nègres à Española (Haïti), « pourvu qu'ils fussent nés dans la maison de maîtres chrétiens (*nacidos en poder de christianos* [4].) »

Nous pouvons induire de ce que nous apprend ici l'histoire, qu'il y avait déjà en Europe bien plus de nègres qu'on ne le croit généralement. Ne fallut-il pas en effet que l'on eût amené un nombre considérable de noirs européens à Saint-Domingue dans l'espace de trois ans, pour que nous voyions, en 1503, le gouverneur-général des Indes, Ovando, qui avait reçu les instructions de 1500, demander à la cour « de ne plus envoyer

---

[1] *Annales de Sevilla*, liv. 12, n° 10.
[2]   d°   d°
[3]   d°   d°
[4] Herrera.

de nègres à l'île Española, parce qu'ils s'enfuient souvent parmi les Indiens, leur donnent de mauvaises habitudes et ne peuvent jamais être repris [1]. »

Arrêtons-nous un instant ici pour faire juger des effets de l'esclavage sur la masse des individus qu'il opprime. Ces hommes, que l'on trouve à cette heure si généralement inertes, si abrutis dans les colonies espagnoles, on n'en voulait pas alors, parce qu'élevés humainement au sein de la civilisation, ils étaient trop indépendans et trop énergiques pour faire de bons esclaves! Le cardinal Ximénès, qui avait vu beaucoup de nègres en Espagne, refusa constamment, pendant sa régence, toute autorisation de faire la traite, et suspendit en 1516 celles qui avaient été accordées, non pas par humanité, celui qui fut grand inquisiteur en Espagne, celui qui introduisit l'inquisition à Saint-Domingue, ne pouvait être accessible à des sentimens de miséricorde; mais, disait-il : « parce que les nègres étant une race entreprenante et prolifique, ils se révolteraient infailliblement si on les laissait croître, et chargeraient les espagnols des mêmes chaînes que ceux-ci les auraient forcé de porter [2]. » — C'est effectivement un honneur qu'il faut leur rendre et qui montre assez leur qualité d'hommes : les nègres, au milieu même du profond avilissement où on les plongeait, ont toujours, et dès le commencement, maintenu les droits de leur espèce et protesté contre la servitude. Dès avant l'année 1518, le sang des colons fut répandu à Saint-Domingue par des noirs asservis. Herrera dit à cette date « qu'ils s'enfuyaient pour ne pas travailler; se soulevaient, tuaient et commettaient des cruautés [3]. » En 1522, une quarantaine de nègres se procurèrent des armes, massacrèrent leurs maîtres et se mirent en insurrection. Espérant entraîner leurs frères avec les Indiens, ils avaient conçu le projet de tuer tous les Espagnols,

[1] Herrera : *Déc.* I, liv. 5, ch. 12.
[2] *Histoire du cardinal Ximénès*; par Marsollier, liv. VI.
[3] *Déc.* II, liv. 5, ch. 14.

ou de les chasser de l'île qu'ils auraient rendue à l'indépendance. Ils échouèrent malheureusement. Vaincus dans un combat que soutint leur petite et courageuse bande, on pendit aux arbres, morts et prisonniers, et l'on jugea nécessaire de ne point détacher leurs corps pour effrayer les autres[1]. Vers 1551, Charles V fut obligé d'interdire à tous nègres, libres ou esclaves, ces derniers fussent-ils avec leurs maîtres, de porter aucune espèce d'arme[2]; Philippe IV, en 1561, renouvela cette ordonnance, ajoutant que les présidens d'audience royale et les vice-rois eux-mêmes n'étaient pas exempts de la prohibition[3].

Malgré ces minutieuses précautions, ce que le grand politique Ximénès Cisneros avait prévu arriva, et le massacre général de 1804 fut l'accomplissement de ses prévisions sur le sort futur d'Haïti. Gerolomo Benzoni avait aussi annoncé ce terrible événement dans la première moitié du XVIe siècle. « Les nègres africains, dit-il, se rendront maîtres de l'île de Saint-Domingue. Je pense que toute nation qui a le malheur d'être soumise à des étrangers se révoltera tôt ou tard. Il en sera ainsi des habitans des Indes[4]. » M. Irving, fidèle à la doctrine qui attribue à la Providence les désastres les plus épouvantables que la méchanceté des hommes amène sur la terre, a dit, en parlant de l'extermination des blancs à Saint-Domingue : « C'est un de ces faits qui semblent porter l'empreinte du jugement de Dieu, qu'Española, ayant été dans les Antilles le premier théâtre d'un attentat, outrageant à la fois pour la nature et l'humanité, ait été aussi la première à exercer d'affreuses représailles. » — Nous ne menacerons pas les colons de la Providence, car c'est d'elle qu'ils prétendent tenir leurs droits cruels ; mais nous leur rappellerons ce que M. Humboldt, en citant les pré-

---

[1] Herrera : *Déc.* III, liv. 4, ch. 9.
[2] *Colleccion de la leyes por las Indias.*
[3]   d°   d°   d°
[4] *Historia d'el Mundo-Nuevo*, liv. II, chap. 1 et 17.

dictions de Ximénès et de Benzoni, ajoute avec sa haute autorité de philosophe et d'homme d'état : « Dans l'ordre social et politique, ce qui est injuste, recèle un principe de destruction [1]. »

Nous disions, avant de nous interrompre, que l'Espagne avait voulu d'abord ne laisser entrer à Saint-Domingue que des nègres chrétiens ; on retrouve encore une ordonnance de 1506, laquelle « défend de transporter en Amérique des esclaves qui auraient été élevés chez les Maures [2] » ; mais à mesure que les indigènes disparurent, écrasés sous l'excès du travail, et que le manque de bras se fit sentir, le gouvernement se relâcha de ses premières rigueurs sur la qualité religieuse des outils humains dont il permettait l'introduction à Española ; sacrifiant toujours l'intérêt de Dieu à l'intérêt du monde, il ne s'inquiéta plus qu'ils fussent payens ou chrétiens, et l'ordonnance de 1511 exprime déjà la véritable *traite des nègres*. « La cour ordonne que l'on cherche les moyens de transporter aux Îles un grand nombre de nègres de Guinée, attendu qu'un nègre fait plus de travail que quatre indiens [3]. »

On voit, d'après les textes que nous venons de rapporter : 1° Que l'esclavage des nègres existait en Europe presqu'un demi-siècle avant la découverte de l'Amérique. 2° Que les nègres furent introduits à titre de travailleurs aux îles espagnoles plus tôt qu'on ne le croit généralement.

Au milieu de ces tristes recherches, si l'on pouvait éprouver une consolation, ce serait de constater avec évidence qu'il n'est pas vrai, comme on le suppose encore généralement, que Las Casas, né en 1474, ait été le promoteur de l'infâme trafic.

Des nègres de Guinée étaient, ainsi qu'on vient de le voir, transportés à Saint-Domingue, en 1511, pour le compte du gouvernement, et la proposition de l'ami des Indiens, « de

---

[1] *Histoire de la géographie*, etc.
[2] Herrera : *Déc.* I, liv. 6, chap. 20.
[3] Herrera : *Déc.* I, liv. 9, chap. 8.

donner la permission aux colons d'en amener pour soulager le sort des naturels » ne date que de l'année 1517 [1].

Mais s'il est exact de dire que Las Casas n'eut pas la première idée de l'emploi des esclaves noirs aux Antilles, il est malheureusement trop certain qu'il a contribué, par sa proposition de 1517, à étendre le commerce des nègres en Amérique; qu'il fut véritablement un des excitateurs de la traite. Voici, sur ce point, comment s'exprime Herrera : « Le licencié Barthélemy de Las Casas, voyant que ses projets secourables aux Indiens rencontraient de toutes parts des difficultés, et que ses opinions, malgré la faveur dont il jouissait auprès du grand-chancelier (Juan de Salvagio) faisaient peu d'impression sur les esprits, eut recours à un nouvel expédient : ce fut de solliciter pour les Espagnols des Indes la permission de faire la traite des nègres, afin que leur service dans les établissemens ruraux et dans les mines permit de rendre moins dur celui des naturels [2]. »

L'abbé Grégoire, oubliant que l'on n'ajouta jamais le titre de protecteur de nègres à celui de protecteur d'Indiens qui fut décerné à l'évêque de Chiapa, l'abbé Grégoire, disons-nous, et quelques autres ont voulu décharger la mémoire de Las Casas de ce crime[3], et, selon l'usage des panégyristes, ils n'ont pour cela rien trouvé de mieux que de révoquer en doute l'authenticité de la proposition, et d'accuser Herrera qui la rapporte, tout à la fois d'animosité contre le licencié Barthélemy, et d'inexactitude. Mais le travail de l'abbé Grégoire a été réfuté d'une manière victorieuse par le docteur don Gregorio Funes [4]. Le docteur a très bien démontré, par de

[1] Herrera : *Déc.* II, liv. 2, chap. 20.

[2] Herrera : *Déc.* II, liv. 2, chap. 20.

[3] *Apologie de D. Barthélemy de Las Casas*, par le citoyen Grégoire. Discours prononcé à l'institut le 22 floréal an 8 (12 mars 1804.)

[4] Lettre écrite à M. Grégoire. Voyez à la fin du 2ᵉ vol. des *OEuvres de Las Casas*, éditées par Llorente.

nombreuses citations d'Herrera élogieuses pour le licencié, que cet historien loin d'avoir aucun sentiment de malveillance contre lui, avait au contraire la plus haute idée de sa vertu. Une fois, entre autres, il l'appelle *saint évêque*. En lui attribuant d'avoir demandé l'établissement du commerce des nègres pour l'Amérique, non-seulement il ne le lui impute pas à crime, mais encore il regrette qu'il n'ait pas complètement réussi. — La proposition de Las Casas ayant été agréée, il fut résolu que l'on distribuerait quatre mille nègres entre les quatre îles : Española, Ferdinanda, Cuba et Jamaïca. Mais Charles V donna le privilège de cette expédition à un chevalier de ses favoris, et comme la licence portait qu'il n'en serait pas accordé d'autres avant le terme de huit ans, le chevalier trouva vite à la vendre à des marchands génois pour la somme de 25,000 ducats. Les marchands en possession du monopole mirent chaque nègre à si haut prix, que peu de colons voulurent en acheter, « et ainsi furent perdus, dit Herrera, tous les avantages du projet. *Y assi cesso aquel bien* [1]. »

Herrera n'était pas ennemi de la traite; tout au contraire, il soutient « que les nègres se portent merveilleusement à Saint-Domingue, et n'y meurent jamais à moins d'être pendus [2]. » Facétie de bourreau qui ne révèle que trop un partisan de l'esclavage. Si, dans l'opinion d'Antonio Herrera, ce commerce n'était point criminel, il est clair que ce n'est point perfidement, mais au contraire par respect pour la vérité, qu'il laisse à Las Casas le *mérite* de la proposition.

A la lettre du docteur don Grégorio Funes, on peut ajouter aujourd'hui autre chose que des hypothèses et des raisonnemens. « Le mémorial présenté par Las Casas au grand-chancelier d'Espagne, nous apprend M. Humboldt [3], a été entre les mains de Muñoz qui l'a copié [4]. Le troisième article porte la

[1] Herrera : *Déc.* II, liv. 2, chap. 20.
[2] Herrera : *Déc.* II, liv. 3, chap. 14.
[3] *Histoire de la Géographie*, tome 3.
[4] Muñoz : *Historia del Nuevo-Mundo*.

proposition « que chaque colon *cada vecino* puisse introduire librement (*francamente*) deux nègres et une négresse [1]. »

Que le généreux évêque de Chiapa, dont l'âme se déchirait à la vue des souffrances des naturels du Nouveau-Monde, fût insensible aux douleurs des nègres ; qu'il ait travaillé, coopéré à la servitude des Africains pendant qu'il combattait si chaleureusement pour la liberté'des Indiens, cela n'est que trop vrai : c'est une de ces anomalies de l'esprit et du cœur dont il faut désespérer de se rendre compte, qui affligent jusqu'au fond de l'âme, mais qui sont trop nombreuses pour qu'il soit possible d'en nier l'existence.

Au reste, cette substitution de personnes dans les victimes abandonnées aux colons, quelque révoltante qu'elle nous paraisse, n'était pas du tout chez lui une idée individuelle, elle appartenait à son époque. Le gouvernement, depuis 1511, avait permis l'usage des esclaves africains sans que personne songeât à le signaler comme contraire à l'humanité. On s'était déjà accoutumé à l'esclavage des nègres ; il ne choquait pas plus que celui des Maures, et l'on ne voit nulle part qu'ils aient trouvé un seul protecteur, même parmi les hommes humains et religieux qui défendaient les *Indiens de paix*. Ces hommes deviennent muets quand il s'agit des Africains, comme lorsqu'il s'agit des Caraïbes impitoyablement voués à la servitude parce qu'ils résistent à de farouches conquérans ! Tout le monde se sentait ému par le récit des tortures auxquelles succombaient sans résistance les faibles et inoffensifs sauvages des nouvelles Indes ; mais personne ne s'inquiétait des nègres ni des Caraïbes qui se révoltaient souvent. Leur force et leur courage firent leur malheur. Leur supériorité fut leur condamnation.

Las Casas est loin d'être le seul qui eut la déplorable idée de remplacer un crime par un autre crime. « Son projet, dit Herrera, plut au cardinal de Tortose [2] » Or, le cardinal de Tor-

---

[1] Navarrete : *Viages de los Españoles*, tome 1.
[2] Herrera : *Déc.* II, liv. 2, chap. 20.

tose était cet homme d'une vertu austère qui honora trop peu de temps le Saint-Siège sous le nom d'Adrien V!

En 1516, une proposition entièrement semblable à celle de l'évêque de Chiapa avait été faite par les trois pères de l'ordre de Saint-Jérôme, que le cardinal Ximénès, pendant sa régence, avait substitués cette même année au pouvoir d'un seul gouverneur, pour administrer les Antilles. Ceux-ci voulaient « qu'on envoyât des nègres esclaves pour les habitations, attendu que ce moyen permettrait de soulager le travail forcé des naturels [1]. » La cédule de 1511, que nous citions tout à l'heure (page 369), et des ordres nouveaux relatifs au même objet, datés de 1512 et 1513, n'avaient été signés par Ferdinand-le-Catholique que « sur les représentations faites par les religieux de Saint-François au sujet du malheureux état où les Indiens étaient réduits, et afin d'améliorer leur sort [2]. »

On n'avait pas le courage de refuser des victimes à la cupidité; on lui abandonna celles que l'on crut les plus robustes. On se donnait leur force pour excuse, comme si ce nègre qu'on livrait parce qu'il faisait le travail de quatre indigènes, n'allait pas être condamné par le maître à faire l'ouvrage de cinq! On espérait, avec l'aveuglement du désir, que quand les colons auraient des bras vigoureux pour cultiver leurs terres et fouiller leurs mines, le massacre des Indiens cesserait; comme si l'avarice n'était point insatiable! Comme si la soif des richesses ne s'augmentait pas avec la facilité de l'assouvir!

On voit donc que Las Casas, en rédigeant l'atroce projet dont quelques-uns veulent le justifier, ne fit que formuler une idée commune parmi ses contemporains. S'il en porte plus particulièrement la juste peine, c'est que l'importance de sa vie l'a fait connaître seul, de même qu'il a toute la gloire du dévoûment aux Indiens, quoique vingt autres avec lui aient employé leur existence à les défendre.

[1] Herrera: *Déc*. II. liv. 2, chap. 22.
[2] Herrera: *Déc*. I, liv. 9. chap. 5.

Dans ce siècle de fanatisme et de carnage, où l'inquisition était vénérée, les notions du juste devaient être souvent faussées jusque dans les plus nobles âmes. Tous les efforts que faisait Las Casas pour le soulagement des Indiens étaient combattus par le crédit des personnages de la cour, qui, possédant des domaines et des *répartimentos*[1] dans le Nouveau-Monde, étaient intéressés au maintien de la servitude des naturels. A leur tête se trouvait don Juan Rodriguez de Fonseca, le président même des Indes. Las Casas, ne voyant d'autres moyens de sauver ses protégés, voulut livrer à leur place des êtres qu'il croyait apparemment d'une race inférieure. — Il pouvait admettre, a-t-on pensé encore, « que le transport des Africains aux Antilles n'affectait pas beaucoup leur condition, puisqu'ils étaient esclaves dans leur propre pays[2]. » Le cœur a tant besoin de ne pas trouver Las Casas coupable d'une charité trop cruelle, qu'on veut supposer qu'il croyait l'Afrique peuplée toute entière d'esclaves, depuis le roi jusqu'au dernier serviteur, depuis le plus vénéré des vieillards jusqu'au plus aimé des nouveaux nés; ou bien que les enfans dont, faute de mieux, se chargeaient les négriers, étaient tous des guerriers vaincus, sauvés par la traite d'une mort inévitable.

C'est vainement chercher à atténuer, à expliquer le crime d'un homme divinement bon; il faut courber la tête et se taire en présence de ces signes éclatans de la faiblesse humaine.

Le savant historien aux investigations duquel nous sommes redevable de plusieurs des textes qui viennent d'être mis sous les yeux du lecteur, M. Humboldt, n'a pas dissimulé le mal qu'engendra la proposition de Las Casas. « Elle eut, dit-il, la plus malheureuse influence sur l'extension de la traite. Ce n'est qu'alors qu'une licence d'introduction de quatre

---

[1] C'est la distribution des Indiens libres à titre d'ouvriers gagés que l'on faisait aux colonisateurs.
[2] W. Irving : *Histoire de Christophe Colomb*.

mille nègres de Guinée fut accordée ; premier exemple de ces affreux *asientos* ou privilèges de traite que plus tard la cour vendit, en 1586, à Gaspar de Peralta ; en 1595, à Gomez Reynel, et en 1613, à Rodriguez de Elvas[1]. »

A partir de ce moment la traite est organisée, et lorsqu'on lit son effroyable histoire avec celle de l'extermination des races indigènes qui peuplaient les Antilles ; lorsqu'on pense à ce que sont encore les Amériques après cette longue et horrible suite de maux qui les désole depuis trois siècles, on se demande, le cœur navré, si l'humanité peut se réjouir de ce que Christophe Colomb ait découvert le Nouveau-Monde !...

§ II.

Les négriers ravissent encore chaque année à l'Afrique 150,000 individus, qui sont presque tous dévorés au bout de dix ans par le travail forcé.

Ce n'est là, si l'on peut dire, que l'essence des malheurs dont les peuples civilisés accablent l'Afrique. M. Buxton, dans son dernier ouvrage [2], établit que sur chaque millier de victimes de cet abominable commerce, la moitié périt dans les captures, les marches et les détentions de la côte. Un quart de ceux embarqués meurt durant la traversée, et un cinquième de ceux qui atteignent la terre de douleur succombe aux difficultés d'un brusque acclimatement dans le cours de la première année. Faisant une funèbre récapitulation, M. Buxton évalue à 500,000 le nombre des habitans que la traite détruit annuellement en Afrique !

L'âme s'épouvante et demeure éperdue quand on songe à ce que coûte le sucre de cannes à l'humanité dans les conditions actuelles de sa fabrication.

[1] *Histoire de la géographie du nouveau continent.*
[2] *De l'esclavage* ; traduit par M. Pacaud.

A Cuba, le recensement fait en 1837 ne donna que 13,300 esclaves de plus qu'en 1811, et les registres des douanes de l'île accusaient l'introduction, pendant ce même espace de temps, de plus de 67,700 Africains [1]!! On a l'affreuse certitude que malgré l'importation à la Havane de 185,000 nègres *bozales* de 1811 à 1825, la masse des gens de couleur, libres et esclaves, mulâtres ou nègres, n'a pas augmenté dans cette période de plus de 64,000 [2]!!

« Toutes les colonies anglaises des Antilles qui ne possèdent aujourd'hui que 700,000 nègres et mulâtres, libres et esclaves, écrivait M. Humboldt en 1826, ont reçu, de 1680 à 1786 (l'espace de 106 ans), *selon les registres des douanes*, 2,130,000 nègres des côtes d'Afrique [3]!! »

En 1786, on ne comptait pas plus de 40,000 noirs à la Guyane anglaise, quoique depuis les quarante-deux dernières années 75,000 individus de cette classe y eussent été introduits [4]. En 1818, les lords de la trésorerie nommèrent des commissaires pour surveiller les plantations de cette colonie parce qu'ils apprirent que la perte des esclaves y était de 26 pour cent par an.

A la Jamaïque plus particulièrement, « il est constaté que de 1700 à 1808, époque de l'abolition de la traite, on avait introduit 677,000 nègres nouveaux, et cette île, en 1808, ne possédait que 380,000 noirs et mulâtres, libres ou esclaves [5]. » D'autres évaluations font monter l'importation des Africains à la Jamaïque, depuis la conquête, à 850,000 [6]. Lors de l'affranchissement général, le dénombrement officiel fait pour déter-

---

[1] Humboldt : *Essai politique sur l'île de Cuba*, 1er vol.
[2]   d°   d°   d°
[3]   d°   d°   d°
[4] *A voyage to the Demerary*, by Bolingbroke. London, 1807.
[5] *Essai sur l'île de Cuba*, 1er vol.
[6] James Copper: *Relief for West-Indies distress*, 1823. Wilberforce : *Appeal to religion, justice and humanity*, 1823. Cités par M. Humboldt : *Essai politique sur Cuba*, 1er vol.

miner la part d'indemnité de l'île, donna 311,070 esclaves, et 20 à 25,000 noirs ou mulâtres libres.

Ainsi, des 850,000 nègres que la Jamaïque a reçus depuis que les anglais l'ont conquise en 1655, elle n'en représentait en 1838, au bout de cent-quatre-vingt-trois ans, que 350,000 !!

Or, à Cuba, le recensement fait en 1774 donnait 96,440 blancs; en 1827, au bout de cinquante-trois ans, un nouveau recensement donna 311,051[1]. C'est-à-dire qu'en cinquante ans la population blanche y a plus que triplé.

Si l'on recherche dans ces proportions ce qu'aurait dû gagner en nombre la race esclave de la Jamaïque, on trouve qu'elle devait être, en 1838, de plus de 2,500,000, au lieu de 350,000 C'est 2,200,000 êtres humains que la servitude de la Jamaïque a soustraits à l'existence en moins d'un siècle!!!

En fixant ce calcul approximatif, dont les résultats épouvantent l'imagination et brisent le cœur, nous n'avons pas cherché des bases qui fussent particulièrement favorables à nos idées. On ne peut se figurer avec quelle prodigieuse rapidité la population augmente dans ces pays délicieux et abondans lorsqu'elle n'est arrêtée par aucune cause violente. A Puerto-Rico, la race blanche s'est accrue de presque cent pour cent dans l'espace de quatorze ans! Le dénombrement de 1820 indique 101,430 blancs, celui de 1834, 188,869 [2]!

Veut-on se contenter d'appliquer la loi d'accroissement qui a été observée en France pendant vingt-trois ans, de 1817 à 1839? comme cet accroissement est d'un cent-quatre-vingt-dix-septième, ce qui porte à cent trente-sept ans l'espace nécessaire au *doublement* de la population [3], ce seraient encore

---

[1] *Historia de la isla de Cuba;* par don Ramon de la Sagra, ch. 1er, art. 1er.

[2] *Memoria sobre la administracion de Puerto-Rico;* par don Pedro Tomas de Cordova; Madrid, 1838.

[3] « Si l'accroissement total, qui est d'un cent-quatre-vingt-dix-septième, se maintient le même, la population augmenterait d'un dixième en dix-neuf ans, de deux dixièmes en trente-six ans, de trois quarts

1,800,000 de nos semblables dont l'esclavage d'une seule île des Antilles aurait à rendre compte à l'humanité!!

Les Mexicains, dans les immenses hécatombes d'hommes qu'ils offraient à leurs idoles, en sacrifiaient assurément moins que les planteurs chrétiens à leur infernale industrie!

Espagnols, Français, Anglais, ces peuples qui se vantent de leurs lumières, en sont réduits à discuter, non pas lequel d'entre eux a élevé le plus de nègres aux nobles jouissances de la civilisation, mais lequel a fait périr, trois siècles durant, le moins d'Africains dans les ignobles tortures de l'esclavage!

On colora autrefois ces atrocités d'un vernis religieux ; on dit que la servitude allait faire participer les nègres aux bienfaits de la religion. Des rois dévots, des esprits sincères trompés par la superstition catholique, comme nous venons de le prouver tout-à-l'heure, permirent, protégèrent, encouragèrent la traite pour convertir des payens [1], et les papes et les prêtres, prenant leur part de hideux bénéfices, laissèrent établir la domination de l'homme sur l'homme. Aucun parmi eux ne montra la moindre hésitation, et l'histoire des colonies

---

en cinquante-deux ans, de quatre quarts en soixante-six ans, de moitié en quatre-vingt-un ans, et il faudrait cent trente-sept ans pour qu'elle devint double de ce qu'elle est maintenant [*]. »

[1] Le fragment très curieux de Gomez Eanez de Zurara que nous avons cité page 172, montre que dès les premières expéditions de ce genre, quelques-uns se payèrent avec bonne foi de cette odieuse raison pour excuser un crime qui les révoltait instinctivement. Après avoir tracé le douloureux tableau qu'il peint de couleurs si éloquentes, le vieil historien ajoute :

« L'infant était là, monté sur son puissant cheval, et accompagné de ses gens, répartissant ses faveurs comme un homme qui, pour sa part, se mettait peu en peine d'augmenter son trésor. De quatre-vingt-six âmes qui lui revenaient pour le droit du quint, il fit bien vite le partage. Et sans nul doute, sa principale richesse était en sa volonté accomplie ; il considérait avec un indicible plaisir le salut de ces âmes, qui sans lui eussent été à jamais perdues. Sa pensée n'était pas vaine,

[*] Sur le mouvement de la population en France, par M. Mathieu. (*Annuaire du bureau des longitudes pour* 1842.)

vient attester que toute l'europe chrétienne a vu jusqu'à la fin du dernier siècle cette abomination d'un œil tranquille.

On est près de nier l'intelligence humaine quand on vient à songer, que pour ramener à *leur foi* une race égarée, des gouvernemens religieux n'ont trouvé d'autres moyens que de la réduire en servitude!! Quoi! ils veulent communiquer aux Africains les trésors de leurs connaissances spirituelles et sociales, et au lieu de se faire leurs frères ils s'en font des esclaves!

Aujourd'hui que l'on n'ose plus, grâce au progrès de l'esprit humain, invoquer la loi du salut des âmes, ceux qui soutiennent encore cette épouvantable violation de la dignité humaine disent qu'elle a servi et qu'elle sert à préserver les victimes, des massacres que de sauvages vainqueurs font de leurs prisonniers; qu'elle arrache les ilotes africains à la plus affreuse misère, à la plus horrible barbarie, pour les gagner à la civilisation. Nous avons prouvé autre part [1] que c'est là calomnier l'Afrique. Si l'on ne veut point avoir recours aux textes mêmes des voyageurs, de Mungo Park, de Lyon, de Denham, de Clapperton, des frères Lander, de Caillé et dix autres, on peut voir, dans une brochure très substantielle de M. d'Eichtal,

car dès que ces captifs eurent connaissance de notre langage, avec un bien faible effort ils devinrent chrétiens. Et moi, qui ai réuni ces histoires en ce volume, j'ai vu dans la ville de Lagos des jeunes gens et des jeunes filles nés en notre pays de ces esclaves; ils étaient aussi bons, aussi vraiment chrétiens que s'ils fussent venus des commencemens de la loi du Christ, descendant par génération des premiers qui reçurent le baptême. »

Les horreurs de la traite et de l'esclavage s'effacent aux yeux du chroniqueur comme elles s'effaçaient aux yeux de l'infant Henrique, parce que les misérables victimes allaient devenir chrétiennes!.... et cependant Henrique lui-même, aussi bon que savant, était le frère ainé de ce prince Ferdinand dont l'âme pure et suave se peint dans cette devise : *le bien me plait;* jeune homme rempli de vaillance et de grâce, qui vécut comme un stoïcien et mourut comme un saint!

[1] *De l'esclavage des noirs*; 1833.

que les *esclaves mêmes sont mieux traités sur beaucoup de points de l'Afrique qu'ils ne le sont chez nous* [1].

On a souvent dit encore, pour excuser la traite, que les noirs vendus comme esclaves à la côte étaient déjà esclaves dans leur pays, et qu'ils ne faisaient, pour ainsi dire, que changer de maîtres, passant de la servitude africaine à la servitude coloniale. — Un écrivain de beaucoup de crédit et partisan d'ailleurs de l'esclavage, Bryand Edwards [2], a voulu découvrir ce qu'il y avait d'exact dans cette assertion, et voici ce qu'il rapporte : « Je crois avoir obtenu les meilleures informations sur ce sujet. J'interrogeai beaucoup de nègres nouveaux de différentes parties de l'Afrique sur les circonstances de leur captivité et de leur vente, et ayant mis par écrit leurs réponses, je les interrogeai plusieurs mois après une seconde fois. Si la même relation m'était faite par la même personne, je considérais son témoignage comme digne de foi. J'examinai des frères et des sœurs séparément, et quand leurs récits correspondaient bien dans les détails, je ne voyais pas de raison pour suspecter leur dire. De vingt-cinq individus dont je recueillis les renseignemens de cette manière, quinze confessèrent franchement être nés en servitude dans leurs pays et avoir été ou vendus pour payer les dettes ou troqués pour les besoins de leurs maîtres. Cinq dirent qu'ils avaient été volés clandestinement dans l'intérieur et livrés aux marchands d'esclaves, qui les conduisirent d'une distance immense à la côte, où ils furent cédés aux capitaines négriers. Les cinq autres avaient été fait prisonniers dans quelqu'une de ces nombreuses guerres que la rapacité et la vengeance perpétuent sur le continent africain. Dans ce dernier cas, les jeunes sont gardés par les vainqueurs et les vieux ordinairement tués sur place. Par ces moyens et par la commutation de la peine de mort en servitude pour des délits réels ou supposés, les facteurs de la côte sont

[1] *État actuel de l'islamisme dans l'Afrique centrale ;* 1841.
[2] *Histoire de la Jamaïque.*

toujours suffisamment approvisionnés pour pouvoir assortir d'esclaves les colonies européennes. »

Sur vingt-cinq nègres, en voilà donc cinq au moins qui étaient libres, qui jouissaient de tous les biens attachés à la liberté, et qui ont été arrachés à leur pays, au lieu de leur naissance, à leur famille, uniquement pour fournir des bras aux colons! Que de crimes, que de douleurs accumulés dans ce peu de mots! — Et les cinq malheureux que l'on vole, on les vole parce qu'il y a des civilisés qui viennent en trafiquer! Et les guerres auxquelles on se livre, on ne les perpétue que pour y faire des prisonniers, parce qu'il y a des civilisés à qui les vendre! Et les routes que suivent les caravanes d'esclaves conduits de l'intérieur à la côte sont jalonnées d'amas d'ossemens humains; chaque halte est indiquée par les cadavres de ceux qui succombent dans le trajet, parce qu'il y a des civilisés à la côte prêts à les acheter! Ce sont tous les vices établis et entretenus à perpétuité dans une contrée, hélas! déjà trop déchue.

Mais le contraire fût-il vrai, la traite ne servît-elle pas à faire commettre en Afrique ces horribles rapts d'hommes, de femmes et d'enfans, à y fomenter les guerres, à y répandre la désolation en éternisant la barbarie, les nègres qu'elle enlève fussent-ils réellement tous esclaves déjà, leur bien-être et leur perfectionnement fussent-ils en outre des faits aussi exacts qu'ils sont odieusement faux; les détenteurs de ces malheureux n'en seraient pas moins hideusement coupables d'entretenir la démoralisation de tout un continent pour en sauver quelques individus, et il restera toujours monstrueux de renouveler le *mal* appelé *esclavage* pour amener le *bien* appelé *civilisation*.

Les Juifs autrement auraient eu raison de crucifier Jésus, puisque, dans les idées chrétiennes, la mort du Christ devait sauver le monde.

Lors même que les noirs seraient en Afrique dans une condition plus misérable qu'aux colonies, il faut être négrier pour justifier ainsi la traite.

Cet exécrable raisonnement est pourtant à l'usage de nos colons ! — M. Chazelles, rapporteur distingué de la commission du conseil colonial de la Guadeloupe, chargé de l'examen des communications du gouvernement sur la servitude, a encore osé, il y a quelque mois à peine, appeler les colonies « des écoles de civilisation pour les races barbares ! » Oui, vraiment, ils ont l'indigne audace de soutenir qu'ils ont initié le sauvage de l'Afrique à la vie civile, qu'il s'est perfectionné à leur contact bienfaisant et lumineux ; et ils disent en même temps qu'on ne le peut délivrer parce qu'il est trop brute pour vivre libre, parce qu'il se jeterait, si on le déchaînait, sur ces maîtres bons et doux qui ont veillé avec tant de charitables soins sur son bien-être matériel et ses progrès intellectuels !

Honte ! honte ! Voilà quatre cents ans, maîtres d'esclaves, que ces infortunés sont à votre cruelle école ! Quatre cents ans qu'on les a livrés en pâture à votre avarice pour les préparer à la liberté commune ! Quatre cents ans ! Et quand nous vous supplions de les affranchir, vous nous répondez : « Ils ne sont pas mûrs encore pour l'indépendance !! Le temps n'est pas venu de les rendre à la dignité d'hommes !!! »

On disait aussi à la cour de l'infant Henrique, comme à celle de Ferdinand et d'Isabelle, que l'esclavage serait profitable aux Africains. Les créoles, aveuglés par l'égoïsme et l'intérêt personnel, n'ont point depuis lors avancé d'un seul pas, et nous les voyons, avec désolation, reproduire au XIXe siècle les mêmes sophismes que le XVIe siècle mettait au service de ses barbaries. « Cette analogie ne s'est pas seulement conservée dans les faits, dans des actes de cruauté ou de longue oppression, elle se présente aussi dans les argumens par lesquels ces actes sont justifiés, dans la haine à laquelle on voue ceux qui les révèlent, dans ces hésitations d'opinion, ces doutes que l'on feint sur le choix entre le juste et l'injuste, pour mieux déguiser le goût de la servitude et des mesures de rigueur [1]. »

---

[1] Humboldt : *Histoire de la géographie du nouveau continent*, tome 3e, sect. 2e.

C'est, en effet, une chose horriblement curieuse que le rapport identique qui existe entre les raisons de nos créoles pour soutenir l'esclavage des nègres, et celles que les colons du XVIe siècle donnaient pour maintenir les Indiens en servitude. Les expressions même ne sont pas changées. Dans une commission créée en 1519, afin d'examiner des propositions de Las Casas, on entendit « beaucoup d'Espagnols qui n'avaient pas moins d'expérience que Las Casas dans les affaires des Indiens. Ils disaient, nous rapporte Herrera [1], que ces hommes étaient idolâtres, antropophages, très ingrats, naturellement enclins aux vices les plus abominables, stupides, paresseux, mélancoliques, vils, sans courage, menteurs, presque dépourvus de mémoire, incapables de s'amender ou de persévérer dans le bien, parce qu'ils étaient insensibles aux châtimens comme aux éloges. »

« Il ne manquait pas à la cour, dit encore autre part Herrera, de gens venus des Indes qui contrariaient le dessein de Las Casas, et qui, tout en confessant ses bonnes intentions, blâmaient l'imprudence avec laquelle il traitait cette affaire [2]. Ils citaient l'expérience qu'on avait acquise de l'incapacité des Indiens, les preuves manifestes d'un caractère mou et très mal disposé à contracter de lui-même aucune bonne habitude, ajoutant qu'on ne parviendrait jamais à leur faire comprendre la foi si on les séparait des Chrétiens [3], parce que c'était une folie de croire qu'un prêtre ou un religieux, au milieu de cinquante ou de cent Indiens, fût en état, non-seulement de les endoctriner, mais encore de leur persuader d'admettre la doctrine; que leurs inclinations étaient si mauvaises et leur mémoire si infidèle, que ceux mêmes à qui on était parvenu à apprendre quelque chose, étaient trouvés au bout de trois jours

---

[1] *Déc.* II, liv. 4, chap. 3.

[2] N'est-ce pas encore le même langage que tiennent aux abolitionistes ceux des maîtres qui ne croient pas devoir les injurier.

[3] C'est-à-dire si on les enlevait à l'esclavage ! Las Casas ne demandait que leur liberté.

aussi ignorans que s'ils n'eussent jamais rien su, lorsqu'on avait eu l'imprudence de les perdre de vue en leur laissant trop de liberté [1]. »

Alors comme aujourd'hui, contre les Indiens de même que contre les Africains, la passion des maitres s'efforce de rabaisser les victimes. — La qualité pensante de l'homme dans l'esclave est ainsi précisément ce qui a augmenté la cruauté des colons envers les nègres. C'est parce qu'on ne peut nier au fond la valeur de leurs prétentions à s'assimiler aux blancs, qu'on les traite souvent avec plus de barbarie que les animaux. On espère par ces excès mêmes se persuader qu'ils sont plus vils que la conscience en révolte ne nous veut obliger à le croire, et c'est encore un hommage tacite, involontairement rendu au droit des nègres à se ranger dans l'espèce humaine, qu'on les a toujours plus haïs à mesure qu'on les maltraitait davantage. — Triste exemple de l'insuffisance humaine et des misères de notre esprit. Les colons, qui sont des hommes naturellement bons et amis de tout ce qui est chevaleresque, cessent d'être même généreux lorsqu'il est question de leurs esclaves. Sur leurs habitations, ils perdent à l'égard de ces infortunés jusqu'à la sensibilité qui les distinguent; ils ont, on peut dire, une barbarie locale, et l'on est tout à la fois surpris et effrayé de voir un créole, d'ailleurs franc et cordial, devenir impassible devant le supplice d'un pauvre noir. Nous ne doutons pas, nous qui avons été à même d'apprécier l'élévation de leur caractère, que ce ne soit par suite de cette aberration qu'on leur voit adopter des idées et des principes dont ils rougiraient s'il ne s'agissait point de nègres et d'esclavage.

Encore conçoit-on jusqu'à un certain point que le XVe siècle, avec ses passions violentes, ait professé d'aussi honteuses doctrines. A cette époque, où les droits les plus barbares de la guerre étaient sacrés, où la plus grossière superstition troublait tous les esprits, il se pouvait qu'on s'excusât, même à ses pro-

---

[1] *Déc.* II, liv. 2, chap. 3.

pres yeux, d'une infâmie par l'espoir de faire un chrétien, et que ce parût être un moyen honnête de civiliser un sauvage que de commencer par en faire une bête de somme, ainsi qu'on met des entraves à un taureau pour le dompter. Mais aujourd'hui que la raison et la justice sont proclamées les lois souveraines de la société; aujourd'hui qu'une désolante expérience a enseigné pendant quatre longs siècles aux maîtres, aux esclaves, à l'univers entier que la servitude torture, abrutit et tue, mais ne civilise pas, pouvons-nous excuser les colons de soutenir encore l'utilité morale de l'esclavage des nègres, comme l'académie de Madrid qui faisait, il y deux siècles, de la servitude des Indiens « une pieuse violence contre les infidèles. » Pourra-t-on jamais leur pardonner d'employer des argumens qui remontent aux jours maudits des autodafés!

Quel ne serait pas leur embarras, si on les sommait de dire ce qu'ils ont communiqué de lumière à ces nègres dont ils osent se prétendre les bienfaiteurs! Ils ne leur ont pas même fait connaître *Dieu*; tout au plus leur ont-ils fait changer le nom de leurs fétiches, et nous avons vu les esclaves des Antilles honorer encore par des danses nocturnes, des orgies payennes et des superstitions fabuleuses, les funérailles de leurs parens vénérés. Oui, nous vous portons le défi à vous tous, menteurs de civilisation, faux éducateurs de noirs, de nous montrer un de vos esclaves, un seul aussi avancé que beaucoup de ceux que les voyageurs ont remarqué en Afrique[1]! Et pour

---

[1] « Dans les guerres que j'ai été forcé de faire contre les noirs, on a souvent trouvé dans les sacs de ceux qu'on tuait des papiers écrits. Les *patriotes* s'écriaient, lorsque les dragons apportaient ces papiers : « Voilà la correspondance des *aristocrates !* » Ces écrits n'étaient compris de qui que ce soit. C'était de l'arabe. Cela me fait souvenir d'un nègre que j'ai connu au Boucassin en 1791. Il me dit qu'il était prêtre dans son pays; qu'il faisait des livres; que le grand roi de l'Afrique l'avait choisi pour l'instituteur de son fils; qu'il voyageait avec ce prince lorsqu'ils furent attaqués par des nègres qui les firent captifs, et qui, après plus de trois mois de marche, les conduisirent au bord de la mer près des blancs. Je lui fis écrire quelque chose. Il écrivit de

faire cette moitié d'Africain vous avez mis quatre siècles, vous avez usé 40 millions de nègres¹ !!! Oh! les bons et les habiles initiateurs! O scandaleuse et mortelle dérision!

Où sont-ils ces millions d'êtres que vous avez enlevés à leur terre natale. Répondez, où sont-ils? Où sont les populations nombreuses et fortunées qu'ils ont engendrées au sein du perfectionnement intellectuel que vous leur annonciez, du bien-être matériel que vous deviez leur procurer, de la morale dont vous promettiez de leur ouvrir les temples? Je les cherche et ne les trouve pas. Ils sont morts, morts sous vos coups de fouet et leurs enfans aussi! Vous avez tari, contre les lois de votre Dieu, la source humaine qui devait découler de leurs entrailles selon les lois de la nature. Votre impitoyable cupidité les a assassinés! Vous avez anéanti cette énorme masse d'hommes, disant avec une odieuse hypocrisie que vous alliez les élever aux connaissances de l'Europe et les soustraire aux misères de l'Afrique!

Quand donc, quand donc la justice des peuples abolira-t-elle l'esclavage pour sauver les civilisés de ces infâmes mensonges, et les barbares de ces horribles initiations!

---

droite à gauche et avec vitesse. Ses caractères étaient très bien peints. * »

Ces exemples ne sont pas fort rares. Pendant notre séjour à Saint-Pierre Martinique, on nous a parlé de deux nègres de la ville, *conducteurs de cabrouets*, qui tenaient leurs petits comptes *en arabe*.

¹ Lisez Frossard : *La cause des nègres portée au tribunal de la justice, de l'humanité et de la politique.* Lisez Schœll : *Abrégé des traités de paix*, article du congrès de Vienne.

* *Des Colonies, et particulièrement de celle de St-Domingue*, par le colonel Malenfant, propriétaire à Saint-Domingue.]

TABLE ANALYTIQUE

DES MATIÈRES CONTENUES DANS LES

QUELQUES MOTS SUR LA TRAITE ET SUR SON ORIGINE.

§ I.

Vente de prisonniers de guerre par toute la chrétienté, 363. — Introduction de nègres en Espagne dès l'année 1406. La traite commencée en 1441 par les Portugais, 364. — Les esclaves nègres très nombreux à Séville en 1474, 365. — Licence donnée en 1500 de mener à Santo-Domingo des esclaves nègres européens, 366. — Effets de la servitude sur les masses qu'elle opprime. La révolution de Saint-Domingue prédite en 1516 par le cardinal Ximenès. Dès l'année 1518, les nègres protestent contre l'esclavage par des révoltes sanglantes, 367. — La cour d'Espagne ordonne, en 1511, d'introduire des nègres de Guinée à Saint-Domingue. Las Casas n'a pas été promoteur de l'infâme trafic, 369. — Mais il a contribué à l'établir, 370. — Premier privilège de traite en 1517, 371. — Las Casas ne fut pas le seul de son époque à trouver l'esclavage des Africains naturel, tout en s'opposant à celui des Indiens, 372. — Les pères de Saint-Jérôme proposent aussi de remplacer les Indiens par des nègres, 373. — Excuses présentées pour Las Casas, 374. — L'humanité peut-elle se réjouir que Christophe Colomb ait découvert le Nouveau-Monde? 375.

§ II.

La traite ravit encore annuellement 150,000 nègres à l'Afrique, 375. — Effroyable consommation d'esclaves par les planteurs. La Jamaïque a reçu 850,000 nègres, 376. — Elle n'en a rendu au jour de l'abolition que 350,000. Elle devait en rendre, selon les lois de la nature, 2,500,000, 377. — On colora autrefois l'esclavage du prétexte de convertir des payens, 378. — On le colore aujourd'hui du prétexte de civiliser des sauvages. Les esclaves sont mieux traités en Afrique que dans les colonies, 379. — Il y a cinq hommes libres sur vingt Africains qu'enlève un négrier, 380. — Tous les nègres, fussent-ils esclaves en Afrique, on ne serait pas excusable de les asservir en Europe, même pour les civiliser, 381. — Voilà quatre cents ans que les nègres sont à l'école des colons, et ceux-ci les déclarent encore incapables de vivre libres. Les planteurs modernes reproduisent les mêmes sophismes que les planteurs du XVe siècle, 382. — La qualité pensante de l'homme dans l'esclave est précisément ce qui a augmenté la cruauté des colons envers les nègres, 384. — Quelle lumière les maîtres ont-ils communiqué aux noirs, dont ils osent se dire les bienfaiteurs? 385. — L'esclavage moderne a exterminé 40 millions de nègres, 386.

FIN DU TOME PREMIER.

TABLE DES MATIÈRES

CONTENUES DANS LE PREMIER VOLUME.

COLONIES ANGLAISES 1
DOMINIQUE. — Chap. I. Loi d'affranchissement 5
       II. Effets de l'abolition 16
       III. Travail 23
       IV. Condition des affranchis 35
JAMAIQUE. — Chap. I. Émancipation 39
       II. Baptistes 49
       III. Les affranchis 64
       IV. Troubles 84
       V. Travail 101
       VI. Immigrations 114
       VII. Déficit dans la grande culture . . 142
       VIII. Améliorations générales 153
ANTIGUE. — Chap. I. Abolition immédiate 169
       II. Sagesse des colons d'Antigue . . . 176
       III. Moralisation 183
       IV. Bien-être des affranchis 203
       V. Admirables résultats de l'abolition spontanée 226

APPENDICE AUX COLONIES ANGLAISES 249

 A. Acte pour l'abolition de l'esclavage dans les colonies anglaises 251

 B. Tableau présentant la répartition de l'indemnité de 20 millions de liv. sterl. accordée aux propriétaires d'esclaves des colonies anglaises, par l'acte rendu le 28 août 1833 pour l'abolition de l'esclavage . . . 276

 C. Trois mois à la Jamaïque 278

 D. Lettre insérée dans le *Siècle* du 18 octobre 1842 . . 297

TABLE ANALYTIQUE des matières contenues dans les *Colonies Anglaises* 301

TABLE DES MATIÈRES.

ILES ESPAGNOLES	307
PUERTO-RICO. — Chap. I. Coup-d'œil général	309
II. Les Ibaros.	317
III. Les esclaves	329
IV. Servitude espagnole.	337
CUBA	345
TABLE ANALYTIQUE des matières contenues dans les *Iles Espagnoles*	359
QUELQUES MOTS SUR LA TRAITE ET SUR SON ORIGINE.	361
§ I	363
§ II	375
TABLE ANALYTIQUE des matières contenues dans les *Quelques Mots sur la Traite et sur son Origine*	387

FIN DE LA TABLE DU PREMIER VOLUME.

Imp. de Ch. DURIEZ, à Senlis.

www.ingramcontent.com/pod-product-compliance
Lightning Source LLC
Chambersburg PA
CBHW050439170426
43201CB00008B/729